선거인가 추첨인가?

추첨의 역사

선거인가 추첨인가? 추첨의 역사

2022년 6월 10일 초판 인쇄
2022년 6월 20일 초판 발행

지은이 | 올리버 다울렌
옮긴이 | 이지문
펴낸이 | 이찬규
펴낸곳 | 북코리아
등록번호 | 제03-01240호
전화 | 02-704-7840
팩스 | 02-704-7848
이메일 | ibookorea@naver.com
홈페이지 | www.북코리아.kr
주소 | 13209 경기도 성남시 중원구 사기막골로 45번길 14
우림2차 A동 1007호
ISBN | 978-89-6324-884-4 (93340)

값 20,000원

* 이 책은 2020년 대한민국 교육부와 한국연구재단의 지원을 받아 수행된 연구임(NRF-2020S1A5B5A16082540).

The Political Potential of Sortition
A Study of the Random Selection of Citizens for Public Office

선거인가 추첨인가?

추첨의 역사

올리버 다울렌 지음
이지문 옮김

북코리아

목차

저자 서문

이 책의 기원은 1994년 당시 필자가 속해 있던 '비밀정보부의 민주적 책임성을 위한 노동당위원회'(*Labour Committee for the Democratic Accountability of Secret Service*)의 제안으로 거슬러 올라간다. 어떠한 조직적인 세부 사항에 대한 후속 조치가 없었던 그 제안은, 비밀정보부는 인권 유린에 대해 모니터링 되어야 하며, 그 작업을 수행하는 모니터 요원들은 무작위로 선택되어야 한다는 것이었다. 이것은 현대 정치 영역이 은밀한 분파주의에 의해 심하게 지배되고 있어 진리와 진실성과 같은 근본적인 가치가 심각한 위협을 받고 있다는 일반적인 비판을 공유하는 키스 닐슨 박사(Dr Keith Nilsen)의 아이디어였다. 그의 해결책은 공정성이 의심받지 않는 기관을 설립하는 것이었다.

이 제안과 닐슨 박사가 진행한 다른 유사한 프로젝트의 이면에 대한 추론은 이해하면서도, 그 잠재력을 발견하기 위해 무작위 선택 문제에 대한 추가 조사가 필요하다고 느꼈다. 또한 추첨의 반(反)분파적 능력이 자명한 진실이라는 닐슨 박사의 주장에 전적으로 만족하는 것도 아니었다.[1] 진실은 실행을 통해 확실히 이해될 수 있지만 추첨과 같이 대체로 중단된 실행의 경우에는 진실은 새롭게 주장되어야 하고 그러한 주장을 뒷받침하는 증거(옛 것과 새로운 것)가 제시되어야 한다. 이 연구에 주된 동

[1] Nilsen(2004). 닐슨은 이라크에서의 추첨 사용도 제안하였으며, 자세한 내용은 Nilsen(2007)에서 확인할 수 있다. 그는 또한 2000년 남부 런던에서 '무작위 선택을 포함한 민주주의를 위한 사회'(*the Society for Democracy including Random Selection*)를 설립했다.

기는 추첨의 잠재력에 대해 광범위하고 개방적인 담론 자체를 진행시키는 것이 타당하다는 생각에 있었다. 추첨이 어떻게 사용되었는지에 대한 철저한 탐구와 추첨 과정의 속성에 대한 원칙에 입각한 분석을 통해 그러한 담론을 발전시킬 수 있다고 생각했다.

2002년 필자는 운 좋게도 처음에는 엘리자베스 프레이저(Elizabeth Frazer)와, 이후 마크 필프(Mark Philp)의 지도 아래, 뉴 칼리지 옥스퍼드 대학교(New College Oxford)에서 박사 학위를 위한 주제를 공부할 수 있었다. 코날 보일(Conall Boyle)이 조직한 학자들의 인터넷 그룹(적절한 명칭인 추첨 장치인 클레로테리아(*Kleroteria*)를 사용하는 사람들, 즉 *Kleroterians*라고 명명된)을 통해 필자가 완성한 논문은 추첨에 관한 시리즈를 계획하고 있던 임프린트 아카데미(Imprint Academic)의 키스 서덜랜드(Keith Sutherland)의 관심을 받았다. 필자는 이 흥미진진한 계획에 동참해달라는 요청을 받고 토머스 가타커(Thomas Gataker)를 포함하여 주제에 대한 다른 기여자들과 좋은 동료로 함께 할 수 있어 기뻤다.

이 책은 필자의 박사 학위 논문을 다시 작업한 것이다. 그러나 주목할 필요가 있는 강조점의 몇 가지 중요한 변화들이 있다. 추첨의 각각의 실제 적용 또는 제안된 적용의 '적극적 맥락'과 '헌법적 맥락'의 중요성을 더욱 강조한다. 이것은 역사적 서술을 통해 제시하는 전개된 추첨의 세부 내용 수준과, 추첨이 정치 공동체에 가져올 수 있는 것에 대한 논쟁이 어떻게 연결되는지 볼 수 있도록 돕는다. 또한 전문적이지 않은 독자들이 추첨이 사용되거나 옹호되는 체계와 맥락을 더 명확하게 이해할 수 있도록 용어집과 여러 개의 도표들을 추가했다. 마지막 장을 제외하고 모든 장의 끝에 참고문헌을 제시하였다. 이것들은 연구에서 사용한 주요 출처에 대한 개요를 독자들에게 제공하기 위해서이다. 또한 이것들은 각주에는 표시되지 않지만 활용했던 배경 문헌들도 일부 포함한다. 여기에는 일부 주요 문서의 소재에 대한 세부 정보도 포함되어 있다.

추가로 추첨의 쇠퇴에 대한 간략한 부록을 포함했다. 이 질문은 원래 연구 계획의 일부가 아니었기 때문에 짧고 다소 추측적인 이 부분과 책의 본문을 명확하게 구분하는 것이 최선이라고 생각했다.

필자에게 추첨이라는 주제를 소개한 키스 닐슨, 논문을 준비하는 동안 정상 궤도에 올려놓은 마크 필프, 구이치아르디니(Guicciardini)의 "대평의회에서 공직을 선출하는 방법"(*Del modo di eleggere gli uffici nel Consiglio Grande*) 번역에 도움을 준 미리암 론조니(Miriam Ronzoni)와 티치아나 토레시(Tizziana Torresi), 그리고 1793년 프랑스 분할 입법부 제안에 대한 문서상의 증거를 추적하는 데 있어 앙투안 베른(Antoine Vergne)의 도움에 감사를 표한다.

또한 1792년 르쉬외르/루틀레주(Lesueur/Rutleges) 헌법 초안의 방향을 알려준 레이첼 해머슬리(Rachel Hammersley)와 고대 아테네에서 상속을 결정하는 데 추첨의 사용을 알려준 O. 머레이 박사(Dr O. Murray)에게도 감사를 전한다. 또한 필자보다 더 젊은 옥스퍼드 대학교 정치학과 동료 학생들의 열정과 격려에도 감사의 마음을 전한다. 또한 추첨을 함께 연구할 수 있도록 하나로 모아준 코날 보일과, 시리즈 출시를 기획한 키스 서덜랜드, 이 책을 편집한 바바라 굿윈(Barbara Goodwin), 그리고 도움과 지원을 아끼지 않았던 아내 베레니스(Berenice)에게도 감사 인사를 전한다.

서론

추첨의 정치적 잠재력

이것은 추첨(sortition)이나 제비뽑기(lot)를 통한 공직자의 무작위 선택이라는 정부의 한 가지 특정한 측면에 대한 연구다. 추첨은 고대 아테네와 중세 후기 및 르네상스 시대의 이탈리아 도시공화국들에서 널리 사용되었다. 따라서 정치사상과 실행의 발전에 있어서 매우 중요한 시기에 이러한 형태의 선택은 상당한 성과가 있었다. 그러나 배심원단 선정이라는 주목할 만한 경우를 제외하면, 오늘날의 선거 정치에서는 거의 찾아볼 수 없다. 그럼에도 불구하고 최근 학자들과 현실 정치에 관련된 사람들로부터 추첨에 대한 관심이 되살아나고 있다. 이중 상당 부분은 시민과 직업 정치인 사이의 격차 증대와 정치 과정에서 중요한 소수 집단의 배제와 같은 자유민주주의의 문제라고 인식되는 것들에 대한 대응 차원이었다.

1970년대와 80년대에는 공동체 정치에 대한 관심이 높아졌고 무작위로 선택된 시민 배심원들은 진정한 참여민주주의의 아이디어를 발전시키는 수단으로 여겨졌다. 이 시기 시민배심원 모델이 시민들을 선발하여 참여하도록 하는 수단으로서 추첨을 내세웠지만, 추첨의 정확한 기여에 대해서는 별 관심이 없었다. 그러나 1980년대 후반과 1990년대 이후, 더 야심찬 많은 추첨 계획들이 등장하기 시작했으며, 그 중 일부는 추첨의 특성과, 실행을 통해 달성하고자 하는 목적 사이에 더 가까운 일치점을 찾으려고 했다. 여기에는 추첨으로 영국 의회의 하원 또는 상원을 선출하자는 방안,[1] 시민들로부터 무작위로 구성원들을 뽑음으로써 미국을 위한 진정한 시민 입법부를 선출하자는 제안,[2] 그리고 무작위로 선택된 모니터 요원들이 비밀정보부를 모니터링 하는 계획 등[3]이 포함되었다. 이것은 추첨이 사회적 재화들을 분배하는 정당한 수단을 제공할 수 있다는 제안을 탐구하는, 주로 정치이론가들과 철학자들 사이에서의 숙고와 동시에 일어났다.[4]

2007년 프랑스 대통령 후보 세골렌 루아얄(Ségolène Royal)은 선출된 대표들의 업무를 감독하기 위해 추첨으로 선정된 시민배심 설치를 포함하는 공약을 내세우며 선거에 나섰다. 이것은 추첨이 이론의 영역에서 탈피할 수도 있고 추첨으로 시민을 선발하는 것이 다시 한 번 일상적인 정치 실행의 일부가 될 수 있다는 것을 보여준다.

이 책이 이 주제에 대한 담론을 넓히는 데 기여하는 것으로 봐야하지만, 어떤 특정한 계획을 옹호하지도 않고, 실제로 독자들을 설득하기 위해 오늘날 추첨 재도입이 반드시 좋은 것이라고 주장하지도 않는다. 또한 추첨에 대한 준비가 되어 있는지 완전히 확신하지 못한다. 추첨은 현재 정치문화의 일반적인 부분이 아니며 추첨에 기반을 둔 제도가 정치 영역에서 실제로 어떻게 작동할 수 있는지에 대한 실질적인 지식도 부족하다. 따라서 필자의 기여는 추첨의 정치적 가치를 이해하기 위한 원칙적이고 정보에 입각한 틀이 확립될 수 있도록 어느 정도의 이론적, 역사적 기초가 필요하다는 전제에 기반을 둔다. 마지막 장에서 추첨의 현대적 적용에 접근할 수 있는 방법에 대한 몇 가지 제안을 하는 한편, 그러한 재도입이 필요한지 여부에 대한 질문을 열어두고 있다.

---

[1] Barnett and Carty(1998/2008); Sutherland(2004; 2008).

[2] Callenbach and Phillips(1985/2008).

[3] Nilsen(2007).

[4] Goodwin(2005); Elster(1989); Duxbury(1999).

따라서 무작위로 선출된 공직자들이 정치 공동체에 어떤 이점들을 가져다 줄 수 있는지 규명하는 직접적인 목표를 가지고 시작한다. 이는 단순히 이 책의 원제 『추첨의 정치적 잠재력』(The Political Potential of Sortition)으로 정의되지만, 이 작업의 몇몇 측면은 결코 단순하지 않다. 프로젝트에 '잠재력'이라는 용어를 적용함으로써, 다른 형태의 선택이나 의사결정에는 존재하지 않는 추첨 고유의 특별한 힘이나 능력이 있다는 생각을 다룬다. 또한 이것을 실현할 수 있는 몇몇 상황, 맥락 또는 추첨 계획들이 있고, 그렇지 않은 상황, 일부 또는 불완전하게만 실현될 수 있는 상황도 있다는 것을 시사한다. 이것이 어떻게 작동하는지 조사하려면 출발점은 추첨 절차 자체 또는 더 정확하게는 추첨 형식(추첨이 무엇인지)과 그 기능(수행하도록 요청되는 작업) 간의 관계이다. 모든 추첨의 정의할 수 있는 특징과 주요 운영 특성을 '블라인드 브레이크(blind break)'로 식별하는 제1장에서 이 분석 작업에 주의를 기울인다. 이것은 모든 합리적인 활동이 의도적으로 배제되는 추첨의 중심에 있는 영역이다. 따라서 블라인드 브레이크를 합리적(rational) 또는 비합리적인(irrational) 작업과 구별하기 위해서 '초합리적(arational)'으로 특징짓는다. 추첨의 잠재력이 있는 것은 바로 이 중심 기능에 있으며, 일단 이것이 확인되면 블라인드 브레이크의 긍정적인 장점을 만드는 적용 프로그램과 어떤 이유로든 그렇지 않은 적용 프로그램에 대해 이야기할 수 있다. 그런 다음 '추첨이 가장 잘하는 것을 하도록 요청받는 추첨'을 질문함으로써 (그리고 바라건대 대답함으로써) 적용 프로그램을 평가할 수 있다. 블라인드 브레이크의 식별은 확률론과 표본추출 방법에서 추첨의 역할을 비판적으로 평가하고 가중치 추첨(weighted lotteries)의 특성을 조사하는 데 도움이 된다.

추첨 행위를 논의하고 정의하는 데 도움을 주기 위해 채택하는 또 다른 장치는 이른바 '가능성 있는 별칭 상자'(box of possible epithets)라고 부르는 것이다. 이것은 추첨이 기계적인 의사결정 과정이라는 논란의 여지가 없는 사실에서 비롯된다. 만약 추첨으로 내린 결정의 특성들을 설명하려면, 우리가 사용하는 별칭이나 형용사는 반드시 결정을 내리는 인간의 행위와는 관련이 없는 자질인, 즉 인간적인 것과 무관한(non-human) 특성을 나타내야 한다. 이것을 단순화하기 위해 가능한 모든 인간적인 것과 무관한 별칭들을 포함하는 상자를 상상한다. 이 모든 것은 추첨 결정을 설명하는 데 사용될 수 있다. 그러고 나서 주어진 분석 작업에 가장 유용한 것이 무엇인지 물어봐야 한다. 제1장에서 이 아이디어를 제시하고 이러한 가능한 서술 용어들 중 가장 중요한 용어로 '초합리적'이라는 용어를 꼽는 이유를 설명한다.

제2장부터 다음 다섯 장에서는 이러한 발견을 정치적 영역에서의 추첨 실행으로 적용하고자 했던 과거의 시도를 보여준다. '정치적'을 정의하기 위해 필자의 출발점은 정치적 실행이다. 이 연구 전반에 걸쳐 필자는 정치 공동체의 개념과, 사람들이 효율적이고 포괄적인 정부를 수립하고 이를 분파적 분열이나 전횡을 일삼는 억압과 같은 위험으로부터 방어하기 위해 필요하다고 생각하는 모든 수단을 활용하는 과정에 초점을 맞추고 있다. 정치의 주제를 찾는 것은 이러한 규칙에 의해 통치되는 절차들과 제도들의 적용, 그리고 그것들이 만드는 집단행동의 습관에서이다. 더 넓은 의미에서 필자는 정치를 '도시의 예술'(art of the city)이라고 표현하고 싶다. 여기서 '도시'라는 용어는 단순히 도시의 지리적 위치가 아니라 사람들의 공동체에 적용된다. 역사적으로 서양 정치 전통에서 가장 중요한 혁신의 대부분이 도시에서 일어났고 자각하는 시민권 문화가 탄생한 곳이 바로 이곳이기 때문에 이는 적절한 설명이기도 하다.

따라서 제2장부터 제6장까지 다섯 개의 역사적 장(章)들은 이러한 유형의 '정치를 위한 투쟁'(struggle for politics)이라는 배경에서의 추첨의 역할을 추적한다. 그것들은 추첨의 적용과 옹호에 있어서의 사례 연구이지만, 또한 발전 과정에서 정치적 실행을 묘사하려고 시도한다. 제2장의 고대 아테네의 정치적 통합 이야기, 제4장의 피렌체(Florence) 제2공화정 수호에 대한 상세한 논의, 프랑스혁명에 대한 마지막 역사적 장과 같은 일부 기록에서는 투쟁의 느낌이 즉각적이고 뚜렷하다. 그러나 거의 모든 맥락에서, 서로 다른 분파나 정파를 동일한 정치 과정이나 동일한 헌법하에 두는 문제는 이런저런 형태로 나타난다는 것을 탐구한다.

이러한 모든 사례 연구 또는 역사적 서술은 정치적 노력의 격렬함 속에서 추첨이 사용되거나 옹호될 때 일어나는 일을 보여주기 때문에, 만약 탐구가 이론과 논쟁에만 기초했을 때보다 그 잠재력에 대해 더 철저하고 종합적인 설명을 제공할 수 있다. 그것들은 함께 추첨 제도를 도입하기 위한 결정에 따르는 압박과 긴장, 이러한 제도들이 실제로 어떻게 지지 또는 반대되었는지, 그리고 그것들이 실제로 어떻게 형성되었는지에 대해 이야기한다. 무엇보다도 그것들은 추첨이 매우 현실적인 문제나 위기에 대응하여 어떻게 사용되고 옹호되었는지를 보여준다.

필자는 모든 계획을 즉시 *적극적인* 텍스트에 배치하기를 열망하는 동시에, 추첨이 작동했던 다양한 *헌법상의* 환경도 제시하려고 노력한다. 첫 번째 예에서 추첨의 사용을 동일한 결과를 생성하거나 동일한 목적에 기여하도록 설계된 다른 방안들과 비교할 수 있다. 그러나 좀 더 일반적인 차원에서 보면, 그것은 또한 필자가 특히 신랄한 방식으로 다른 형태의 정부들과 비교할 수 있게 해준다. 이것은 현대 옹호 문제와 직결된다. 만약 현대 문제에 대한 해결책으로서 그리고 현대 정치 시스템의 맥락에서 추첨을 진전시키려면, 현재 방식과 추첨이 더 널리 시행된 방식 사이의 차이를 알아야 한다. 21세기에 고대 아테네나 르네상스 시기 피렌체를 복원할 수 없지만, 만약 추첨 제도의 헌법적 맥락을 알고 있다면 유사한 제도가 현대 정치에서 얼마나 비슷한 필요를 잘 해결할 수 있는지에 대한 지능적인 평가를 할 수 있다.

이 연구에서 추첨의 헌법적 맥락에 대한 관심은 또한 정치적 유산에서 무작위 선택에 의해 수행되는 부분을 이해할 수 있게 한다. 서로 다른 정부 방식들을 비교함으로써 정치사상과 실행의 광범위한 파노라마를 배경으로 추첨을 보기 시작할 수 있다. 더 나아가 상당한 영향을 끼친 다수의 정치 공동체를 살펴보면 일반적인 의미에서 '정치 공동체'에 대한 구체적인 이해를 형성할 수 있다.

역사 사례 연구를 사용하여 추첨 사용을 탐구하는 추가 이점은 문제 해결 아이디어에서 찾을 수 있다. 각 역사적 장에서 특정 문제 또는 질문은 다른 것보다 더 중요하거나 의미 있는 것으로 제시되었다. 제2장에서 가장 큰 관심을 요구했던 문제 또는 질문은 고대 아테네에서 추첨과 민주주의의 관계였다. 아리스토텔레스(Aristotle)와 다른 사람들에 의해 제안된 추첨은 하나의 정체 유형으로서의 민주주의를 정의하는 특징일까, 아니면 추첨과 민주주의가 전개되는 관계에 대한 이야기를 다른 방법으로 전달할 수 있을까? 이것에 대한 필자의 접근 방식은 소위 말하는 '정치적 통합'(political consolidation)에서 추첨의 역할을 살펴보는 것이었다. 이것은 합의된 정부에 필요한 권위 있는 기관과 법에 의한 통치 절차가 확립되는 과정이다. 이 과정에서 추첨이 중추적인 역할을 했고, 그것이 만들어낸 합리적인 정치 질서는 민중(*demos*)이 공무에 완전히 참여할 수 있게 했다. 이 장에서 추첨의 초기 사용이 어떻게 민주주의를 가능하게 하는 조건을 조성했는지를 조사하기 위해 기원전 5세기 아테네의 발전된 민주주의와 밀접한 관계를 맺고 있는 추첨을 의도적으로 '분리' 시켰다.

제3장의 주요 주제는 중세 후기 코뮌(Commune)과 북부 이탈리아 도시 공화국에서의 추첨에 기반을 둔 두 개의 선거제도를 비교하는 것이다. 초기 형태인 브레비아(*brevia*)는 기본적으로 선거인단을 추첨으로 선택하는 공적 방식이며, 후기 형태인 스크루티니(*the scrutiny*)는 피렌체와 몇몇 다른 도시 공화국에서 시행되었다. 그것은 공직이 교대로 인해 공

석이 되었을 때 그 정치적 직위들을 채우기 위해 정기적으로 이름을 선택하게 되는 후보자들의 풀을 선거하는 것으로 구성되었다. 이 제도의 많은 부분은 사적인 것이나 비밀스러운 것이었고, 이러한 특징은 이전의 브레비아와 뚜렷하게 대비된다. 두 추첨제도 모두 분파의 음모와 선거 부정을 억제하기 위해 고안되었지만, 매우 다른 방식과 다른 헌법적 목적을 갖고 작동한다. 주된 문제는 각각의 경우에서 추첨의 정확한 기능을 밝히는 것이었다.

제4장에서의 초점은 1465년부터 66년, 그리고 1497년부터 99년 피렌체에서의 사건들을 다루는 것으로 좁혀진다. 이 두 짧은 기간 동안 추첨은 첫 번째에는 메디치 왕조(the Medici dynasty)의 독단적인 통치로부터 대항하여, 두 번째에는 활력을 되찾은 귀족 파벌로 인한 새 공화정에 대한 위협에 맞서기 위해, 도시의 대중공화주의 제도를 수호하기 위해 사용되었다. 이 장에서는 추첨이 피렌체 대중공화주의를 정치적으로 수호하는 데 얼마나 활기를 불어넣었는지 탐구할 뿐만 아니라, 추첨 사용을 옹호하고 비판하는 마키아벨리(Machiavelli)와 구이치아르디니의 동시대 작품들을 살펴본다. 1530년 피렌체 제2공화정이 몰락하면서 전통적으로 추첨이 중요한 역할을 하던 유럽에서 이 특별한 대중공화주의 모델은 종말을 고했다. 마키아벨리가 1520년 제안한 제도는 이 전통에 매우 충실하다. 그러나 보다 귀족적인 구이치아르디니는 선거가 중요한 역할을 하는 새로운 형태의 대중 공화국을 옹호한다. 그는 또한 1497년 피렌체의 논쟁을 세 개의 다른 작품으로 다시 쓰고 있는데, 가장 중요한 것은 한 쌍의 극화된 연설, 즉 추첨 사용에 대한 찬성과 반대의 연설이다. 그는 유럽 전통에서 이 문제를 진지하게 받아들인 몇 안 되는 작가들 중 한 명이며, 이 장에서 왜 그가 이런 행동을 한다고 생각하는지, 그리고 이 시기에 일어나고 있는 정치적 사고의 변화에 대해 말해주고 있다.

마지막 두 장에서는 정치적 사용이 덜했던 맥락에서 추첨의 실행과 옹호를 살펴본다. 여기서 필자의 주된 목표는 그러한 상황에서 어떻게 정치적 잠재력이 과소평가되고 실현되었는지를 조사하는 것이다. 제5장에서는 해링턴(James Harrington)의 『오세아나』(*Oceana*)가 추첨을 폭넓게 사용하는 베네치아의 모델을 기반으로 하는 영국 공화주의 구조에 대한 아이디어를 어떻게 발전시키는지 설명한다. 그의 아이디어는 미국 식민지의 실험적인 헌법들 중 일부에 반영된다. 그러나 그 방식이 일관되게 채택되는 유일한 형태는 무작위로 선정된 배심원이다. 이것은 1682년 사우스캐롤라이나(South Carolina)에서 처음 등장한다. 배심원은 18세기 후반 영국과 미국에서 일어난 언론 자유 투쟁에서 중요한 역할을 하며, 이러한 맥락에서 추첨을 사회에 정의를 내재하는 수단으로 보려는 시도가 있다. 이 장에서 필자는 이러한 전개 상황 중 일부를 추적하고 비밀투표(secret ballot)와 추첨 사이의 관계를 간략히 살펴본다. 둘 다 원래 베네치아에서 행해지는 동일한 통합 선거 모델의 일부였지만, 이 시기부터 비밀투표가 추첨 요소 없이 사용되기 시작했다. 이 장에서는 이러한 일반적인 주제 외에도 다양한 '독립형' 추첨 제도의 범위를 살펴보고 추첨의 특별한 문제 해결 잠재력이 체계적인 정치적 사용의 맥락 밖에서 어떻게 작동하는지를 탐구한다.

마지막 역사 장에서 프랑스혁명의 정치 행위자들이 추첨의 정치적 잠재력을 어떻게 이해했는지 살펴본다. 경쟁하는 파당들의 압력으로 정치 체제가 삐걱거리고 신음하기 시작하자, 추첨에 기반을 둔 여러 가지 제도들이 채택되었다. 그러나 그 효과는 일시적이고 경우에 따라서는 역효과를 낳았다. 여기에서 추첨 제도의 설계와 실행에서 실제 경험의 역할을 살펴보고 왜 프랑스인들이 이 분야에서 이탈리아 공화주의의 성공으로부터 이끌어내지 못했는지 의문을 제기한다.

그러나 이 연구의 핵심은 역사적 세부사항이나 그것이 제기하는 역사적 문제가 아니라 추첨 형태와 기능의 분석과, 정치적 실행이 결합되어 있다는 점이다. 따라서 이 조합이 어떻게 작동하는지에 대해 몇 마디 말할 필요가 있다. 필자는 블라인드 브레이크가 추첨의 중심 요소라고 생각하기 때문에, 그 다음에 적용 대상을 블라인드 브레이크의 긍정적인 미덕을 만드는 '강한' 용도와 그렇지 않은 '약한' 용도로 나눌 수 있다. 이러한 구분은 매우 특별하고 중요한 문제를 다룰 수 있게 해준다. 공직자 선출을 위한 추첨 사용에 대해 증언하는 역사적, 이론적 설명들이 많지만, *왜* 추첨이 사용되었는지를 설명하는 남아있는 기록들은 확실히 부족하다. 이러한 상황은 추첨에 대한 논의가 존재하는 곳에서, 그것을 비난하는 사람들의 글에서 자주 나타난다는 사실로 인해 더욱 복잡해진다. 이러한 설명은 추첨 사용의 가능한 편익을 비합리적이거나 불안정하거나 담당 직무에 가장 적합한 사람을 뽑는 원칙에 반하는 것으로 묘사하면서 과소평가하거나 언급을 회피하는 경향이 있다.

우리가 조사하는 어떤 정치 시스템에 추첨을 가져올지 정확히 이해하기 위해서는 그리고 추첨의 정치적 잠재력을 결정하는 일반적인 경우를 돕기 위해서 지능적인 복원 과정을 채택해야 할 필요가 있다. 물론 이것은 어떠한 적용에 있어서의 적극적인 맥락과 헌법적 맥락으로부터의 정보를 동일시한다면 상당히 도움이 될 수 있다. 그러나 또한 '초합리적' 과정을 사용하는 것이 왜 유리할 수 있는지, 그리고 이러한 방법들이 이 선택으로 인해 발생할 수 있는 단점들을 어떻게 능가할 수 있는지를 적극적으로 탐색함으로써 추첨이 어떤 경우에 왜 사용되었는지에 대해 정확하게 알 수 있다.

우선 먼저, 이것은 '초합리적' 추첨 과정 자체의 작용과 실제로 합리적인 설계 결정의 결과인 추첨 사용의 결과(예, 풀의 크기와 성격)를 구별할 수 있게 해준다. 공직자들을 선출하기 위해 추첨을 사용하면 정부에 대한 시민 참여가 증가한다는 발상이 그 예이다. 추첨이 높은 수준의 시민 참여를 달성할 수 있는 주된 이유는 그들의 선택에 '초합리적' 메커니즘을 사용하기 때문이 아니라 풀이 모든 시민에게 열려 있기 때문이다. 추첨의 정치적 잠재력에 대한 탐색에서, 추첨 과정의 어떠한 부분이 무엇을 하는지에 대해 이해하는 것이 중요하다.

복원 과정에서 추첨이 도입되었을 수 있는 사소한 이유들과 그것이 사용되었을 수 있는 보다 중요한 이유들을 구분할 수 있는 것 또한 중요하다. 추첨이 교대와 결합함으로써 교대 체계를 확립하는 '논리적' 또는 '편리한' 수단을 형성한다는 생각은 많은 추첨 제도가 도입된 이유일 수 있다. 추첨은 일단 확립되면 빠르고 쉽게 관리할 수 있다.[5] 그러나 이것이 구체적으로 '초합리적' 의사 결정 수단으로서 공직자들을 선출하는 과정에 기여하는 추첨이 무엇인지에 대한 핵심을 찌르지는 못한다. 편리하거나 논리적이기 위해서는 '초합리적'이 필요하지 않다. 따라서 추첨의 강한 적용과 약한 적용의 구별은 연구의 일반적인 목적에 초점을 맞추고 특정 사례나 설명의 가치를 평가하는 데 도움이 된다.

필자는 역설적으로 일종의 결론으로 이 서론을 마친다. 그것은 추첨이라는 주제 자체의 본질에 관한 것이다. 이 결론은 추첨은 복잡한 현상이라는 것이다. 그것은 많은 기능이나 측면을 가지고 있다는 점에서 다면적이다. 즉 이것들은 종종 동시에 작동하면서 항상 동등한 중요성을 갖는 것처럼 보인다. 추첨 결정은 공정하고, 예측할 수 없고, 초도덕적이고(amoral), 초합리적이고, 감정적이지 않고, 익명으로 하는 것이지만 '가능한 별칭의 상자'에서 몇 가지 항목을 가져온다. 그것은 사회적 환경에서 사용되는 인간의 발명품이라는 점에서 사회적 현상이며, 사회적 목적을 추구하는 데 사용된다. 그러나 동시에 그것은 사고, 의도, 의지, 도덕이라는 인간적 자질의 작동을 부정한다. 그것은 선택권이 우리 자신의 손에서 벗어날 수 있는(아마도 그래야 하는) 때가 있다는 생각과 연결되어

---

[5] Manin(1997) p. 31과 Hansen(1999) p 236를 참조하라.

있으며, 그러한 이유로 인간의 가장 심오한 사색적 생각의 일부 영역의 문턱에 서있다. 그것은 또한 인간의 가장 시시한 오락들, 즉 운이 좌우하는 도박과 게임과 같은 경우에도 사용된다.

이러한 복잡성에도 불구하고 그것은 또한 인간 문화에서 흔한 일이다. 작동이 간단하고 보편적으로 활용되며, 이로 인해 장점과 위험성을 남녀노소 모두 직관적으로 파악할 수 있다. 이 연구에서의 목표는 추첨이 특정 분야에 적용되어 엄격한 조사를 받았을 때 스스로 드러나는 것을 보는 것이지만, 너무 추상적인 조사 틀은 아니기 바란다. 또한 추첨의 능력을 잘 이해하고 적절하게 사용된다면 추첨이 생산할 수 있는 가능한 이점을 탐구하는 것을 목표로 하고 있다. 즉 이것이 주제에 대한 마지막 말이 될 것이라고 생각하지 않는다. 추첨은 너무 이해하기 어려워서 오랫동안 고정시킬 수 없다. 연구 과정 동안 필자는 이 놀랄 만큼 단순한 메커니즘이 많은 놀라움을 불러일으키는 것을 봐왔고, 이것이 계속되기를 전적으로 기대한다.

참고문헌

이 주제를 처음 접하는 사람을 위한 고전적인 공헌은 1891년 헤들램(Headlam)의 『아테네 제비뽑기 선출』(*Election by Lot at Athens*)(Headlam)(1933)와 가타커(Gataker)의 1619년 저작인 『추첨의 특성 및 용도에 대해』(*Of the Nature and Use of Lot*)(Gataker)(1627)이다. 케싱어(Kessinger) 출판사의 재출판 시리즈 일환으로 헤들램의 작품이, 임프린트 아카데미(2008)에서는 가타커의 작품이 모두 최근 재출간되었다. 세 번째로 중요한 역사적 기여는 구이치아르디니(Guicciardini)의 "대평의회에서 공직을 선출하는 방법"(*Del modo di eleggere gli uffici nel Consiglio Grande*)로, 불행히도 이 책은 쉽게 구할 수 없고 아직 영어로 출판되지 않았다. 보다 최근의 역사적 설명

중에서 버나드 마넹(Bernard Manin)(1997)은 고대 아테네와 다른 지역에서의 추첨 사용에 상당한 부분을 할애하고 있다. 그러나 그는 대의정부를 평가하기 위한 사전 준비로 이를 수행한다.

20세기 후반에는 새로운 민주주의 패키지의 요소로서 추첨 사용을 옹호하는 정치 저술가들이 쏟아져 나왔다. 이 그룹에는 달(Dahl)(1970), 바버(Barber)(1984), 번하임(Burnheim)(1985), 칼렌바크와 필립스(Callenbach and Phillips)(1985, 재발행 2008), 1970년대와 80년대에 시민배심(Citizens' Jury) 주민발안을 촉진한 사람들, 특히 크로스비, 켈리와 셰퍼(Crosby, Kelly and Schaefer)(1986)에서의 크로스비, 디넬(Dienel)(1989)에서의 디넬, 디넬과 렌(Dienel and Renn)(1995)이 포함된다. 일반적으로 이 저술가들은 추첨을 탐구하기보다는 주장을 할 뿐이다. 카슨과 마틴(Carson and Martin)의 확고한 『정치에서의 무작위 선택』(*Random Selection in Politics*)(1999)는 이러한 전개들을 잘 기록하고 있다. 상원 개혁에 대해서는 바넷과 카티(Barnett and Carty)(2008, 원본 1998)를 참조하고 다른 정치적 맥락에서 유사한 계획에 대해서는 서더랜드(Sutherland, 2004; 2008)를 참조하면 된다. 닐슨의 기여는 웹사이트 www.sortition.com 및 www.sortition.org.uk에서 찾을 수 있다(Nilsen)(2007).

위에서 언급한 주요한 공헌에 더하여 다음 저널들을 참조하기 바란다. 아마르(Amar)(1984); 오베르(Aubert)(1959); 보일(Boyle)(1998); 쿠테, 스튜어크, 캔덜(Coote, Stewark and Kendall)(1997); 에코프(Eckhoff)(1989); 엥겔스타드(Engelstad)(1988); 피쉬번(Fishburn)(1977); 프리엔베르크(Frienberg)(1971); 그릴리(Greely)(1977); 호프스티(Hofstee)(1990); 쿠퍼(Kuper)(1996); 뮐러, 톨린슨, 윌렛(Mueller, Tollinson, and Willett)(1972); 멀간(Mulgan)(1984); 셰어(Sher)(1980); 스톤(Stone)(2007a, 2007b), 젝하우저(Zeckhauseur)(1969).

또한 정치 이론과 철학의 일반적인 영역 내에서 추첨에 관심을 보인 최근 작가들이 많이 있다. 그중 가장 좋은 것은 엘스터(Elster)(1989),

굿윈(Goodwin)(2005), 덕스베리(Duxbury)(1999)의 장편 저작들과 브룸(Broome)(1984, 1991)의 몇몇 주목할 만한 단편이다. 이 중에서 굿윈은 정의와 추첨 사이의 관계에 대한 탐구에 있어 보다 일관된 정치적 방향을 채택한다. 출발점이 다른 주목할 만한 기여는 고베르트(Gobert)(1997)에서 찾을 수 있다. 이것은 살아남은 제도인 배심원단의 관점에서 정치 공직에 대한 무작위 선택을 살펴보고, 짧지만 중요한 모리스 포프(Maurice Pope)(1989) 기사 '국가에 관해 …'(Upon the Country …)에서 발견되는 아이디어에 대한 추가적인 탐구이다.

추첨에 대한 논의는 또한 합리적이고 사회선택 문헌의 하위 섹션을 형성한다. 젝하우저(1969)는 애로우(Arrow), 폰 노이만(von Neumann) 및 모건스턴(Morganstern)에 의해 비옥해진 현장에서 이 담론 영역에 추첨을 도입하는 일을 담당했다. 이것은 피쉬번(Fishburn)(1977)이 뒤따른다.

제1장

블라인드 브레이크(the Blind Break)와 그 시사점

이 장에서는 추첨의 사용을 가장 잘 이해할 수 있는 방법에 대해 살펴본다. 그 목적은 추첨의 어떠한 모델이, 그리고 추첨을 이해하기 위한 어떠한 틀이 추첨의 정치적 잠재력을 검토하는 이후의 과제에서 가장 도움이 될 것인지를 찾는 것이다. 이 장 전체에서, 그리고 책 전반에 걸쳐 필자는 추첨을 하나의 도구인 것처럼 접근한다. 그것은 불이나 바퀴와 유사한 인간의 발명품이며, 특정한 임무를 수행하도록 고안되었다. 그것은 특정 적용에서는 매우 유용하고 다른 적용에서는 덜 유용한 많은 특성과 잠재력을 가지고 있다. 필자의 목표는 이러한 잠재력이 어떻게 작동하는지 보여주고, 광범위한 추첨 적용 분야를 조사할 수 있는 일관된 접근 방식을 개발하는 것이다. 이를 위해, 필자는 추첨 과정의 두 가지 장치 또는 방법을 발전시키는데, 둘 다 '초합리성'(arationality)이라는 개념을 중심에 두고 있다. 그것들은 약간 다른 방식으로 이를 수행한다. 첫 번째는 추첨이 어떻게 작동하는지에 대한 간단한 절차적 설명이고, 두 번째는 추첨 적용의 문제에 좀 더 질적인 관점에서 접근할 수 있게 해준다. 이것은 추첨이 기계적이거나 '인간적인 것과 무관한' 과정이라는 생각에 바탕을 두고 있으며, 특히 선택 행위에 '인간적인 것과 무관한' 특성을 가져오는데, 그 중 가장 중요한 것은 '초합리성'이다.

이러한 장치 또는 관점을 기반으로 추첨 적용의 두 가지 유형을 정의한다. 첫 번째는 강한 적용이다. 이것이 추첨의 '초합리성'이라는 특성이 긍정적인 덕목으로 여겨지는 부분이다. 두 번째는 약한 형태의 적용이며, 추첨이 사용되지만 '초합리성'이 필요하지 않거나 덜 필요한 경우로 파악할 수 있다. 또한 이것은 추첨의 '초합리성'이라는 특성이 그 적용이 추구하는 다른 목적이나 발상과 모순되는 것으로서 이해할 수 있다.

추첨 사용을 조사하기 위한 두 가지 장치

추첨은 특정한 문제를 해결하기 위한 도구로 개발된 기계적 의사결정의 한 형태이다. 추첨을 사용하기로 결정한 사람들은 일반적으로 이러한 유형의 선택이 인간의 이성에 의존하는 선택 유형보다 그들에게 더 유용할 것이라고 추정하기 때문에 그렇게 한다. 추첨을 사용하기로 한 결정은 적극적이고 합리적인 결정이지만, 그것은 합리적인 맥락 안에서 계산된 '초합리성'이라는 요소를 가지고 있다.

합리적인 결정이란 인간의 이성이 적용되어 취해지고, 어떤 것이 실행 가능하고 선호되는지를 정하기 위해 서로 다른 옵션을 판단하거나 따져보는 것을 포함하는 결정을 의미한다. 필자는 비합리적인 결정을 열정, 본능 또는 감정과 같은 다른 인간적인 측면에 의해 이성의 능력을 압도하는 인간의 결정이라고 생각한다. 이성이라는 인간의 능력에 의해서도 아니고 또한 다른 인간의 능력에 의해서도 내려지지 않는 결정을 의미하기 위해 '초합리성'이라는 용어를 사용한다. 따라서 그것은 합리적이지도 비합리적이지도 않다. 결정에 '합리적'이라는 용어를 적용함에 있어 그 결정이 반드시 좋은 결정이거나 잘 만들어진 결정이라는 것을 의미하는 것이 아니라 단지 아이디어와 옵션의 저울질을 수반하는 결정이라는 것을 의미한다.

추첨을 사용하기로 한 결정과는 별개로, 모든 추첨에는 풀(pool)의 규모와 특성, 추첨의 목적에 대한 사전 구조적인 선택을 포함한다. 복권게임의 주목할 만한 예외를 제외하고, 추첨은 종종 이전에 또는 다른 상황에서 이성으로 선택되었을 수 있는 유형의 결정을 위해 사용된다. 따라서 추첨은 합리적인 선택에 적용되는 목적의식이 있는 맥락의 유형 내에서 작동한다.

비록 필자는 추첨 선택을 기계적이라고 설명하지만, 실제 추첨은 종종 인간 대리인(human agent)에 의해 이루어진다. 추첨 선택이 필요한 상황이 발생하면, 이 대리인의 행위는 가능한 한 임의적이고 기계적으로 이루어진다. 공, 티켓 등의 상징물은 똑같이 보이거나 느껴지도록 제작하고, 인간의 감각이나 이성에 의한 구분을 배제하기 위해 모든 노력을 기울인다. 추첨을 하는 대리인은 결과적으로 기계 또는 '비인간'의 역할을 한다.

종종 추첨 선택에 대해 우연히 이루어진 것이라고 말하지만, 이 용어가 그 과정에 대한 일종의 외부 대행기관을 암시하고 대부분의 추첨이 존재하는 전반적인 합리적인 맥락을 손상시키기 때문에 이 용어 사용을 피한다. 우연한 만남이나 우연한 사건에 대해 이야기할 때, 보통 추첨보다 훨씬 더 광범위한 변수 요소에 영향을 받고 훨씬 적은 통제를 받는 과정에 대해 말한다.

첫 번째 장치는 추첨의 합리적인 맥락 가운데에 있는 중심적인 '초합리성'이라는 요소를 설명하는 수단이다. 또한 모든 추첨에 공통적인 절차적 특징을 설명한다. 다음과 같이 설명할 수 있다.

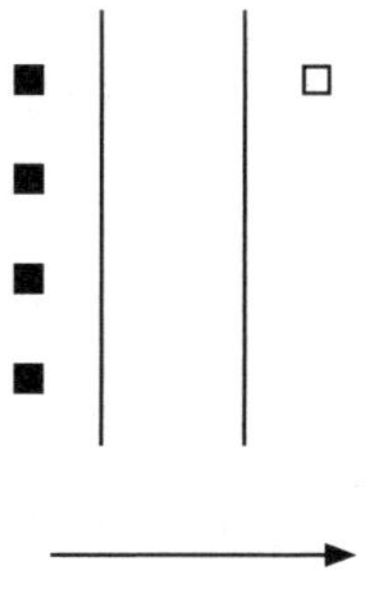

왼쪽은 옵션 풀이다. 이것들을 임의적으로 기호로 동등하게 하고 나서 보여준다. 만약 인간 대리인이 추첨하면 이러한 기호들은 감각에서 동일하도록 설계된다. 기계를 사용하는 경우 모든 기호가 동일한 처리 대상이 되도록 동일한 물리적 특성을 갖는다. 오른쪽은 선택된 옵션이다. 가운데 두 개 수직 평행선은 선택이 이루어지는 곳을 나타낸다. '블라인드 브레이크'라고 부르는 이 구성은 절차의 중심인 합리성의 사슬에서 의도적인 불연속성 상태를 나타낸다. 화살표는 제시된 여러 가지 옵션으로부터 이것들 중 하나가 산출 또는 결과로 이르는 시간 기반 과정이라는 것을 나타낸다.

사전 추첨 결정을 주로 다이어그램의 왼쪽에 있는 것으로 생각할 수 있다. 여기에는 추첨 사용 결정, 풀 규모 및 참여 자격에 관한 결정, 그리고 결과에 대한 일반적인 결정이 포함된다. 예를 들어, 결과의 일반적 성격(예를 들어 해당 관직의 유형)은 일반적으로 추첨이 실시되기 전에 알려져 있다. 추첨은 사전 결정된 상태에 적합한 옵션이 무엇인지를 결정하기 위한 것이다.

또한 옵션의 '탈가치'(devaluation)가 다이어그램 왼쪽에서 일어난다고 생각할 수 있다. 이것은 모두 다른 가치와 품질을 가진 다양한 옵션이 선택을 하는 사람이나 기계에게 동일한 것으로 보이는 기호로 결합되는 과정이지만, 또한 어떤 옵션을 대표하는지에 대한 숨겨진 표시를 가지고 있다. 우승 기호를 선택한 후, 이 숨겨진 가치가 드러나고 결과의 중요성을 어떻게 추구해야 하는지에 대한 합리적인 선택이 이루어진다.

이 장치의 가장 큰 특징은 '초합리적' 블라인드 브레이크이다. 이것은 대부분의 의사결정 절차에 수반되는 합리적이고 계획적인 사고와 행동의 사슬로부터의 단절을 나타낸다. 따라서 추첨에는 불연속성 또는 단절이라는 개념이 구현되어 있다. 추첨 결정이 그 주변에 존재하고 그 전후에 일어나는 특성과 격리된 특별한 구역에서 일어나는 것으로 생각할 수 있다.

이 장치의 시간적 특성은 추첨이 이루어지는 일련의 이벤트 순서를 반영하고 추첨의 절차와 본질적인 특징을 정의한다. 모든 추첨은 이러한 기본적인 패턴을 따르지만, 추첨 메커니즘과 선택을 보장하기 위한 배열은 '블라인드'이며 '초합리적'인 것으로 다양하다. 블라인드 브레이크가 손재주나 다른 형태의 속임수에 의해 위태로워진다면 더 이상 그 절차를 적절한 추첨으로 분류할 수 없다. 블라인드 브레이크는 블라인드로 유지되어야 한다. 그러므로 이것을 추첨의 가장 중심적이고 본질적이며 결정적인 특징이라고 생각한다.

이 시점에서 추첨의 다른 두 가지 특징에 주목해야 한다. 첫째는 추첨이 특정한 개인이나 개인들의 집단에 의해 설계되고 시행되지만, 추첨은 특정한 결과에 대해 책임을 질 수 있는 식별 가능한 대리인이 없다는 사실이다. 다른 하나는 추첨이 풀의 모든 옵션 또는 구성원들에게 동등한 기회를 제공한다는 사실이다. 우리가 보게 될 것처럼, 이러한 특징들은 '초합리성'이라는 문제와 중요한 관련이 있다.

두 번째 장치는 추첨이 의사 결정의 기계적 형태라는 사실과 밀접하게 관련되어 있다. 그것은 또한 블라인드 브레이크에서 파생되며 블라인드 브레이크에서 어떤 일이 일어나는지, 그리고 그 작동이 어떤 결과를 초래하는지 이해하는 방법이다. 첫 번째 접근법이 추첨 절차의 일반적인 형태, 본질적 특징 및 운영을 다룬다면, 두 번째 접근법은 '추첨 결정이 어떤 종류의 결정인가?'와 '추첨 절차의 특성을 어떻게 이해하고 있는가?'라는 질문에 기초한다. 추첨 결정이 기계적인 결정이라는 답은 올바른 방향으로 인도하지만 두 번째 질문에 대한 답은 아니다. 추첨에 내재된 특성과 잠재력을 평가하는 가장 좋은 방법은 추첨을 주로 인간적인 것과 무관한 과정으로 생각하는 것이라고 제안하고 싶다. 그러므로 추첨 선택의 특성들은 의식적인 인간에 의해 만들어진 선택에 속하지 않는 것으로 부정적으로 이해되어야 한다.

이 장치는 추첨 선택에 적용할 수 있는 이러한 모든 '인간적인 것과 무관한' 자질들을 모두 포함하고 있는 상상의 상자 형태를 취한다. 만약 추첨 결정을 묘사할 필요가 있다면, 상자 안의 모든 단어가 추첨 결정에 실제로 관련된 정확한 별칭을 제공할 것이라고 확신할 수 있다. 상자에 담긴 특성들은 물론 모든 인간 속성의 부정적인 요소를 포함하고 있기 때문에 매우 크다. 추첨 결정이 무엇인지, 무엇이 그렇지 않은지 이해하는 데 도움이 되기 때문에 적어도 처음에는 이런 식으로 생각하는 것은 유용하다. 이 개념을 다음과 같이 설명할 수 있다.

추첨 결정은

공정한
초도덕적인
비논리적인
비차별적인
감정을 드러내지 않은
편견이 없는
숙고하지 않은
초합리적인
예측할 수 없는
창의적이지 않은
의도적이지 않은
격정적이지 않은
야심적이지 않은
계산하지 않은
등...

… 결정이다

상자 안에는 거의 무궁무진한 많은 가능한 별칭들이 들어있기 때문에, 목적에 가장 적합한 것들을 고를 수도 있고, 선택을 해야 한다. 그러나 그렇게 함으로써 우리가 무엇을 하고 있는지, 그리고 추첨 결정에 내재된 다양한 특성의 범위에 대해 명심해야 한다. 정치적 의사 결정의 영역에서 우리가 가장 우려하는 비인간적 별칭은 보통 의사 결정과 관련된 용어의 비인간적 표현과 같은 것이다. 이것들 중에서 가장 유용한 것이 *'초합리성'*이라는 용어라고 주장한다. 우선 정상적인 의사결정에서 중요한 역할을 하는 이성의 사용과 추첨 기반 의사결정에서 합리적 기능의 거부를 구별한다. 의사 결정 과정에서 합리성을 잃는 것은 큰 손실이며, 정당한 이유 없이는 그리 할 필요가 없을 것이다. 둘째로, 추첨에서 이성의 상실은 차별, 도덕성, 예측 가능성과 같은 다른 이성과 관련된 자질을 잃는 출발점이 된다. 좋은 것과 나쁜 것을 따지지 않기 때문에, 추첨 결정은 '초도덕적'이며 또한 같은 이유로 차별이 없다. 합리적인 차별이 있을 수 없는 곳에는 논리가 있을 수 없지만 마찬가지로 열정, 편견, 잘못된 이성, 욕망이나 두려움, 호의에 의해 움직이는 이성도 있을 수 없다. 추첨 결정은 좋든 나쁘든 의지의 작용에 영향을 받지 않는다. 추첨에는 사랑도, 증오도 없다. 옵션들을 따지지 않기 때문에 추첨에 나온 숫자에 따른 단순한 확률 문제를 넘어서는 누구도 추첨 결정을 예측할 수 없다. 추첨은 경마가 아니기 때문에 공부할 수 있는 행태가 아니다. 다른 유형의 의사 결정과 비교할 때 추첨 결정에는 생각이나 관점이 모일 수 없으며 논쟁, 주장 또는 설득도 없다. 이러한 이유로 추첨 결정은 직접적이고 중재되지 않으며 신속하다.

추첨을 사용하는 결정은 다른 의사 결정 과정 방법에 대한 고려와 거부를 수반하기 때문에 이러한 대안을 살펴보는 것은 추첨이 다른 방법으로는 할 수 없는 주어진 상황에 어떤 결과를 가져올 수 있는지 알 수 있는 유용한 수단이다. 필자는 '초합리성'이라는 용어가 추첨과 추첨이 아닌 결정을 구별하는 가장 유용한 방법이라고 주장하지만, 그것이 가능한 별칭의 상자 속의 하나라고 인식하는 것이 추첨 사용의 이점에 대한 이해를 넓히는 데 도움이 된다. 상자 안에 있는 모든 것을 볼 필요는 없지만, 상자라는 발상은 추첨의 잠재력을 가장 넓게 정의한다.

이 새로운 장치를 통해 이제 필요한 경우 분석에 사용할 수 있는 보다 풍부한 보조적인 특성 세트를 가진 첫 번째 '블라인드 브레이크' 형태로 돌아갈 수 있다. 두 가지 모두 '초합리성'이 핵심이다. 이 두 모델의 관계는 추첨 절차의 '블라인드 브레이크' 시각이 어떤 경우에도 무슨 일이 일어나고 있는지 가장 빠르게 접근할 수 있다는 것이지만, 더 탐구해야 할 경우 '가능한 별칭의 상자'가 유용하다는 것이다. 추첨이 해결하려는 문제에 얼마나 잘 적용될 수 있는지 검토하기 시작하면서 이것이 어떻게 작동하는지 알 수 있다.

추첨의 강한 적용과 약한 적용

목적을 달성하는 데 사용되는 도구로 추첨을 생각한다면, 그 도구와 그 도구가 사용되는 작업이 잘 일치하는지에 대해서도 논의할 수 있다. 이런 점에서 '블라인드 브레이크'는 추첨 절차의 중심 부분으로, '초합리성'을 별칭 상자에서 가장 중요한 특성으로 파악하는 것이 중요하다. 도구는 가장 본질적인 특성에 상응하는 작업에 가장 잘 적용된다. 그러므로 추첨은 당면한 문제를 해결하기 위해 그것의 일차적인 특성인 '초합리성'이 요구될 때 가장 잘 적용된다. 또한 이러한 경우에 긍정적인 미덕은 '초합리성'은 '블라인드 브레이크'로부터 만들어진다고 표현할 수 있다. 이러한 상황이 발생할 때 '강한' 적용 또는 추첨의 사용을 이야기할 수 있다.

추첨의 강한 사용의 예로는 비슷한 체격의 20명의 연구 샘플을 약물 실험을 위해 선택한 경우를 들 수 있다. 이 중 10명은 추첨으로 선택하여 위약(僞藥)을 복용하고, 나머지 10명은 약물을 투여한다. 누구에게 주어졌는지는 실험이 끝날 때까지 참가자와 관찰자 모두에게 공개되지 않는다. 여기서는 무작위 선택이 전체 실행의 중심이 되기 때문에 '블라인드 브레이크'가 긍정적으로 사용된다. 그것은 피험자들을 서로 연결하거나 그들 중 어느 한 사람을 그들이 받게 되는 약물과 연관시킬 수 있는 가능한 근거가 없다는 것을 보장한다. '인간적인 것과 무관한'이라는 가치의 관점에서 요구되는 핵심 특성은 선택이 편파적이 되지 않아야 하고, 만약 판단이 편향되거나 편견을 갖는 경우 인간의 판단 대상이 되지 않아야 한다는 것이다. 그것은 질적인 인간의 결정이 아니기 때문에, 추첨을 사용하는 또 다른 시도는 인간의 관점에서 가변적이지 않을 것이고 동일한 기본 조건이 적용되기 때문에 비교할 수 있다. 이러한 객관적인 특성은 또한 보다 정치적으로 더 중요한 방식으로 표현될 수 있다. 즉 추첨을 사용하면 실험에 관련된 사람이 결과를 조작하거나 고치는 것을 방지한다. 인간의 편견이 없다는 일반적인 가치와 고의적인 조작에 대한 보다 분명한 방지는 둘 다 동일한 필수적이고 강한 사용을 나타내며, 둘 다 '초합리적인' 과정이 필요하다. 실제로 '블라인드 브레이크'는 과정이 더 큰 고의적인 위협을 받을 때 더 많은 작업을 수행하는 것처럼 보이지만, 여전히 그러한 직접적인 위협이 존재하지 않는 경우에도 예방 기능을 수행한다.

추첨의 약한 사용은 더 복잡하다. 추첨의 약한 적용은 합리적인 결정이 필요할 때 발생할 수 있지만, 합리적으로 만들어진 결과는 달성하기 너무나 어렵기 때문에 편의상 추첨을 사용한다. 예를 들어, 합리적인 기준을 따져서 둘 중 하나를 선택하기가 너무 어렵기 때문에 특정 직업에 대한 강력한 두 명의 후보 사이의 선택이 추첨으로 결정되는 경우(예, 동전 던지기)를 들 수 있다. 여기에는 '초합리적인' 선택 방법을 사용해야 하는 긍정적인 이유가 없다. 여기서 추첨이 합리적 판단을 대신하거나 대체하기 위해 사용된다고 주장할 수 있다.[1]

두 번째 의미에서 약한 사용의 예로는 권력분점 협정으로서 두 경쟁 정당 사이에서 30대 50으로 나뉜 80명의 의회에서 3명의 집행위원장들을 추첨으로 선택하는 경우를 들 수 있다. 여기서 추첨 사용은 몇 가지 장점이 있다. 선거와 비교하여 다수당이 필연적으로 그 고위직을 장악하는 것을 방지한다. 정치는 공정하다고 볼 수 있고, 임명과 관련하여 뇌물을 받거나 협박을 받을 사람이 없기 때문에 부패가 억제될 수 있다. 다른 한편으로는 균형이나 비율에 대한 발상을 만드는 *명시적인 목적으로* 추첨이 사용된다면, 그러한 작업은 '초합리성'을 요구하지 않기 때문에 이것은 약한 사용을 구성한다. 이러한 상황에서 *'초합리적인'* 무작위 추첨과 권력공유의 일반적인 개념으로 표현되는 *비율*의 개념 사이에는 모순이 있다.

여기서 비례성이 요구된다면 예를 들어 소수당이 8분의 3만큼 집행위원장을 맡을 수 있는 직접적으로 합리적이거나 비율에 기반을 둔 시스템을 사용하는 것이 더 나을 것이다. 이것은 또한 더 큰 집단에 유리하게 '가중'되어 있고 양당에 호소할 때 이에 의존하기 때문에 가중치 추첨의 한 사례이기도 하다. 필자는 이러한 형태의 추첨에 대해 이 장의 뒷부분에서 더 자세히 논의한다.

그러나 추첨의 약한 적용과 강한 적용을 상호 배타적이라고 생각해서는 안 된다. 추첨을 적용할 때의 문제 중 하나는 해당 특성 중 하나만 요구하더라도 과정은 그 한 특성만을 생산할 수 있을 만큼 충분히 유연하지 않지만 모든 범위의 '초합리성'과 '인간적인 것과 무관함'이라는 특성을 포함한다는 것이다. 어떠한 적용에서든 대부분은 중립적이지만 일

---

[1] Broome(1991) p. 98을 참조하라.

부는 원치 않는 부작용의 상태를 가정한다. '초합리적인' 적용의 일부 측면에서는 가치가 있지만 다른 측면에서는 문제가 될 수 있다. 이러한 경우, 적용이 주요 기능에 약하거나 강한지 여부를 평가해야 한다. 이것이 항상 하기 쉬운 것은 아니지만, 추첨의 사용을 동일한 목적을 달성하기 위한 다른 가능한 수단과 비교하는 것은 유용한 방법이다. 필자는 앞선 예의 권력 공유 측면을 가지고 이렇게 했다.

추첨의 사용이 약하다고 해서 완전히 부적절한 것은 아닐 수 있으며, 특히 일회성 상황에서 문제를 효과적으로 해결할 수 있다. 더 오래 사용하면 메커니즘의 본질적인 특성과 매커니즘이 사용되는 용도 사이의 모순이 드러날 수 있다. 추첨은 또한 '초합리성'이라는 본질이 적절하게 사용될 때 '가장 순수한' 상태에 있지만, 오용 또는 잘못된 맥락에서의 사용으로 손상될 수 있다. 추첨의 예측 불가능성을 훼손하기 위해 추정과 조작을 일관되게 사용하는 것이 그 예가 될 것이다. 이것은 일반 추첨보다 가중치 추첨에서 더 쉽게 일어날 수 있다. 실행안으로서 필자는 '블라인드 브레이크'가 덜 '블라인드' 됨에 따라 추첨하는 것을 멈출 것을 제안한다. 이것은 또한 더 많은 인간의 자질이 추첨 과정의 일부가 되거나 그 과정과 연관될 때, 그 과정은 손상된다는 생각으로도 표현될 수 있다.

추첨을 사용하는 모든 진지한 결정은 특정한 인간의 자질을 배제함으로써 얻은 가치와 추첨 결정이 '초합리적인' 결정이기 때문에 잃게 되는 가치 사이의 균형을 포함한다. 추첨의 강한 사용으로 인해 이러한 배제는 목적에 부합하며 추첨이 운영되는 맥락과 본질적으로 관련이 있다. 추첨의 사용이 약하거나 약할 경우 이러한 절충은 잘못 관리되고 '초합리성'이 골칫거리나 장애가 된다. 이런 식으로 발생하는 문제들은 종종 추첨의 원치 않는 효과를 보상하기 위해 추첨 설계에 다른 요소들을 도입해야 한다는 것을 의미한다.

책임 있는 대리인이 없는 과정으로서, 그리고 동등하게 작동하는 과정으로서 추첨

지금 간략하게 살펴볼 추첨 절차에는 두 가지 형식적인 특성이 있다. 첫 번째는 추첨 결정은 한 사람에게 귀속될 수 없다는 생각이고, 두 번째는 추첨과 평등의 관계이다. 언뜻 보기에 이 두 가지 생각은 블라인드 브레이크와 가능한 별칭 상자가 제공하는 분석 틀 밖에서 작동하는 것처럼 보일 것이다. 그러나 자세히 살펴보면, 그것들은 필자가 이 장에서 제시하는 일반적인 관점과 의견이 일치하는 것으로 볼 수 있다.

추첨은 개인의 손에서 벗어난 결정을 취하고 선택이나 결과에 대한 책임을 지는 사람이 없기 때문에 주로 사용될 수 있다. 따라서 추첨의 이러한 '비주체'(non-subject) 또는 '비대리인'(non-agent) 상태는 추첨 과정의 본질적이고 심지어 그 의미를 규정하는 측면으로 나타난다. 그러나 비인간적 가치라는 상자의 관점에서 이 시나리오를 본다면, 능동적 주체가 없는 결정은 주체가 그 결정을 내리는 데 가져올 수 있는 모든 가치도 상실해야 한다는 것이 분명하다. 예를 들어 판사를 임명하기 위해 추첨을 하는 결정은 탐욕, 야망, 정당에 대한 개인적 선호에 의해 동기가 부여될 수 없는 결정이다. 그것은 선호나 편파성이라는 인간적인 특성을 포함하지 않기 때문에 공정하다. 의식적인 우선권 판단은 없으며, 같은 이유로 무의식적 선호도 배제된다. 연구 후반부에서 살펴보겠지만, 추첨의 이러한 비대리인 특성은 정치 영역에서 이를 적용하는 데 있어 매우 중요한 측면이지만, 결정을 내리는 본질적으로 '초합리적인' 수단으로서 추첨의 틀 밖에 존재하지 않는다. 추첨 선택은 익명의 선택이지만, 또한 인간 의사결정자가 가지고 있는 모든 자질이 결여된 상태에서 행해지는 선택이기도 하다. 그러나 추첨 시스템을 조사할 때, 특정 추첨 과정의 비대리인적인 측면과 전체적으로 합리적으로 그 과정을 착수하는 누군가 또는 몇

몇 사람들이 가지고 있는 생각을 구별해야 한다. 이 '조직화 주체'는 추첨의 정치적 사용에서 매우 중요할 수 있다.

유사하지만 조금 더 복잡한 문제는 추첨의 공식적 특성에 의해 나타나는데, 이는 풀에 속한 모든 사람에 결과에 나타날 동등한 가능성을 주는 결정 수단이라는 점이다. 먼저 추첨의 작동과 관련하여 그것을 사용할 때 '평등'이라는 용어가 정확히 무엇을 의미하는지 물어봐야 한다. 확실히 그 과정의 메커니즘적 측면에서, 공이나 티켓은 비슷하게 보이고 동등하게 보이고 뽑힐 동등한 기회를 갖도록 만들어진다. 그러나 더 자세히 분석해 보면, 이것이 의미하는 것은 기계가 뽑든 인간의 대리인이 뽑든 추첨이 그들이 소유할 수도 있고 소유하지 않을 수도 있는 어떤 자질에 근거하여 선택권을 차별하지 않는 방식으로 선택하게 될 것이라는 점이다. 그러므로 추첨 선택은 자질에 따라 차별하거나 선택하는 합리적인 인간의 성향을 부정하기 때문에 'e-quality' 또는 'non-quality' 선택이다. 그러므로 추첨 선택에 의해 제시되는 기회의 평등을 그것의 본질적인 '초합리성'의 결과로 볼 수 있다.

실제로 추첨은 자질 기반의 장점이나 단점이 어떤 선택을 할 때 요소가 되는 것을 방지하기 위해 종종 사용된다. 일단 추첨 풀이 결정되면, 풀 내의 모든 사람들은 그들의 개인적 자질이나 그러한 자질이 어떻게 평가될 수 있는지에 상관없이 결과에 대해 동일한 지분을 갖게 된다. 추첨은 한 명의 당첨자를 선택하는 그 결과에 있어서 참가자들에게 평등을 가져다 주지는 않을 것이며, 당첨금을 풀의 모든 구성원에게 나누어 주지 않을 것이다. 또한 풀에 있는 모든 사람들을 그들의 삶의 모든 측면에서 평등하게 만들지도 않는다. 그것이 하는 일은 추첨에 의해 내려지는 결정과 관련하여 풀에 있는 모든 사람들 사이의 질적 차이가 일시적으로 중단되는 고도로 인위적인 상황을 만드는 것이다.

비례성과 추첨

비례의 개념과 추첨 사이의 관계를 고려할 때 가장 좋은 진입점은 실제 사례를 통한 것이다. 축구 경기 표를 받았는데 갈 수 없는 상황이다. 내게는 축구에 관심이 많은 다섯 명의 친구가 있어서 추첨을 통해 누가 표를 받을지 결정한다. 그들은 이런 일이 벌어지고 있고 추첨이 다섯 명을 대상으로 한다는 것을 모두 알고 있다.

모든 추첨과 마찬가지로 이 추첨 내에서도 당첨자 수와 풀 내의 숫자 사이에는 근본적인 관계가 존재한다. 이 예에서 이것은 비율 1대 5로 표현될 수 있다. 확률법칙에서 이 비율은 각 친구의 관점에서 표를 얻을 확률이나 가능성을 정의하기 위해 사용된다. 각 친구는 5분의 1의 확률로 표를 얻을 수 있다. 이것은 실제 결과의 수를 가능한 결과의 수로 나눔으로써 달성된다.

그렇다면, 이 비율이 추첨 과정 자체와 그것을 이해하는 방식에 기여하는 것은 무엇일까? 이 질문에 대한 답변의 첫 번째 요점은 이 비율이 모든 추첨에 필수적이지만, '초합리적인' 절차 자체가 아니라 추첨 작동에 선행하는 합리적인 결정에서 비롯된다는 것이다. 따라서 이 비율과 추첨의 '초합리성' 성격 사이에는 모순이 없다. 풀의 규모와 당첨자의 수는 추첨 메커니즘이 적용되는 기본 재료라고 생각하면 된다.

그러나 이 비율을 추첨 작동에서 실제로 소유하지 않은 지위를 부여한다면 추첨 절차를 이해하는 데 문제가 있을 수 있다. 내 다섯 친구의 경우, 각각 5명 중 1명꼴로 표를 얻을 확률이 있다는 사실은 그들 모두가 동등한 기회, 즉 그들의 자질에 대한 내 개인적인 의견에 영향을 받지 않는다는 사실보다 덜 중요하다. 그러나 이 비율이 중요해질 수 있는 경우는 이 추첨과 더 작거나 더 큰 풀을 가진 다른 추첨 간에 비교가 필요한 경우이다. 하지만 그것은 추첨의 작동이나 잠재적 결과에 대해 내 친구들이 이미 알지 못하는 그 어떤 것도 그들에게 말해주지는 못한다.

마찬가지로, 장기간에 걸쳐 추첨을 반복하면 친구들 한 명 한 명이 추첨의 약 5분의 1을 얻을 수 있다는 대수의 법칙(the law of large number)에 표현된 개념도 직접적인 쓸모가 거의 없다. 그것은 누가 이 표를 얻는지에 대한 질문에는 답하지 않는다. 추첨이 본질적인 '초합리성'을 긍정적으로 평가하려면 단기적으로 운영되어야 하며, 당장의 결과에 대한 불확실성에 근거해야 한다. 추첨은 장기적으로 어떤 형태로든 비례적 결과를 낼 수 있다는 이유로 채택될 수 있지만, 이런 경우는 '초합리적인' 블라인드 브레이크가 필요하거나 활용되지 않기 때문에 약한 적용이 된다.

확률론에서의 추첨의 역할에 대한 몇 마디로 비례성과 추첨 사이의 관계에 대한 이러한 고찰을 끝낼 필요가 있다. 확률론이 등장한 주요 활동 영역 중 하나는 미완성 카드 게임에 대한 연구였다.[2] 그 카드 게임의 초기 창시자들은 그들이 보유한 카드에 내재된 이점과 그것이 계속될 경우 가능한 플레이의 순열에 따라 개별 플레이어들 간의 지분을 나누는 문제를 다루었다. 이를 위해 단순 추첨에서 풀 내에서의 숫자와 결과 수 사이의 기본 비율을 기본 도구, 자료 또는 잣대로 통합했다. 이를 통해 객관적이고 수학적인 기준으로 복잡한 비교를 할 수 있었고, 단순 추첨 형태의 통제 모델과 비교하여 전반적으로 추첨 같은 구성을 검토할 수 있었다. 이러한 방식으로 단순 추첨은 보다 복잡한 계산 시스템의 핵심에서 작동하며 전적으로 공정하고 객관적이기 때문에 이 역할에 가치가 있다.

이것을 추첨의 강한 적용의 특별한 형태로 특징지을 수 있다. 그것은 이론에 추첨의 실제 모델을 적용하는 것으로 구성된다. 블라인드 브

[2] 특히 De Moivre, Bernoulli와 Montmort의 작품과 관련하여 Todhunter(1865)와 Bork(1967)를 참조하라.

레이크는 주관적인 판단을 배제하기 때문에 일반적인 의미에서 강하지만, 비교의 수단으로서 특정 비(非)추첨 또는 추첨 유사 개념에 적용되는 일반적인 공식의 일부가 된다. 따라서 추첨 자체를 적용하기보다는 주어진 문제에 추첨의 특성을 적용하는 것으로 생각할 수 있다. 확률론은 많은 추첨 또는 추첨과 유사한 구성이 서로에 대해 어떻게 작동할 수 있는지에 대해 이해를 도울 수 있지만, 만약 그것을 단순 추첨에 다시 적용한다면 그것은 특정한 것만을 알려줄 수 있다. 가능한 결과와 하나의 특정 결과 사이의 관계를 비율로 표현할 수 있고, 추첨이 많은 횟수 반복될 경우 결과가 그 비율에 근접한다는 것을 알 수 있다. 규칙에 따르면 축구표에 대해 반복적으로 추첨을 하면 친구들 각자가 이러한 방식으로 제공되는 총 표의 약 5분의 1을 받게 된다.

요약하자면, 추첨 과정의 '초합리성'은 비율 또는 균형에 대한 인간의 생각과 양립할 수 없다. 따라서 이러한 특성을 반영하는 결과를 생성할 수 없다. 이를 위해 추첨이 사용되는 경우, 그것은 약한 적용에 해당하며 비율이 아닌 무작위성을 발생시킨다. 풀에 있는 숫자와 결과 수 사이의 기본적인 비율은 모든 추첨의 합리적인 전제 조건의 일부이다. 그것은 비율로 표현되는 각 특정 추첨의 수치를 정의하지만, 이러한 기본적인 정보를 넘어서는 어떤 것도 추첨에 가져올 수 없으며, 장기적으로 결과가 풀에 있는 사람들 사이에 고르게 분포될 수 있다는 생각이다.

표본추출, 가중치 추첨, 독립적인 결과

만약 확률론으로 다른 무작위 맥락을 탐구하기 위한 자료로 추첨을 사용하는 경우, 비례 문제를 탐구하거나 비례 결과를 만들기 위한 추첨의 사용 또는 시도된 추첨의 사용은 더 복잡한 제안이다. 표본조사 목적으로 추첨으로 모집단을 뽑는 것이 그 명백한 예다. 언뜻 보기에 표본이 충분히 큰 무작위 표본 추출이 풀과 포본 사이에 비례적인 관계를 생성하는 것처럼 보인다. 표본은 '미니어처 풀'(the pool in miniature)이 될 것이다. 필자는 이 주장에 직접적으로 이의를 제기하고 싶지는 않지만, 우리의 관심사와 관련된 여러 가지 고려 사항들에 의해 완화될 필요가 있다고 생각한다.

이러한 사용은 블라인드 브레이크에 적극적 가치를 요구하거나 부여하지 않기 때문에 추첨의 약한 사용에 해당된다. 표본 추출 행위 자체는 어떤 형태의 비례적 또는 비교에 의한 측정이 모색되고 있음을 나타내며, 따라서 추첨 형태의 본질적인 '초합리성'이라는 특성과 그것이 수행하도록 요청되는 기능 사이에 모순이 있다. 전적으로 무작위 표본에 대한 용도가 있지만, 필자는 그러한 용도는 제한적이라고 주장한다. 또한 표본 추출 실행은 다른 방법 또는 방법들의 조합이 더 유용한 데이터를 제공한다는 것을 나타낸다.

널리 사용되는 한 가지 방법은 층화추출이다. 이는 풀이 의식적으로 별도의 층으로 분할되고 표본이 각 층에서 무작위로 추출되는 무작위 과정의 '합리화(상태)'에 해당한다. 이러한 예로는 응답자가 인구의 다양한 인구통계학적 부문에서 무작위로 모집된 경우를 들 수 있다. 이 방법을 사용하면 추첨 자체로는 이러한 조사 목적에 필요한 범주 또는 비율의 데이터를 생성하기에 너무 무계획적이라는 것을 알 수 있다.[3]

바넷(V. Barnett)은 단순 무작위 추출이 '통계적 관점에서 운영하기 쉬우므로' 단순 무작위 추출이 사용된다고 주장할 때 이 문제를 명확히 한다.[4] 확률론과의 적합성은 필수적이며 … 우리는 표본추출 절차에 '무작위성' 요소를 도입하고 부과된 확률 메커니즘에 따라 샘플을 추출해야

[3] Conway(1967) 129쪽을 참조하라. '층화 표본은 동일한 크기의 단순 무작위 표본보다 표집오차가 적다'

[4] Barnett(1974) p. 22.

한다.'[5] 이는 EPSEM(Equal Probability of Selection Method, 모집단의 모든 개별 요소가 표본으로 추출될 확률을 동일하게 가진 상태에서 추출이 이루어지는 것) 또는 '동일 확률의 선택 방법'으로 특징지어진다. 쿼터별 표본추출(무작위 요소가 없는)은 대표적이지만 주관적인 판단을 받기 쉽다.[6] 추첨이 어떤 형태의 비례성이나 '대표성'을 전달할 수 있기 때문이 아니라 인간의 편견을 제거하고 객관적인 척도로 작용하기 때문에 추첨을 사용한다는 결론에 도달한다.[7] 대표성, 비율, 비(比)는 효과적인 표본추출의 '초합리적인' 추첨 요소보다는 합리적인 사전 추첨요소에서 모두 나온다.

그러나 표본추출에 대한 이러한 논의가 추첨 분석의 발전에 도움이 되는 경우에는 가중치 추첨과 관련이 있다. 가중치 추첨을 무작위성과 비율을 혼합하려고 시도하는 표준 추첨 형식의 적용으로 설명한다. 예를 들어, 추첨의 형태로, 가중치 주사위나 동전보다는 옵션이 동일한 기호로 변환되기 전에 한 유형의 옵션과 다른 유형의 옵션 사이의 비율로 그룹화 되거나 고려된다는 것이 특징이다. 이러한 목적은 옵션을 그룹화하고 이러한 유형의 적용을 정의하는 그룹화의 관점에서 결과를 측정하는 것이다.[8] 이는 풀에서 더 크거나 가장 큰 그룹의 구성원이 통계적으로 선택될 가능성이 더 높다는 점에서 가중치 추첨이다. 이는 다음과 같이 설명할 수 있다.

---

[5] 전게서. p. 14.

[6] 전게서. pp. 14, 131.

[7] 전게서. p. 14. 또한 Jackson and Brashers(1986)를 참조하라. '일반적으로 무작위 요인들은 유효성에 대한 위협을 줄이기 위해 실험 설계에 도입된다.'

[8] 가방이나 투표함에서 무작위로 공직자를 선택하는 것을 포함하는 계획인 아마르(Amar)의 추첨 투표 제안은 사실상 가중치 추첨이다. 각 정당에 대한 투표율에 비례해 해당 정당이 당선될 수 있는 기회를 제공하도록 설계되었다. Amar(1984)를 참조하라. 가중치 추첨에 관한 주제는 Stone(2007b) p. 16을 또한 참조하라.

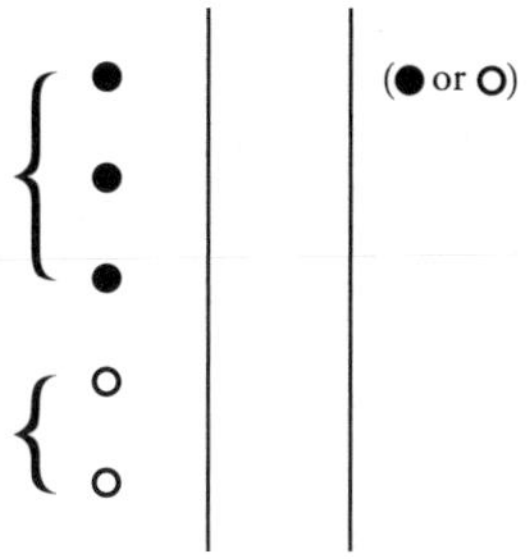

여기에 크기와 무게가 같은 검은색 공 3개와 흰색 공 2개를 가방에 넣고 1개를 뽑는다. 5개의 개별 공 중 아무거나 뽑을 수 있지만, 관심사나 목적은 개별 승자를 고르는 것이 아니라 한 가지 색 또는 다른 색의 공을 고르는 것이다. 검은 공이 선택될 가능성이 높은 가운데 뽑힌 공이 흰색일 가능성도 있다. 각각의 가능성은 통계적 확률로 표현될 수 있으며, 의도적으로 가중치 추첨(예, 우리의 예)은 종종 비례성의 개념에 기초하여 결과와 풀 내 그룹 간의 비율 사이에 일종의 균형을 이루도록 특별히 설계된다.

따라서 A당과 B당이 각각 60 : 40의 비율로 나뉘는 의회가 추첨을 통해 각 정당의 3명을 포함하는 위원회의 일곱 번째 위원을 선정하는 경우 가중치 추첨이 된다. 정당 A는 추첨에서 우위를 가질 것이며 따라서 추첨은 그들에게 유리하게 '가중'될 것이다. 그러나 이 가중치는 풀이 두 정당으로 나뉘기 때문에 작동하며, 그 결과가 선택된 개인으로 해석되지 않고 정당 측면에서 해석되기 때문이다.

승자(검은 공 또는 흰 공, 정당 A당 또는 B당의 구성원)는 개별 실체가 아닌 주로 색깔이나 그룹에 의해 판단되기 때문에, 승자는 원래 소속되었던 그룹으로부터 독립적이지 않다. 즉 블라인드 브레이크의 반대편에 있는 가치 집단에 여전히 합리적으로 또는 논리적으로 연결되어 있다. 따라서 블라인드 브레이크는 의도적으로 타협되고 있으며, 각 옵션이 기존 그룹에 속하거나 일치한다는 개념에 내재된 비례성의 개념에 의해 손상되고 있다.

가중치 추첨은 두 가지 원칙에 의해 작동한다. 대수의 법칙(그렇지 않으면 그 그룹들의 각각의 가능성을 이해할 수 없는)과 풀 구성원의 각각 그룹에 대한 일치성이다. 만약 이러한 그룹의 구성원들이 그룹 구성원이 아닌 개인으로 고려되거나 측정되거나 행동한다면, 추첨은 가중치 추첨으로 운영되지 않는다. 그러면 비교 비례 요소를 잃고 단순 무작위 선택 과정이 된다.

따라서 풀의 옵션 사이에 공통 속성이 존재하는 직접 추첨 내에서 가중치 추첨의 요소가 있다는 의미다. 마찬가지로, 어떤 그룹에도 독립적인 풀 구성원이 있기 때문에 가중치 추첨 내에 직접 추첨의 요소가 있다. 그러나 진정한 무작위 선택 과정과 비교하여, 이 추첨 유형의 가중치 추첨을 정의하는 것은 그 결과가 풀의 그룹화에 대해서만 고려되는 범위가 주요 특징이다. 그런 다음 이러한 결과는 해당 그룹에 독립적이지 않고 의존적이다.

비록 비율과 확률의 호기심 어린 혼합이지만, 가중치 추첨은 강한 무작위성 또는 강한 적용에서의 추첨과 그룹의 개념 및 그룹에 대한 순응성의 관계를 이해하는 데 도움이 된다.[9] 필자는 여기서 가중치 추첨이 추첨의 약한 사용일 뿐만 아니라 그룹화 또는 가중 옵션의 원칙이 무작위 선택의 기본 자체를 훼손한다고 주장한다.

만약 비인간적 가치의 상자라는 관점에서 가중치 추첨을 바라본다면, 등장하는 그림은 풀 내 집단의 합리적 인간 조직과 정면으로 반대되는 추첨 자체의 비인간적 특성 중 하나다. 풀이 그룹으로 더 조직되고 그룹에 따라 결과가 점점 더 해석될수록, 추첨은 점점 더 '예측 가능해지고

[9] 이것은 또한 그렇게 명시되거나 설계되지 않고 가중치 추첨으로 운영되는 추첨의 기능을 이해하는 데 도움이 된다. Sher(1980) p. 204는 추첨의 지위가 우리의 지식으로 인해 변한다는 생각을 논한다.

비율에 더 영향을 받으며 덜 '초합리성'으로 변한다. 색깔 있는 공을 다루는 우리의 예는 단순한 물체의 그룹화가 가중치를 부여한 추첨에서 어떻게 작동하는지 보여주지만, 사람 그룹 간에 작동하는 가중치 추첨은 훨씬 더 복잡한 문제다. 유사성에 따라 그룹을 짓는 것은 인간 합리성의 중요한 기능이다. 사람들을 그룹화 하는 것은 높은 수준의 합리적 선호와 차별을 수반하며, 무작위 선택의 진정한 직접적인 행위에서 발생하는 '초합리적인' 것과 단절과 독립성(말 그대로 비의존성)과 모순된다.

이것은 그룹에 대한 일치성 또는 그룹에 대한 의존성이라는 발상이 강력하고 추첨의 '초합리적' 작동과 양립할 수 없다는 것을 시사한다. 추첨을 통해 선택된 사람들은 무작위로 선정되거나 서로 연결되어 있지 않다. 그들은 인간 마음의 그룹화 능력이 없는 상태에서 선택되었다. 그들의 유일한 의도적인 공통점은 동일한 풀에 속해 있다는 것이다. 이것은 비율, 비례 및 그룹 일치성의 개념과 반대되는 본질적인 형태와 강한 적용을 추첨이 보여주기 시작하기 때문에 중요하다. 만약 추첨 형식 또는 절차의 필수 기능이 블라인드 브레이크이라면, 블라인드 브레이크에 선행하는 비율, 집합 또는 비(比)에 독립적이기 때문에 이상적인 산출은 무작위이다. 독립성에 대한 이 무작위성 개념에 대한 추가적인 비판을 위해 필자는 수학자의 도움을 받아야 한다.

1980년대 후반 차이틴(G. J. Chaitin)과 콜모고르프(A. N. Kolmgorov)는 알고리즘 정보 이론의 영역 내에서 무작위성의 수학적 정의를 만들기 시작했다. 컴퓨터 프로그래밍 방법론을 우리가 숫자를 이해하는 방식에 관한 광범위한 질문에 적용하는 것에서 파생된 차이틴의 무작위성에 대한 정의는 임의의 요소 또는 숫자가 자신보다 짧은 프로그램(또는 비트 문자열)으로 압축될 수 없다는 것이다.[10] 반면에 무작위가 아닌 시퀀스

---

[10] Chaitin(1988) p. 52.

(sequence)는 짧은 프로그램으로 압축될 수 있는데, 그 이유는 프로그램이 하나의 작업을 다른 작업으로 설명할 수 있는 합리적인 규칙을 따르기 때문이다.

무작위성의 수학적 및 통계적 개념은 일반적으로 독립성 또는 비의존성의 개념에 초점을 맞추고 있다. 수학에서 두 명제는 서로에게서 파생되지 않으면 독립적이다. 마찬가지로, 통계적 사고는 독립적인 사건, 즉 서로 관련이 없는 사건이라는 관점에서 무작위성을 정의한다. 이것들은 좋은 정의이지만,[11] 무작위성에 대한 차이틴의 '깊은' 설명은 완전히 다른 순서다. 그것은 더 정확하고 더 실용적이다.[12] 또한 더 역동적이고 더 많이 발전할 수 있다. 2001년 차이틴은 다음과 같이 자신의 정의를 확장했다.

> 알고리즘적으로 압축할 수 없거나 환원할 수 없다면 무작위적이다. 더 정확히 말하면, 개체 집합의 구성원은 이 집합 내에서 가능한 가장 높은 복잡성을 갖는 경우 무작위성이다. 즉 집합의 무작위 개체는 복잡성이 가장 높은 개체다.[13]

이 정의의 큰 덕목, 또는 위대한 미덕 중 하나는 그것이 실천에서 파생된다는 것이다. 그것은 차이틴의 말대로 '깊은 철학과 영리한 해킹'의 조합이다.[14] 그러나 더 중요한 것은 이러한 유형의 정보 이론이 그 기원 분야를 넘어 적용 가능하다는 것이다. 예를 들어 유전 생물학, 로봇 공학 및 인지 신경 과학에 쉽게 통합될 수 있다. 동시에 그것은 모국어로 표현

---

[11] Brock(1990) p. 234를 참조하라.

[12] Chaitin(2001) p. 162.

[13] 전게서. p. 111.

[14] 전게서. p. 163.

되어 있다. 그것을 이해하기 위해 가장 기본적인 프로그래밍 개념만 알면 된다. 따라서 그것은 보다 완전한 의미를 크게 잃지 않고 일반적인 형태의 담론에 쉽게 통합될 수 있다.

이를 정치 절차의 설계에 적용하는 것은 이러한 잠재력의 자연스러운 결과이다. 차이틴이 제시하는 복잡한 독립성으로서의 무작위성의 개념은 추첨 형태와 기능에 대한 필자의 분석의 일반적인 방향과 완전히 일치한다. 그것은 매우 다른 방향에서 같은 장소에 도달하기 때문에 환영할 만한 추가 사항이다. 그것은 초점을 추첨의 과정이나 절차에서 그 과정의 산물로 전환시키고, 그렇게 함으로써 추첨에 대한 관점을 변화시킨다. 이러한 장점으로부터 무작위성을 자연과 인간의 발달 과정 모두에서 필수적이고 도처에 있는 부분으로 이해하기 시작할 수 있다.[15] 따라서 그것은 어느 정도 억제할 수 있는 우연의 산물이라기보다는 긍정적인 미덕이다. 복잡한 독립성으로서의 진정한 무작위성은 정의상 논리적 연결, 비례적 관계 또는 집합이나 그룹에 대한 일치성에 의해 타협되지 않는 강한 추첨 과정에 의해 가장 잘 생성되거나 강려될 수 있다.

결론

이 장에서는 이어지는 역사 연구를 위한 분석적 토대를 마련하기를 희망한다. 필연적으로 실제 맥락과 사건은 미리 예측하거나 이해할 수 없는 새로운 구성과 조합을 만들어낸다. 그럼에도 불구하고 이 장에서는 이러한 도전에 직면할 수 있는 정확하지만 유연한 비판적 언어를 제공한다. 이 언어의 중심에는 초합리성이라는 개념이 있다. 추첨의 본질이 추

[15] Dennett(2003)는 생물학적 한계로부터의 우리의 자유의 발전을 모면 또는 '피할 수 있음'의 개념과 동일시한다. 이는 차이틴의 무작위성에 대한 긍정적인 표현과 병행하여 이전의 순응성에서 벗어나려는 경향으로 볼 수 있다.

첨의 초합리성에 있다는 주장은 추첨의 핵심요소로서 인간 이성과의 절연으로 구별되는 절차상의 요점인 블라인드 블레이크를 식별함으로써 가장 명확하게 입증된다.

블라인드 브레이크 절차의 두 가지 장치와 인간이 아닌 별칭 또는 자질 상자를 통해 필자는 추첨의 다른 적용을 평가하는 트윈 트랙 접근 방식을 채택할 수 있게 한다. 블라인드 브레이크는 추첨 절차와 모든 적용 프로그램에서 '초합리성'이 어느 정도 특징인지에 대한 빠른 수단을 제공한다. 반면에 상자는 많은 가치가 전면에 나타날 수 있는 가능성을 가지고 있는 보다 광범위하고 질적인 접근 방식을 제공한다. 상자는 평등과 추첨 간의 관계, 그리고 추첨 과정의 '비주체' 특성을 이해하는 방법을 구분하는 데 매우 유용하다는 것이 입증되었다.

이 두 장치를 사용하여 두 가지 서로 다른 추첨 적용 프로그램을 구별할 수 있다. 추첨의 강한 적용에서 '초합리성'은 당면한 작업에 대한 긍정적인 자산으로 간주되는 반면, 약하거나 약한 적용에서는 이 '초합리성'이 이성의 대체물로 사용되거나 적용 프로그램에서 다른 목적에 의해 훼손된다. 비율과 추첨 간의 관계, 확률론에서의 추첨의 역할, 추첨에 의한 표본추출, 가중치 추첨에 대한 필자의 간략한 탐구가 이러한 전제들로부터 뒤따른다. 추첨은 가장 본질적인 특성이 원하는 목적에 부합하는 방식으로 긍정적으로 사용될 때, 즉 추첨이 가장 잘할 수 있는 것을 할 때 가장 큰 잠재력을 가지고 있다.

가중치 추첨은 약한 추첨 사용이며 궁극적으로 직접 추첨의 많은 가치를 훼손할 수 있다는 결론은 추첨 풀에서의 그룹화 문제를 고려하게 했다. 이러한 필자의 직관은 그러한 그룹화들이 무작위적인 복잡성에 대한 현대 정보 이론의 일부 측면을 가진 추첨 개념에 내재된 분리 또는 독립성의 개념에 반하는 비율과 예측에 기초한 운영 방식을 확립한다는 것이다.

그러나 이 장의 핵심에는 '초합리성'이라는 개념이 있다. 비록 그것은 추첨 결정을 설명하는 데 사용될 수 있는 인간적인 것과 무관한 가치의 매우 큰 상자 중 하나일 뿐이지만 우리의 목적을 위해서는 이것들 중 가장 중요하다. 이는 추첨 운영에 내재된 예측 불가능성, 공정성 등 더 넓은 범위의 가치를 뒷받침할 뿐만 아니라 추첨에 의한 결정과 다른 수단에 의한 결정이 최대한 대조되는 지점이기도 하다.

추첨에 의한 결정과 다른 사람에 의한 결정 사이에 이러한 원칙을 정치 영역에서 추첨의 사용에 적용하기 시작함에 따라 추첨의 약한 적용과 강한 적용 간의 구별이 점점 더 중요해진다. 의미심장하게도, 그것은 대표적 표집(representative sampling)에 대한 현대의 선입견을 극복할 수 있게 해주고 추첨 과정의 본질적인 '초합리성'이 정확히 어떤 적용 분야에 가져올 수 있는 잠재력을 가지고 있는지에 관심을 집중시킨다.[16]

참고문헌

이 장의 연구에서 가장 많이 사용된 작품은 무작위 선택과 관련된 학문의 역사와 발전을 다루는 작품이다. 그 중 가장 좋은 것은 토드헌터(Todhunter)의 『파스칼 시대부터 라플라스 시대까지의 확률론적 이론의 역사』(*A History of the Mathematical Theory of Probability from the time of Pascal to that of Laplace*)(1865)이다. 심리연구회 실험에서 무작위 제어의 사용을 탐구한 해킹(Hacking)의 1988년 단편 논문인 '텔레파시: 실험 설계에서 무작위성의 기원'('Telepathy: origins of randomness in experimental design'), Isis 79도 1935년에 처음 출간된 피셔(R. A. Fisher)의 『실험의 설계』(*The Design of*

[16] 이러한 선점은 Callenbach and Phillisp(2008)과 Mueller et al.(1972)와 같은 다수의 현대적 제안에 반영되었다.

Experiments)만큼 의미 있다. 이러한 저작들은 무작위 선례가 처음 어떻게, 왜 사용되었는지 정확하게 이해할 수 있게 해주었고, 따라서 주어진 방법론적 요소로 추첨 선택에 접근했던 것들보다 더 가치가 있었다. 표본 추출에 있어서 콘웨이(Conway)(1967), 데밍(Deming)(1950), 폭스와 트레이시(Fox and Tracy)(1986), 잭슨과 브라셔스(Jackson and Brashers)(1986)은 현재 사용되는 다양한 표본 추출 기법에서 추첨에 의해 취해진 실제 역할을 설명하기 때문에 유용했다. 슈하트(Shewhart)의 1931년 걸작 『공산품 품질에 대한 경제적 통제』(*Economic Control of Quality of Manufactured Product*)는 훈련 발전의 초기 단계에서 품질 관리에 추첨의 사용에 접근하는 데 도움이 되었다. 차이틴의 주요 작품은 그의 2001년 『무작위성 탐색』(*Exploring Randomness*)이다. '복잡한 독립성'이라는 개념에 대한 필자의 전반적 견해는 또한 데닛(Dennett)의 『자유는 진화한다.』(*Freedom Evolves*, 2003)에 의해 단련되었다.

제2장

고대 아테네의 추첨과 정치적 통합

추첨을 정치적으로 사용한 가장 중요한 역사적 예는 고대 아테네에서 찾아볼 수 있다. 기원전 5세기 아테네 정치는 네 개 주요 정부 기관 중 세 개 기관에서 추첨을 채택했다. 또한 공직에 대한 자격은 다양했지만 정치 참여의 주요 기준은 시민권이었다. 따라서 아테네는 독특한 패러다임인 시민-추첨 정체(政體)를 제공한다.

기원전 594년 솔론(Solon)의 집정관(archonship) 시기로부터 기원전 322년 마케도니아에 의해 아테네 민주주의가 무너지기까지 거의 300년 기간 동안 아테네의 추첨 정체는 여러 뚜렷한 단계를 거쳐 발전했다.[1] 이 시기 아테네는 토지 소유권과 공동의 안보라는 기본 문제를 해결하려는 소규모 도시국가에서 복잡한 코스모폴리탄 사회와 다양한 무역경제를 가진 주요 지역 강국으로 변화했다. 이러한 경로와 병행하여 때로는 선도하고 때로는 추종하며 미묘하고 상호의존적이며 포괄적인 정부 기관의 발전이 있었다. 이것은 본질적으로 정부 의사결정 과정의 공공적이고 다방면의 특성으로 '정치(politics)'의 선조격인 'politei'라는 용어를 만들어 냈다. 폴리테이아(Politeia)는 좁게는 '정체(政體)'로 번역될 수 있지만,[2] 도시 또는 폴리스(polis)의 공무에서 시민체(the citizen body) 전체의 활동

---

[1] 심지어 귀족통치 하에서도 무작위로 선택된 많은 기관들은 기원전 3세기까지 계속되었다. Dow(1939)을 참조하라.

[2] Aristotle(1946) p. 99 〔Pol., Ⅲ. 1276b 1-2〕.

이라는 측면에서 더 잘 이해된다.[3] 그러므로 서양 정치 전통의 관점에서 볼 때, 아테네는 이 시기 동안 정치 공동체가 어떻게 형성되고 통합되는지에 대한 가장 중요한 예 중 하나를 구성한다.

이 장의 목적은 고대 아테네의 정치적 통합 과정에서 추첨의 실질적인 역할을 살펴보는 것이다. 필자는 추첨과 종교 사이의 관계에 대한 간략한 검토로 탐구를 시작한다. 그런 다음 가장 일관되고 포괄적으로 적용되는 시점인 기원전 5세기말과 4세기 초 추첨이 어떻게 사용되었는지를 설명한다. 이것은 가장 고도로 발달된 형태의 추첨-정체의 스냅 샷을 제공한다. 그런 다음 필자는 정치적 통합의 역사적 과정에 관심을 돌린다. 이 사슬에서 가장 중요한 연결고리인 기원전 507년에 일어난 클레이스테네스(Kleisthenes)의 개혁들을 검토하는 것으로 시작을 한다. 그리고 나서 그 개혁들의 영향을 평가하기 위해 앞뒤를 살펴본다. 이것은 추첨이 *어떻게* 사용되었는지, 그리고 그것이 어떤 활발한 과정의 일부였는지를 알려주지만, 추첨이 *왜* 사용되었고 정치 공동체에 어떠한 특성들을 가져왔는지에 대한 질문은 다루지 않는다. 불행히도 이 시기의 주요 출처들은 이 분야에 대한 도움을 거의 주지 못한다.[4]

따라서 이 문제를 해결하기 위해서는 정치적 해석과 정보에 입각한 재구성에 의존해야 한다. 폴리스가 직면한 지정학적 압력에 대한 폭넓은 이해를 (유명하거나 또는 그렇지 않은) 정치 행위자가 직면한 옵션에 대한 현실적인 평가와 결합함으로써, 기존 원천 자료를 최대한 활용할 수 있다. 추첨의 다양한 잠재력, 특히 추첨의 강한 적용과 약한 적용의 차이

---

[3] Barker in Aristotle(1946) lxvi; Hansen(1999) p. 65.

[4] 주요 출처로는 헤로도토스(Herodotus)의 『역사』(*Histories*), 특히 제3권에서 오타네스(Otanes)의 연설이 있는데, 이 연설은 추첨에 의해 임명된 행정관들이 있는 인민의 통치를 보여준다.(Ⅲ.80.6, Herodotus(1998) p. 205; Herodotus(1954) p. 210); the *Ath.Pol.* 또는 아리스토텔레스의 작품으로 인식되는 『아테네의 헌법』(*Constitution of Athens*); 아리스토텔레스의 『정치』(*Politics*).

에 대한 이해는 추첨 사용에 대한 가능한 동기를 재구성하는 데 도움이 될 수 있다. 이것을 세 가지 사례연구의 형태로 조사하는데, 추첨이 가장 광범위하게 사용된 세 개의 아테네 기관, 즉 평의회(*보울레 boule* 또는 Council), 민중법원(*디카스테리온 dikasterion* 또는 People's Courts),[5] 그리고 행정관(magistrate)들의 대다수는 추첨에 의해 선출되었다.[6] 이것은 추첨의 다양한 잠재력의 범위를 이해하는 데 도움이 되지만, 그것들은 또한 더 일반적인 잠재력의 측면도 나타낸다. 이 장의 결론에서 아테네 정치가 민주주의로 향해 나아갈 때 주요 특징들을 촉진하고 방어하는 데 있어 추첨의 중요성을 고찰한다. 필자의 지향점은, 추첨과 민주주의 사이의 정체성이 너무 가까우면 폴리스의 초기 정치적 통합에서 추첨의 복잡하고 미묘한 역할을 감출 수 있다는 것이다. 그러나 보다 일반적인 정치적 지향을 채택한다면, 추첨의 사용은 민주주의의 평등주의적 결과가 아니라, 민주주의의 상승에 기여한 요인으로 볼 수 있다.

고대 아테네의 추첨과 종교

추첨 자체는 확실히 기원전 5세기 아테네에서 새로운 발상은 아니었으며 대부분의 고대 사회와 마찬가지로 특정 유형의 문제를 해결하는 수단으로 알려지고 이해되었을 것이다. 그것은 또한 본질적으로 종교와 연결되어 있었고 신들이 인간사에 개입할 수 있는 수단으로 여겨졌다. 그러므로 고대 아테네에서 믿음의 영역과 구체적인 실천적 노력의 영역 사이의 정점에 존재하는 추첨을 볼 수 있다.

---

[5] 이것은 기원전 4세기에 도입된 입법기관인 노모테타이(nomothetai)를 포함한다.

[6] 700여 명의 행정직들 중 600명 정도가 추첨으로 선출되었다.

제비(lot)는 델포이 신탁(Delphic Oracle)에서 사용되었으며,[7] 사제들을 임명하는 데 사용되었다.[8] 『일리아드』(*the Iliad*) 7권에서 아가멤논(Agamemnon)은 누가 헥토르(Hector)와 싸울지 결정하기 위해 그의 동지들 사이에서 추첨을 주선한다. 과정과 그에 따른 결과는 신의 뜻으로 받아들여지지만, 문제를 해결할 수 있는 유용한 정치적 수단이기도 하다.[9] 한편, 아테네에서 추첨 사용의 중요한 실제적인 예는 재산 분배와 관련이 있다. 장자상속제도가 없는 경우 상속받은 아들들은 유산을 동등한 가치로 분할하는 것에 동의했을 것이다. 그리고 나서 누가 어느 부분을 가질 것인지 결정하기 위해 추첨을 했을 것이다. 이는 추첨의 불확실한 결과를 이용하여 이기심이 원래의 분할을 지배하는 것을 방지하는 단순한 형태의 분배였다.[10]

고대 아테네에서의 추첨 사용에 대한 19세기 논쟁은 종교적 기능에 관한 문제를 중심으로 이루어졌다. 『고대 도시』(*The Ancient City*)의 퓌스텔 드 쿨랑주(N. D. Fustel de Coulanges)는 추첨이 신의 뜻이라는 생각을 강조한다.[11] 그러므로 그 도시는 '이런 식으로 신들로부터 행정관들을 받았다고 믿었다.' 그는 또한 이를 뒷받침하기 위해 플라톤(Plato)의 『법률』(*Laws*)에서 짧은 구절을 인용한다. 여기서 '권위에 대한 제7의 칭호'는 공직에 '신의 은총'이 있어야 하고 행운의 축복을 받아야 한다는 것이다. 아테네인과 클레이니아스 사이의 대화인 구절은 다음과 같다. '…다스림은 우리가 누군가를 추첨을 하게 해서, 당첨된 사람은 다스리게 하되, 당

[7] Robbins(1916)를 참조하라. 또한 Andrewes(1982) p. 386을 참조하라. 명확히 여사제들은 또한 모든 아테네 여성들로부터 추첨으로 뽑힌 것으로 보인다. Palmer(1996) p. 126.

[8] Headlam(1933) p. 5

[9] Homer(1987) p. 109 〔*The Iliad* Ⅶ 161 ff〕. 또한 Andrewes(1982) p. 386.

[10] 이 점에 대해 머레이(Dr. O. Murray)에 감사를 전한다.

[11] Fustel De Coulanges(1864) p. 182; Curtius(1857-67) vol. II p. 619; Holm(1898) p. 101.

첨되지 못한 사람은 물러나서 다스림을 받는 것이 지당한 것이라고 말한다.' 이것은 추첨이 정치적 권위를 매우 실질적으로 받아들이도록 장려할 수 있지만, 그 과정 자체가 신성한 형태이든 추상적인 '공동선'의 형태이든 더 높은 권위를 나타낸다는 생각은 결코 멀지 않았다는 것을 암시한다.[12] 대조적으로 헤들램은 추첨의 종교적 기원을 인식하고는 있지만 추첨의 실제적인 역할을 강조함으로써 그것을 민주주의와 연관시키기를 열망한다.[13] 그는 추첨이 단지 종교적 기능만을 수행했다는 생각에 대해 일관되게 반대하며, 민주주의를 수호하는 필수 수단으로 추첨을 본다.[14]

확실히 기원전 5세기 아테네에서 신성한 것과 세속적인 것 사이를 너무 날카롭고 현대적으로 구분해서는 안 된다.[15] 추첨은 신들의 뜻을 상징하는 것으로 아테네인들에게 확실히 받아들여졌다. 그것이 정치적인 문제를 해결할 수 있는 유용한 수단으로 인식되었지만, 이 기능은 그 자체로 초자연적인 울림이 없는 것은 아니었다. 추첨을 사용한다는 것은 공직자들이 개인이나 개인들의 집단에 의해 선택되지 않았다는 것을 의미했다. 이렇게 뚜렷한 주체의 결여는 초자연적 의지에 대한 생각으로 채워질 수 있는 간극을 남겼다. 비록 이러한 개념은 주로 수사학적인 역할을 수행하는 것으로 추첨을 제시하지만, 이러한 수사학은 정치적으로도 중요할 수 있으며, 따라서 무시되어서는 안 된다. 필자는 또한 추첨을 통해 공직에 선출된 시민이 그의 종교적 대응의 것과 다르지 않은 정치적 경건한 태도, 즉 폴리스에 의해 '부름을 받는' 느낌을 가졌을 것으로 예상할 수 있다. 하지만 오로지 종교적 신념의 관점에서만 고대 아테네의 추첨 연구에 접근하는 것을 경계하고자 한다. 추첨의 사용에 관한 실

[12] Plato(1970) p. 138 〔*The Laws* Ⅲ. 690 vi 759〕

[13] Headlam(1933) p. 12.

[14] 전게서. p. 31.

[15] 민주주의는 결국 기원전 4세기에 숭배(cult)의 지위를 누렸다. Hansen(1999) p. 83 참조하라.

질적인 근거를 검토하는 것으로 시작해야 한다는 헤들램의 일반적인 방향은 최선의 방법을 제시하는 것 같다.[16]

아테네 추첨 정체의 스냅 샷

기원전 441년부터 기원전 397년까지의 아테네 정체, 즉 펠로폰네소스 전쟁(the Peloponnesian war)의 전후 10년 기간을 살펴보면, 발전된 민주주의의 맥락에서 추첨의 사용 정도에 대한 가장 좋은 지식을 얻을 수 있다. 추첨은 500명의 *평의회*, 최고 2,501명으로 구성되는 민중법원에서 판결하는 디카스타이(*dikastai*), 대략 700명의 행정관으로 구성된 집행기관에서 600명을 선발하는 데 사용되었다. 이러한 선출 방식의 주요 예외는 업무에 전문적인 기술이나 경험이 필요하다는 이유로 민회(the Assembly)에서 직접 선출한 100명 정도의 행정관이었다. 이 중 가장 중요한 것은 10명의 최고위직 장군(*strategoi*)들로 구성된 위원회였지만 다른 선출직에는 가장 중요한 재정담당관들, 엘레우시스 제전(Eleusinian Mysteries)을 담당하는 행정관 및 물 공급을 담당하는 관리들이 포함되어 있었다.[17] 기원전 4세기에는 새로운 입법 기관인 노모테타이(*nomothetai*)가 설립되었다. 이것은 모든 새로운 법률이 법원에서 무작위로 선택된 많은 수의 디카스타이에 의해 승인되어야 한다는 디카스테리온(민중법원)을 반영했다.

선거로 선출되지 않은 모든 행정관 및 평의회 위원들은 엄격한 연차 교대로 운영되었다. 어떤 시민도 같은 행정직을 두 번 이상 맡을 수 없으며, 평의회 위원은 일생에 단 두 번만 맡을 수 있었다. 추첨으로 선

---

[16] Headlam(1933) pp. 2-10.

[17] Hansen(1999) p. 233.

출된 어떤 공직자도 연속해서 어떠한 공직도 맡을 수 없었다. 이 원칙에 대한 예외는 계속해서 선거로 선출될 수 있는 한 같은 직책을 유지할 수 있는 장군과 다른 선출된 행정직의 경우에 해당되었다.

이 시기 동안 주권은 민회와 법원에 있었다. 더 오래된 귀족회의인 아레오파고스(*areopagos*)는 여전히 존재했지만 그 의무는 상당히 축소되었다. 평의회의 역할은 민회를 위한 안건을 준비하고 그 기관으로부터 지시를 받는 것이었다. 또한 외교를 담당하였고, 특히 소속 위원들의 행동과 관련된 일부 사법 기능을 담당했다. 게다가 기원전 411년과 403년 과두정 지배자들이 집권했을 때 그들이 처음으로 통제하려고 했던 것은 폴리스의 정치적, 행정적 중심 기관들이었다.[18]

재판에서의 결정은 재판 당일 사전 선택된 풀에서 추첨으로 선택된 매우 많은 수의 디카스타이에 의해 이루어졌다. 디카스타이의 역할은 현대 배심원의 역할과 유사하지만, 이 비교를 너무 멀리 가져가지 않도록 주의해야 한다. 민중법원은 현대의 삼권분립 체제보다 훨씬 더 큰 정치적, 공익적 역할을 했으며, 훨씬 더 높은 수준의 대중참여를 포함했으며, 더 높은 대중적 인지도를 가지고 있었다. 민사 소송은 액수에 따라 201명 또는 401명 디카스타이로 판결했다. 대부분의 공적인 기소 의견에는 501명이 요구되었지만, 더 심각한 정치적 사건의 경우 1,001명, 1,501명, 2,001명, 2,501명으로 구성된 배심원이 참여했다.[19] 경합하는 양당사자로부터 같은 시간의 설명을 들은 후, 디카스타이는 숙의 없이 비밀투표로 결정했다.[20] 기원전 4세기 초까지 시민은 정체에 위배되거나 폴리스

---

[18] Headlam(1933) pp. 45-6; Sinclair(1988). pp. 102-3; Stockton(1990) p. 148; 특히 '평의회는 매우 중요해서 없어서는 안 될 것이며, 민주주의의 핵심이다. 이것은 민주주의의 적들에 의해 가장 먼저 공격받는 대상이다'라고 진술하는 Gomme(1962)을 참조하라.

[19] Hansen(1999) p. 187.

[20] 전게서. pp. 164-9.

의 이익에 반한다는 이유로 민중법원을 통해 민회의 결정에 이의를 제기할 수 있었다.[21] 이것은 비합법성 기소(*graphe paranomon*)로 알려져 있다.[22]

시민권의 개념은 아테네의 정치 실행의 기본이었다. 18세가 되면 모든 남성 아테네인에게 시민권이 부여되었지만 외국인인 메틱(*metics*)과 노예는 제외되었다.[23] 시민권은 재산 소유나 사회 계층에 기반을 두지 않고 세습되었다. 따라서 부유한 시민과 가난한 시민 모두 존재했는데, 이는 아테네의 폴리스와 르네상스 이탈리아의 도시 공화국 사이의 중요한 차이점이었다. 군 복무를 마친 모든 시민이라면 누구나 민회에 참석할 수 있었지만, 공직에 입성할 수 있는 자격은 더욱 제한적이었다. 30세 이상의 아테네 시민만이 공직에 취임할 수 있었고, 남성의 평균 수명이 25세 전후였기 때문에, 이는 사회의 최고령자 집단으로 제한되었다는 것을 의미했다. 공직에 대한 자격도 일반적으로 계층에 따랐지만, 중요한 예외들이 있었다.

솔론 시대 이래로 아테네 시민들은 4개의 경제계층으로 나뉘었다. 대개 귀족들과 가장 부유한 지주들로 구성되어 있는 펜타코시오메딤노이(*pentakosiomedimnoi*), 말을 살 수 있는 기사인 히페이스(*hippeis*), 경(輕)보병 또는 호플리테스(*hoplites*)를 기반으로 하는 제우기타이(zeugitai), 그리고 노동자인 테테스(thetes)이다.[24] 디카스타이는 어느 경제계층에서나 뽑을 수 있었고, 테테스는 공식적으로 다른 모든 직책에서 제외되었지만,

---

[21] 그러한 행동을 제기하는 시민은 '누구든지 원하는 사람'인 보울로메노스(*ho boulemenos*)라고 알려졌다. 이것은 법정 소송을 제기하는 사람들에게만 적용되는 것이 아니라 공직에 이름을 올리는 것과 같은 정치 행위에도 적용되었다. Hansen(1999) pp. 266-8.

[22] Yunis(1988)를 참조하라.

[23] 이 범주를 구성하는 많은 사람들은 부유하고 영향력이 있었다. 그들은 시민 지위를 얻기 위해 종종 지역 귀족들과 결혼했다.

[24] Sinclair(1988) p. 2; Hansen(1999) pp. 106-9. 아테네가 해양 강자가 되었을 때 이것은 함대의 노잡이였던 테테스에게 군사적 역할을 주었다. 이러한 역할은 장비에 대한 개인적인 지출을 수반하지 않았다.

기원전 5세기 말에는 사문화되어 행정관, 평의회 직책은 사실상 30세 이상의 모든 시민에게 개방되었다. 유일한 예외는 펜타코시오메딤노이의 구성원이어야만 참여할 수 있는 재무위원회와 (기원전 403년까지) 상위 두 계층 출신이어야 하는 집정관(*archon*)들이었다. 모든 공직자들은 취임하기 전에 선서를 해야 했다. *디카스타이*의 경우 먼저 6,000명의 시민이 추첨으로 선택되었고, 이들은 배심원 선서(*Helliastic Oath*)를 맹세했다. 그런 다음 재판 당일 참석한 사람들 중에서 그 날 필요한 배심원을 추첨으로 뽑았다.

공직에 오르고자 희망하는 사람만이 추첨에 참여하는 것이 일반적인 원칙이었던 것 같다. 공직에 대한 매우 강한 기풍이 있었고, 자신의 이름을 내세울 수는 있지만 내키지 않는 사람들은 일반적으로 동료 시민들의 존경을 받지 못했다.[25] 아테네는 매우 긴밀한 관계를 맺고 있는 지역화 사회였기 때문에, 자원자들에 해당 지역의 구역인 데메(*deme*)나 부족 구성원, 또는 대부분의 시민들이 속한 가문이나 종교 집단소속 구성원들에 의해 격려를 받았을 것이라는 데에는 의심의 여지가 없다.

취임하기 전, 선택된 후보자들은 심사(*dokimasia*)나 정밀 조사를 받게 된다.[26] 이것은 행정관 경우 법원에 의해, 그들 자신의 구성원과 아홉 명의 집정관 또는 수석 행정관의 경우 평의회에 의해 열렸다. 심사는 주로 선택된 공직의 시민 신분을 확인하고, 그가 부모를 공경하는지 또는 요구되는 종교적 봉헌을 했는지와 같은 여러 가지 질문을 하기 위한 것이었다. 이것은 단순히 형식적인 것처럼 보이지만, 기원전 403년 민주주의를 회복한 이후에는 이전의 참주정의 동조자들을 공직에서 배제하는

[25] Thucydides(1972) p. 147〔Ⅱ. 40〕'… 우리는 정치에 관심이 없는 사람이 자기 일에 신경 쓰는 사람이라고 말하는 것이 아니다. 우리는 그가 여기서 전혀 관여할 일이 없다고 말한다.'

[26] Adelege(1983); Staveley(1972) pp. 56-60.

데 사용되었다.[27] 선거로 선출된 행정관들 경우 정확히 같은 형식이 사용되었기 때문에, 심사는 추첨의 무작위적 특성을 상쇄하도록 고안된 것 같지는 않다.[28]

모든 평의회 위원과 행정관의 결산 보고서(euthynai)는 횡령이 발생하지 않았는지 확인하기 위해 취임한 다음 해 동안 엄격하게 점검될 것이다. 시민이라면 누구나 비슷한 이유로 개별 행정관을 상대로, 또는 *폴리스*에 반하는 더 심각한 행위에 대해 소송을 제기할 수 있는 권리가 있었다. 이 후자의 조치인 탄핵재판(*eisangelia*)은, 민회에서의 비밀투표에 의해 지명된 개인을 자발적인 유배지로 보내는 도편추방제(ostracism)의 오래된 관행을 대체했으며, 강력한 개인들이 민중들에게 책임을 지도록 만드는 유사한 기능을 했다.[29] 이러한 조치들은 비록 공직에 대한 문턱은 낮았지만, 가혹한 제재와 연계된 지속적인 견제와 입법이 공직에서의 높은 수준의 행동을 보장한다는 것을 의미했다.[30]

기원전 507년 클레이스테네스가 아티카(Attica)를 재조직한 이래 도시와 주변 지역의 행정은 139개의 데메와 10개 부족의 두 단계로 구축되었다.[31] 각 데메에는 매년 선출될 평의회 위원이 할당되었다. 평의회를 위한 추첨은 원래는 데메 수준에서 이루어졌지만 나중에 해당 부족의 후원 하에 중앙에서 개최되었다. 10개의 위원회로 운영되는 행정관들은 중앙에서 선출되었다.

부족들은 완전히 인위적인 집단이었으며, 각각 아티카의 다른 지역(도시, 해안, 내륙)에서 온 트리티스(*trittyes*)라고 하는 세 개의 구역으로 구성

---

[27] 이것은 Adelege(1983)의 주요 주장이다.

[28] Hansen(1999) pp. 218-20; Sinclair(1988) p. 77.

[29] Thomsen(1972)를 참조하라.

[30] 벌칙 같은 제재에 대해서는 Hansen(1999) pp. 222-3를 참조하라.

[31] Traill(1975); Whitehead(1986)를 참조하라

되어 있었다. 각 부족은 도시에서 정보를 교환하고 다양한 종교 봉헌을 거행하는 특별한 모임을 가졌다.[32] 평의회는 부족별로 10개의 프리타니들(*prytaneis*)로 나뉘었고, 각 프리타니(*prytany*)는 1년의 10분의 1씩 교대로 특별 집행 위원회를 구성했다.[33] *프리타니*의 순환 순서는 추첨에 의해 결정되었으며, 프리타니의 한 구성원은 그날의 명목상의 국가 원수로 매일 추첨에 의해 선택되었다. 그는 재무부의 열쇠를 쥐고 다른 의례적인 임무를 수행했다. *디카스타이*의 선택은 가능한 한 각 부족에서 동일한 숫자가 되도록 조직되었으며, 기원전 403년 이후 집정관들은 각 부족 차원에서 최종 풀에 들어갈 10명의 후보자를 추첨으로 선택하는 이중 추첨에 의해 선택되었다. 육군과 해군 또한 부족을 기반으로 조직되었다. 부족과 데메 구조는 아테네 사회를 하나로 묶는 조직적 접착제로 묘사될 수 있다. 그것들은 매일 아테네 시민과 정치 과정을 연결시켰다.[34]

추첨은 처음에는 자루에서 검은콩과 흰콩을 뽑아서 실시한 것으로 보인다. 그러나 기원전 4세기에는 특수 추첨 장치인 클레로테리아(*Kleroteria*)가 작동했다.[35] 이것들은 법원이 개회하는 날 아침에 후보자로 나선 수많은 시민들로 인해 손으로 추첨을 할 수 없었기 때문에 디카스타이를 선택하는 데 특히 유용했다.[36] 선서한 모든 디카스타이는 청동 이

---

[32] Hansen(1999) p. 105.

[33] Hansen(1999) pp. 250, 265, 314를 참조하라. 기원전 400년까지 프리타니는 평의회와 민회 회의를 주재하고, 그 후 9명의 의장단(*proedroi*)이 추첨으로 선출되었다.

[34] 그 외에도 아테네 시민이 속할 수 있는 수많은 조직들이 있었다. 여기에는 일족(*gens*), 가문, 형제회(*phratria*), 종교단체, 컬트 단체들이 포함된다. 시민들은 아티카의 다른 지역에 살더라도 원래의 데메 이름으로 등록되었다. Hansen(1999) pp. 47, 101; Whitehead(1986)을 참조하라.

[35] 이러한 용도는 1937년 다우(S. Dow)가 아테네의 아고라에서 발굴된 많은 구멍 뚫린 석재를 통해 확인하였다. Dow(1939)과 Kroll(1972)을 참조하라.

[36] 다우(Dow) 이전 *Ath Pol* LXⅢ- LX에서의 과정 묘사(Aristotle(1986) pp. 202-4)는 타당하지 않다. 다른 명판들도 청동으로 제작된 것으로 보아 기원전 4세기에는 행정직이나 다른 관직에도 사용되었던 것으로 보인다.

름표를 가지고 있었고, 거기에는 글자가 새겨져 있었다. 법원에 도착하면, 당일 소송 절차를 위한 후보자는 그 글자가 표시된 이름표를 추첨 장치의 석판 홈에 꽂아 넣었다. 진행 과정에서 고정된 지점에서 이름표를 장치에서 뽑아 구멍 뚫린 돌 블록 위에 줄지어 놓곤 했다. 이름 줄 옆에는 검은색 또는 흰색 토큰이 깔때기에서 무작위로 떨어지는 튜브가 있었다. 흰색 토큰이 먼저 나타나면 첫 번째 행의 이름이 선택되고 필요한 수에 도달할 때까지 계속된다. 법원에 들어가면 각각의 디카스타이를 각각의 법정에 배정하기 위한 추가 추첨이 열린다. 추첨을 주재하는 공직자는 매일 임명되는 엄격한 교대 체계가 적용되었다.[37]

이 기간 동안 아테네의 정체에서 주목할 만한 한 가지 측면은 도시의 정치 기관에 대한 참여도가 매우 높다는 것이다. 약 30,000명의 전체 시민 인구 중[38] 약 6,000명이 정기적으로 민회에 참석했다. 또한 비슷한 숫자의 사람들이 배심원 선서를 맹세하여 디카스타이로 앉을 수 있었다. 공직 교대는 많은 수의 시민들이 정기적으로 정부의 행정 절차에 참여할 수 있다는 것을 의미했다. 그러나 또한 정부에서의 공직 복무라는 개념이 의무적인 병역 개념과 밀접하게 연관되어 있다는 것을 기억해야 한다. 정치적으로 잘 조직된 폴리스는 군사적으로도 더 강하다는 것을 이해했을 것이다.

그러나 참여가 항상 준비되어 있는 것은 아니었고 인센티브가 필요한 것으로 알려져 있다. 기원전 5세기에는 공직자뿐만 아니라 민회와 법원에 출석하는 사람들에게도 급여가 도입되었다. 동시대의 자료들에 따르면 모든 직책을 채울 수 있었던 것은 아니었다고 지적한다.[39] 각 데메

[37] 추첨 장치인 클레로테리온과 그 사용에 대한 자세한 설명은 Dow(1939)와 무어(J. M. Moore)의 논평에서 확인할 수 있다. Aristotle(1986) pp. 303-8.

[38] Gomme(1933); Hansen(1999) pp. 90-4.

[39] Staveley(1972) p. 40; Whitehead(1986) p. 267을 참조하라.

는 각 의석에 대한 위원들과 예비자들 둘 다 선택해야 했고, 만약 2명 이하의 후보가 나오면 추첨은 단지 2명의 후보자 중 누가 어떤 역할을 맡을지를 결정하기 위한 것일지도 모른다.[40] 일부 행정관들은 다른 직책들보다 덜 권위가 있고 증거에 따르면 어떤 경우에는 10명의 전체 위원회를 구성하는 데 어려움이 있었다. 이러한 문제는 전염병과 펠로폰네소스 전쟁으로 인한 인구 감소로 인해 악화되었다.

아테네 정치의 또 다른 주목할 만한 측면이자 추첨 사용에 대한 연구와 관련된 것으로, 전문 관료 기구와 유사한 것이 전혀 없었다는 것이다. 700명의 행정관들은 해군 징집에서 물 관리 및 위생 감독에 이르기까지 폴리스가 요구하는 모든 행정 및 조직 업무를 처리했다. 따라서 아테네에는 현대적 의미의 국가 기구가 없었고, 모든 공직은 추첨과 교대 또는 재선거의 대상이 되었기 때문에 영구적인 직책 같은 것은 존재하지 않았다.

이 스냅 샷에서 드러나는 전체적인 모습은 부패와 정치권력 집중과 같은 인지하고 있는 병폐와 싸우기 위해 고안된 광범위한 창의적인 기관들을 통합했던 유연성과 조정 가능성을 갖고 있는 합리적으로 조직된 정치 사회의 모습이다. 또한 그 기관들과 절차의 특징은 아테네의 정치사회가 자유와 공정에 대한 사상을 옹호하고 장려했다는 것을 나타낸다. 이러한 기관들과 그 가치는 전례 없는(그리고 타의 추종을 불허하는) 정부에 대한 시민 참여 수준에 의해 유지되고 강화되었다. 이러한 헌법적 맥락 안에서 공직을 선출하는 수단으로서 추첨에 상당한 투자가 있었으며, 시민 전체가 이러한 추첨에 열정은 아닐지라도 상당한 헌신이 있었던 것으로 보인다.

[40] Staveley(1972) pp. 49-51.

정치적 통합: 클레이스테네스의 개혁의 핵심 역할

이 섹션에서 필자의 목표는 기원전 6세기 초 솔론 시대와 기원전 322년 민주주의 몰락 사이에 고대 아테네에서 일어난 정치적 발전 또는 정치적 통합 과정을 살펴보는 것이다.[41] 최대 변화 지점인 기원전 508년 클레이스테네스 개혁의 사건들과 그에 따른 헌법 개혁 프로그램들에서 시작한다. 거기서 간략히 돌아보고 나서 기원전 5세기 말과 4세기의 민주주의 발전 시대를 살펴본다.

기원전 561년에서 510년 사이에 아테네는 인기영합적인 참주 페이시스트라토스(Peisistratos)와 그의 전제적인 아들 히피아스(Hippias)의 참주정의 통치 아래 있었다. 이 상황이 스파르타의 도움으로 끝이 났을 때, 두 귀족 경쟁자인 이사고라스(Isagoras)와 최근 망명에서 돌아온 강력한 알크마이온(Alkmaeonid) 가문의 일원인 클레이스테네스 사이에 권력 다툼이 계속되었다.[42] 클레이스테네스는 이사고라스가 집정관으로 선출되면서 경쟁에서 패배했다.[43] 헤로도토스(Herodotus)는 클레이스테네스가 이 난국을 해결하기 위해 어떻게 '평민들과 연합했는지'와 '민중들(*demos*)을 자신의 파벌로 가져왔는지'에 대해 서술했다.[44] 이것이 무엇을 의미하는지 또는 어떻게 발생했는지 정확히 알기는 어렵다. 그러나 이러한 상황을 감안할 때, 승계가 이루어진 후 합의를 번복되지 않도록 하기 위한

---

[41] 이것에 대한 주요 자료들은 헤로도토스의 『역사』 제5권; *Ath.Pol.* 섹션 XX-XXⅡ (Herodotus, 1954, pp. 334-7; Aristotle, 1986, pp. 163-6)이다. 후자가 전자에 의존할 가능성이 크다. 이러한 역사적 발전의 간결한 요약은 Hansen(1999) pp. 27-54를 참조하라.

[42] 왕조 전복 이후 금지령과 추방리스트와 같은 반(反)페이시스트라토스 조치에 대해서는 Ostwald(1988) p. 304를 참조하라. 이것은 아티카에서의 정치적 분열이 지속적이고 심각한 문제였다는 생각에 무게를 더한다.

[43] Aristotle(1986) p. 164 〔*Ath. Pol* XX. 1〕는 그가 귀족들의 정치 사교 클럽(hetaireiai)에서 권력을 잃었다고 말한다.

[44] Herodotus(1998) p. 327 〔*Hist.* V. 66〕.

일종의 협상이 이루어졌다고 상당히 확신할 수 있다. 또한 민중들 자체가 클레이스테네스가 제안한 모든 것에 대응할 만큼 충분히 조직되었다고 추측할 수 있다. 그 결과는 혁명적 상황으로밖에 설명할 수 없는 것이었다.[45] 이사고라스는 스파르타의 클레오메네스(Kleomenes)에게 도움을 요청했고 클레이스테네스는 700명과 함께 강제 추방되었다. 클레오메네스는 평의회를 해산하고 이사고라스를 꼭두각시 과두정의 독재자로 세우려고 했다.[46] 그러나 평의회는 확고했으며 민중들은 스파르타인들을 아크로폴리스로 몰아 이틀 동안 포위했다. 스파르타가 항복했을 때 클레이스테네스와 그의 지지자들은 망명지에서 소환되었다.[47] 이 사건들은 민중들이 어떻게 정치적 무대에 등장하게 되었는지, 그리고 그것이 어떻게 즉각적이고 결정적으로 대응하여 새로운 질서를 이끌어 냈는지 보여준다.

그러나 이 새로운 질서는 무엇으로 이루어졌는가? 인기영합적인 참주정이라 할지라도 참주정으로 돌아갈 수는 없으며 또한 귀족 파벌 싸움의 불안정성으로 돌아갈 수는 없었다. 또한 취약한 국가를 정치적으로 경험이 부족한 민중들의 손에 넘겨줄 수도 없었다.[48] 이 새로운 파트너십에 의해 수행되는 개혁의 성격을 살펴봄으로써 어떤 종류의 협상이 이루어졌는지를 어느 정도 알 수 있다. 원래의 합의와 민중들의 독립적인 행동이 그들에게 정치적 역할을 부여했다면, 이어지는 급진적인 프로그램은 말 그대로 '도시의 예술'을 배우기 위해 그 역할을 수행하는 데 필요한 정치적 조직과 구조를 제공했다.

클레이스테네스 치하에서 아티카의 인구는 지역의 충성도를 깨뜨

[45] Ober(1998) p. 228는 이에 대해 특히 잘 설명한다.

[46] Aristotle(1986) p. 163 〔*Ath.Pol.* XX. 3〕; Herodotus(1954) p. 337 〔Hist. V. 72〕. Ober(1998) p. 219를 또한 참조하라.

[47] Aristotle(1986) p. 163-4 〔*Ath.Pol.* XX. 3-4〕; Herodotus(1954) p. 337 〔Hist. V. 72-3〕.

[48] Hignett(1952) p. 125는 '어둠 속에서 도약하는' 것으로 클레이스테네스 개혁을 기술한다.

리는 방식으로 10개의 새로운 부족으로 나뉘었다. 이 장의 앞부분에서 보았듯이, 부족들은 국가의 기본적인 정치 및 군사 기반 시설을 형성했지만, 또한 반도의 다른 지역에서 온 부족 구성원들이 이제 함께 살고 군사 작전에서 함께 싸울 것이기 때문에 새로운 충성심을 장려했다. 클레이스테네스는 또한 데메 구조를 설정하고 각 데메의 구성원 할당량에 따라 500명의 새로운 평의회를 조직하는 역할도 맡았다. 중요한 것은, 개혁안은 시민 등록은 데메 수준에서 이루어져야 하고 이러한 방식으로 등록된 모든 시민은 그의 가문 이름에 추가하여 데메 이름을 가져야 한다고 규정했다. 이 데메 신원은 시민들이 아티카의 다른 지역에 거주할 때에도 적용된다.

이러한 조치의 초기 효과는 이전에 부족의 구성원들과 평의회 가입을 지배했던 일족(gens), 형제회(phratria) 및 귀족들의 정치 사교 클럽(hetaireia)로부터 지역 권력을 빼앗는 것이었다.[49] 더 장기적인 효과는 오직 폴리스의 운영에만 관련된 한, 전체와 개인 시민과의 관계를 '정치적'인 것으로 표현할 수 있는 새로운 단위를 만든 것이다. 그것은 정치적 통합의 결정적인 행위였으며 300년 동안 변하지 않은 구조를 도입했다.

클레이스테네스는 또한 도편추방제를 도입한 것으로 알려져 있다.[50] 이 조치는 종종 개인적인 경쟁의 원인으로 사용되었다는 이유로 비판을 받았고, 나중에 보다 유연하고 집중적인 절차로 대체되었지만 도편추방제는 귀족 지도자와 민중들 간의 합의라는 맥락에서 완벽하게 이해할 수 있다. 그것은 무엇보다도 과두정이나 참주정에 맞서 싸우기 위한 조치이

[49] Hansen(1999) p. 400; Murray(1988) p. 15.

[50] 이 조치는 기원전 487년까지 사용되지 않은 것으로 보인다. Hansen(1999) p. 35; Ostwald(1988) p. 309. 클레이스테네스에 의한 옹호는 그의 개혁의 일반적인 추진력과 그 도입 상황과 일치한다. 이러한 개혁의 가치에 대한 평가는 Murray(1990) pp. 13-14를 참조하라.

며, 심지어 클레이스테네스 자신의 야망에 대한 두려움을 완화시키기 위해 도입되었을 수도 있다.

이러한 사건의 중요성을 인식해야 하지만, 페이시스트라토스 직전에 재직한 솔론은 부채 노예화를 폐지하고 부(富)를 기반으로 고정된 집단이나 계층을 만들면서 통일된 시민권을 창출하기 위한 첫걸음을 내디뎠다. 아테네의 정치 무대에 민중들을 처음 올려놓은 것은 이와 같은 조치들이다. 부채 노예화의 폐지는 특히 독특한 시민체라는 개념을 통합하는데 있어 중요한 순간으로 꼽힐 수 있다.[51] 그는 또한 아티카 사회의 가난한 구성원들의 경제적 지위를 강화하는 효과가 있는 항소 법원을 설립했다. 이러한 실행들은 기원전 5세기 중반까지 이어지는 기간에 아테네 군대의 중추가 된 강력한 '호플리테스' 계층 형성의 뚜렷한 한 걸음으로 나타났다. 따라서 클레이스테네스 개혁을 훨씬 더 긴 정치 발전 과정의 일부로 읽어야 한다.

기원전 507-8년 정치 무대에 민중들이 등장했음에도 불구하고, 전반적인 정치권력이 여전히 옛 귀족회의인 아레오파고스의 손에 놓여 있기 때문에 클레이스테네스의 아테네 폴리스를 민주적이라고 특징지을 수 없다.[52] 그럼에도 불구하고 기원전 462년의 완전한 민주주의의 도래가 가능했던 것은 40년 전에 클레이스테네스가 정치적 영역을 명확히 하고 시민들에게 실질적인 정치적 책임을 부여했기 때문에 가능했다는 것을 인식해야 한다.

아테네 정치 시스템의 그 다음의 질적 변화에 영향을 미친 가장 중요한 요인 중 하나는 아테네를 해양 강국으로 만들기로 한 기원전 483/2년 결정이었다. 이것은 새로운 군사 계급인 테테스 또는 노를 젓는 사람

---

[51] Hignett(1952) p. 119.

[52] 전게서. p. 156.

을 만들어냈고, 그들에게 폴리스 방어에서 중요한 역할을 부여했다. 곧 그들은 더 큰 정치적 목소리를 요구했다.[53] 기원전 462년, 함대는 항구에 있고 호플리테스는 원정 중인 가운데, 에피알테스(Ephialtes)와 젊은 페리클레스(Perikles)는 민회를 움직여 아레오파고스의 대다수 권한을 박탈했다. 이것은 종종 아테네 민주주의의 황금기라고 불리는 시기를 이끌었다. 이것은 에게 해에서 엄청난 번영과 제국의 확장, 도전받지 않는 세력으로 특징지어졌지만, 길고 파괴적인 펠로폰네소스 전쟁으로 훼손되었다.

전쟁이 끝나갈 무렵, 두 번의 짧은 과두정은 민주주의의 연속성을 깨뜨렸다. 그것들은 민주주의 제도의 취약성을 상기시켜준다는 점에서 유용하지만, 동시에 수명이 짧았기 때문에 또한 민주주의의 복원력을 증명하기도 한다. 이 중 두 번째 이른바 '30인 참주정'의 통치는 특히 유혈 사태가 심했고, 정권에 반대한 약 1,500명의 사람들이 처형되었다. 기원전 403년, 군사력에 의해 아테네에 민주적 통치가 회복되었고 과두정의 반복을 방지하기 위한 새로운 처방조치가 이루어졌다. 이러한 격동의 사건에 뒤이어 소수의 과두정 지도자를 제외한 모든 사람들에 대한 사면이 선포되었다. 이것은 복원된 민주주의를 단순히 민주주의의 승리라기보다는 조정의 기간으로 특징짓는 데 도움이 되기 때문에 중요하다. 이러한 상황에서 폴리스는 무엇보다도 정치 제도와 강력하고 포괄적인 정부 절차를 필요로 했다.

기원전 4세기 민주주의는 이전 시대의 착오로부터 눈에 띄게 배웠고, 기원전 403년 복원 이후 세 가지 조치는 추첨 연구에서 중요하다. 첫 번째는 비합법성 기소 및 탄핵재판 사건에서 법원의 사용이 증가했다는 것이다.[54] 두 번째는 입법 기관인 노모테타이 도입이었다. 두 조치 모두

[53] Rhodes(1992) p. 91.

[54] 전게서. p. 44.

민회의 권력을 억제하기 위한 것으로, 특히 선동가나 카리스마적 지도자들의 간곡한 권고에 대한 민회의 취약성을 억제하기 위한 것으로 보인다. 둘 다 모두 민주주의를 보존하고 개선하여 보다 합리적이고 정체 전반의 요구에 보다 민감하고, 그래서 보다 진정으로 정치적으로 만들려고 했다. 이러한 조치들은 현대 대의민주주의의 견제와 균형 시스템과 동일한 기능을 수행했지만, 권력 분립 없이 그리고 무작위로 선택된 사람들의 기관인 디카스타이에 직접 의존함으로써 수행되었다. 노모테타이는 일시적 의미만 있는 민회 법령과 구별되는 영구적인 법률을 제정하는 일을 맡았기 때문에 특히 중요한 정치적 발전이었다.[55] 그것은 민회 정치의 혼돈에서 벗어난 움직임이지만, 동시에 철저하게 민주적이었다.

이 요약으로부터 다수의 최우선 원칙이나 경향을 분리할 수 있다. 우선, 창안의 각 단계는 이전 질서의 정치적 안정 위에 구축되었으며, 기원전 5세기 후반 과두정과 같은 붕괴가 일어났을 때, 적극적인 교정과 조정이 이루어졌다는 것은 명백하다. 둘째, 모든 조치가 자의적 통치 위협에 대한 직접적인 대응이었다고 제안하는 것은 단순하지만, 이 위협은 다양한 형태로 이 기간 동안 지속적인 압박이었다. 셋째, 거의 모든 이러한 단계는 정치적(즉, 통치 및 공공) 맥락 내에서 발생했다. 넷째, 변경사항들은 인구의 한 부분인 민중들의 이익을 증가시키기 위해 작동했지만, 일반적인 의미에서 포괄적인 방식으로 그렇게 했다. 민주주의 수호와 함께 이어지는 이러한 서사에는 진정한 공정성 기풍이 있다. 정부가 어떻게 운영되어야 하는지에 대한 문제는 누가 통치해야 하는지에 대한 질문과 같은 열정으로 다루어진다.

이러한 일반적인 관찰과 함께 이 기간 동안 아테네 국가에 끊임없는 외부 압력이 있었고 내부의 정치적 결속이 군사력만큼 중요하다는 것

[55] Stockton(1990) p. 52.

을 기억해야 한다. 또한 기원전 5세기 그곳에서 일어난 문화와 경제 혁명을 배경으로 아테네의 정치적 성숙을 봐야 한다. 그러나 이 점에서 너무 가까운 인과관계를 맺지 않도록 주의해야 한다. 가장 중요한 정치적 변화는 대부분 급속한 경제 성장과 지역 제국 패권 시기 이전 또는 그 이후에 발생했다.

아테네에서의 추첨 조사

사례 연구 1: 기원전 507년 클레이스테네스 개혁

클레이스테네스 개혁에 대한 이 사례 연구는 추첨 사용의 두 가지 사례 또는 가능한 사례를 다룬다. 첫 번째는 지역적으로 분할된 데메 집단들 또는 트리티스들에서 추첨으로 10개의 부족을 생성하는 것이다. 이를 위해 트리티스의 지리적 분포에 대한 고고학적 증거를 이해력을 갖고 읽음으로써 증명될 수 있는 직접적인 텍스트 증거를 가지고 있다.[56] 두 번째는 클레이스테네스가 500명의 평의회를 설립할 때 선거가 아닌 추첨에 의해 선정했다는 주장이다. 이것이 기원전 5세기까지의 선택 방법이었다는 것을 알고 있지만, 고고학적 또는 문헌적 증거 상으로는 명확하지 않다. 필자는 이 정부 기관을 위한 추첨 사용이 클레이스테네스 개혁의 전반적인 방향과 일치한다고 주장할 것이다.

먼저 클레이스테네스가 직면한 상황의 위태로운 본질을 인식해야 한다. 귀족 클럽 내에서 이사고라스 파벌의 지지자들과 페이시스트라토스 정권의 남아있는 지지자들로 인한 내부적인 위험이 있었다. 또한 묵은 원한의 청산에 따른 국지적 갈등이 통제 불능 상태로 확대될 가능성도 있었다. 스파르타는 즉각적인 외부 위협이 되었지만, 다른 이웃 국가

[56] Aristotle(1986) 〔*Ath.Pol.* XX. 4〕

들로부터의 위험도 고려해야했다. 민중들은 이사고라스와 그의 스파르타 지지자들을 축출하는 데 주요한 역할을 하게 됨에 따라 그들은 이제 무시할 수 없는 정치 계층이 되었다. 그러나 이 단계에서 아테네는 민주주의와는 거리가 멀었고, 계층 갈등의 급증은 취약한 안정을 위협했을 것이다. 이러한 상황을 감안할 때 개혁의 주된 요점은 통일된 폴리스를 구축하기 위한 것이었다고 짐작할 수 있다.

클레이스테네스의 추첨 사용에 대한 첫 번째 예는 이 문제를 해결하기 위해 고안된 일련의 조치의 중심에 들어있다. 『아테네의 헌법』(*The Constitution of Athens*)는 다음과 같이 기술하고 있다. 그는 데메를 기본 단위로 삼아 아티카를 30개의 행정구역으로 나누었으며 그 중 10개는 도시 지역, 10개는 해안 지역, 10개는 내륙 지역이었다. 그는 그 구역들을 트리티스라고 불렀고 추첨으로 도시, 해안, 내륙 각 지역마다 한 개씩 선택해 세 개의 트리티스로 한 개의 부족을 만들었다.[57]

이러한 분할의 전반적인 효과는 트레일(J. S. Traill)이 만든 아티카의 데메 지도를 참조함으로써 가장 잘 이해할 수 있다(그림 3).[58] 대부분의 데메들은 지리적 특징의 논리를 따르는 것처럼 보이는 조밀한 트리티스에 있는 반면, 때때로 그룹화는 이러한 패턴에서 벗어나는 것처럼 보인다. 트리티스 10, III, 4는 이 범주에서 가장 눈에 띄는 경우이다. 이것은 아마도 트리티스 자체의 생성 과정에서 지역 충성도를 깨뜨리는 수단으로 설명 될 수 있다.[59] 트리티스의 그룹화와 관련하여, 동일한 부족에 배정된 일부 트리티스는 결국 서로 인접하게 되는 반면(2와 II는 아이게이스(Aigeis) 부족에서, VVIII과 viii는 히포톤티스(Hippothantis) 부족에서) 일

[57] Aristotle(1986). 〔*Ath.Pol.* XX I . 4〕

[58] Traill(1975). 그림 3은 도표를 참조하라.

[59] Ostwald(1988). p. 313는 *트리티스*를 '시스템에서 가장 인위적이고 중요한 요소'로 설명한다.

부는 지리적으로 구별된다(X 및 10은 안티오키스(Antochis) 부족에서, IV 및 4는 레온티스(Leontis) 부족에서) 이것은 『아테네의 헌법』의 기술이 정확하고 무작위 분배 과정이 실제로 사용되었다는 것을 보여준다. 보다 합리적인 의사 결정 수단은 부족의 트리티스를 서로 더 동일한 거리에 분배하였을 것으로 예상된다.

이러한 무작위 분배 과정은 블라인드 브레이크가 추첨 형태의 본질적인 부분이라는 사실을 넘어서 블라인드 브레이크의 사용을 분명히 하지 않으며, 또한 행정적 역할이나 기능과 관련하여 각 부족에 대한 트리티스의 무작위 분배가 엄격히 필요한 것도 아니다. 이 과정을 더 완전하게 이해하기 위해서는 클레이스테네스가 직면한 다른 두 가지 선택지를 고려해야 한다. 그는 직접 결정을 내려야 하거나, 아니면 트리티스들이 스스로 선택해야 한다.

트리티스들이 스스로 선택하도록 허용하는 것은 자발적인 파벌이 형성되도록 허용하는 것과 같으며, 새로 형성된 트리티스들이 끝없는 다툼을 피할 수 없게 될 것이다. 아티카의 재조직의 목적은 더 큰 통합을 만드는 것이었기 때문에, 이것은 실행 가능한 선택이 아니었을 것이다. 클레이스테네스는 그룹화와 관련하여 해안가 사람들을 내륙 사람들과 도시 거주자들과 묶는 것에 관한 중요한 결정을 이미 내렸으며, 일단 이것이 달성되고 나면 새로운 부족의 정확한 구성은 훨씬 덜 중요했다. 따라서 최종 분배를 추첨에 맡기는 정치 논리는 클레이스테네스가 의도적으로 결정권을 벗어나 양보한 것으로 보인다.[60] 아티카의 구조에 과감하고 전면적인 변화를 가한 클레이스테네스는 이제 최종 선택을 신들에게 맡겨 폭정에 대한 어떠한 비난도 미연에 방지한다.[61] 그것은 또한 인민에

---

[60] Eckhoff(1989) p. 13은 스스로 시작한 추첨은 'distributor를 불필요하게 만드는 것'이라고 말한다.

[61] Ostwald(1988) p. 317은 '조정(arrangement)으로부터 개인적 또는 정치적 이익을 얻는

대한 새로운 폴리스의 상징적인 봉헌이기도하다. 그것은 공동 결정의 차선책이다.

이것이 '초합리적인' 블라인드 브레이크를 충분히 사용하지 않기 때문에 약한 추첨 사용으로 특징지을 수 있으며, 여기서 추첨은 주로 수사학적이거나 대리적인 역할을 하는 것으로 보인다. 반면에, 클레이스테네스는 어떠한 파벌의 반대도 막기 위해 기민한 판단을 내렸지만, 사실 그는 트리티스가 자발적 동맹을 형성할 경우 새로운 폴리스가 위험에 처할 것이라고 예상하고 있다. 따라서 그것은 동맹의 계획을 방해하기 위해 '초합리적인' 해결책을 사용하는 숨겨진 강한 용도를 갖고 있다. 그러나 이것은 일회성 결정이기 때문에 이 숨겨진 강한 사용은 유예된 결정의 약한 수사학보다 정치적으로 덜 중요하다.

500명의 평의회에 대한 추첨 방식이 원래 선택 방식이었는지에 대해선 의견이 분분하지만, 그 이유를 들어보면 이런 것들이 밝혀지고 있다. 로도스(P. J. Rhodes)는 클레이스테네스 시대에 선출되었던 집정관 직분의 예를 따라, 새로운 평의회에 대한 선출 방식에서도 선거를 배제해서는 안 된다고 제시한다.[62] 한센(Hansen)은 이 일반적인 노선을 따르는 반면,[63] 오버(Ober)는 클레이스테네스가 엘리트들 사이에서 지배권을 유지하기 위해 선거를 사용했을 것이라고 주장한다.[64]

논쟁의 다른 측면에서, 스톡턴(Stockton)[65]은 인구의 '임의의 횡단면'(random cross-section)의 생성이 떠오르는 호플리테스 계급 또는 제우기

것'으로 보이는 것보다 추첨을 사용하는 것이 정치적으로 안전하다고 주장한다.

[62] Rhodes(1972) p. 7. 또한 Rhodes(1981) p. 251을 참조하라.

[63] Hansen(1999) pp. 49-52.

[64] Ober(1989) p. 73; Ostwald(1988) pp. 319, 322; Whitehead(1986) p. 207에서는 클레이스테네스 시기 평의회가 선거로 선출되었으나, 어느 쪽도 명시적으로 추론을 따르지는 않는다.

[65] Stockton(1960). p. 26.

타이의 이익에 부합한다는 근거로 평의회에 대한 클레이스테네스의 추첨 사용을 지지한다.[66] 에렌베르크(Ehrenberg)는 추첨을 배타적으로 민주주의적 척도로 여겨져서는 안 된다는 것을 인식하고, 클레이스테네스의 추첨 사용이 민주주의를 더욱 발전시킬 수 있다는 것을 지지한다. 그는 또한 평의회 수준의 추첨이 풀을 결정하기 위한 데메 회의에서 선호 투표에 의해 선행되었을 수 있다는 가능성을 제기한다.[67]

혼란의 상당 부분은 주로 민주 정부의 메커니즘으로 추첨을 식별하는 데서 비롯되며, 이는 평의회를 선택하는 방법이 집정관의 방식을 따라야 한다는 생각으로 인해 더욱 복잡해진다. 이 견해를 선호하는 사람들에게는 드라코(Dracon)가 솔론 이전 시대에 추첨과 엄격한 교대를 사용하여 원래의 400명의 평의회를 설정했다는 『아테네의 헌법』의 증거는 무시되어야 한다.[68] 이 해석에 따르면, 『아테네의 헌법』의 작성자들은 그들에게 더 큰 민주적 신뢰성을 주기 위해 의도적으로 기원전 650년부터 480년경까지의 아르카이크(Archaic) 시대의 업적을 과장했다.[69]

필자는 이 이면에는 추첨을 동등화 매커니즘으로 보는 시각이 있는데, 부분적으로는 아테네 민주주의에 대한 설명이 귀족들에 의해 주로 전해져왔다는 사실에서 비롯되었다고 생각한다. 이러한 방식으로 추첨은 민주주의 발전에 기여한 요소라기보다는 민주주의의 결과인 기존 민주주의를 수호하는 수단으로 묘사되어 왔다. '실력보다 충성'이 요구될 때

---

[66] Griffith(1966) p. 213는 Day and Chambers(1962)에서 한 것처럼 추첨 사용을 지지한다.

[67] Ehrenberg(1968) p. 94

[68] Aristotle(1986) p. 149 〔*Ath.Pol.* Ⅳ. 3〕.

[69] Hansen(1999) pp. 49-52를 참조하라. 특히 p. 50과 Moore in Aristotle(1986) p. 221을 참조하라. 비록 한센은 추첨의 초기 사용 (즉, 클레이스테네스 또는 클레이스테네스 이전)에 불만족스럽지만, 추첨에 반대하는 이들이 광범위한 정치적 이익은 무시한 채 임의적인 평등 개념을 강조했다는 것을 인정한다(1999, p. 84).

추첨이 사용되었다는 로도스의 언급은 이러한 사고방식의 전형이다.[70]

이러한 주장에 반하여, 필자는 기원전 5세기 민주주의자들이 완전한 시민-추첨 정체를 만들기 위한 마지막 단계를 밟았을 때 쯤에는 추첨의 가능성이 잘 알려져 있었다고 주장할 수 있다. 이것은 클레이스테네스시대부터, 아마도 훨씬 더 일찍부터 평의회 선택에 이미 사용되었기 때문일 것이다. 필자는 파벌 조직을 억제할 수 있는 능력이 있기 때문에 이 시기에 추첨이 사용되었을 것으로 본다. 이것은 신흥 폴리스가 경험하는 가장 큰 필요성, 즉 정체(停滯, stasis) 또는 내부 분열 방지와 일치한다.

파벌의 성장과 운영을 억제하기 위한 추첨 사용은 여러 가지 방식으로 작동하는데, 이 모든 것은 블라인드 브레이크와 무작위 또는 독립적인 결과, 그리고 덜하지만, 직접적인 주체의 결여와 같은 '초합리적인' 특징의 긍정적인 장점을 만든다. 추첨은 예측할 수 없으며, 이는 원하는 결과나 의도된 결과를 달성할 수 있는 가능성을 가지고 계획을 세우면 수확체감에 영향을 받을 수 있다는 것을 의미한다. 따라서 상당수의 구성원을 공직에 앉히기로 계획한 파벌은 추첨의 사용으로 인해 그 설계가 방해받게 된다는 것을 알게 될 것이다. 또한 교대가 추첨과 함께 사용된다면, 우연히 얻은 이익을 기반으로 하는 파벌은 없을 것이다. 따라서 추첨 과정의 블라인드 브레이크를 정치 영역 내에서 자신의 의지를 주장하려는 누군가에 의해 사용될 수도 있는 자원의 사전 계획 및 사전 구성의 합리적인 연결을 끊는 것이라 생각할 수 있다. 추첨 기반 시스템을 사용하면 아무도 그들 자신이나 추종자를 체계적으로 자리에 앉힐 수 없다. 따라서 권력 집중을 분산시키거나 흩어지게 할 수 있는 그러한 방식으로 작동한다.

무작위 선택 과정 또한 직접적이고 중재되지 않는다. 여기에서 이것

[70] Rhodes(1981) p. 513. 로도스는 *Ath.Pol.* XLⅢ 1.에 대해 논평한다.

은 논쟁, 지지, 약속, 영향력이 주요한 역할을 할 수 있는 선거에 의한 선택 과정과는 완전히 구별된다. 추첨 선택에서는 후보자와 다른 사람(예: 후원자) 또는 단체(예: 정당) 사이에 종속 또는 의무 관계가 있을 수 없다. 따라서 추첨은 공직자들이 특정 외부 영향으로부터 단절되거나 독립적이어야 하며, 순전히 정체의 공익을 위해 일해야 한다는 정신에 기여한다. 다른 측면에서 보면 추첨에 의한 선택은 명백하게 공정한 선택이다. 이러한 방식으로 공직자가 선출되면 시민을 공직에 '소환'하는 폴리스는 진정으로 공정한 정치적 실체로 인식된다.

따라서 추첨을 1차적으로 주로 파벌을 억제하는 수단으로 생각하고, 2차적으로 기회의 평등을 만드는 수단으로 생각하는 것은 타당해 보일 것이다. 실제로 어떤 정치적 맥락에서든, 기회의 평등을 제공하는 추첨의 능력은 사실 권력이나 영향력을 가진 사람들이 법으로 용인되지 않은 추가 이익을 얻지 못하도록 막는 추첨이 갖고 있는 능력의 결과라고 주장될 수 있다. 이렇게 표현하면 기회의 평등은 강력한 개인이나 집단이 선거 절차를 좌지우지하지 못하도록 추첨을 사용한 결과이다.

이러한 방식으로 단일성과 정치적 통합을 촉진하기 위한 추첨의 잠재력은 기원전 7세기와 5세기 사이의 장기간의 정치적 통합 기간 동안 아테네 폴리스가 직면한 가장 심각한 위협과 일치한다. 이러한 위협은 폭정, 쿠데타, 음모로 점철된 아테네의 얼룩진 역사에서 분명히 드러난다. 그것이 얼마나 심각하게 취급되었는지에 대한 추가적인 증거는 시민 분열 기간 동안 시민들은 한 파벌 또는 다른 파벌을 위해 선언해야 한다는 것을 규정하고 있는 솔론의 유명한 정체방지법(anti-stasis law)과[71] 투키디데스의 코르키라 반란(sedition at Corcyra)에 대한 설명에서 찾을 수 있

[71] Aristotle(1986) p. 153 〔Ath. Pol. VIII. 5〕; Forrest(1966) p. 175. 이 법은 위기와 불확실성의 시기에 기회주의적 동요를 피하기 위한 것으로 보였다. 시민들이 승리파를 밀어주기 위해 기다리기보다 스스로 결정하는 것을 목적으로 한다.

다.[72] 투키디데스는 이러한 사건들에 대한 성찰에서 파벌들이 정치적 안정의 주요 적이라고 분명히 밝혔다. 파벌 연합은 확립된 법률에 근거하지도 않고, 공익도 추구하지 않기 때문에 법을 무시하고 사리사욕으로 결성된 것이다.[73] 더욱이 정체(stasis)라는 용어 자체는 시민의 불안과 파벌을 모두 의미하는데, 이것은 아테네의 정치의식 내에서 두 개념 사이의 매우 밀접한 연관성을 가리킨다.

또한 정체(政體)에 대한 가장 큰 위협은 주로 귀족적인 성격의 파벌에서 비롯되었다는 점에 주목할 필요가 있다. 더 오래된 귀족 가문들은 권력을 잡을 수 있는 자원을 가지고 있었고, 이미 귀족적인 사적인 클럽(hetaireia)으로 조직되어 있었으며, 폴리스보다 가문을 우선시하는 경향이 있었고, 종종 다른 도시 국가들과 가문 관계를 맺고 있었다.[74] 이것은 그들의 파벌 활동을 특히 위험하게 만들었다. 기원전 7세기와 5세기 사이 아테네에서 정치적 통합을 이루기 위한 노력이 특히 민주주의적인 길을 걸었다.

이것은 평의회에 대한 추첨이 클레이스테네스에 의해 도입되거나 심지어 그 이전에 도입되었으며, 기원전 5세기 민주주의자들에 의해 과두정으로부터 폴리스를 방어할 수 있는 잠재력으로 이해되고 더욱 발전되었다는 견해에 무게를 더한다. 이러한 복원을 지지하는 직접적인 증거는 솔론의 전임자인 드라코에게 평의회의 추첨과 교대에 대한 책임을 부여하는 『아테네의 헌법』 구절이다.[75]

추첨의 경우는 또한 선거가 가져올 수 있는 결과를 살펴봄으로써

---

[72] Thucydides(1972) pp. 237-45 〔Ⅲ. 70-85〕.

[73] Thucydides(1981) p. 22 〔Ⅲ. 82〕. 이 인용구는 조웻(Jowett)의 번역에서 가장 두드러진다. 또한 Murray(1988) p. 21을 참조하라.

[74] Ober(1998) p. 228.

[75] Aristotle(1986) p. 149 〔Ath. Pol. Ⅳ.3〕

이루어질 수도 있다. 선호 선거는 지역적 영향력을 가진 사람들에게 권력을 확장시킬 수 있는 기반을 제공했을 뿐만 아니라, 클레이스테네스 체제가 아직 걸음마 단계였던 시기에 선거가 아마도 형제회의 노선을 따라 시민들을 분열시켰을 것이다. 평의회에 대한 선거는 또한 인접한 데메 또는 데메 그룹의 후보들을 연합 파벌의 후보로 세우는 것을 선언할 수 있는 기회를 제공할 수도 있다. 물론 투표는 수치적 지지에 대한 공개 선언에 해당할 수 있으며, 따라서 그 자체로 파벌 권력의 명확한 진술이 될 수도 있다.[76] 이 모든 가능성들은 클레이스테네스가 발전시키려 했던 데메의 충성심과 정체성의 정신과 모순될 것이다.[77]

그러나 선거를 어떻게 이해하느냐는 주어진 상황에서 누가 투표할 자격이 있느냐에 달려 있다. 민중들과 협력하여 클레이스테네스가 권력을 장악하고 있는 상황에서, 대중들에 의한 선거는 심지어 데메 수준에서도 충성스러운 귀족들인 훌륭한 공직자들을 공직에서 몰아내는 결과를 낳았을지도 모른다. 추첨은 장기적으로는 오래된 지배계급의 권력과 영향력에 반하여 작동했을 것이지만, 단기적으로는 그들의 참여를 유지하는 수단이 될 수도 있었다. 그것은 그들을 정치권에 머물게 하고, 새로운 시스템을 준수하는 대가로 그들에게 기회의 평등을 보장해줄 것이다.

따라서 파벌간의 불안정성으로부터 자유로운 새로운 모습의 아티카로의 원활하게 전환할 수 있도록 고안된 교대 및 도편추방제를 포함한 일련의 조치의 일부로 추첨을 보는 것은 쉽다. 추첨이 공직에 대한 문턱을 낮추고 지역 귀족 집단의 권력 기반을 약화시켰기 때문에, 그것을 클레이스테네스와 민중들 사이의 거래의 일부로 쉽게 볼 수 있지만, 일반

[76] Sinclair(1988) p. 18.

[77] 선거와 추첨을 결합한 에렌베르크(Ehrenberg)의 발상은 클레이스테네스 개혁의 일반적 추진력에서의 추첨의 역할을 인정한다. 그러나 필자는 평의회와 데메 사이의 연관성이 직접적인 추첨에 의해 보다 더 잘 유지되었을 것이라고 주장한다. Ehrenberg(1968) p. 94.

적인 정치적 의미도 포함되어 있었다. 통합 비용은 시민 주도 정치 공동체라는 새로운 조직의 법률, 절차 및 구조를 준수하는 데 있었다.[78]

사례 연구 2: 민중법원

정치 공동체를 책임지는 기구인 정치기구가 초당파적이거나 공정해야 한다는 발상은 민중법원, 즉 디카스테리온의 구성원을 선출하기 위해 추첨을 사용하는 것을 고려할 때 또한 명백하다. 이름은 '올바름' 또는 '공명정대함'으로 종종 번역되는 '다이크'(*dike*)라는 단어에서 파생되었으며 함축적으로 '공정성' 또는 '정의'를 의미한다.[79] 따라서 디카스테리온은 올바른 길을 찾는 데 전념하는 기관으로 특징지을 수 있다. 이 독특한 제도는 솔론 시대부터 기원전 3세기에 이르기까지 오랜 기간 발전의 대상이었으며, 평의회와 마찬가지로 아르카이크 시대에 구성원을 선택하기 위한 추첨 사용은 논쟁의 대상이 되었다.

솔론은 아티카의 토지소유계층인 유파트리드(*Eupatrid*) 계급과, 부패한 행정관들의 수중에서 빚과 파멸로 인해 노예화의 끊임없는 위협에 직면해 있던 이 지역의 소농들 사이의 평화로운 해결을 모색하는 중재자로 종종 묘사된다. 그의 해결책은 한편으로는 부채 노예제를 폐지하고 다른 한편으로는 행정관들의 과도한 권력을 다루기 위해 새로운 최종 항소 법원을 설립하는 것이었다. 이 항소는 헬리아(*heliaia*)가 들어야 하는데, 헬리아가 민회를 의미하는 것으로 해석되어 왔지만, 그 목적을 위해 명시적으로 선택된 많은 사람들이나 집회를 의미할 수도 있었다.[80] 어떤 해석

---

[78] 정치공동체에 대한 동시대의 논의는 플라톤의 『프로타고라스』(*Protagoras*) 대화(dialogue)(Plato, 1940, pp. 246-9 〔320-23〕. 프로타고라스는 폴리스의 형성에 대한 이야기를 보여준다. 누구든지 수치심과 정의를 위해 참여할 수 없는 사람은 '도시에 해충으로 사형에 처할 것'을 제안한다. (Plato, 1940), p. 248 〔324〕).

[79] Barker in Aristotle(1946) p. lxx.

[80] 전체 민회의 판단은 Day and Chamber(1962) p. 87; Rhodes(1981) p. 160; Andrewes

을 받아들이든 간에 솔론의 의도는 명확하다. 즉 궁극적으로 공동체에 기반을 둔 사법 시스템을 확립하는 것이다. 한 가지 더 자세히 말하자면, 제3자가 새로운 법정에 사건을 제기할 수 있도록 허용하는 조치는 솔론이 가난한 농민들에게 그들의 사건을 변론하기 위해 더 교육받은 계층의 구성원들을 이용할 수 있도록 함으로써 정의를 실현하기 위해 긍정적인 조치를 취하고 있었다는 것을 확인시켜준다. 법원 도입 상황에서 공정성이 주요 고려 사항이었음에 틀림없다. 이것은 항소 심리는 더 큰 마찰과 분열을 일으킬 수 있기 때문에 자발적으로 소집된 집회 앞에서 열리지 않았을 것임을 시사한다. 따라서 누가 참여할 것인지 선택하기 위해 추첨이 사용되었을 가능성이 매우 높다.

기원전 5세기에 이르러 민중법원은 제1심 법원이 되었고 주요 공익 사건에 사용되기 시작했다.[81] 이것들은 사적인 경우와 구별되었으며 일반적으로 더 많은 수의 디카스타이를 필요로 했다. 디카스테리온은 기원전 403년 민주주의 회복 이후 입법을 승인하는 장(場)으로 사용되었다. 따라서 기원전 6세기와 4세기 사이 민중법원(공동체가 판결을 행사할 수 있는 수단)에 점점 더 광범위한 문제를 다룰 권한이 부여되었다. 기원전 5세기 후반에는 주권이 민회에 있었지만 4세기에는 권력 균형이 민중법원으로 이동하기 시작했다.[82]

연구 측면에서, 먼저 법원과 민회와의 관계에 초점을 맞출 필요가 있다. 민주주의 회복 이후의 변화를 보면 디카스테리온이 민회의 당파적이고 감정적인 격렬한 토론보다 더 나은 판단력을 제공할 수 있는 보다

(1982) p. 388에 의해 선호된다. 일반적으로 추첨의 복잡성에 대한 더 큰 이해를 보여주는 에렌베르크는 디카스테리온이 솔론 시대부터 만들어진 기관이었을 것이라는 견해를 지지한다. Ehrenberg(1968) p. 67. 이러한 견해는 Aristotle(1946) p. 88 〔Pol.Ⅱ.xii. 3; 1274a〕에서 아리스토텔레스에 의해 지지된다.

[81] Day and Chambers(1962) p. 184.

[82] Hansen(1990) pp. 216, 242.

안정적인 기관으로 여겨졌다는 것은 분명하다.[83] 그러나 이것은 민회의 권한을 축소하는 반민주적 조치로 해석될 수 있지만, 그 도입의 맥락과 일치하지 않는다. 전쟁에 지친 민회는 기원전 411년 과두정에 찬성표를 던졌고, 기원전 403년 민주주의가 회복된 직후 정부의 중요성은 민회에서 법원으로 옮겨졌다. 따라서 이러한 움직임은 과두정 또는 극단적 민주주의 선동가들의 설득으로부터 새롭고 다소 취약한 민주주의를 보호하기 위한 움직임으로 해석될 수 있다. 민중법원의 새로운 역할은 민회의 주권을 수호하는 소집이라기보다 *민회로부터* 민주주의를 수호하는 추첨으로 창조된 기관으로 이해될 수 있다.[84] 또한 신중한 판단, 적법 절차 및 공정성이라는 발상을 더 강조함으로써 그렇게 했다. 그것은 민주주의에 반하는 것이라기보다는 혼란에 반하는 움직임이었고, 기존 형태에 새로운 기능을 부여함으로써 정치 과정이 어떻게 통합되고 확장되었는지를 보여주는 매우 좋은 예이다.

법원의 권위를 오로지 그것이 대중적인 기관, 즉 인민의 기관이라는 생각에서 비롯된 것이라고 읽는 것은 유혹적이나. 그러한 많은 사용과 더 높은 대중의 관심을 끌었던 사례의 증가는 디카스테리온이 일차적으로 공동체 사법 기관이었음을 확실히 시사한다. 그러나 그것이 '미니어처 인구'를 구성했다는 발상에 그 권위를 부여하는 정도에 대해서는 의문을 제기해야 한다.

싱클레어(R. K. Sinclair)는 디카스타이를 선택하는 데 추첨을 사용함으로써 시민 인구의 '임의의 횡단면'에 의해 결정을 내려질 수 있다고 제시한다.[85] '횡단면'을 '표본'으로 해석한다면, 필자는 이러한 맥락에서 추

[83] 전게서. p. 218.

[84] 이것은 헤들램의 일반적인 경향이지만, 그는 행정관을 뽑기 위해 추첨을 사용하는 것에 더 신경을 쓴다.

[85] Sinclair(1988) p. 79.

첨의 사용을 생각하는 것은 잘못된 방법일 뿐만 아니라 디카스테리온의 운용에 대해서도 잘못 생각하는 것이라고 주장한다. 더욱이, 그것은 표본추출 이론과 대의정부라는 그 시기 이후의 전제에 기초한 견해이다.

일반 시민의 표본을 만들기 위해 추첨을 사용했다는 해석은 약한 사용을 지적한다. 왜냐하면 그것은 정부기관과 시민들 사이에 합리적인 관계, 즉 비율의 관계를 확립하고자 하기 때문이다. 이러한 생각은 또한 디카스타이가 두 가지 측면에서 특별한 집단이었다는 사실과도 모순된다. 즉 그들은 30세 이상의 (당시로서는) 고령층 집단이었고, 배심원 선서를 했기 때문에 특별한 공직자들이었다. 그들은 또한 그들이 풀에 참여하기 위해 앞으로 나서는 것과 재판 당일 법정에 모습을 드러내는 면에서 모두 자원자였다. 이것은 추첨이 솔론에 의해 진보된 공동체 정의의 일반적인 개념을 넘어서는 어떤 의미에서든 '미니어처 인구'를 선택하기 위한 수단으로 의도된 것은 결코 아니라는 것이다. 그렇다고 해서 그들이 일반 대중들과 비슷하지 않았다는 것을 의미하지 않으며, 그들은 법조인이나 전문 정치인 집단보다 확실히 더 그럴 것이다. 그러나 디카스타이가 대표 표본이 되어야 한다는 주된 의도를 가지고 추첨을 통해 선발되었다는 견해는 배제되어야 한다.

디카스타이 선택에서 추첨의 목적은 사실 매우 간단하다. 우선 판결 결과에 영향을 미칠 수 있는 당사자가 선정 과정에 압력을 가하는 것을 방지하기 위해서이다. 부정행위에 대응하기 위해 취한 조치들을 살펴보면 위협의 수준을 알 수 있다. 4중 추첨은 개별 디카스타이를 선택하는 데 사용되었다. 이것은 6,000명의 원래 풀 중 추첨에 의한 선택, 법원의 해당 문에서 추첨 장치에 의한 이중 선택, 그리고 뽑힌 이가 앉도록 요청받을 법정 배심원을 결정하는 추첨으로 구성되었다.[86] 이와 동시에, 이와

[86] 이것은 이중 추첨이었는데, 왜냐하면 디카스타이 이름표들은 뽑혀 추첨 장치인 클레로테

같은 많은 사람들이 관련됨으로써 뇌물 수수를 조직과 개인의 재원을 훨씬 능가할 수 있다. 이는 개별 피고인이나 이해당사자에 의한 부패 방지를 넘어 조직화된 파벌의 도전에 대처하기 위해 시스템이 고안되었음을 시사한다. 이는 법원이 비합법성 기소와 입법 승인 등 사적, 공적 사건을 모두 처리했다는 사실에 의해 더욱 강화된다. 부패는 심각한 정치적 파장을 초래할 수 있다. 따라서 포괄적인 공동체 사법이라는 광범위한 전제에는 법원의 순수성, 나아가 전체 정치 과정의 순수성을 보호함으로써 '공명정대함'이 유지되어야 한다는 발상이 추가되어야 한다. 이러한 맥락에서 추첨의 사용을 정의하는 이미지는 관문에 있는 추첨 장치가 지키고 있는 법정의 모습이다. 이러한 수단을 통해 내부의 정치적 영역은 법에 따라 통제되는 공개 절차를 통해 파벌 음모와 사적인 모의의 외부 세계로부터 보호되었다. 아마도 아테네 사법의 운영 이면에 있는 일반 원칙들 중 하나를 고려함으로써 디카스타이의 권위가 그들의 선택 과정과 어떻게 관련이 있는지에 대한 또 다른 관점을 얻을 수 있을 것이다. 토드(S. C. Todd)는 아테네의 사법을 성문법이나 관습법 판례를 따르기보다, 판결이 내려진 절차를 준수했다면 수용 가능하고 권위가 있다는 의미에서 '절차적'이라고 정의한다.[87] 디카스테리온은 이것의 대표적인 예이며 디카스타이를 선발하는 데 사용된 복잡한 네 부분으로 구성된 추첨 체계는 재판의 분배를 위한 보조적이거나 예비적인 것이 아니라, '공명정대함'을 구축하는 전체 과정의 통합된 부분으로 간주되어야 한다. 여기서 작동되는 추첨 절차의 주요 특성은 공공 의사 결정 기관에 대한 신뢰를 유지하기 위한 핵심 요건인 공정성이다. 더욱이 이러한 확신은 디카스타이를 선택하는 추첨 과정이 공개적이고 공적이었다는 사실로 인해 더욱

리온에 놓이기 전에 먼저 배치되었기 때문이다.

[87] Todd(1993) p. 65.

강화되었다. 실제로, 그 권위를 유지하기 위해서는 복잡한 절차를 철저히 따라야 했으며 그렇게 하도록 보여야 했다.

디카스타이의 선택에서 추첨의 사용에 대한 추가 검토가 필요한 또 다른 측면이 있다. 이것은 추첨 과정이 아니라 그것의 산물인, 무작위로 선택된 *디카스타이에 의해* 의사 결정에 가져오는 가치이다. 『정치학』(*the Politics*) 제3권에서 아리스토텔레스는 '어떤 이는 한 부분을, 어떤 이는 다른 부분을 높이 평가하고, 모두가 함께 모든 것을 평가한다'라면서 대중이 건전한 판단을 내릴 수 있는 본질적인 능력이 있다는 생각을 표현한다.[88] 두 머리가 하나보다 낫다는 격언의 연장선상에 있는 이 원칙은 모든 머리(이 경우 디카스타이)가 서로 독립적으로 판단할 때만 작동한다. 이 원칙이 디카스테리온에 사용된 많은 숫자에 대한 이론적 근거의 일부를 형성했다는 것은 법원 절차의 두 가지 측면에서 추론할 수 있다. 디카스타이는 비밀투표를 해야 했으며, 숙의 없이 그렇게 해야 했다. 더욱이 배심원 선서는 특히 어떤 법도 지침으로 존재하지 않는 경우에는 디카스타이가 자신의 판단에 따라야 한다고 명시하고 있다. 선서는 다음과 같이 재구성되었다.

> 나는 민회와 평의회에서 통과한 법령에 따라 투표를 하겠지만, 법이 없다면 호의나 적의 없이 가장 정의로운 것이 무엇인지에 대한 내 생각에 따라 투표를 할 것이다. 나는 고소장에서 제기된 사항에 대해서만 투표를 하고 고소인과 변호인 모두에게 공평하게 귀를 기울일 것이다.[89]

---

[88] Aristotle(1946) p. 123 〔*Pol.* Ⅲ. cxi 3〕.

[89] Hansen(1999) p. 182.

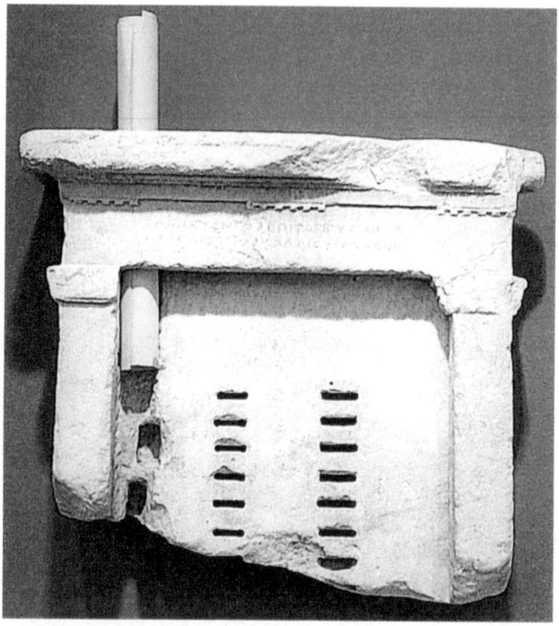

그림 1. 헬레니즘 클레로테리온(kleroterion, 추첨 장치), 기원전 200년경 아테네, 금석학 박물관

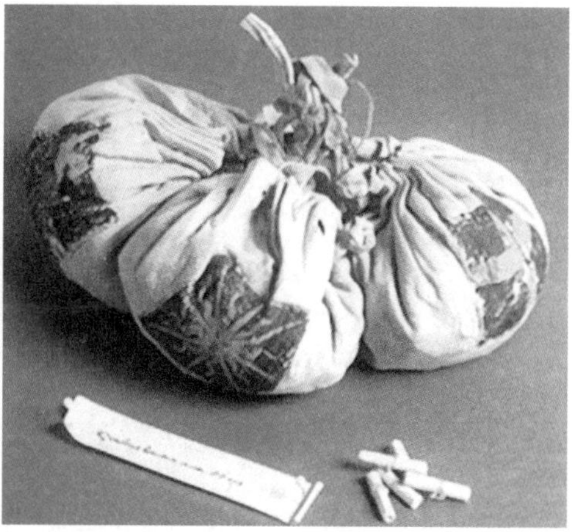

그림 2. 1431년 피렌체의 Priorate(행정장관직) 추첨에서 이름들을 담고 있는 가죽 주머니(borse), 국가기록보관소, 피렌체

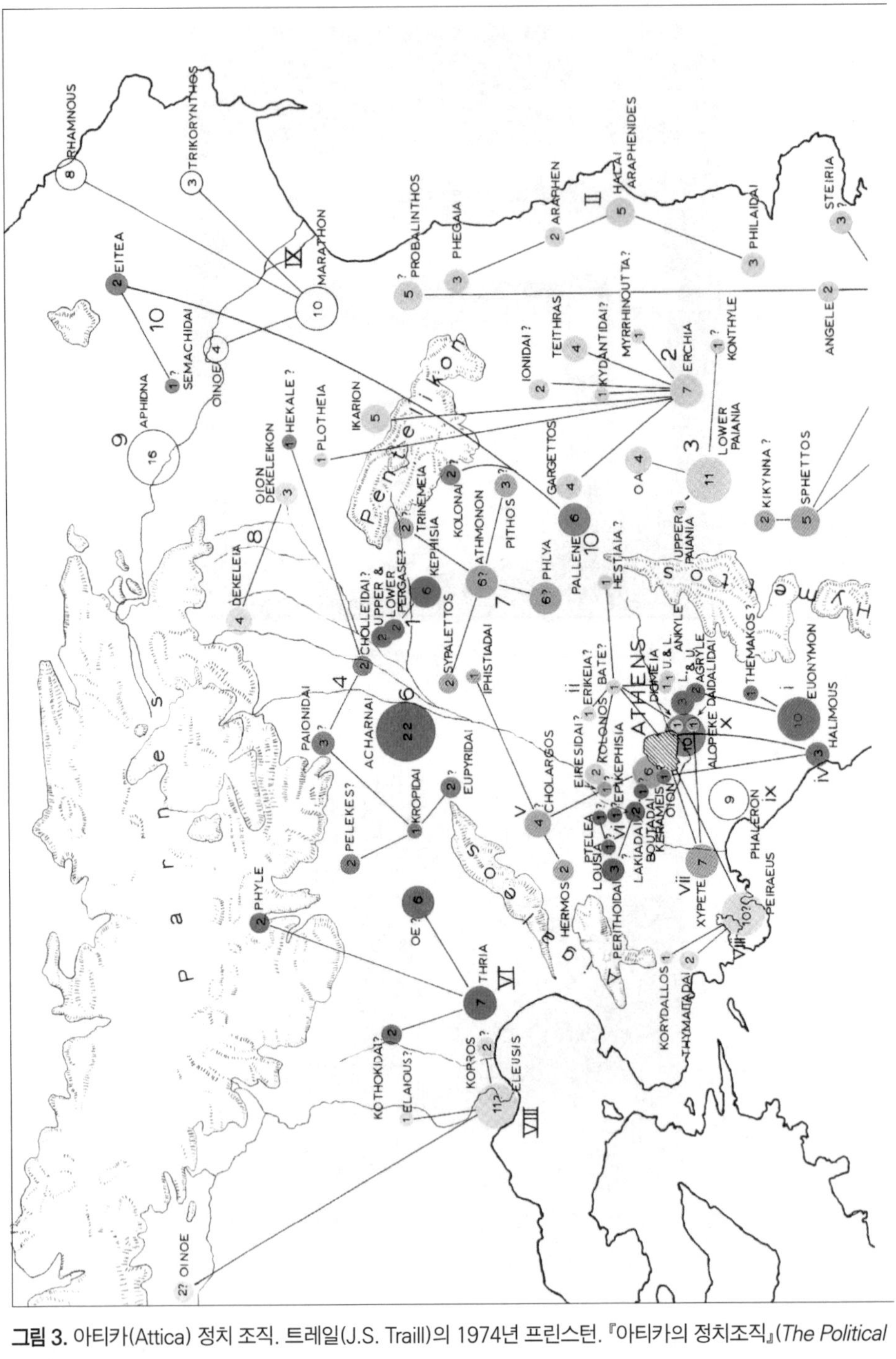

그림 3. 아티카(Attica) 정치 조직. 트레일(J.S. Traill)의 1974년 프린스턴. 『아티카의 정치조직』(*The Political*

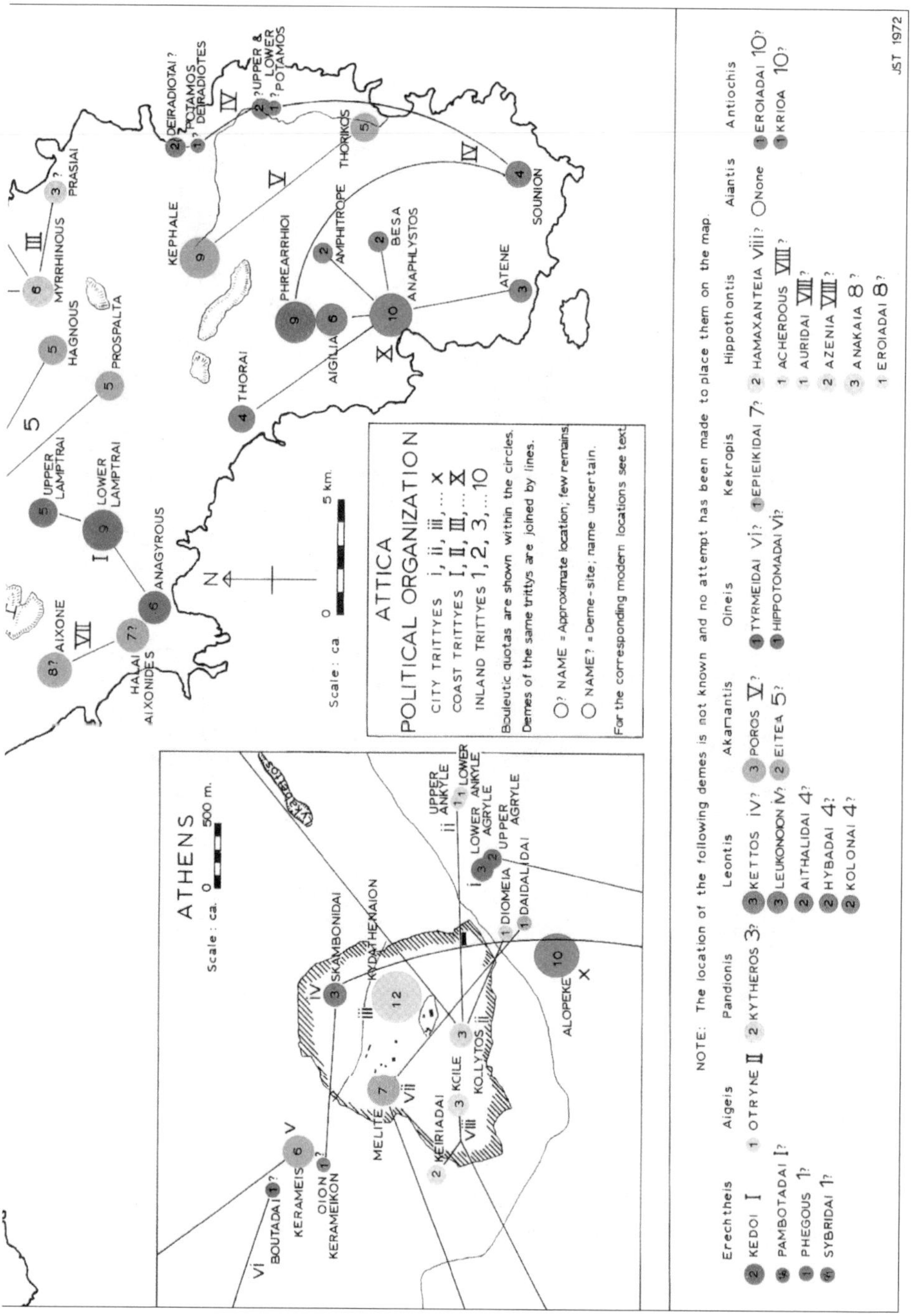

Organization of Attica)의 부록 XIV에서 전재.

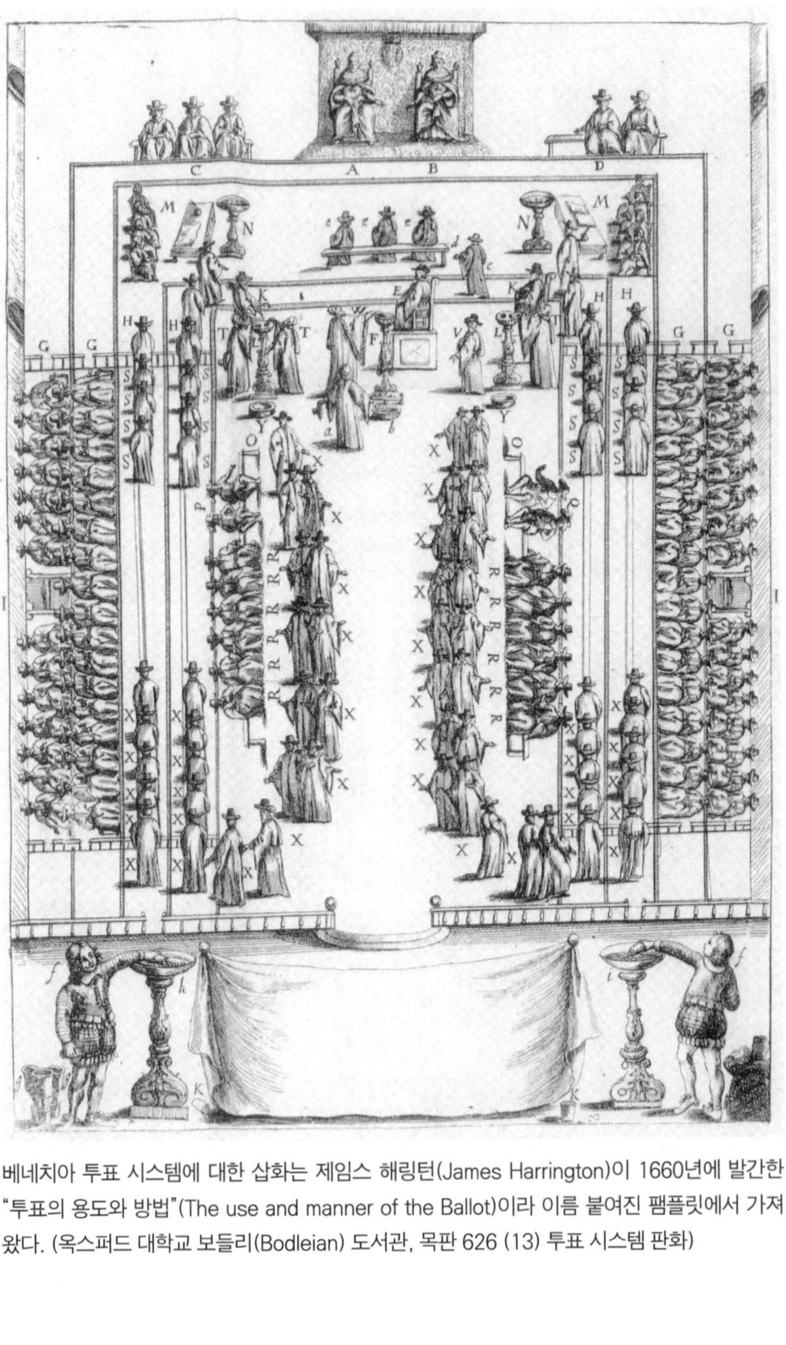

베네치아 투표 시스템에 대한 삽화는 제임스 해링턴(James Harrington)이 1660년에 발간한 "투표의 용도와 방법"(The use and manner of the Ballot)이라 이름 붙여진 팸플릿에서 가져왔다. (옥스퍼드 대학교 보들리(Bodleian) 도서관, 목판 626 (13) 투표 시스템 판화)

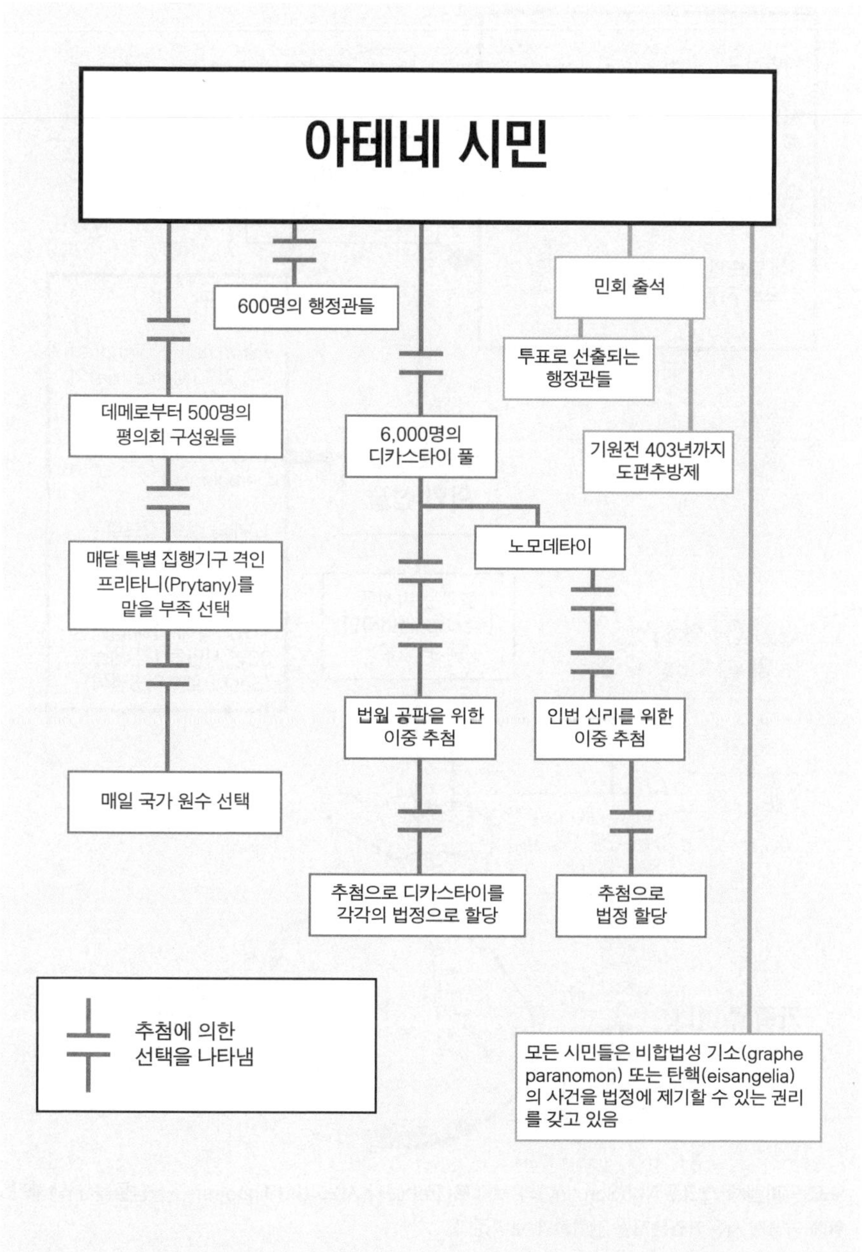

도표는 폴리스 정부에서의 아테네 시민들의 역할과 선택에서의 추첨 사용을 보여준다.

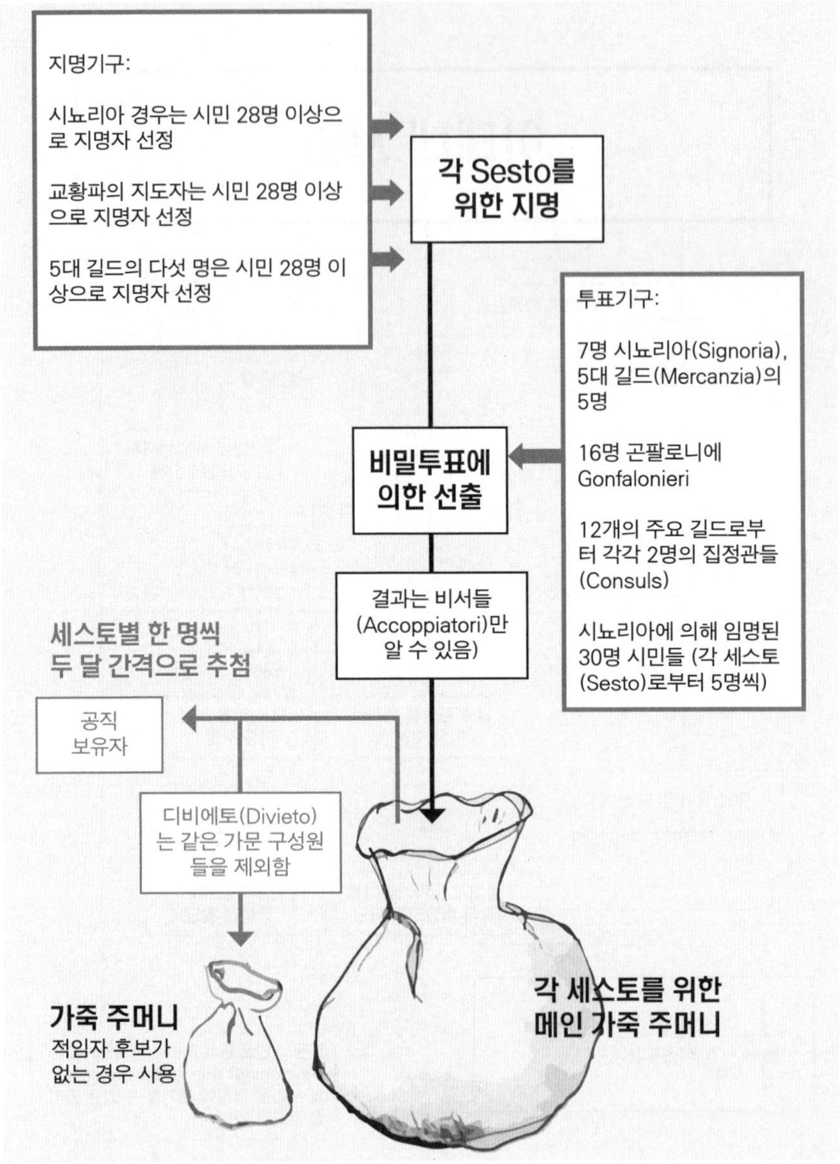

도표는 피렌체 스크루티니(Scrutiny)와 트래트(Tratte)가 시뇨리아(Signoria) 구성원들을 선택하기 위해 어떻게 사용되었는지를 간략하게 보여준다.

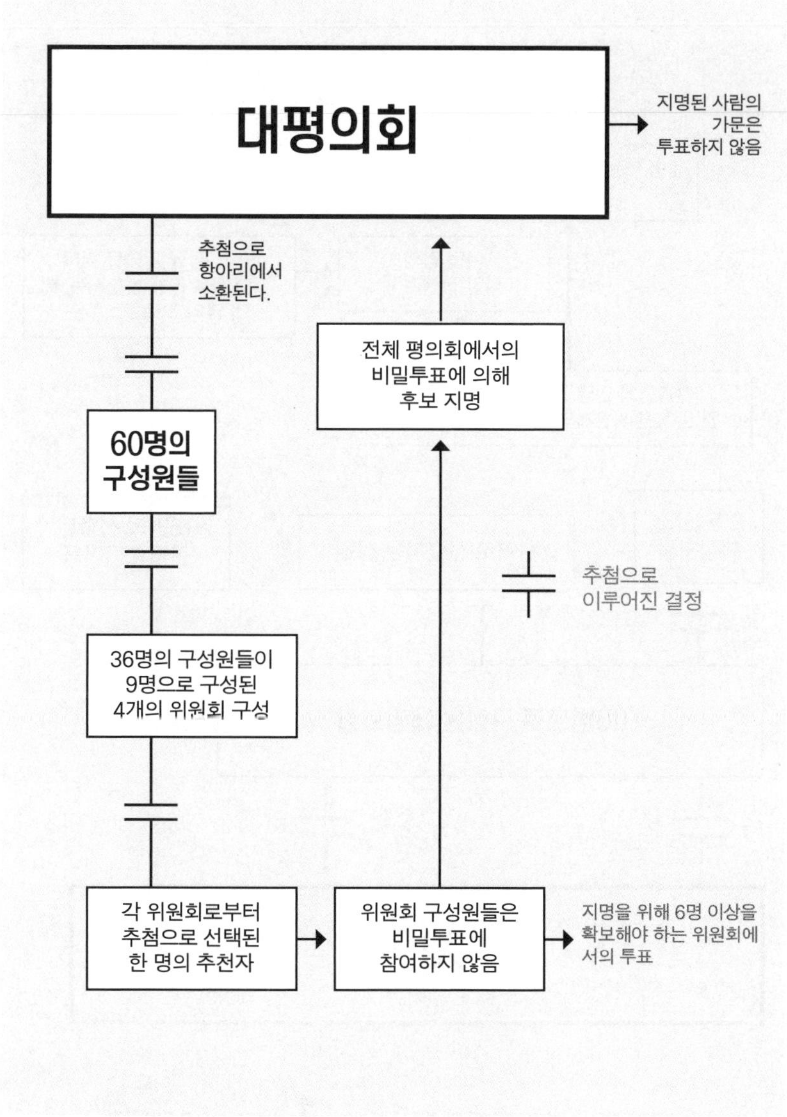

공직자를 지명하고 선출하는 베네치아 시스템 (본문 pp. 148-156)

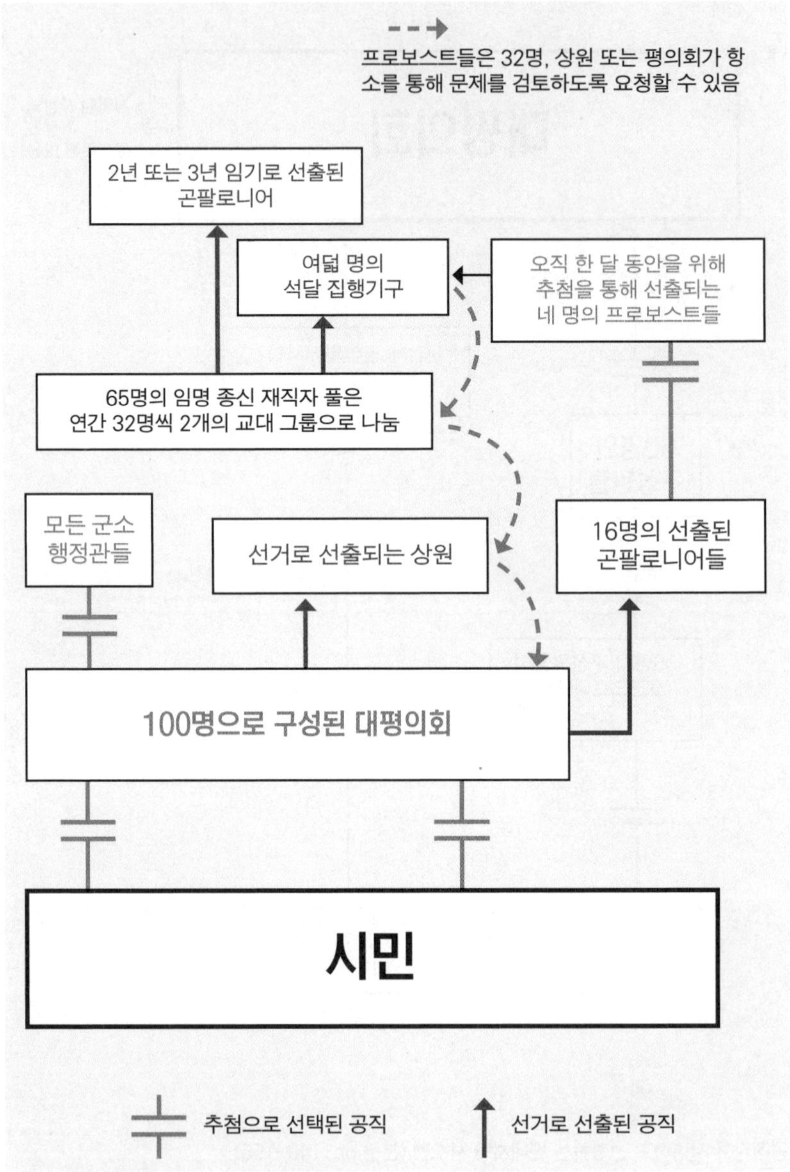

1520년의 『피렌체 정부 개조 담론』(Discourse on the Re-modeling of the Government of Florence)에서 마키아벨리가 제안한 피렌체 헌법의 구조와 균형을 보여주는 도표 (본문 pp. 172-181)

따라서 이러한 의미에서 더 높거나 더 나은 의사 결정 품질을 달성할 수 있는 수단으로 디카스테리온에서 사용된 많은 수를 읽을 수 있다. 이것은 주어진 상황에서 진실에 가장 근접한 것이 동일한 문제에 대해 많은 개인의 관점이 적용되는 확증적 판단의 복잡한 과정을 통해 얻어진다는 견해를 구체화한다. 각 디카스타이는 무작위로 선택되기 때문에 각각은 서로 독립적이다. 그들의 역할은 일치하거나 일치하여 행동하는 것이 아니라 독립적으로 생각하고 행동하는 것이다. 아테네의 디카스타이는 아마도 차이틴의 복잡한 독립으로서 무작위성 개념을 정치적 영역에서 찾을 수 있는 가장 가까운 구현체일 것이다. 각 디카스타이의 결정은 그의 선택의 무작위성(다른 이들과의 단절)이 절차 전반에 걸쳐 보존되기 때문에 복잡하다. 이것은 또한 어떤 집합이나 시퀀스의 일부로서 가치를 가정, 예측, 프로그래밍할 수 없는 무작위로 선택된 숫자와 같이, 하나의 디카스타이는 독립적으로 행동하고 생각하고, 다른 사람을 언급하거나 참조하지 않고 그의 결정을 내려야 하기 때문에 또한 복잡하다.

사례 연구 3: 행정관

언뜻 보기에 고대 아테네에서 추첨으로 행정관들을 선출하는 경우는 디카스타이나 평의회 구성원들의 경우보다 더 복잡하고 모순된 것처럼 보인다. 행정관들은 전문 행정직이었고 추첨은 부적절한 선택 수단처럼 보였다. 그러나 자세히 분석하면, 추첨을 사용하는 주요 근거가 정치적 통합이라는 클레이스테네스 개혁에 대한 고려에 의해 확립된 패턴과 밀접하게 일치한다. 추첨은 더 많은 사람들을 정치 과정에 참여시키고, 그 과정을 공정하거나 당파적이지 않은 것으로 제시하며, 파벌 부패로부터 정치 기관을 방어하였을 것이다.

이러한 혼란은 부분적으로는 행정관 선출을 순수한 추첨 과정으로 전환하는 조치가 귀족 정치 계급의 권력 기반에 대한 직접적인 공격으로 묘사되었기 때문이다. 이것은 정부는 전문적인 기술을 가진 사람들의 배타적인 영역이어야 한다는 귀족들의 방어를 이끌어 냈다. 이러한 정서는 소크라테스에 대한 크세노폰의 기소에 나타난다. 소크라테스는 '어느 누구도 콩으로 선출된 방법으로 선원, 건축가, 플루트 연주자, 또는 다른 직업에 종사하는 사람들을 기꺼이 받아들이지 않을 때 콩으로 국가의 행정직을 선출하는 것이 얼마나 어리석은 일인가'라고 말한 것으로 비난받고 있다.[90] 그것은 또한 『늙은 과두 정치인』(*Old Oigrarch*)의 풍자적인 말장난에서도 찾아볼 수 있다.[91] 그리고 그것은 아리스토텔레스의 '산술적 평등'에 대한 혐오에 깊이 내포되어 있다. 비록 『정치학』에서는 추첨 자체에 반대하는 경우가 발전되지는 않았지만 말이다.[92] 그러나 추첨에 대한 아리스토텔레스의 입장은 해독하기가 쉽지 않다. 그는 추첨이 민주주의와 확실하게 연결되어 있고 선거가 귀족이나 과두제와 단단히 연결되어 있는 체제의 분류를 탐색하는 수단으로 선거와 추첨 사이의 반감을 사용하는 것 같다.[93] 그러므로 그는 『정치학』 제4권에서 자신의 이상적인 혼합 정치를 정의하는 방법으로 다양한 형태의 추첨과 선거를 인용한다.[94] 그는 헤라제(祭, Heraea)에서 선거의 음모를 방지하기 위해 추첨이 사용되었다고 언급하지만, 이 역할은 그의 추첨에 대한 논의에는 나타나지 않았다.[95] 이러한 누락은 2권의 디카스테리온에 대한 그의 고려에도 적용된다.[96] 이러한 출처에서 추첨이 임의적인 평등화의 민주적인 과정과 동일시되고 정부의 우수성(merit) 개념에 대한 공격으로 간주되는 것이 얼

[90] Xenophon(1940) p. 7 〔*Mem*. I . 29〕.

[91] 이것은 보통 익명의 '(의사)疑似-크세노폰'으로 여겨진다. Pseudo-Xenophon(1992).

[92] 이 특별한 이슈에 관해서는 Aristotle(1946) pp. 258-9 〔*Pol*. Ⅵ ii and 5〕를 참조하라.

[93] 전게서. p. 61 〔*Pol*. Ⅱ. vi 19; vi v 10〕.

[94] 전게서. pp. 197-9 〔*Pol*. Ⅳ. xv 14-22〕.

[95] 전게서. p. 210 〔*Pol*. Ⅴ. iii 9〕.

[96] 전게서. p. 88 〔*Pol*. Ⅱ. xii 3〕

얼마나 쉬운지 알 수 있다. 이것은 정치적 통합에서 더 강력하고 실질적인 역할을 모호하게 하는 효과를 가져왔다.

고대 아테네에서 행정관을 뽑는 데 추첨을 사용하는 방식을 이해하는 데 상당한 차이를 만드는 두 가지 요소가 있다. 첫 번째는 아르카이크 시대부터 기원전 5세기 후반까지 추첨과 선거의 조합이 그들의 선택을 위해 사용되었다는 것이다. 두 번째는 추첨으로 모든 행정관을 선출하는 날짜인 기원전 403년이 30인 참주정의 유혈 통치 이후 민주주의가 회복된 시점이라는 점이다.

한센(Hansen)은 행정관을 선출하는 데 사용되는 절차에 추첨이 점진적으로 통합되는 것에 대해 설명하고 있다.[97] 이 설명은 알려진 출처, 주로 『아테네의 헌법』에 근거한다. 추첨은 분명히 드라코 통치하에 처음 사용되었지만, 소수의 행정관들을 선택하는 용도로만 사용되었다. 솔론은 집정관을 제외한 모든 행정관들이 사전 선출된 풀에서 추첨으로 선출되는 시스템을 도입했다. 기원전 487/6년 테미스토클레스(Themistokles)의 개혁에서, 이전에 선거로 선출된 9명의 집정관들 또한 이 혼합된 선택 과정의 대상이 되었다. 각 부족별로 10명씩의 후보자 풀을 선출하고 9명의 집정관과 그들의 서기들은 100명의 풀에서 추첨으로 선출했다. 상위 2개 경제계층의 구성원만이 이 직책을 맡을 자격이 있었다. 그러나 기원전 403년부터는 모든 행정관(민회에서 직접 선출되는 행정관 제외)는 추첨만으로 선출되었다. 집정관은 부족 수준의 선거를 추첨으로 대체하여 이중 추첨으로 선출되었으며, 중요한 조치로 이 직책에 대한 자격이 호플리테스 계급으로 확대되었다.

한센은 이 순서의 근거에 대해 불만족스러워한다. 왜냐하면 그는 추첨이 '일하는 민주주의적 방식의 *탁월함*'이어야 한다고 설명하고, 따라

---

[97] Hansen(1999) pp. 49-52.

서 기원전 5세기 중반 민주주의가 도래하기 전에 사용되었을 가능성은 낮다고 보기 때문이다.[98] 그러나 이러한 순서는 공직자 임명의 공정성을 보장하기 위해 추첨을 사용하는 것과 완벽하게 양립할 수 있다. 더욱이 기원전 403년까지의 추첨과 결합된 선거(아마도 우수성에 기초할 것임)의 사용은 구체적인 기술과 경험의 문제가 중요한 고려 사항이었음을 보여준다. 대부분의 행정직은 상위 3개 계급의 구성원들에게 열려 있었지만, 그것들이 항상 교육, 경험, 자유 시간, 지역 지위를 가진 사람들에게 맡겨졌을 것이라고 추측할 수 있다. 선거는 새로운 사람들이 공직에 접근하는 것을 어렵게 만들면서, 지배계급의 지위를 공고히 하는 경향이 있다. 그러나 이러한 혼합 선발 제도가 기원전 5세기 민주주의의 페리클레스 시대 내내 계속되었다는 사실은 이것이 귀족과 민주주의자 모두에게 실행 가능한 합의였다는 것을 나타낸다. 이 선택 방법이 순수 추첨으로 변경된 날짜는 그것이 30인 참주정 타도에 이은 개혁 패키지의 일부였음을 보여주기 때문에 중요하다. 이 짧은 기간 과두정은 지나치게 잔인했을 뿐만 아니라 정권 내부의 음모에서 비롯되었다. 이러한 상황에서 최근 사건의 반복을 방지하는 것이 추첨의 주요 임무라고 볼 수 있다. 그러나 이것은 상황을 너무 단순하게 읽는 것이다.

추첨은 항상 정부에서 강력한 파벌이 발생하는 것을 방지하여 폴리스를 방어 할 수 있는 잠재력을 가지고 있었지만, 행정관 선발에 직접적인 추첨이 도입되었을 때, 현장의 변화는 그다지 눈에 띄지 않았을 수 있다. 직책의 전문화는 이미 직접 선거로 선출된 행정관들을 통해 충족되었으며, 많은 낮은 공직들은 높은 직위보다 공적인 잡일로 간주되었다. 따라서 이러한 직책들은 많은 수의 새로운 자원자들을 끌어들이지 못했을 줄 모른다. 전쟁과 전염병의 참화 이후 아테네 인구의 감소는 이러한

[98] 전게서. p. 50.

어려움을 가중시켰을 뿐이다.

참주들의 직접적인 추종자들이 처형되는 동안, 새로운 정권에 중도층을 끌어들이기 위해 사면을 조장했다는 것을 알고 있다.[99] 또한 심사가 이 시기에 과두정에 동조하는 사람들이 공직을 맡는 것을 막는 비범하지만 가치 있는 역할로 사용되었다는 것을 알고 있다.[100] 이러한 상황에서 폴리스의 법에 의한 통치의 보전을 유지하는 것이 중요했을 것이며, 이를 위해서는 경험 많은 행정관들을 계속 유지하는 것이 필요했을 것이다. 따라서 추첨은 더 많은 민주주의자들을 공직에 앉히고 구(舊)엘리트들을 공적 생활에 계속 참여하도록 하는 데 사용될 수 있었다. 두 경우 모두 추첨에 내재된 의식적인 선택의 결여는 통합의 이익에 기여했을 것이다. 법원 앞에서의 심사는 새 정권에 대한 진정한 위협으로 간주될 수 있는 임명으로부터 새 정권을 보호했을 것이다.

이것으로부터 행정관을 뽑기 위해 추첨을 사용하는 것이 주로 대체 권력 블록이 형성되는 것을 방지하기 위한 것이라는 헤들램의 주장이 일반적인 의미에서 얼마나 옳은지 알 수 있다.[101] 그러나 민주주의자는 자신의 과잉 또는 가능한 과잉을 완화할 수 있는 추첨의 능력이나 화해를 촉진하는 능력 등은 고려하지 않는다. 기원전 403년에 발생할 수 있는 민주적 반발에 대응하는 추첨 능력은 선거와 달리 대중의 변동성에 대항하는 과정을 절연하는 비인간적 특성의 직접적인 결과이다.

추첨의 사용에 의해 달성된 특정 수준이 있다는 헤들램의 제안을 지지하기 위해 필자는 이것이 가장 강렬하게 인식되는 한 영역이 집정관의 경우라고 주장한다.[102] 이중 추첨으로 집정관을 선택하고 그 직위를

---

[99] Stockton(1999) p. 161.

[100] Adelege(1983).

[101] Headlam(1933) p. 31.

[102] 전게서. pp. 152, 171, 180.

호플리테스 계급에게 개방하는 것이 기원전 403년 개혁의 중요한 특징이었다. 다른 행정관 선출을 위한 추첨의 도입보다 훨씬 더, 이것은 귀족 지배 계급과 이는 본질적으로 선출된 군주제 지위였던 고대 집정관의 지위에 대한 직접적인 공격이었던 것으로 보인다. 아레오파고스는 전(前) 집정관들로 구성되었으며, 에피알테스가 기원전 462년에 주요 권한을 박탈했음에도 불구하고 여전히 존재하며 여러 사법 기능을 수행했다. 정부의 작동하는 기관으로서 집정관과 아레오파고스는 여전히 새롭게 회복된 민주주의에 잠재적인 위험 요소로 여겨질 수 있었다.

더욱이, 그 직책 자체는 상당한 명성, 지위 및 책임감을 가지고 있었다. 그것은 전통적으로 능력과 리더십과 관련이 있었다. 따라서 이 공직에 대한 접근성의 확대와 추첨의 도입은 다름 아닌 공직 자체를 강등시키거나 궁극적으로 그것을 시들게 함으로써 폐지하려는 움직임으로 해석될 수 있다. 이 공직에 추첨을 도입한 것은 어떤 면에서는 구(舊)엘리트에 대한 계산된 수사학적 모욕으로 보일 수 있다.

그 조치를 완전히 이해하기 위해서는 그 조치의 어느 부분이 그러한 기능을 하고 있는지, 아니면 귀족적인 관점에서 볼 때는 그러한 피해를 받고 있는지를 분별할 필요가 있다. 공직자 선정에는 실제로 두 가지 결정 세트가 있다. 첫 번째는 공직에 적합한 사람을 정의하고, 두 번째는 첫 번째 기준을 충족하는 사람을 더 구별하기 위해 사용할 선택 방법을 결정한다. 집정관의 경우, 공직 자격을 확장하기로 한 결정은 최종 선출에 영향을 미치기 위해 추첨을 사용하기로 한 결정과 분리되어야 한다. 전자는 실제로 집정관이라는 고대 관직을 공격한 조치이고, 후자는 자격이 있는 사람들이 실제로 복무할 기회를 가졌는지 확인하는 수단일 뿐이다.

만약 공직을 강등시키거나 해체하는 것이 목적이었고, 일단 치우치지 않는 능력을 가진 사람들에게 동등한 접근 권한이 주어졌다면, 그 공직은 알아볼 수 없을 정도로 효과적으로 바뀌게 되므로 추첨이 사용된 정확한 이유에 대한 수수께끼가 남아 있다. 공직의 폐지는 그 자체로 '초합리적인' 절차를 필요로 하지 않으며, 호민관 위원회(board of Tribunes) 또는 '헌법의 수호자'(Guardians of the Constitution)와 같은 완전히 새로운 공직을 만드는 것이 더 효율적으로 그 목적에 부합했을지도 모른다. 이런 식으로 추첨을 사용하는 것은 불필요해 보인다. 이 공직에 추첨을 사용한 것은 새로운 정권의 평등주의에 대한 수사학적 발언으로 의도되었을 수도 있지만, 이것은 다시 다른 합리적인 수단을 통해 달성될 수 있다. 따라서 집정관 공직의 지위를 강등하기 위한 명시적인 목적을 위한 추첨의 적용은 추첨 도구의 약하거나 부적절한 사용으로 규정할 수 있다.[103]

실제로, 민주주의자들이 이러한 명시적 목적을 위해 추첨을 *사용했다면*, 그것은 민주주의를 평준화하기 위한 무딘 도구로 추첨을 묘사하는 것을 지지함으로써 불만을 품은 귀족의 후세에게 선전용 무기를 넘겨주었을 것이다. 풀의 기준과 공직에 대한 요구 사항이 추첨 자체의 작동과 혼동되면서 사실상 추첨의 가치에 대한 후속 논쟁이 지배하게 되었다. 이 과정에서 동합, 공정성, 정치적 안성을 촉신하기 위한 추점의 보다 정교한 잠재력은 모호해졌다.[104]

결론: 정치적 통합, 추첨과 민중들

고대 아테네에서 추첨이 사용된 정도는 정치사에서 유일하다. 그것은 또한 정체나 패러다임으로서의 중요성만을 강조하는 그 역사의 시작

[103] 물론 어떤 요소가 이러한 결정을 하게 되었는지 알 수 없는 경우가 있을 수 있다. 그러나 기원전 360년대 들어 선거에서 추첨으로 전환한 평의회의 서기(secretary)의 선택은 직위를 떨어뜨리는 효과를 낸 것도 있다. 이것은 귀족 내부의 부패나 파벌의 압력에 대한 반응이었을 수 있다. 즉 그것은 집정관들의 경우보다 덜 명백하게 수사학적이다.

[104] Hansen(1999) p. 84를 참조하라.

점 근처에 서 있다.[105] 기원전 5세기 말 아테네의 주요 기관들에 대한 스냅 샷에서 정확한 규칙과 절차에 따라 기능하고, 함께 권위 있는 정부 운영의 연계 매트릭스를 구성하는 일련의 복잡한 정부 기관을 보았다. 서로 다른 정부 기관들 사이에 견제와 균형, 엄격한 책임 시스템, 그리고 개인의 영향력을 제한하기 위한 조치가 있었다. 일반적으로 권력의 패턴은 한 곳에 집중되거나 소수의 손에 집중되기보다는 다양하고 이동이 가능하였다. 폴리스의 예술인 정치는 무엇보다도 모든 수준에서 높은 수준의 시민 참여를 포함하는 공공의 과정이었다. 또한 아테네를 데메와 부족에서의 뚜렷한 행정적, 정치적 기반시설을 갖춘 매우 합리적인 지정학적 군사 단위로 이해하는 것이 중요하다.[106]

이러한 구성은 150년에서 200년 동안 지속되는 일련의 발전 또는 통합 과정에서 나타났다. 이 과정에서 주요 관심사는 정치적, 군사적 통합을 유지하는 것이었다. 이러한 통합 과정의 주요 특징 중 하나는 독립된 정치 세력으로서 아테네의 일반 민중 데모스(*the demos*)가 독립적인 정치세력으로 점차 부상했다는 것이다. 이것은 처음에는 호플리테스 또는 제우기타이 계급에 대한 강화된 역할을 포함하고, 그 다음에는 테테스 또는 도시 빈민들을 폴리스 운영에 포함시켰다. 폴리스 건설의 세 가지 혁신적인 시기를 확인할 수 있는데, 처음 두 시기는 각각 솔론과 클레이스테네스의 통치 하에서 발생했고 마지막 시기는 기원전 403년 민주주의 회복 이후다. 각각 정부의 공공 기관, 공직 제도, 그리고 이것들에 대한 독립적인 시민의 역할이 강화되었다. 각 단계는 또한 파벌의 음모와 잠재적인 분열로부터 정치 과정을 방어하기 위한 더 많은 헌신을 의미했다. 이러한 발전과 통합의 전체 기간 동안 아테네인들은 추첨을 사용하

---

[105] Roberts(1994); Grote(1907); Fisher(1938); Mill (1978); Nilsen(2004) p. 22.

[106] Murray(1990)을 참조하라.

여 얻을 수 있는 것, 즉 정치적 잠재력을 잘 알고 있었음이 분명하다.

아테네 정치에 대한 이러한 관점을 감안하여, 필자는 추첨의 다양한 적용에 대한 동기를 재구성하려고 노력했다. 이것은 추첨 과정의 일련의 특징들과 잠재력과 관련하여 각 주요 사용 영역의 맥락을 조사함으로써 이루어졌다. 필자의 발견은 일반적으로 평의회 선택을 위한 초기(즉, 기원전 5세기 이전) 추첨 사용을 뒷받침한다. 이 해석은 초기 폴리스에 대한 가장 큰 위협이 정체(停滯) 또는 파벌 내전에서 비롯되었으며 추첨의 예측 불가능성과 공정성은 추첨 도구를 그 위협에 대항하는 가장 효과적인 수단 중 하나로 만들었다는 발상에 기초한다. 여기서 추첨의 강한 사용은 주요 문제에 대한 해결책을 제공한다. 정치적 과정을 통합하고 보호하는 수단으로서 추첨을 보는 이러한 관점은 그것이 민주주의와 배타적으로 연결된 동등화 메커니즘이라는 생각과는 구별된다. 만약 추첨의 사용이 기원전 462년에 민중들에 대한 주권의 이전보다 앞선다면(출처가 시사하는 바와 같이), 이것은 민주주의가 단지 자신의 목적을 위해 제정한 조치라기보다는 민주주의의 부상에 기여한 일반적인 정치적 조치로 읽는 것과 일치한다.

클레이스테네스는 그의 새로운 부족 구조를 만드는 데 추첨을 사용했다. 이것은 약하고 수사학적인 사용이었다. 그럼에도 불구하고, 그것은 분열을 방지하고 정치는 당파적 분열에 관한 중립적 기관이며 모든 사람에게 속한다라는 생각을 촉진하기 위한 추첨의 가능성을 보여준다. 클레이스테네스 개혁의 중심 구성 요소는 재정의된 시민체였다. 필자는 평의회의 구성원을 선택하기 위해 추첨을 사용하는 것이 시민과 정체 간의 직접적이고 중재되지 않은 관계를 촉진할 잠재력이 있기 때문에 이러한 개혁의 취지에 전적으로 부합한다고 주장한다.

민중법원인 디카스테리온은 정의와 공익 문제에 대한 대중참여를 수반하는 독특한 기관이었다. 법원의 권위는 각 회기에 참석한 디카스타이의 수에서 파생되었지만, 독립적인 판단을 내릴 책임이 있는 무작위로 선택된 특별 시민 그룹으로 구성되어 있기 때문에 권위적이기도 했다. 추첨은 공정성을 보장하고 부패를 막기 위한 것이었다. 여기서 블라인드 브레이크는 선택 과정에서 의도적인 간섭을 방지하기 위해 작동한다. 기원전 5세기 후반의 중요한 통합 행위로, 법원의 방침을 따라 조직된 입법기관인 노모테타이가 설립되었다. 이는 추첨 기반 기관에 대한 의존도가 더 높았음을 나타내기 때문에 중요하다.

추첨에 의한 행정관 선출에 대한 조사는 기원전 403년 이후 추첨에 대한 의존도가 민주주의 회복 이후의 화해 과정에 얼마나 기여했는지를 보여준다. 의사결정의 기계적인 수단으로서, 추첨은 직접 선거보다 정치적 갈등의 즉각적인 여파로 인한 시민체의 일시적인 변동성에 덜 영향을 받을 것이다. 반면에 추첨으로 집정관들을 선택하는 것은 오로지 이 공직의 전통적 권한을 박탈하는 것이 목적이라면 약하고 부적절하게 사용하는 것으로 보인다.

그렇다면 아테네의 획기적인 정치 발전의 이 시기에 예시된 추첨의 정치적 잠재력을 어떻게 요약할 수 있을까? 초점은 언제나 가장 큰 변화가 시작된 역사적 지점인 클레이스테네스 개혁으로 되돌아간다. 이 시점에서 민중들은 아테네 정치의 새로운 세력으로서 자리를 잡게 되었다. 클레이스테네스의 새로운 구조와 시민권에 대한 새로운 개념이 이 새로운 세력을 정치적 계획에 끌어들였다는 발상은 특히 무엇이 일어났는지에 대해 생각하는 데 유용한 방법이다.

폴리스의 예술과 민중들을 융합한 이러한 경로는 정치적 통합과 초기 민주주의가 동일한 의제의 일부가 되었고 모든 의도와 목적을 위해 분리될 수 없는 지점이다. 이 과정에서 아테네에서는 다수의 대중적 시민 참여, 고도로 조직화된 적법한 의사결정 과정, 정부 제도의 공정성 또는 비당파성의 세 가지 가장 중요한 특징은 공통 뿌리를 가지고 있다. 추첨은 세 가지를 모두 증진시키는 데 사용될 수 있을 만큼 다재다능한 도구였다. 추첨은 안정과 통합의 조건에서 민중들의 정부 참여를 보장하는 수단이었다. 그것은 크고 작은 부패로부터 통치하는 정치 절차를 방어하기 위한 일련의 조치 중 하나였으며, 그것이 공정하게 작동했기 때문에 새로운 폴리스의 공직과 기관에 권위를 부여했다.

완전히 발전된 추첨 정체로서 아테네 폴리스는 유럽 정치사에서 독특한 예이다. 가난한 사람들에 의한 혼란스러운 통치를 지지하는 것처럼 보이는 것이 후대의 정치 사상가들이 원했던 것이 아니기 때문에 추첨의 운명은 무시되어야 했다. 우리가 보았듯이 그것은 매우 합리적이고 조직적이었다. 18세기와 19세기에 민주주의적 성취가 인정받았을 때, 그것을 유지하고 방어하는 주요 수단인 추첨의 사용은 대체로 무시되었다. 이것에 대한 한 가지 이유는 분명히 남아 있는 정치 문헌에 대한 귀족적인 설득 때문일 것이다. 또한 추첨이 너무 광범위하고 성공적으로 사용되었기 때문에 아무도 비판적인 검토나 긍정적인 평가를 받을 가치가 있다고 생각하지 않았을 가능성이 높다.

보다 직접적인 유산 측면에서도 동일한 조건이 적용된다. 추첨의 사용은 기록된 정치적 전통이라기보다 실천적-정치적 전통의 일부를 구성하며 그러한 전통은 쉽게 파괴되거나 사라진다. 따라서 아테네의 추첨과 중세 유럽에서의 그것의 사용 사이에는 뚜렷한 차이가 있다. 12세기와 13세기의 코뮌을 건설한 사람들은 고대 아테네에서 행해졌던 그 이유 때문이 아니라, 그들이 직면한 문제 중 일부를 해결했기 때문에 추첨을 발견했다. 이것은 다음 장의 주제이다.

참고문헌

이 장을 위한 연구에서 가장 많이 사용한 주요 자료들은 아리스토텔레스의 『정치학』(*Politics*)과 『아테네의 헌법』(*The Constitution of Athens*)(the *Ath. Pol.*), 헤로도토스의 『역사』(*the Histories*)이다. 『정치학』의 경우 어니스트 바커(Ernest Barker)의 1946년 번역본을 사용했다. 바커의 서문은 특히 고대 아테네의 정치 언어를 명확히 하는 데 유용했다. 『아테네의 헌법』 경우 로도스의 해설과 데이(Day)와 챔버(Chambers)(1962)의 추가 입력이 있는 무어(J. M. Moore)의 1975년 번역본을 사용했다. 헤로도토스 경우 드 셀린코트(de Selincourt)의 1954년 번역본을 사용했지만, 가끔 워터필드(Waterfield)에서 상호 참조하기도 했다. 본문에는 등장하지 않았지만, 이 장은 플라톤의 『법률』(*Laws*)과 그의 『프로타고라스』(*Protagoras*) 대화, 아리스토텔레스의 『니코마코스 윤리학』(*Nicomachean Ethics*), 투키디데스(Thucydides)의 『펠로폰네소스 전쟁사』(*History of the Peloponnesian War*), 의사(疑似) 크세노폰(Pseudo- Xenophon)의 『늙은 과두정치인』(*The Old Oligarch*)과 크세노폰(*Xenophon*)의 『소크라테스 회상』(*Memorabilia of Socrates*)에서도 정보를 제공받았다.

이 장의 가장 귀중한 2차 자료는 의심할 여지없이 헤들램의 『아테네 제비뽑기 선출』(*Election by Lot at Athens*)(1891년 초판)이다. 추첨 사용에 대한 그의 현저한 민주주의적 해석에 이의를 제기하지만 이 주제에 전념한 유일한 저작으로 남아있다. 이 주제에 대한 또 다른 초기의 중요한 공헌은 스테이블리(Staveley)의 1972년 저서 『그리스와 로마 투표와 선거』(*Greek and Roman Voting and Elections*)이다. 이러한 주제별 의미를 가진 저서들은 아테네 정체의 추상적 영역들에 대한 짧은 논문들과 장기간 연구들로 보충되었다. 후자의 주요 범주에는 트레일(J. S. Traill)의 1975 저작 『아티카의 정치 조직』(*The Political Organisation of Attica*), 화이트헤드(Whitehead)

의 데메에 관한 연구, 평의회에 관한 로도스의 저작, 아테네의 법률에 관한 맥도웰과 토드(MacDowell and Todd)의 저작들은 언급되어야 한다. 전자의 범주에는 추첨 장치와 할당 명판에 관한 다우와 크롤(Dow and Kroll)의 중요한 고고학적 논문, 심사(dokimasia)에 관한 아델레지(Adelege) 논문, 클레이스테네스에 관한 루이스, 오스트발트, 오버(Lewis, Ostwald and Ober, 1990) 논문, 법원에 관한 한센(Hansen, 1990) 논문, 비합법성 기소(*the graphe paranomon*)에 관한 논문 등이 있다.

아테네 민주주의에 관한 일반적인 저작 중, 한센의 1991년(2판 1999) 『데모스테네스 시대의 아테네 민주주의』(*Athenian Democracy in the age of Demosthenes*)가 대부분 문제에 대해 첫 번째 기항지를 주도했지만, 이것은 많은 다른 연구들로 보충되었다. 특히 포레스트(Forrest)(1966), 싱클레어(Sinclair)(1988), 스톡턴(Stockton)(1990)이 가치 있다. 필자는 에렌베르크(Ehrenberg)의 1968년 저작인 『솔론에서 소크라테스까지』(*From Solon to Socrates*)가 사려 깊고 꾸준하다는 것을 알게 되었고, 히그넷(Hignett)의 초기 설명은 아테네 민주주의에 대한 보다 보수적인 견해를 보여주는 귀중한 문헌이다.

운이 좋게도 오스윈 머레이(Oswyn Murray)의 고대 아테네의 사회경제적 삶에 대한 일련의 강연에 참석했고, '이성의 도시'(Cities of Reason)에서 표현된 클레이스테네스의 중요성에 대한 그의 견해를 공유했다.

제3장

The ‘Brevia’ and the ‘Scrutiny’: 중세후기와 르네상스 시대의 두 가지 추첨제도

이 장에서는 중세 후기와 르네상스 초기 시대 이탈리아의 코뮌(commune)에서의 매우 다양한 정치 지형을 살펴본다. 오랜 기간 지속된 법과 구조를 지닌 고대 아테네의 상대적 안정성과 비교할 때 이 시기는 급격한 정권 교체, 이중 권력 상황 및 파벌의 혼란으로 특징지어진다. 이러한 흐름에서 벗어나, 고전적인 법률 이론의 잔재들과 혼합된 실제 경험에 기초한 수많은 실험적인 정부 변형들이 등장하기 시작했다. 그 후 이것들은 더 오래 지속된 소수의 코뮌 자치정부 모델로 통합되었다. 이러한 맥락에서, 추첨은 종종 대처하기 어렵고 변화하는 상황에 대응하여 다양한 기관과 절차에서 사용된다.

브레비아(*brevia*)는 추첨을 통해 소수의 선거인단을 뽑는 추첨 방식의 간접 선거의 한 형태였다. 이것은 12세기와 13세기 동안 북부 이탈리아 코뮌에서 선거의 주요 형태가 되었고, 13세기에는 포폴로(*popolo*) 정권에서 사용되었으며 때로는 선거인단이 아닌 지명자를 추첨으로 선택하는 형식으로 사용되었다. 이 후자의 제도는 베네치아(Venice)에 의해 채택되어 18세기 후반까지 그곳에서 성공적으로 사용되었다. 스크루티니(*scrutiny*, 정확하게는 *the scrutiny and the tratte*라고 함)는 14세기에 발견되었다. 이때까지 이 지역에는 공화정 정부는 거의 없었고, 지배적인 정부 형태는 강력한 개인 통치자(*signore*)였다. 스크루티니는 이러한 계열을 따르지 않은 비교적 소수의 도시에서 주로 발견된다. 이것은 1328년에서 1434

년 사이 100년 넘게 피렌체(Florence)에서 두드러지게 사용되었다. 오르비에토(Orvieto), 시에나(Siena), 피스토이아(Pistoia), 페루자(Perugia), 그리고 루카(Lucca)에서도 비슷한 제도가 실행되었다.[1] 스크루티니는 브레비아와는 역(逆)으로 사전 선택된 풀에서 정기적으로 무작위로 뽑는 것으로 구성된다. 일반적으로 매우 짧은 교대 주기로 고위 행정직 선출에 엄격하게 사용되었다.

추첨 기반 제도로서의 효율성 측면에서 두 모델을 대조함으로써 많은 것을 배울 수 있지만, 만약 각 모델이 작동했던 각각의 맥락도 이해한다면 추첨의 정치적 잠재력에 대해 더 많이 알 수 있다. 특히 각 모델이 사용된 정부의 유형을 분류하려고 할 때 도움이 된다. 이것은 두 가지 주요한 질문을 중심으로 전개된다. 누가 포함되는가, 그리고 정치적 목표는 무엇인가? 이런 점에서 브레비아는 이후의 스크루티니보다 훨씬 더 명확한 그림을 제공한다. 이것은 브레비아가 사용된 코뮌 체제가 법치주의에 헌신하고 공공선의 개념을 옹호하는 개방적이고 포괄적인 정부의 직접적인 이상에 여러 면에서 일치하기 때문이다. 더욱이 이 새로운 정치 지형에서 정치적 통합으로 가는 과정에서 직면한 문제들은 아테네 폴리스가 맞닥뜨린 문제들과 대체로 유사하다. 이는 하나의 통일된 정치 구조를 구축해야 할 필요성과 통치를 위한 권위 있는 제도와 절차를 수립해야 할 필요성으로 요약될 수 있다. 공정성과 선거 부패로부터의 자유를 보장하기 위한 추첨의 사용은 이 틀에 쉽고 논리적으로 들어맞는다.

이러한 목표들은 14세기와 15세기 초의 피렌체 제1공화정을 구성하는 일련의 정권들에서 빼놓을 수 없다. 그러나 이러한 맥락에서 스크

---

[1] 오르비에토는 Waley(1952) p. 147을, 시에나는 Bousky(1981) p. 60을, 피스토이아는 Herlihy(1967) p. 222을, 페루자는 Blanshei(1976) p. 58을, 루카는 Meek(1978) p. 8과 (1980) p. 25를 참조하라. 시에나와 루카는 피렌체 모델의 다른 변형을 채택했다. 이 장에서는 피렌체 제도 버전에 초점을 맞추고 있다.

루티니의 추첨 기반 제도가 어떻게 작동하는지에 대한 이해는 여러 요인으로 인해 복잡하다. 우선 추첨제도 그 *자체*로 설계된 것은 아니다. 둘째, 본질적으로 하나의 제도로서 복잡했으며, 서로 각각 다른 임명되고 선출된 그룹에 의한 여러 차례의 선거를 수반했고, 그 구성은 끊임없는 논쟁과 빈번한 수정의 대상이 되었다. 셋째, 브레비아보다 공개 절차가 훨씬 덜하다. 예를 들어, 추첨은 공개적으로 수행되지 않았으며 추첨에 참여하도록 선출된 사람들의 신원은 소수의 비서 그룹을 제외하고는 모두에게 숨겨져 있었다.[2] 넷째, 그 제도 자체는 더 넓은 정치 공동체에서 통치자와 피통치자 사이의 강력한 관계를 발전시키기 위해 공식화된 것이 아니라, 오히려 상대적으로 유대가 긴밀한 지배 엘리트에 봉사했다.

따라서 이 장에서는 두 개의 개별적인 이야기가 이어진다. 코뮌 정부의 통합에서 브레비아의 역할에 대한 광범위한 설명과 14세기와 15세기 초반에 피렌체에서 스크루티니가 어떻게 착수되고 운영되었는지에 대한 이야기이다. 브레비아와 스크루티니가 각각의 정치 공동체에 가져오는 것을 평가하는 비교로 마무리한다.

정치적 맥락에서의 브레비아

브레비아의 정치적 맥락을 이해하려면 먼저 중세 후기에 유럽 전역에서 코뮌 건설 과정을 살펴본 다음 북부 이탈리아의 초기 코뮌을 괴롭혔던 파벌주의의 주요 문제를 살펴볼 필요가 있다.[3] 이 시대의 추첨 기반

---

[2] 우리에게 영어 용어 'scrutiny'를 제공하는 이탈리아어 '*squizzione*'는 문자 그대로 '은밀'을 의미하며 과정의 첫 단계인 주요 풀을 생산하기 위한 비밀투표에 적용된다.

[3] 14세기 후반에 카스티유(Castille)와 레온(Leon)의 참사회(Curia)와 의회(Cortes)에 파견된 대리자들이 자치도시에서 추첨을 통해 선출되었다는 점은 주목할 가치가 있다(O'Callaghan, 1975, p. 586). 추첨이 정기적으로 사용되었던 이탈리아 이외의 다른 지역이 있을 수 있다. 또한 추첨이 이 기간 동안 다른 자치도시 및 코뮌 환경에서 발견되기 때

제도들 중 일부를 살펴보기 전에 브레비아의 고향이었던 북부 이탈리아 정권의 유형인 포폴로를 소개한다.

12세기와 13세기의 코뮌 건설

11세기와 13세기 사이 봉건 유럽에서 도시 생활의 재활성화는 상당한 정치적 중요성을 가진다. 그 원동력은 로마 제국의 붕괴 이후 볼 수 없었던 규모 있는 상업적이고 조직적인 장인(匠人) 활동이었다. 이것은 이러한 활동을 용이하게 하기 위해 새로운 법률 및 정부 기관이 만들어져야 한다는 것을 의미했다. 이 시기는 무엇보다도 정치적 통합의 시기였고, 그 통합의 주도적 힘은 새롭게 부상하는 상업계층이었다.

이 새로운 사회 경제적 계층이 예를 들어 재산의 양도와 농노 제도의 완화를 가능하게 하는 새로운 법률을 추구함에 따라, 그들은 불가피하게 구(舊)봉건적이고 교회조직의 엘리트들과 충돌하게 되었다. 주로 시골에 기반을 둔 봉건 귀족들과 도시의 발전하는 시민 계급 사이의 오랜 적대감은 이 시기 동안 지속적인 주제였으며 여러 형태를 취했다. 북유럽의 독립 도시들은 대부분 구(舊)귀족들과 공존했고, 강력한 군주제가 제공하는 안정을 누렸다. 그러나 북부 이탈리아에서는 교황과 제국의 법적 주권자들에 의한 직접적인 통제가 약했고 도시는 *사실상* 자치 또는 자치권을 갖게 되었다. 그러나 이것은 또한 이웃 국가들의 적대적인 동맹이나 봉건 세력의 야망에 더욱 취약해진다는 것을 의미하기도 했다. 따라서 내부 질서와 조직성에 대한 문제가 매우 중요했고, 결과적으로 정치적 통합의 과정을 '강제에 의한 발명'의 하나로 특징지을 수 있다. 그것은 종종 변동성과 불안정성의 조건에서 안정적이고 기틀이 잡힌 정부 형태를 찾는 것이었다.

문에 배타적인 공화주의적인 현상으로 보아야 한다.

의심할 여지없이 새로운 도시들의 주요 고려 사항은 방어였으며, 최초의 위대한 공동체 활동 중 하나는 도시 성벽의 건설이었다. 그러나 방어는 또한 새로운 사회 질서의 방어를 의미하기도 했다. 초창기 도시들을 새로운 조건과 새로운 정치적 관계가 수립된 자유지대(free town)로 생각할 수 있다. 새로운 도시 정착지에는 농노 제도가 없었기 때문에 그들은 '자유' 도시로 알려지게 되었다. 그것들은 또한 평화가 지배하는 법치 공동체였다. 이는 '렉스 빌라'(lex villae)와 함께 '팍스 빌라'(pax villae)의 중요성을 강조하는 새로운 도시의 수사학에서도 다시 한 번 인식되었다.[4]

이 지역 사회에서 정치적 통합의 중요한 순간 중 하나는 모든 주민이 충성을 맹세한 것이다. 이러한 맹세는 일반적으로 주민들이 도시의 법률을 준수하고 행정직들의 통치권을 존중할 것을 약속한다.[5] 이러한 연대와 의무의 행위는 주로 새로운 법적 및 정치적 실체의 진실성을 보장하는 것을 목표로 했다. 그러나 그것은 또한 주요 동인인 상업 엘리트들이 시민체의 협력에 어떻게 의존했는지를 보여준다. 일반적으로 이것은 포용적인 정신과 일정한 수준의 공식적인 정치적 평등을 고취시켰나. 도시 거주자들(*Cives*)은 법 앞에 평등했고, 공직은 유능한 시민들 사이에서 교대되었으며, 실행 및 임명에 대한 승인은 집회(assembly)로부터 정기적으로 요구받았으며, 도시 거주자들은 법률을 지지하고 공직자들에게 투표를 통해 기여할 것으로 기대되었다.

첫 번째로 새로운 공동체의 정부는 흔히 '좋은 사람들'이라는 뜻인 보니 호미네스(*boni homines*)로 알려진 '법률상 가치가 있는' 남성 통치 집단이 맡았으며, 이들은 정기적으로 조직된 집행 기구를 구성했다. 이들

---

[4] Pirenne(1925) pp. 208-9.

[5] Tabacco(1980) p. 184를 참조하라. 이러한 '맹세 조직'(sworn association)에 가입하기를 거부한 사람들에 대한 보이콧에 대한 명백한 증거 또한 있다(Previte-Orton, 1926, p. 221).

의 총칭은 이들이 주로 칭호나 출생이 아니라 그들의 미덕(virtue) 때문에 뽑힌 사람들이라는 것을 나타낸다. 그러나 그들은 일반적으로 그들의 '가치'가 물질적 측면에서 평가될 수 있는 상업 사회의 상위 계층에서 선택되었을 것이다. 그들은 충분한 교육을 받았고 공동체를 대표하여 발언할 수 있는 지위에 있는 사람들이었지만, 그들의 직함은 그들이 공동체의 다른 사람들과 법적으로 동등하게 여겨져야 한다는 것을 시사한다.

내부의 사법 권력이 이전의 봉건 또는 교회 당국으로부터 보니 호미네스로 이전되기 시작하면서, 초기의 정부 그룹들도 또한 다른 정치체들과의 외부 협상에서 도시를 대변하기 시작했다. 이것은 점진적인 과정이었으며, 새로운 코뮌법과 구(舊)교회법이 나란히 시행될 때의 혼합 권위의 기간을 포함했다. 이 후기 단계에서 고전적인 선례에 따라 최고 행정직인 집정관(*Consul*)들이라고 불리는 새로운 정치 공동체의 주요 공직자들을 보기 시작한다. 집정관들은 일정한 기간 동안 임명되었고 그들이 뽑히는 사회 계층은 종종 지정되었다. 귀족이 아닌 집정관들의 할당량은 종종 통합을 촉진하는 수단으로 중요하게 여겨졌다. 소규모 그룹에 의해 지명되거나 선택되었지만, 보니 호미네스와 집정관들은 정치적 지위를 가지고 있지만 항상 조치를 개시하거나 문제를 논의할 권한이 없는 기관인 타운 집회(town assembly)의 승인을 받아야 했다.[6]

그러나 자치도시 정치의 복잡성은 곧 이러한 단순한 형태의 승인된 리더십이 더 큰 숙의 기구나 평의회(council)에 의해 강화되었다는 것을 의미했다. 이들 중 일부는 600명 이상의 구성원을 포함하는 매우 큰 규모였으며, 때로는 더 작고 엄선된 다른 평의회가 구성되기도 했다.[7] 소규모로 선정된 위원회들을 거느린 이러한 대규모 평의회는 이전 집회 형식

---

[6] Waley(1988) pp. 32-6; Previte Orton(1926). p. 232.

[7] Waley 1988) p. 37는 또한 1254년 베르나 대평의회(grand Council fo Verona)은 1,285명, 1306년 모데나(Modena)는 1,600명이었다고 언급한다.

에 존재하는 동의의 개념을 소수의 목소리를 수반하는 효율적인 집단적 의사 결정 개념과 융합하려는 시도를 나타내는 것으로 보인다.

내분과 공정성의 필요성

이 시기 이탈리아 도시들의 내분 문제를 과소평가해서는 안 된다. 12세기와 13세기에 이것들은 주로 가문의 복수와 불화의 형태를 취했는데, 이는 종종 지속적인 공개적인 싸움과 거대한 공공질서 문제를 야기했다.[8] 주요 가문들은 방대한 수행원들과 사병들을 거느리고 있었고, 내부 정치 조직에는 집행 가능한 형법도 포함되어 있었다. 피비린내 나는 불화와 복수는 일상적이었고, 어떤 당사자도 코뮌 당국에 정의를 호소하는 것은 불명예스러운 것으로 여겨졌다. 파벌 간의 경쟁이 그 자체로 나타난 또 다른 방법은 사적 사회인 탑(塔)사회(*tower society, consortieri*)의 형태였다.[9] 이것들은 가문과 그 지지자들이 도시 지역에 높은 탑을 세우기로 맹세한 연합이었다. 이 탑들은 눈에 보이는 지위의 상징일 뿐만 아니라 경쟁 관계에 있는 다른 탑 사회에 맞서 싸우는 데에도 사용되었다.

이러한 문제들은 이탈리아에서 봉건 기사의 후손들이 시골보다는 도시에 머물고 그곳에서 확립된 법체계에 거의 주의를 기울이지 않는 경향으로 인해 악화되었다. 1281년에 그러한 사람들을 묘사하기 위해 '거물 또는 실력자'(magnate)이라는 용어를 사용한 최초의 증거를 가지고 있다. 선량한 행동을 하기 위해 법적으로 재정상의 안전을 유지해야 하는 시민을 말한다.[10] 지역적 파벌주의는 또한 교황파(Guelf) 도시들과 신성로마 황제파(Ghiberline)을 지지하는 도시들 간의 지역에 걸친 갈등에 의

---

[8] Davidsohn(1986) p. 368에서는 도시 전쟁이라는 *kriegswesen*이라는 용어를 사용한다.

[9] Tabacco(1989) p. 224; Waley(1988) pp. 122-31.

[10] Becker(1967) p. 5. 또한 Lansing(1991); Waley(1988) pp. 118-31을 참조하라.

해 심해졌다. 그러나 실제로 내부 분열은 기존의 단층선을 따르는 경향이 있다.

파벌 불안 문제에 대한 독특한 지역적 구제책은 포데스타(*podesta*) 공직이었다. 포데스타는 다른 도시에서 파견된 임시 국가 원수였다. 이러한 유형의 공직은 아마도 파벌 분쟁을 해결하기 위해 외부 중재자를 이용하는 데서 비롯되었을 것이다. 13세기 초반, 이러한 형태의 명목상의 정부 수반이 보편적으로 채택되기 전에는 최고 행정관을 선택하기 위한 유일한 목적으로 교착 상태에 빠졌을 때 다른 도시의 행정관이나 교회의 고위 성직자들이 소집될 수 있었다.[11]

포데스타는 보통 계약에 따라 코뮌에 고용되었고 코뮌의 법률을 준수하고 공익에 봉사할 것을 맹세했다.[12] 그는 코뮌 당국에 대해 책임을 져야 하며 고용 조건을 위반할 경우 해임될 수 있다. 포데스타를 선택하는 데 세심한 주의를 기울였으며, 파벌이나 당파에 의해 조직된 임명으로 보이지 않도록 평의회나 집정관 차원에서 투표와 함께 추첨이 자주 사용되었다.[13] 그러나 포데스타에 대한 신뢰가 항상 유지되기 쉬운 것은 아니었고, 최종 후보군 중 한 명을 선택하기 위해 추첨을 했을 때도 유착 의혹은 여전했던 것으로 보인다. 또한 한 명 이상의 포데스타가 고용된 사례도 있는데, 각각은 다른 기관이나 시민 구역에 의해 임명된다.[14] 포데스타 현상은 파벌 간의 불화의 문제가 얼마나 심각해졌는지를 보여주고, 이에 대항하는 수단으로서 공정한 권위의 원천을 찾는 것의 중요성

[11] Wolfson(1899) pp. 7-8.

[12] Waley(1988) pp. 40-5; Kohl and Andrews-Smith(1995) p. 165

[13] Koenig(1977) p. 607.

[14] 전게서. p. 607; 531, 펠라빈코(Pelavinco)에서는 2명이, 1260년 브레시아(Brescia)에서는 3명이 있었다.

을 보여주기 때문에 의미가 있다.[15]

포폴로(*The popolo*)

이러한 조치에도 불구하고, 대다수의 이탈리아 코뮌에서 권위의 위기가 계속되었다. 단일 통치자에 의한 자의적 통치 위협에 맞서 존재하는 그러한 포괄적인 정치 제도를 방어해야 할 필요성과 투쟁 중인 가문들에 대항하여 공공의 평화를 시행할 필요성이 인식되면서 포폴로로 알려진 대중 정치 사회의 출현을 촉발시켰다. 이것들은 자체 구성원, 공직자, 법령, 법률 및 민병대를 가진 대규모 조직이었다. 포폴로는 보통 대안적 형태의 정부 역할을 하였고, 구성원들 사이에서 그리고 그들이 헤게모니를 확립한 도시 지역에서 관할권을 행사했다.[16] 포폴로는 코뮌 정부와 통치 동맹을 형성하거나, 이중권력 상황에서 단지 공존하는 것일 수 있다. 쾨리히(J. C. Koenig)는 '포폴로의 최종 목표는 코뮌을 장악하고 재건하는 것이었다. 이러한 공세의 일환으로 시민들은 … 이 법을 코뮌법으로 인정받기를 원했다.'[17]

비록 포폴로는 상업단체와 은행조합 구성원들에 의해 주도된 것이지만, 그것은 해당 사회 그룹과 동떨어지지 않았고, 소규모 상인, 소매상 및 숙련된 장인들의 광범위한 지지를 받았다. 이와 같이 포폴로는 구(舊) 귀족들의 목소리와 대조되는 평민들의 목소리로 묘사될 수 있다.[18] 일반

---

[15] Manin(1997) p. 52을 참조하라.

[16] 예를 들어 비첸차(Vicenza)에서 시민들은 포폴로에 대한 선서와 코뮌에 대한 선서, 이 두 가지 선서를 하도록 요구되었다. Koenig(1977) p. 55. 또한 밀란(Milan)은 pp. 221-2을, 브레시아는 pp. 225-34를 참조하라.

[17] 전게서. p. 242.

[18] 전게서. p. 18. 또한 이 기간 동안 비숙련 노동자들은 특히 시골에서 귀족들의 편을 드는 경향이 있었다는 것을 주목해야 한다. Bucker(1968) pp. 255, 326; Heywood(1910) p. 34.

적으로 포폴로 활동은 법의 평등한 적용, 선거 실행에 광범위한 참여, 정부와 길드 간의 강력한 협력 관계를 지지했다. 피렌체의 주요 공직자인 카피타노 델 포폴로(*Capitano del Popolo*)는 일반적으로 내부 질서와 모든 시민의 안전을 책임지고 시민 민병대를 지휘했다.[19] 포폴로가 집권한 도시에서는 최고 통치기구는 보통 12명 내외의 위원으로 구성되었으며, 2개월에서 6개월 사이의 교대로 운영되었다.[20] 이들은 원로(elders)라는 뜻을 갖고 있는 고위 공직자인 안치아니(*Anziani*)로 알려졌다. 포폴로를 초기 정당의 한 형태로 생각하는 것은 대체로 옳지만, 그것들은 다원주의적인 선거 환경에서 운영되지 않았다.[21] 파벌의 파괴, 무법적인 민병대, 전제정치의 끊임없는 위협의 맥락에서, 포폴로 사회는 스스로를 시민의 평화와 포괄적인 비당파적 정부를 산출할 수 있는 유일한 당파로 여겼다.[22]

일반적으로 이 지역의 도시들은 포폴로 정부 아래 있는 도시들과 단일 통치자(signore) 또는 긴밀하게 연결된 가문 왕조의 통제 아래 있는 도시들로 구분되었다. 민중 정권들은 전반적으로 개방적이고 참여적인 정부에 전념했으며 종종 이를 촉진하기 위해 길드 구조를 이용했다.[23] 그

---

[19] 1250년 피렌체의 첫 번째 포폴로 정권은 이를 위해 내부 민병대를 조직했다. Villani (1908) pp. 189-92; Davidsohn(1896) p. 368을 참조하라.

[20] Waley(1988) p. 135.

[21] 종종 공직을 채우기 위해 코뮌과 포폴로 사이에 할당이 합의되었다. 이것은 다원주의의 형태를 초래했는데, 이것은 정말로 타협적이거나 교착된 상황이었다. Koenig(1977) pp. 40, 72; Waley(1988) p. 136.

[22] 포폴로 정부의 공식문서는 당파적이지 않은 수사법으로 가득 차 있다. Koenig(1977) pp. 250-1, 256, 584, 619; Waley(1988) p. 132를 참조하라. 사소페라토(Sassoferrato)의 바르톨루스(Bartolus)가 주장한 적법한 당파는 공익을 확보하려는 정파뿐이라는 것은 명백히 포폴로를 지칭하는 것이었다. Bartolus of Sassoferrato(1977) p. 6을 참조하라. 포폴로 … 의 승리는 이탈리아 도시들의 삶에서 가장 중요한 혁명을 의미했다는 것을 진지하게 받아들일 필요가 있다. Hyde(1973) p. 115. 하이드(Hyde)가 이것을 현대적 의미에서 '민주적'으로 보는 반면, 정부의 공공기관을 어떻게 발전시켰는지에 관해서는 공화주의적 의미에서도 혁명적인 것으로도 보아야 한다.

[23] 길드의 중요성에 관해서는 Becker(2002) p. 54. 참조하라.

러나 민중 정권들은 끊임없이 수세에 몰렸고, 권력을 장악한 직후 자주 권력을 잃기도 했다. 종종 도시의 상업 엘리트의 상류층들은 이러한 일반적인 수준의 불안에서 벗어나기 위해 단일 통치자를 선택하곤 했다. 이것은 변함없이 포폴로의 이전 구성원들이 현재 상황에 대한 비공식적인 반대를 형성한다는 것을 의미했다.

포폴로 정권들은 브레비아와 추첨에 의한 다른 형태의 선택의 자연스러운 고향이기 때문에 정권들 하에서의 진전은 추첨이 어떻게 그리고 왜 사용되었는지에 대한 이해를 돕는 데 중요하다. 그것들은 포괄적인 정치 발전의 매우 특별한 모델을 제시하는데 이 모델은 공공선을 옹호하고 그렇게 함으로써 파벌 활동과 자의적인 폭압통치에 대해 강한 노선을 취했다. 그것들은 북부 이탈리아의 법학자들과 초기 공화주의 사상가들의 발상이 발전시킨 실제적인 본보기를 형성했다고 생각할 수 있다.[24] 높은 수준의 시민 참여, 길드와의 연계, 공식 정당과 유사한 것이 전혀 없다는 점은 현대 대의 정부 형태와 즉시 구별된다. 일반적으로 '공화주의'로 지칭되지는 않지만, 개방적인 포용적 정부를 옹호하는 것은 그들이 그 이름을 지닌 많은 후기 정권들보다 정신적으로 더 공화주의적이게 만든다.

간접선거의 한 형태로서의 브레비아

이 시기의 대중선거 메커니즘은 여러 단계를 거쳐 발전했다고 볼 수 있다. 각각의 새로운 메커니즘는 이전 메커니즘에 대한 개선이거나 문제가 명백해졌을 때 그에 대한 대응이다. 집정관 선출을 승인하기 위한 공개 집회(open assembly)의 사용은 아마도 첫 번째 단계였을 것이다.

---

[24] Skinner(1978)를 참조하라.

그 뒤를 이어 소수의 임명된 선거인단이 집정관 및 다른 공직자들을 간접 선거로 선출했다. 이것의 발전은 선거인단을 추첨으로 선택하는 브레비아였다. 최종 형태는 추첨과 선거의 조합이었으며, 이것은 추첨으로 지명자들을 선택하고, 비밀투표로 공직내정자들을 뽑는 것이었다.

12세기 후반과 13세기 초반 이탈리아 북부에서 간접 선거가 보편적으로 채택된 것은 타운 집회에서 직접 선거를 실시하는 데 문제가 있었다는 것을 나타낸다. 직접 선거는 부패나 협박에 노출되어 있거나 혼란에 빠질 것이라고 끊임없이 위협을 받았을 것이라고 추측할 수 있다. 반면에 공직자들이 단순히 기존 또는 퇴임하는 공직자들에 의해 임명되었다면 초기 코뮌의 포용적인 기풍이 훼손되었을 것이다. 그러므로 간접 선거는 타협안으로 제시되었지만 유용한 것이었다.[25]

선거인단 형태의 간접선거는 후보자의 적합성에 대한 숙의가 이루어질 수 있게 했고, 도시나 시의 다른 구역에서 할당량 기준으로 선거인단을 선출함으로써 지역 파벌들이 공공 기관을 장악하는 것을 방지했다. 선거인단은 또한 그들이 독립적인 개인으로서 행동하고 후보자 선택과 관련하여 다른 당사자들과 거래를 하지 않을 것을 서약하도록 요구되었다. 콘클라베(conclave)에서 선거인단이 결정을 내릴 때까지 격리하는 관행도 이 시기에 나타났다.[26] 처음에는 매우 적은 수의 선거인단이 사용되었다. 울프슨(Wolfson)은 12세기 후반에 제노바(Genoa)는 6명을 일관되게 사용했고 파르마(Parma)와 피사(Pisa)는 3명을 사용했다고 언급한다. 나중에 추첨과 비밀투표가 도입되면서 숫자가 20, 30, 심지어 40명까지 늘

---

[25] Wolfson(1988) p. 9. 그 과정을 설명하기 위해 울프슨은 *포데스타*와 평의회가 매년 도시의 각 구역에서 5명의 남성을 선택하여 400인 평의회를 위한 선거인단 역할을 하는 비첸차의 예를 인용한다. 40명으로 구성된 소규모의 평의회가 비슷한 방법으로 각 구역에서 2명의 선거인단에 의해 선택되었다.

[26] 현대의 배심원단 및 교황 선출과 유사성에 주목할 필요가 있다.

어난다.[27] 울프슨의 설명에는 선거인단으로 선택된 사람들에게 요구되는 강제적인 의무 이외에는 다른 어떤 것도 요구하지 않는다. 만약 선택된 사람들이 단순히 참여를 거부할 수 있었다면, 막중한 책임을 지닌 선거인단의 특별한 역할은 신뢰받지 못했을 것이다.

간접 선거에서 추첨을 사용하는 것은 이러한 초기 관행의 자연스러운 확장이었고 적어도 13세기의 절반 동안 브레비아는 관직을 충원하는 유일한 수단이었던 것으로 보인다.[28] 이것은 본질적으로 선거인단은 본래 그들의 알려진 정치적 관계 때문에 선출되지 않는다는 것을 보장하는 공적 수단이었지만, 또한 선거 선택과, 그들이 뽑힌 일반 시민 또는 길드의 조합원들의 총체와의 연결 고리를 다시 만들었다. 과정이 조작되지 않았다는 것을 입증하기 위해 정교한 절차가 고안되었다. 1245년부터 1250년 볼로냐(Bologna)의 법령에 따르면, 도시의 특별 평의회 위원을 위한 선거인단을 선택하기 위해 모인 길드 조합원들 앞에서 한 어린 소년이 모자에서 제비를 뽑았다.[29] 파르마에서도 거의 동일한 과정이 진행되었지만, 한 개의 모자 대신 두 개의 모자가 사용되었으며 선택된 사람들은 그들의 이름이 호명되면 방을 떠나야 했다. 파르마 법령은 또한 추첨의 목적은 해로운 적대 관계를 피하기 위한 것이었다고 명시하고 있다.[30] 간접 선거의 선택 특징인 '전위'(轉移, displacement)에 대한 추첨의 사용과의 관계는 추첨에 의해 처음 선택된 사람들이 그 추첨을 선거인단

---

[27] 1308년 루카에서는 무려 550명이 사용되었다. Meek(1978) pp. 188-9. Blanshei(1976) p. 58에서는 페루자에서 1279년에서 1285년 사이에는 10명에서 30명으로 증가했다고 지적한다.

[28] Wolfson(1899) p. 11. 코뮌 건설의 초기 과정에서 추첨이 공직자들의 선출에 어떻게 사용되었는지는 명확하지 않다. 피렌(Pirenne)은 추첨이 초창기에 있었다고 주장하지만, 울프슨의 확언은 개방 집회에서의 투표에 무장 세력들의 영향을 억제하기 위해 12세기말 또는 13세기초 북부 이탈리아 코뮌에 도입되었다는 것이 더 그럴듯한 해석으로 보인다.

[29] 전게서.

[30] Wolfson(1899) p. 12에서 인용되어 있다.

역할을 할 두 번째 사람에게 넘겨야 했던 이브레아(Ivrea)의 예에 의해 설명된다.[31] 브레시아(Brescia)에서는 흑백 제비가 사용되었으며 도미니크회(Dominican) 수도사 두 명과 프란체스코회(Minorite) 수도사 두 명이 투표 집계원 역할을 했다.[32] 모든 경우에 있어서 추첨은 집회에서의 시민체나, 평의회 위원들이나 길드 조합원들과 같은 보다 선별된 그룹의 구성원들에 의해 목격될 수 있도록 고안된 공개 행사였음이 분명하다. 일반적으로 선거인단은 투표를 하기 전에 그들이 한 선택이 자신들의 것이고 뇌물을 받지 않았다는 취지로 선서를 해야 한다. 종종 투표가 진행되는 동안에는 어떤 공직자도 참석해서는 안 된다고 규정되었다. 이러한 조치들이 입증하는 공적 투명성과 공정성의 정신에 따라, 법령들은 항상 선거인단이 선출되고 선서한 직후에 선거를 즉시 실시하도록 요구했다.[33] 이것은 과정의 중요한 측면이다. 브레비아에서는 운과 숙의가 시작과 중간, 끝이 분명한 동일한 선택 과정의 두 가지 별개의 부분으로 간주되었다.

12세기와 13세기 법령에 대한 울프슨의 연구를 통해 경쟁의 여지가 있는 것으로 간주된 모든 직책들이 브레비아를 통해 채워졌을 것이라고 추측할 수 있다. 여기에는 평의회 위원(위원이 세습인 초대형 평의회는 제외), 집정관, 포데스타, 외교 대표와 같은 다른 공직들이 포함된다.[34] 그러나 이러한 선거인단의 풀이 일반 시민체로 구성되었는지 아니면 평의회 위원이나 길드 조합원과 같은 특정 집단의 구성원으로 구성되었는지는 일부 설명에서 항상 명확하지 않다. 예를 들어, 만약 다수의 선거인단이 해당 도시의 특정 구역에서 뽑혔다면 누가 자격이 있는 것으로 간주되고

[31] 전게서. p. 10.

[32] 전게서. p. 12.

[33] 전게서.

[34] Hyde(1973) p. 115. 베네치아 총회(Assembly)가 어떻게 1297년에 세습 평의회가 되었는지에 대해서는 Finlay(1980) p. 41을 참조하라.

누가 제외되었을까? 코뮌의 시민권 개념은 고대 그리스 폴리스에서만큼 정확하게 발전되지 않았다. 선거인단으로 뽑히는 풀에 대한 자격은 세금을 납부한 사람, 공인된 길드에 소속된 사람 또는 재산을 소유한 사람으로 제한되었을 것이다.[35] 지역 사회의 가장 가난한 구성원들이 부패에 취약한 것으로 간주되었기 때문에 참여했을 가능성은 낮다. 하인들은 또한 주인으로부터 독립하지 못했기 때문에 신뢰할 수 없는 존재로 여겨졌다. 그러나 장인 계급의 구성원들이 집정관, 행정장관직(*priorates*) 또는 고위 공직자인 안치아니와 같은 고위 집행기관에서 근무했다는 증거가 있다.[36] 이 기간 동안 특히 비상근 유급 기준으로 정부 및 행정에 대한 시민 참여가 급격히 증가했다.[37]

1264년 비첸차(Vicenza)의 포폴로 정부를 위해 12명의 고위 공직자인 안치아니를 선거한 사례는 13세기 코뮌 선거의 복잡성의 일부를 보여준다. 8명의 안치아니는 길드에서 선출되었고, 4명은 도시 주민에서 선출되었는데 각 구역에서 1명씩 할당되었다. 길드 조합원들은 8개 길드의 각각의 장인(master)이 자신의 길드에서 선량하고 진실한 4명의 이름을 제출함으로써 선택되었다. 이 32명의 풀에서 각 길드에서 한 명씩 8명의 안치아니가 선택되어야 했다. 이러한 선택은 '투표 항아리 비밀투표(*cum busolis ad ballotas*)' 방식이었을 것이다.[38] 베네치아 스타일의 투표 항아리(*bussoli*)에 대한 이 초기 언급은 이 투표가 비밀투표에 의해 이루어졌음을 나타낸다.

나머지 4명의 안치아니는 도시의 4개 구역에서 선출되어야 했다. 여기에는 현 평의회에서의 추첨을 통해 각 구역에서 두 명의 선거인단을

[35] Waley(1988) p. 65.

[36] Heywood(1910) p. 28.

[37] Najemy(1982) p. 6; Hyde(1973) p. 107; Waley(1988) pp. 64-8.

[38] Wolfson(1899) p. 19.

선출하는 작업이 포함되었다. 이 선거인단은 그들이 속한 구역에서 각각 4명의 후보를 지명할 것이다. 그런 다음 이들은 최종 투표를 위해 앞으로 나아갈 것이다. 이것은 지명자를 선택하기 위해 추첨이 사용되는 브레비아의 일반적인 형식을 따른다. 이 기간 동안 비첸차에서 일종의 투표함이 사용되었다는 표시가 있으며, 협박이나 다른 형태의 부패를 방지하기 위해 투표함이 사용된 도시 각 구역의 집회에서 최종 투표가 이루어졌을 가능성이 있다.

비첸차의 포폴로 정부는 단일 통치자(signore)인 에첼리노 3세(Ezzelino III)에 의해 23년 동안 통치되었다. 정부의 목적 중 하나는 다른 통치자가 부상하는 것을 막는 것이었을 것이다. 이를 위해 헌법은 다음과 같은 균형을 이루도록 명확하게 고안되었다. 고위 공직자인 안치아니 그룹의 구성에서 시민들 간의 균형을 만들고, 선출된 길드 장인들로부터의 개인적 추천, 추첨, 대중 투표와 같은 다양한 선택 방법 사이에서의 균형을 이루도록 명확하게 설계되었다. 길드 조합원들의 우세(아마도 상위 길드만 참여했을 것이라는 점을 주목해야 함)는 아마도 도시의 지역 귀족들의 영향력을 제한하기 위한 것으로 추정되며, 따라서 공동의 안정성에 문제가 있었다.

그 맥락에서 브레비아에 대한 이 짧은 설명에서 코뮌 건설 기간 동안 일어난 법치, 공공 정치 절차, 정부의 공정한 규범을 확립하기 위한 투쟁에 대해 몇 가지를 제시했다. 이 마지막 이상을 추구하기 위해, 필요는 발명의 어머니였던 것으로 보인다. 시도된 조치들이 항상 성공적인 것은 아니었지만, 그 조치들이 적용된 창의성과 결합된 축적된 효과는 궁극적으로 코뮌들이 실행 가능한 정치적 실체로 우세했음을 의미했다. 이러한 맥락에서 추첨은 다양한 형태와 맥락에서 사용되었으며 본질적으로 공적인 과정으로서의 '도시의 예술'과 같은 정치를 확립하려는 사상과 실행의 일반적인 활동의 일부였다. 그 구체적인 역할은 선거 과정을 부패로부터 보호하는 것이었다. 이 장의 마지막 부분에서 브레비아가 어떻게 작동했는지 더 자세히 살펴볼 것이다.

피렌체 *스크루티니*와 그 정치적 맥락

이제 14세기 초 피렌체에서 발전했고 100년 넘게 그 곳에서 주요 선택 형태였던 매우 다른 추첨제도, 스크루티니와 트래트(*scrutiny and tratte*) 시스템으로 눈을 돌린다. 이것이 어떻게 작동했는지 이해하기 위해서는 어떻게 시작되었고 해결하고자 하는 문제를 살펴보아야 한다. 또한 피렌체에서 이 기간 동안 어떠한 통치 형태가 전개되고 있었는지, 스크루티니가 어떻게 그 목적을 달성했는지에 대한 명확한 생각을 가지고 있어야 한다. 이러한 목적을 위한 핵심 날짜는 제도 자체가 만들어지고 공식적으로 착수된 1328년이다. 그러나 새로운 헌법에 이르기까지의 투쟁을 살펴보고 13세기 후반과 14세기 초반에 만들어진 많은 유사한 제안들과 단명한 절차들을 살펴보기 위해서는 좀 더 이른 시기에서 시작해야 한다. 또한 이 제도가 피렌체 제1공화정의 나머지 기간 동안 어떻게 지속되었고, 변화하는 압력과 상황에 맞게 어떻게 적응되었는지 볼 필요가 있다. 따라서 이 섹션은 두 개의 역사적 서술 사이에 끼어있는 1328년 절차에 대한 설명으로 구성된다. 이 중 첫 번째는 이 제도의 도입 지점으로 이끌며, 피렌체 정부와 그 지배계급의 본질에 대한 간략한 맥락적 논의를 포함한다. 두 번째는 1328년부터 1443년까지의 몇 가지 주요 사항을 다루고 있다. 메디치 가문(the Medici)이 어떻게 권력을 잡았는지, 그리고 어떻게 그들의 목적에 맞게 과정을 적응시켰는지에 대한 간략한 설명으로 이 글을 마친다.

1328년까지의 피렌체 정부

12세기와 13세기의 피렌체는 이 지역 대부분의 도시들에서 볼 수 있는 전형적인 정치 발전 노선을 따랐다. 코뮌은 1138년에 설립되었다. 그것은 200명으로 구성된 강력한 평의회(Council)와 모든 시민들의 집회(assembly)인 의회(*parlamento*)가 있었다. 1170년대 후반 우버티(Uberti)와 도나티(Donati)라는 두 주요 가문 간의 깊고 격렬한 불화로 인해 극심한 도시 혼란을 겪었다. 첫 번째 포데스타는 1202년에 설치되었고 1216년 도시에서 교황파와 신성로마 황제파 사이의 분열이 일어났다. 13세기 대부분의 이탈리아 코뮌들과 마찬가지로, 피렌체도 민중 정부가 통치하던 시기가 있었다. 이것은 프리모 포폴로(*Primo Popolo*)로 알려져 있었고 1250년에서 1260년 사이에 권력을 쥐고 있었다. 이 정부 하에서 법치를 유지하기 위해 민병대가 설립되었다. 특히 포폴로는 교황과 황제 사이의 오랜 분쟁에서 편을 들기를 거부했다. 1260년 황제파는 시에나(Sienese)의 지원을 받아 프리모 포폴로를 타도하고 친(親)황제적인 질서를 확립했다.[39] 다음 22년은 연이은 정부들로 특징지어졌다. 여기에는 짧은 민중 정부, 앙주(Anjou) 공작의 교황 보호령 하의 기간, 그리고 마침내 교황이 후원하는 정부가 포함되며, 이 정부는 14명의 매우 유능한 행정관[40]으로 구성되었으며 매달 교대 시스템[41]을 기반으로 한다. 이것은 1282년에 끝났다.

1292년, 길드에 기반을 둔 민중 정권이 '정의의 훈령'(Ordinances of Justice)을 통과시켰는데,[42] 이는 모든 실력자(magnate)들의 공직권을 부정하는 조치였으며 마침내 새로운 상업 엘리트들이 피렌체 정치체에서 봉

[39] 외국의 개입에 의해 전복된 민중 정부에 대해서는 Stephens(1983) p. 4를 참조하라.

[40] 여덟 명의 교황파에 여섯 명의 황제파이다.

[41] Najemy(1982) p. 18.

[42] Najemy(1982) p. 45. Kohl and Andrews-Smith(1995) p. 139.

건 귀족들의 파벌적이고 무법적인 잔재를 제거할 수 있게 해주었기 때문에 중요하다. 1292년 정부 하에서 도시의 평화는 천 명 보안군의 최고 책임자인 정의의 곤팔로니어(*Gonfalonier of Justice*)라는 새로운 관직에 의해 시행되었다. 이 관직은 피렌체의 최고 행정관이자 국가원수급이었다.

그러나 1290년대 후반에 이르러 훈령에 대한 반대가 공공연하게 드러났고, 훈령을 지지하는 백색 교황파와 이에 반대하는 흑색 교황파 사이에 전선이 그어졌다. 그 적대 관계는 고통스럽고 파괴적이었으며 1301년 흑색 교황파의 최종 승리는 프랑스 왕자 샤를 드 발루아(Charles de Valois)와의 동맹을 통해 이루어졌다. 그러나 그가 피렌체에 입성할 즈음에는 길드의 권력은 민중 당파인 백색 교황파를 상당히 위험에 노출시키면서 심각하게 쇠퇴하고 있었다. 흑색 교황파의 승리는 피렌체 내부 정치의 중요한 전환점이다. 비록 훈령이 폐지되지는 않았지만, 상류 상인 및 은행가에 기반을 둔 지배 엘리트들이 민중 공화주의로의 회귀에 반대하기 위해 실력자들과 협력 관계를 맺었다는 것을 나타낸다.[43] 또한 그것은 피렌체 제1공화정의 서사에서 가장 중요한 요소 중 하나인 포폴라니(*popolani*)의 성격과 그들이 두각을 나타냈음을 알려준다.

포폴라니

1260년부터 1434년 메디치 가문에 의해 제1공화정이 몰락하는 사이 피렌체의 정치 환경은 포폴라니의 부상이 지배적이었다. 이 용어는 상인이나 은행가로서의 성공 덕분에 높은 시민적 지위를 얻은 비(非)귀족 혈통의 남성들을 지칭한다. 비록 이 계급의 우세는 광범위하고 참여적인 정부를 선호했던 12세기 중반의 포폴로 활동의 리더십의 결과였지만 14세기까지 이 계급은 두 가지 경향에 직면했다. 한편으로는 그들은

---

[43] 그러나 실력자(magnate)들은 다시 권력을 잡을 수 없었다.

종종 결혼을 통해 구(舊)귀족들과 동맹을 맺었는데, 베커(Becker)는 이를 가리켜 '준 융합된 귀족'(quasi-fused patriciate)이라고 불렀다.[44] 다른 한편으로 그들은 많은 실력가 가문의 무법 행위에 강력하게 반대했으며, 이러한 이유로 피렌체 사회의 중간 계층의 협력을 통해 정부와 공적 행위의 법치 규범을 확립하는 데 도움을 주려고 했다. 포폴라니 계급 내에서도 가문(상업 엘리트 조직의 기본 단위)에 대한 충성심과 코뮌이나 도시 국가의 광범위한 정치적 실체에 대한 충성심 사이에 눈에 띄는 긴장감이 있었다. 이것은 피렌체 정부 기관의 많은 특징들을 설명해준다.

따라서 피렌체의 정치 생활은 두 가지 양극점 사이에서 작동했다. 정부 기관과 절차에서 예시된 공익은 주요 포폴라니 가문들의 분파적 이익과 반대되는 입장에 있었다. 동시에 초기 포폴로의 이상을 지지하는 엄선된 지배 그룹에 속하지 않는 사람들은 지속적으로 조직의 정치 활동에 더 큰 몫을 차지하려고 했다. 따라서 이 시기 피렌체에서 공직에 참여하는 것이 중간 길드에까지 이르는 민중 정권들과, 귀족들이 계급을 폐쇄한 과두제 정부 사이의 동요를 본다. 그러나 정부의 무게 중심은 최고 포폴라니와 함께 내내 유지되었으며 상위 5개 상업 및 은행 길드의 집정관들로 구성된 그룹인 피렌체 5대 길드(*Mercanzia*)와 밀접하게 동일시될 수 있었다.

또한 이 시기 후반에 피렌체에서 운영되었던 몬테(*Monte*)로 알려진 독특하고 중요한 제도에 대해서도 언급해야 한다. 본질적으로 이것은 개인이 높은 이율로 도시에 대출하는 것으로 구성되었다. 세금을 부과하는 공공 재정의 부족을 극복하기 위해 1345년에 도입된 몬테는 도시에서 '공공 정책의 형성을 지배했다.'[45] 그것은 가장 강력한 가문들과 그 지

---

[44] Becker(2002) p. 100.

[45] Becker(1968) p 158. 베커는 몬테(*Monte*)의 운영에 전체 장을 할애하고 있다. (pp. 151-200).

위를 갈망하는 사람들에게 도시의 공동의 재산에 대한 경제적 이해관계를 부여했기 때문에 추첨의 사용에 대한 연구에 의의가 있다. 이러한 상황에서 피렌체의 공직은 부담스러운 의무라기보다는 사회적으로 출세의 수단으로 여겨졌다. 최고 집행 기관인 시뇨리아(*Signoria*)의 선출과 몬테의 기여자가 되는 것은 상층으로 이동하는 과정에서 그러한 상승을 알아볼 수 있는 단계였다.

그러나 정치참여의 기준이 자주 바뀌었다는 것은 시민권에 대한 인식이 뚜렷하지 않았다는 것을 의미했다. 부유층과 빈곤층을 모두 포함하는 수직적 구분이었던 아테네의 시민권 범주와 달리 피렌체의 거의 모든 정치 참여는 수평적 길드 범주로 구성되었다.[46] 이로 인해 많은 사람들이 배제되었고, 직조업 종사자들과 같은 가난한 노동자들과 육체노동자들은 그들의 불만에 대한 보상을 요구하기 위해 정기적으로 거리로 나서곤 했던 것은 정치 문화의 일부로 인식되었다. 이러한 직접적인 행동의 결과로 1343년과 1378년에 민중 정부가 도입되었다.

피렌체 정부 기관

피렌체 코뮌의 제도와 절차는 이러한 투쟁의 반영으로 보아야 한다. 그러나 클레이스테네스도 없었고, 낡은 것을 쓸어버리고 새 것으로 대체할 위대한 합리적 계획도 없었다. 시민의 해결책도 없었다. 서로 다른 고착된 이익집단들 간의 균형이 너무 맞았기 때문에, 급격한 변화의 위험을 감수하는 것보다 낡은 제도와 관행을 유지하고 은밀히 그들의 권력을 박탈하는 것이 더 쉬웠다. 그 결과, 종종 극심한 복잡성을 가진 통제 불능의 '여러 가지 형태의'(portmanteau) 유기적인 정부가 정치체 내 집단의 이익과 열망에 대응하여 성장과 위축을 반복하였다.

---

[46] 이것은 이 시기의 코뮌과 도시공화국의 일반적인 특징이었다.

주된 요구는 타협과 권력 공유였으며, 이를 달성하기 위한 주요 기관은 교대 집행 위원회 인 시뇨리아였다. 1282년에 6명의 새로운 행정장관들(*priors*, 도시의 6분의 1인 세스토 sesto에서 한 명씩)이 신설되었다. 공직은 2개월마다 교대되어야 했다. 정의의 곤팔로니어와 함께 이들 행정장관들은 최고 집행기관인 시뇨리아로 알려지게 되었다.[47] 이 통치 기관은 정치에서 가장 높은 권력 집중이었다. 그들만이 법률을 발의할 책임이 있을 뿐 아니라 정책의 수립, 많은 공직과 선출 기구의 임명, 사법권에 대한 개입, 외교 정책의 집행에 대한 책임도 있었다.[48] 두 달간의 행정장관직(*priortate*)이라는 기본적인 헌법 틀은 지속적인 공식으로 증명되었으며 200년 넘게 비교적 변경되지 않은 상태로 유지되었다. 시뇨리아와 밀접하게 연결된 두 개의 자문 위원회인 시민 민병대의 각각 다른 부문에서 선택된 16명의 민병대의 곤팔로니에(*Gonfalonieri of the Companies*)와 12명의 '좋은 사람들'(*Buoni Uomini*)이 있었다. 또한 광범위한 공개 토론인 프라티케(*pratiche*)를 개최하는 피렌체의 관습에 대해서도 알고 있어야 한다. 이것들은 일반적으로 누가 참여할지 결정하는 시뇨리아에 의해 호출된다.[49] 시뇨리아는 또한 다른 기관이나 특별 위원회를 임명할 수 있는 권한을 가지고 있었다. 따라서 대부분의 피렌체 정치는 '하강' 원칙을 따랐다. 즉, 덜 강력한 정부 그룹들이 더 강력한 사람들에 의해 선택된다는 것이다.

---

[47] 1293년 약간의 늦은 추가. 14세기 중반까지 행정장관의 수는 여덟 명으로 늘어났다.

[48] Brucker(1962) pp. 64-5; Najemy(1992) pp. 27-9.

[49] Najemy(1982) pp. 30-2. 피렌체 헌법은 또한 자문 공개 토론(Pratiche)과 두 개의 주요 입법위원회인 자문 숙의 기구를 이용하였다는 점에 주목한다. 이 모두는 임명되었다. Rubinstein(1968) p. 454를 참조하라.

스크루티니의 기원

추첨이 이전에 피렌체 민중 정권에서 공직자들을 선택하기 위한 옵션으로 이해되었다는 증거를 갖고 있다. 1292년 정부 형태에 대한 논쟁은 시인 귀도 올란디(Guido Orlandi)가 12명의 길드 집정관들에게 시뇨리아를 위해 각 세스토(*sesto*)로부터 세 명의 후보자를 지명하도록 제안했으며 최종 선택은 이들 중에서 추첨을 통해 이루어져야 한다는 것을 보여준다.[50] 이것은 비첸차 포폴로의 정치 구조와 유사한 정체가 형성되고 있다는 것을 나타낸다. 그렇지 않으면 투표 위원회에 양도될 권력의 독점을 깨뜨리는 수단으로 추첨이 사용된다는 점을 고려했다. 추첨은 갈등을 해결하는 수단으로도 알려져 있었다. 연대기 편찬자인 빌라니(Villani)에 따르면, 교황 특사인 아콰스파르타(Mathew Acquasparta) 추기경은 백색 교황파와 흑색 교황파 간의 분쟁 중에 평화를 이루기 위해 파견되었다고 한다. 추기경은 각 당파에서 봉사할 가치가 있는 사람들의 이름을 가죽 주머니에 넣어 두 달에 한 번씩 뽑는 직선 추첨 시스템을 옹호했다. 당시 권력을 쥐고 있었던 백색 교황파는 이 제안이 자신들에게 불리할 것을 우려하여 거절했다.[51]

1291년에 등장한 제도의 초기 버전을 보면, 스크루티니 과정이 추첨의 다른 사용들과는 다른 뿌리에서 비롯된다는 것이 분명해진다. 이전 10년 동안 행정장관들이 어떻게 선출되었는지에 대해서는 알려진 바가 거의 없지만 주요 길드의 집정관들, 퇴임하는 행정장관직 및 다수의 행정장관직과 함께 가입된 구성원들(*arroti*)가 참여했을 것으로 보인다. 스크루티니로 선출된 사람들의 이름을 각각의 가죽 주머니에 넣는 과정(*imborsazione*)으로 알려진 새로운 제도는 한 번에 1년 동안 충분한 행정장

[50] Najemy(1982) p. 37.

[51] 전게서. p. 64.

관들을 선출한 후 일련의 여섯 가죽 주머니에 그들의 이름을 넣는 것으로 구성되었다. 그런 다음 공직을 새로 충원해야 할 때 그 직전에 각 가죽 주머니마다 하나씩, 두 달에 한 번씩 여섯 명의 이름을 뽑았다. 이 초기 단계에서 6명의 행정장관들의 각 묶음의 이름과 재임 기간이 함께 가죽 주머니에 들어갔을(*imborsed*) 것이다. 이것은 사실상 미래의 공직자들의 이름을 대중의 시선으로부터 숨겼을 것이고, 그렇게 함으로써 부패, 협박, 심지어 잠재적인 암살을 방지했을 것이다.[52] 1291년 이름을 가죽 주머니에 넣은 과정(*imborsazione*)을 제비뽑기 또는 추첨으로 언급하는 현존하는 문서는 없으므로, 이 단계에서는 단순히 선거 과정의 연속성을 보장하기 위한 조치였던 것으로 보인다. 그러나 이 제도는 오래가지 못했으며 1292년 카피타노 델 포폴로가 소집한 행정장관직에 대한 선출 문제에 대한 대규모 토론에서 민중 운동에 의해 거부되었다.[53]

스크루티니가 초기 포폴로 정권에서 사용된 방식과 거의 유사하지 않다는 또 다른 증거는 특별위원회(*balia*)의 관계에서 볼 수 있다. 특별위원회는 일반적으로 현직 시뇨리아에 의해 정해진 기간 동안만 임명되었으며 일반적으로 긴급 입법을 감독하거나 특정 헌법 위기에 대응하는 데 사용되었다.[54] 1301년에서 1328년 사이에 특별위원회는 14개월에서 20개월 사이의 간격으로 정기적으로 소집되어 그 기간 동안 시뇨리아의 모든 관리들을 선출했다. 선출된 사람들의 이름은 1291년 제도와 같은 방식으로 이름을 가죽 주머니에 넣는 과정(*imborsazione*)의 대상이 되었으며, 임기는 미리 정해져 있었다. 여기에는 후기 시스템의 모든 요소가 포함

[52] 보호에 대한 이러한 해석은 공직자들이 관례에 따라 '정의의 곤팔로니어'에 더해 행정장관직이 임기 내내 베키오 궁전(*Palazzo della Signoria*)에 거주해야 하는 것과 일치한다.

[53] Najemy(1982) p. 32.

[54] 특별위원회들은 코뮌 법원(the Communal Court)이나 입법위원회(the Legislative Councils)에도 책임이 없었다. 그 구성원들 또한 관례에 의한 스크루티니의 대상이 되지 않았다. Becker(1967) p. 24를 참조하라.

되어 있었지만 각 시뇨리아의 인원들과 관련하여 무작위적이거나 예측할 수 없는 요소는 없었다. 또한 특별위원회 투표 결과가 후보자들에게 알려지지 않았을 가능성도 있다.[55] 이러한 비밀의 측면은 1328년 이후의 행정직 선출을 위한 추첨 과정의 핵심 특징이 되었다. 공명정대한 공적인 의식이 유지되는 동안 그 과정이 배후에서 조작될 수 있다는 것이 의미심장하다.

특별위원회가 스크루티니와 밀접하게 관련되어 있다는 점에 주목해야 한다. 미리 정해진 이름을 가죽 주머니에 넣어 일정 간격으로 뽑는 장치가 실제로는 특별 임명된 그룹이 내린 결정을 실행하기 위한 수단일 뿐이라는 것을 나타내기 때문이다. 작업을 수행하는 것은 특별위원회이다. 이름을 가죽 주머니에 넣는 과정(*imborsazione*)은 결과를 분배할 뿐이다. 따라서 그 기원에서 스크루티니는 진정한 추첨과 거의 유사하지 않으며 확실히 블라인드 브레이크의 긍정적인 사용은 아니다. 그것은 실제로 비밀 목록의 한 형태에 불과하다. 1328년 제도를 보면 그것이 이러한 본질적으로 과두제적 기원에 얼마나 많은 빚을 지고 있는지 알 수 있다.

1328년의 스크루티니 제도

1328년의 선거제도 개혁은 상당히 중요하다.[56] 왜냐하면 향후 150년 동안 지속되는 행정관들 선출을 위한 절차적 장치를 마련했기 때문이다.[57] 이것은 이 기간 동안 제도에 대한 수정이 없었다는 것이 아니라 정

[55] 선출된 '정의의 곤팔로니어'가 도시에서의 부재를 다룬 1321년 10월 입법위원회에 제출된 문서는 이 개인의 이름이 현 시뇨리아에게 분명히 알려져 있었지만 더 넓은 회의에서는 조심스럽게 숨겨져 있었음을 보여준다. Najemy(1982) p. 85.

[56] Najemy(1982) pp. 99-125.

[57] 메디치 가문은 *imborsazione*를 유지했지만, 가죽 주머니 안에 들어가는 이름들의 초기 선정을 통제했고, 때때로 원래의 시스템을 복원했다. 피렌체 제2공화정은 1494년에 3,000명으로 구성된 대평의회(Grand Council)를 도입했지만, 시뇨리아(*Signoria*)시스템은 유지했다.

확히 누가 그것을 할 것인지에 대한 열정적이고 격렬한 논쟁이 있는 동안 기본 절차 자체는 놀라울 정도로 변함이 없었고 모든 측면에서 거의 헌신적인 존중의 대상이었다는 것이다. 지배 계급의 위험스러운 분열을 방지하는 것이 주요 목적으로, 연대기 작가 빌라니에 의해 확인되었는데, 빌라니는 피렌체인들이 '어떻게 그것들이 시민들 사이에서 전반적인 승인을 얻고 파벌을 제거하는 방식으로 도시에 리더십과 정부를 제공할 수 있는지에 대해 숙고하기' 시작했다고 제시한다.[58] 시스템 개발 업무를 위임받은 13명으로 구성된 위원회가 새 시스템을 총회(*general parlamento*)에 제출했을 때,[59] 그들은 직책에 합당한 '선량하고 준법적인 시민들'의 공감대를 형성하고, '인생을 가치 없게 만든 사람들이 도시의 지배와 통치를 열성적으로 추구하는 것'을 막아야 한다고 말했다.[60]

이 시스템의 주요 특징은 상당히 간단하지만, 일단 시스템이 가동되고 실행되면 문제와 복잡성이 확산되기 시작했다. 이 제도에는 다섯 가지 주요 단계가 포함되었다. 후보 지명에 이어 스크루티니 또는 비밀투표가 이어졌다. 그리고 나서 그 이름들을 가죽 주머니들에 넣었다. 이름을 끄집어내는 것은 어떤 직책이든 충원해야 할 때 이루어지며, 이 과정에서 마지막 부분인 결격자 배제 과정인 디비에토(*divieto*)가 진행된다. 디비에토는 같은 가문 구성원들이 일시적으로 공직에서 배제되는 과정이었다.[61]

후보 지명은 *시뇨리아*, 교황파(*Parte Guelfa*)의 지도자, 5대 길드(*Mercanzia*)의 5명의 여당 평의원의, 각각 통제 하에 있는 3개의 위원회에

---

[58] Najemy(1982) p. 99, Villani, Cronica 3:103을 인용한다.

[59] 나제미가 '소규모 특권층'으로 묘사한, 오직 한 개인만이 *시뇨리아*에서의 4년 미만의 경력을 가지고 있었다. 그러나 이 제도는 덜 권위 있는 기관이 통제하고 있는 상태에서 신뢰를 얻기는 어려울 것이다. Najemy(1982) p. 101.

[60] 전게서.

[61] 절차의 대부분에 대한 이러한 이름들은 Najemy(1982) p. 103에서 라틴어로 제공된다.

서 이루어졌다.[62] 각 위원회는 지명기구를 구성하기 위해 최소 28명의 포폴라니 시민을 공동 선택하라는 명령을 받았다. 각 위원회에서 허용되는 지명 횟수에는 제한이 없었다. 투표 위원들은 시뇨리아, 민병대의 곤팔로니에, 5명의 5대 길드(*Mercanzia*), 12개의 주요 길드 각각의 2명의 집정관들, 시뇨리아가 임명하는 각 세스토(*sesto*)의 교황파 상인지배계급(*Guelf popolani*)의 5명의 구성원으로 구성되었다. 원래 스크루티니 과정은 3년마다 이루어졌지만, 이상적인 규칙성은 무너지고 그 간격이 2년에서 5년으로 늘어났다.

후보들은 자신의 이름이 가죽 주머니에 들어가려면 3분의 2 이상의 찬성을 얻어야 한다. 투표권이 있는 82명의 구성원 중 12개 길드 중 하위 6개 길드의 집정관들인 12명만이 중하류 또는 상류층 장인(匠人) 출신이 될 수 있었다. 권력은 임명된 시뇨리아에 매우 많이 맡겨졌지만, 가문 중 한 명만 한 번에 정밀조사위원회에 들어갈 수 있었다는 것은 주목할 가치가 있다. 게다가 길드 조합원들은 행정장관들과 곤팔로니어에 의해 추첨으로 뽑혔기 때문에 길드 지도부와 길드 내부 민주주의가 중요한 역할을 하지 못하게 되었다.[63] 스크루티니는 승인 또는 비승인의 표시로 검은 콩 또는 흰콩을 사용하는 간단한 비밀투표였다. 그러나 그 결과는 비밀로 남아 있었고, 아마도 이는 투표를 집계하고 이름표를 가죽 주머니에 넣는 일을 맡은 공직자들이나 비서직들(*accoppiatori*)에게만 알려졌다.

일단 이름표가 가죽 주머니에 들어가자, 상자에 잠겨 다른 잠긴 상자에 넣어 산타 크로체 성당(S.Croce)에 보관된다. 열쇠들은 산타 크로체 성당의 프란체스코회(Franciscan) 수사와 도시의 다른 편에 있는 산타 마

[62] 전게서.

[63] 전게서.

리아 노벨라 성당(S.Maria Novella)의 도미니크회 수사에 맡겨졌다.[64] 지정된 날짜에 현직 시뇨리아와 그 일단, 길드 집정관, 세 명의 주요 외국 공직자들인 포데스타, 카피타노 델 포폴로, 교황파의 지도자가 참석한 가운데 가죽 주머니에서 이름표 뽑기가 이루어졌다. 이 과정에서 결격자 배제인 디비에토가 발생했고 결격자들은 가죽 주머니에서 뽑힌 추가 후보들로 대체되어야 했다. 가죽 주머니 안에 있던 몇몇 사람들의 이름이 더 널리 알려지게 된 것은 이 단계였다.

공직에서의 배제되는 것은 문제가 있는 것으로 판명되었다. 사망, 사기죄로 기소, 국외 추방과 같은 경우에는 이름표가 뽑히면 파기되었다. 디비에토와 같은 다른 이유로, 또는 뽑힌 사람이 도시에 일시적으로 부재했기 때문에 이름표는 가죽 주머니에 반환되었다. 디비에토는 1328년 가문 구성원의 배제 경우 아버지, 할아버지, 형제, 아들의 경우 1년, 현직 또는 선출된 공직자의 다른 모든 친척에 대해서는 6개월로 고정되었다.[65] 복직은 3년간 금지되었다. 따라서 어느 가죽 주머니에서나 뽑은 이름표 중 높은 비율이 이런저런 배제의 대상이 될 때가 있을 것이 분명했다. 유효한 이름표를 뽑을 수 없는 상황에 대한 초기 대응은 단지 규칙을 완화하고 가죽 주머니에서 나온 첫 이름표를 선택하는 것이었다. 유력한 가문들에게 분명히 유리했던 이러한 방식은 곧 대체되었다. 그러나 새로운 제도는 추세를 단지 악화시켰을 뿐이다. 전임 재직자들의 이름표가 들어 있는 '병행 가죽 주머니들'(Parallel bags)을 마련했다. 이것들은 레미시(*remissi*)로 알려졌으며 메인 가죽 주머니(*borsi*)에 이름표가 충분하지 않은 경우 사용되었다.

이 방법으로 선출된 공직자들은 6명의 행정장관들, 정의의 곤팔로니

[64] Finer(1999) p. 968.
[65] Brucker(1962) pp. 67-8.

어, 그리고 2개의 자문단(16명의 곤팔로니에 및 12명의 '좋은 사람들')이었다.

이렇게 하면 연간 총 138개의 공직이 생기게 된다. 도시의 다른 지역들 간의 균형을 보장하기 위해 각 세스토에 행정장관직을 위한 가죽 주머니 하나씩이 할당되었으며, 마찬가지로 자문 기구인 12명의 '좋은 사람들' 뽑기에도 할당되었다. 곤팔로니어에는 16개의 가죽 주머니가 사용되었는데, 이 직위들에 대한 지명은 도시의 각 지역에서 와야 했기 때문이다. 곤팔로니어는 미리 정해진 순서에 따라 각 세스토에서 차례로 선출되었다. 그 가죽 주머니들은 통치에 합당한 것으로 간주되는 시민들의 '풀' 역할을 했다. 규정된 간격으로 스크루티니를 통해 풀을 보충했지만 이전 가죽 주머니들은 비워질 때까지 계속 사용했다. 따라서 행정직들은 최대 10년 전에 실시된 스크루티니를 통해 임명될 수 있었다. 이 시스템은 어떤 의미에서도 여론의 반영이나 책임의 시스템으로 고안된 것이 아니며 새로운 피를 정치 영역으로 끌어들이기 위한 것도 아니었다.[66]

1328년 이후 시스템 변경사항

시스템에 대한 첫 번째 일련의 변화는 1343년 민중 정부 기간 동안 이루어졌다.[67] 12명의 자문기구인 '좋은 사람들'의 공직이 다시 세워졌고 길드의 역할이 증가했다. 21개의 길드가 모두 참여한 것으로 보이며 정밀조사 위원회(scrutiny committee)는 52명의 길드 집정관들을 포함

[66] Herlihy(1991) p. 205는 1328년 정부를 1291년 이래 가장 협소하다고 묘사한다. 연대기 작가 빌라니(Villani)의 말을 인용하여, 그는 1343년 206명의 정밀조사위원회 조사위원들은 3,346명의 지명자들의 풀에 투표를 했다고 언급했다. 그 숫자는 10분의 1만이 최종적으로 승인되었다.

[67] 민중 정부가 권력을 잡은 방법은 교훈적이다. 1342년 브리엔(Brienne)의 월터(Walter)가 포퓰리즘적인 폭정을 펼치자, 피렌체 주교는 14명으로 구성된 위원회를 구성하여 실력자(magnate)들에게 시뇨리아 의석 할당제를 부여하고 지명권을 늘리며 정밀조사평의회(the Scrutiny Council) 의석의 3분의 1을 자동으로 배정하는 계획을 세웠다. 이러한 조치들이 길드를 배제했기 때문에, 대립은 불가피했고 민중봉기는 곧 새로운 권력자들 행정장관들을 베키오 궁전에서 추방할 수밖에 없었다. Najemy(1982) pp. 130-2 참조하라.

하여 206명으로 확대되었다. 정밀조사 투표의 문턱은 관례적인 3분의 2에서 2분의 1로 줄어들었다. 그런 다음 비서직들은 통과한 후보자들을 각각 8명으로 이루어진 그룹으로 편성하고[68] 각 행정장관직에 소규모 길드의 최소 3명의 조합원이 배정되도록 해야 했다.[69] 특별 추가 가죽 주머니(*borsa di spieciolata*)도 마련되어 정밀조사 득표가 적은 후보자의 이름표를 예비로 배정하였다. 갓 시작된 민중 정부는 또한 이전 가죽 주머니들(*borse*)을 무효화하여 앞서의 정밀조사로부터 후보자들이 얻은 이익들이 유지되지 못하도록 하였다.

이러한 조치들, 특히 적절한 할당량을 보장하기 위해 비서직들에 의한 가죽 주머니의 개입에서 스크루티니와 트래트가 이전의 추첨 방식과 동일한 방식으로 간주되지 않았음이 명백하다. 그러나 일단 참여 기준을 조정하고 나면, 전체적으로 좁게 정의된 상업 엘리트들의 지배집단(*reggimento*)과 민중 정부의 폭넓은 지지 기반 모두에 적합할 정도로 충분히 안정적인 기본 형태를 제공한 것으로 보인다. 민중 정부에 찬성하는 사람들은 분명히 시스템 전체를 변경하는 것이 필요하거나 실제로 가능하다고 생각하지 않고 단지 그들의 목적에 맞게 조정하려고 했다.

비슷한 변화가 그해 여름의 유명한 직물노동자들인 치옴피의 반란(Ciompi rebellion)이 있기 몇 달 전에 집권한 1378년 민중 정부에 의해 이루어졌다. 가죽 주머니들은 1343년 이후 처음으로 폐지되었으며, 대(大), 소(小), 중(中)(*majores, minori, minuto*)의 길드의 모든 계층이 평등하게 참여한다는 급진적인 원칙에 따라 스크루티니가 이루어졌다. 이것은 처음으로 일부 하층 장인 계급에게 힘을 실어주었다. 이것은 매우 민중적 조치였고 많은 후보들이 지명되었고, 길드 공동체의 빈곤층에서도 많은 사람

[68] 행정장관직(Priorate)은 그 이후 확대되었다.
[69] 이것은 권력자 쿼터에 대한 이전의 제안에 대한 직접적인 응답인 것으로 보인다.

들이 후보에 올랐다. 그러나 치옴피는 목표를 넘어 권력을 장악하려고 시도했다.[70] 이로 인해 정권은 과격주의자들에 대한 신속한 대응 조치를 취했고, 그들이 이전에 얻은 헌법상의 이익을 잃을 것을 우려하여 제안을 완화시켰다.

시스템 전체가 어떻게 시민들의 신뢰를 얻었는지는 그 해부터의 일련의 사건들로 잘 드러난다. 1378년 7월의 민중 동요 동안 일부 민중 세력들은 직접 선거를 요구했다. 이 문제에 대한 특별 회의는 후에 더 광범위한 길드 조합원들 사이에서 시작되었지만 시뇨리아의 선택 방식의 변경에는 반대했다. '위험한 선례'를 만들어서는 안 된다는 생각이 들었다.[71]

1378-82년의 민중 정부는 모든 초기 르네상스 체제 중 가장 높은 수준의 시민 참여를 달성했다. 그러나 이 후 몇 년 동안 이러한 성과들은 점진적으로 역전되었고, 이 시스템은 반복이 불가능하도록 강화되었다. 상인계급의 대표 비율은 길드의 하위 계급의 대표자들에게 피해를 주는 것으로 증가되었다. 그러나 동시에 내부 서클이 항상 전체적인 통제력를 유지할 수 있도록 새로운 기능이 추가되었다. 이 점에서 주요 무기는 작은 보충 가죽 주머니(*borsillino*)였다.[72] 이것은 주된 스크루티니 가죽 주머니들과 병행하여 사용되는 작은 가죽 주머니였다. 여기에는 신뢰받고 경험이 풍부한 지배 세력의 구성원들의 이름표들을 포함했다. 비서직들의 특별 위원회는 도시의 각 지역에서 할당량에 기초하여 작은 보충 가죽 주머니를 선정 작업을 할당받았다. 1387년까지 정의의 곤팔로니어와 두

---

[70] 거의 총 6,000명의 시민들은 1378년 정부에 의해 지명되었는데, 이는 1343년의 2배 수준이다. Najemy(1982) p. 234. 치옴피는 길드로 인정되지 않아 정치적 목소리를 가지지 못했던 직물노동자였다.

[71] Najemy(1982) p. 257.

[72] 전게서. p. 276.

명의 행정장관들이 이 방식으로 2개월에 한 번씩 추첨을 통해 선출되었다. 이름을 가방에 넣는 과정(*imborsazione*)은 '운에 너무 많은 것'을 남긴 채 인정되었다.[73] 인문주의자 레오나르도 브루니(Leonardo Bruni)가 피렌체를 아리스토텔레스식 혼합정체로 묘사한 것은 이러한 판단에서였다. 그는 짧은 임기와 추첨을 '민주주의적'이라고 규정한 반면, 법률이 개정할 수 있는 권리가 없는 소수의 시민들에 의해 만들어진다는 사실을 귀족적 특성으로 여겼다.[74] 이것은 필요한 경우 혼합정체의 수사학이 숨겨진 귀족적 또는 과두 정치 체제를 설명하는 데 어떻게 자주 사용되었는지를 보여주는 지표다.

비록 새로운 작은 보충 가죽 주머니가 설치된 선거 시스템은 아래에서는 사실상 난공불락이었지만, 위에서는 취약했지만 단합된 노력을 기울인 경우에만 가능했다. 광범위한 계급의 지배를 공고히 하기 위해 고안된 그것은 단일 파벌의 지배에 복종할 수 있지만, 그 파벌이 충분히 크고 강력하며 지배 집단 내에서 영향력을 얻는 것에 대한 장기적 관점을 취하는 경우에만 가능하다.

15세기 초 메디치 가문이 권력을 잡게 된 배경에는 이런 전략이 있었다.[75] 피렌체 기준으로 보면 최근에 나타난 부유한(nouveau-rich) 가문이었지만, 급속히 팽창하는 은행 제국과 함께, 그것은 처음에는 지지자들에게 재정적인 기회와 사회적 진보의 전망을 제공함으로써 도시의 본거지에 대한 통제를 강화했다. 진정한 피렌체 양식에서 메디치 조직은 자신들의 신하와 제도를 가진 '국가 내의 국가'로 운영되었으며 선거 절차의 모든 영역에서 압도적인 다수를 확보하기 위해 그 영향력을 사용했

[73] 전게서. p. 282.
[74] Rubinstein(1968) p. 447.
[75] Rubinstein(1966)과·Kent(1978)을 참조하라.

다. 1443년에 이것은 일정량의 행운과 함께 그들에게 필요한 통제력을 제공했다. 코시모 데 메디치(Cosimo de Medici)를 추방한 후 이전의 스크루티니를 무효화는 것을 잊어버림으로써, 메디치 가문의 주요 경쟁자인 리날도 델리 알비치(Rinaldo degli Albizzi)는 친(親)메디치 시뇨리아가 뽑힐 가능성을 열어두었다. 1년 안에 이것이 일어났고 코시모는 의기양양하게 승리하여 돌아왔다.

일단 권력을 잡은 코시모 데 메디치의 전술은 공화주의 헌법을 유지하여 지지자들에게 정치적인 진출을 보장하는 한편, 숨겨진 영향력의 지렛대를 단단히 장악하는 것이었다.[76] 그러나 스크루티니 및 트래트 시스템은 이러한 목적을 위해 너무 예측 불가능했다. 따라서 그는 특별위원회, 비서직들)에 의한 고위 행정직에 대한 후보자 선택(*a mano*로 알려진 손으로 뽑는 관행), 그리고 그가 자신의 지지자의 과반수를 보장할 수 있는 소규모 임명된 평의회(council) 시스템과 같은 다른 수단에 의존했다. 그러나 스크루티니의 사용은 대중의 불만을 진정시키기 위해 주기적으로 재도입되었다.[77] 선거가 비서직들에 의한 공직자를 선택하는 실행(*a mano*)으로 치러지는 동안에도 이름을 가방에 넣는 과정(*imborsazione*)과 트래트(*tratte*)의 의식은 정기적으로 치러져 제도적 공명정대함을 공공연하게 유지했다. 이러한 상황에서 1434년 이전 제도의 복원에 대한 요구는 긍정적으로 민주주의적으로 간주되었다.[78] 1494년 메디치 가문이 몰락한 후, 피렌체 제2공화정은 시뇨리아를 위한 추첨을 다시 도입했다. 이번에는 베네치아 모델을 기반으로 한 대평의회(Grand Council)의 맥락에

---

[76] 유럽 재정의 주요 인물로서 그는 특히 외교 전선에서 이를 수행할 수 있는 좋은 위치에 있었다.

[77] Rubinstein(1968) p. 459.

[78] 전게서. p, 466.

서 진행된다.[79]

브레비아와 스크루티니: 비판적 비교

브레비아와 스크루티니는 모두 추첨과 투표를 결합한 제도이지만, 매우 다른 정치적 목표를 달성하기 위해 서로 다른 방식으로 서로 다른 상황에서 시행된다. 그것들은 둘 다 두 부분으로 된 과정이며 두 부분 간의 관계는 그것들의 특성을 이해하는 데 있어서 중요하다. 브레비아는 선거 선택 과정의 예비 단계로 넓은 풀에서 추첨을 사용한다. 반면에 스크루티니는 누가 언제 공직을 맡을지에 대한 최종 선택을 하기 위해 추첨을 사용하지만 추첨이 이루어질 적절한 풀을 설정하는 수단으로 투표를 사용한다. 비록 브레비아를 추첨이 조력하는 선거의 한 형태로 특징짓는 것은 간단한 문제이지만, 스크루티니는 단순히 선거가 조력하는 추첨의 한 형태가 아니다. 이는 스크루티니에서 선호에 의한 두 가지 선택 과정인 지명과 투표가 가죽 주머니에 들어갈 이름표를 결정하는 과정을 지배하기 때문이다. 더욱이 추첨을 통한 선택은 어떠한 풀도 공직에 포함하거나 제외하는 것이 아니라, 단지 누가 어느 시뇨리아에 속해야 하는지를 결정할 뿐이다. 그러므로 추첨은 공직자들을 선택하거나 거부하는 것이 아니라 분배한다.

선거 제도로서 두 시스템은 근본적으로 다르다. 브레비아는 정부에 있지 않은 사람들이 통치할 사람들을 선택한다는 의미에서 상승 원칙에 따라 작동한다. 반면에 스크루티니는 정부에 있는 사람들이거나, 정부에 정부에 있는 사람들이 임명한 사람들이 공직에 적합하다고 생각하는 사람들을 선택하는 하강 원칙에 따라 작동한다.

---

[79] Butters(1985)와 Gilbert(1968)를 참조하라.

또한 두 제도의 각각의 역사에서 많은 것을 배울 수 있다. 브레비아는 선거 절차에 대한 광범위한 통제와 보다 넓고 포괄적인 유권자라는 개념의 균형을 맞추기 위해 고안된 코뮌 및 포폴로 정부에서 사용된 여러 해결책 중 하나이다. 이를 위한 기본 모델은 시민 집회(citizen assembly)에 의한 투표 또는 (갈채와 박수로 찬성을 나타내는) 발성 투표였다. 그러나 협박이나 다른 형태의 간섭 없이 공개선거를 치르기가 어려웠기 때문에, 다른 형태의 선택, 즉 지명된 선거인단을 통한 간접 선거가 시도되었음을 의미한다. 이것은 통제력은 유지했지만, 광범위한 참여를 저해했다. 그것은 당파성에 대한 비난에도 취약했다. 따라서 난관을 해결하는 한 가지 방법은 선거인단을 선출하기 위해 추첨을 사용하는 것이었다. 풀에 있는 모든 사람에게 선거인단 선출에 대한 지분을 부여함으로써, 브레비아는 법으로 통제되는 정치 공동체의 포괄적인 이상을 반영했다. 선정 절차 자체의 공정성을 보장했다. 직접적인 간섭이 억제되었을 뿐만 아니라 그 과정은 단순하고 일관성 있고 투명했다. 추첨에 의해 지명자를 선성하고 비밀투표를 하는 후기 변형은, 더 넓은 선거인단을 재도입했지만 당파적 전술을 통제하는 수단으로 추첨적 요소를 유지했다.

브레비아에서 추첨의 사용은 아테네에서 유사한 사용을 접했기 때문에 이해하기 매우 쉽다. 추첨 과정의 '초합리성' 특성이 알아볼 수 있는 목적을 달성하기 위해 긍정적으로 사용되기 때문에 모든 측면에서 그것은 추첨의 강한 적용을 구성한다. 추첨의 주요 목적은 당파적 간섭으로부터 선거 과정을 보호함으로써 선거 과정의 권위를 유지하는 것이었다. 그러면 그 과정은 모든 시민의 공정한 공유물로 이해될 수 있었다.

반면에 스크루티니는 피렌체 특별위원회에 의한 임명 시스템에서 발전했다. 어느 한 가문이 절대 권력을 갖는 것을 방지하기 위해 고안된 조치인 시뇨리아에 대한 2개월 교대 제도의 초기 도입과 연계되어, 이 제도는 처음에 무작위 요소를 포함하지 않았다. 그것의 도입은 엄격한 지배 집단에 속한 사람들에게 적용되는 임기를 제외하고는 포괄적인 정부의 어떤 정신에도 기반을 두지 않았다. 더욱이 스크루티니의 역사는 조정과 변동으로 가득 차 있다. 지명과 스크루티니 위원회의 구성은 민중 정권이 집권할 때 수시로 확대되었고, 더 많은 과두 정권이 집권할 때 축소되었다. 비서관들은 할당량에 따라 가죽 주머니에 이름표를 편성하도록 요청받았고, 일반적으로 원치 않는 운의 영향을 상쇄하기 위해 추가 가죽 주머니와 새로운 절차가 정기적으로 추가되었다. 이것은 추첨 원칙의 '초합리성'이 항상 높게 평가된 것은 아니라고 주장할 것이다.

이제 스크루티니에서 무작위성 또는 '초합리성'의 사용을 살펴보면 브레비아의 경우와 매우 다른 그림이 나타난다. 1328년 버전이 완성되기 전까지 완전히 이해되지 않았을 수도 있는 이 절차의 추첨 측면의 기능은, 공직 소유자들의 혼합 패턴을 보장함으로써 시뇨리아의 교대 방식을 보완하는 것이었다. 이것은 어느 한 가문 또는 동맹 가문이 정부 내에서 영구적인 권력 기반을 구축하는 것을 방지하려는 명백한 목적을 가지고 있었을 것이다. 그것은 풀에 있는 사람들 사이에 영구적인 공통의 유대감을 생성하도록 고안된 것이 아니라, 자연스럽게 경쟁하는 세력 간의 통제된 타협 또는 대립을 만들기 위해 고안되었다. 따라서 공직의 기계적 무작위 분배의 '초합리성' 이라는 요소는 일종의 비례적이거나 균형 잡힌 혼합이 실제로 필요한 것이라는 생각에 의해 손상된다. 이러한 이유로 한 번의 추첨에서 같은 가문의 두 구성원이 뽑히는 것과 같은 실제 무작위성은 바람직하지 않았고 특별한 조치인 결격자 배제 과정인 디비에토로 상쇄되어야 했다.

게다가 풀의 기본 단위는 개별 후보자가 아니라 가문 구성원과 동맹 가문 구성원이기 때문에 가중치를 적용한 추첨 방식이다. 따라서 추첨의 성공은 추첨과 교대의 집적으로 풀의 그룹 간의 균형으로 측정된다. 즉 어떤 그룹도 우세하지 않도록 설계된 균형이다. 목적은 무작위로 개인을 생성하는 것이 아니라, 모든 당파들이 시스템을 유지하는 데 계속 관심을 가질 수 있도록 예측할 수 없는 혼합을 얻는 것이었다. 따라서 스크루티니의 관행에 의해 안치되고 제도화된 피렌체 제1공화정의 근본적인 조직 원리는 경쟁 엘리트 간의 타협이다.

두 제도 사이의 또 다른 대조점은 스크루티니의 은밀한 성격과 대조되는 브레비아의 공개적 개방성에서 찾을 수 있다. 선거인단이나 지명자들을 위한 추첨은 일반 대중이 추첨의 공정성을 증명하는 역할을 하는 훌륭한 공공 행사였다. 이러한 명확성과 투명성의 정신은 전체 절차 설계에서도 그대로 나타난다. 선거인단은 숙의를 위해 안전한 장소로 가겠지만, 이것은 사적인 장소가 아닌 공공 장소였을 것이며, 그들의 활동은 그들이 선출된 공직의 보호 하에 이루어졌을 것이다. 브레비아의 상대적으로 짧은 기간도 대중의 관심사에 부응할 수 있었다.

스크루티니에서는 거의 완전히 대조적으로, 가죽 주머니에서 그의 이름표를 뽑힐 때까지 그가 풀에 선출되었는지 여부를 아는 후보자는 없었다. 잠재적인 파벌 가문 사이에 예측할 수 없는 혼합을 만든다는 관점에서 이것은 필요한 조치였다. 만약 풀을 구성하는 것이 일반적으로 알려져 있었다면 더 강력한 가문이 다른 그룹과 함께 권력 블록을 형성하여 최종 추첨에 대한 영향력을 높일 수 있었을 것이다.

그러나 후보자의 관점에서 볼 때, 스크루티니 시스템의 은밀성은 이름표가 뽑히는 순간까지 자신의 이름이 가죽 주머니에 들어 있는지 그 여부를 알지 못한다는 것을 의미했다. 이것은 그들이 풀에 투표되었을지도 모른다는 희망으로 상인지배계급(popolani)의 하층도 전체를 시스템에 묶어두었다. 여기에서는 '초합리적인' 블라인드 브레이크가 작동하고 있는 것 같지만, 이 효과에 가장 크게 기여하는 것은 풀의 구성이 비밀로 유지된다는 사실이다. 하강 선거제도는 또한 야심 찬 시민들이 더 강력한 가문의 호의를 적극적으로 구한다는 것을 의미하기도 했다. 그러나 더 심각한 것은, 그 어느 때보다도, 시스템의 고유의 은밀성은 지배그룹의 범위와 정치적 외양이 일반 시민에게 숨겨져 있다는 것을 의미했다. 따라서 지배계급의 성격, 즉 그 규모와 구성은 진정한 공화주의적 의미에서 '대중의 것'이 아니었다는 것을 알 수 있다. 게다가 그것은 사적인 비밀이 아니라 초기 국가 기밀과 동등한 것으로, 초기 국가 기구인 비서직들의 구성원들에게만 알려졌으며, 물론 충분한 영향력을 가진 사람들에게만 알려졌다.

브레비아와 스크루티니 모두 이 지역의 정치 성장에 있어 다양한 방식과 다양한 시기에 정치적 통합에 기여했다. 선거인단 및 지명자 형식의 브레비아는 공화주의 통합 시기에 속하며, 이 기간에는 도시 정치체들이 공정한 형태의 정부와 관리 가능하고 부패하지 않은 형태의 선거를 수립하는 데 필요했다. 울프슨의 말을 빌리면 그것은 '선거의 순수성'을 중요시하고 추구했던 시대에 속해 있었다.[80] 다양한 형태로 브레비아는 13세기 북부 이탈리아 포폴로 정부의 중심 메커니즘이었으며, 공직자 선정의 상승 원칙, 법 앞의 평등, 민중 주권이라는 그들의 정신과 동등하게 상호 호환된다. 포데스타와 비밀투표와 같은 다른 조치와 함께 브레비아는 코뮌 건설 초기의 정치적 통합에 기여했다. 브레비아는 부정부패와 선거에서의 협박을 억제하기 위해 '초합리적인' 블라인드 브레이크의 긍정적인 미덕을 만든다는 점에서 추첨 원칙의 강한 형태이다. 그것은 광범위한 시민 풀에서 추첨함으로써 무작위 또는 독립적인 추첨 결과를 중요시한다. 이러한 방식으로 시민과 정체 사이의 관계를 강화한다.

스크루티니는 단단하고 통합된 지배계급을 구축함으로써 새로운 형태의 상업 헤게모니를 추구하던 후기 피렌체 정권에 속한다. 이 지역의 대부분의 도시들이 정부를 한 명의 통치자(*signore*)에게 넘겼던 시기에

---

[80] Wolfson(1899) p. 21.

피렌체는 강력한 집단적인 대안을 개발하고 있었다. 스크루티니는 이를 달성하는 데 확실히 도움이 되었다. 스크루티니에 의해 만들어진 정부 형태는 본질적으로 경쟁하는 엘리트들 간의 타협이었고, 가중치 추첨 형태로 공직이 분배되었다. 동시에 선거 요소는 권력을 도시의 민중 세력에 빼앗기지 않도록 하기 위해 고안되었다. 신비로움과 의식으로 뒤덮인 이 특별한 추첨 제도는 초기 공화주의의 장식을 차용했지만, 지배 가문들의 당파를 더욱 더 엄격하게 통제하면서 숨겨진 권력의 지렛대를 유지했다. 상대적으로 작은 풀과 그 풀이 훨씬 더 좁은 유권자의 선호 선거의 결과라는 사실은 시스템이 후원 네트워크에 의한 부패와 통제에 지속적으로 취약하다는 것을 의미했다.

다음 장에서 브레비아가 어떻게 경직된 베네치아 귀족정치의 일부가 되는지, 반면에 메디치 가문 아래 그리고 그 직접적인 여파 속에 있었던 피렌체는 민중 정부의 이상으로서 스크루티니를 부활시키는지 볼 것이다.

참고문헌

피렌체 선거 제도는 영어로 된 2차 문헌에서 잘 알려져 있는 반면, 초기 코뮌의 실질적인 정치 체계는 연구되어진 것이 부족하다. 이것은 특히 포폴로 정권에 적용된다. 이용 가능한 저작 중 울프슨의 오래된 훌륭한 단편 논문인 '이탈리아 코뮌의 투표 형태'(Forms of Voting in the Italian Communes), *American Historical Review*, Vol V, No. October 1899, pp. 1-22에 의존했다. 이것은 포폴로 정권을 매우 상세히 다룬 쾨리히(Koenig)의 박사 논문으로 보완되지만 선거 제도에 대해서는 거의 언급하지 않는다.

이 시기에 관한 필자의 일반적인 견해는 피렌(Pirenne)과 프리바이트

오턴(Previte-Orton)의 두 개의 오래된 연구와 다니엘 월리(Daniel Waley)의 매우 귀중한 1988년 저서인 『이탈리아 도시국가공화국』(*The Italian City State Republics*)에 의해 정보를 제공받았다. 하이드(Hyde)의 1973년 연구인 『중세 이탈리아의 사회와 정치』(*Society and Politics in Medieval Italy*)는 꾸준하고 통찰력이 있었으며, 타바코(Tabacco)의 1989년 『중세 이탈리아의 권력 투쟁』(*The Struggle for Power in Medieval Italy*)는 유용한 개요를 제공했다.

브레비아가 운영되는 방법의 대부분은 다른 작가들에 의해 개별 도시에 대한 연구로부터 짜 맞춰져야 했다. 이 점에서 주목할 만한 인물로 콜(Kohl)(1990), 믹(Meek)(1978과 1986), 월리(Waley)(1952), 블란셰이(Blanshei)(1976), 부스키(Bousky)(1981)과 헐리히(Herlihy)(1958과 1967)이 있다.

실제적인 세부 사항이 부족했다면 이 시기의 정치사상을 탐구하는 것은 조금도 부족함이 없었다. 캔닝(Canning), 스키너(Skinner), 울만(Ullmann)의 연구는 이 영역에 확실한 배경을 제공한다.

피렌체 체제에 대한 조사를 위한 가장 주된 문헌은 나제미(Najemy)의 1982년 『1280-1400년 피렌체 선거 정치에서의 협동조합주의와 합의』(*Corporatism and Consensus in Florentine Electoral Politics 1280-1400*)이었다. 이것은 베커(Becker) (1967), 브루커(Brucker) (1962), 루빈스타인(Rubinstein), 켄트(Kent)와 랜싱(Lansing)의 저서들로 보충되었다. 시스몽디(Sismondi) (1907)와 빌라니(Villani) (1908)의 초기 저서들은 전체적인 그림에 기여했다.

제4장

피렌체 제2공화정에서의 추첨과 옹호

이 장은 여러 가지 이유로 이 연구의 핵심이다. 우선 참주정의 집중된 권력에 맞서 정치 과정의 공공성을 보호하기 위해 추첨이 실제로 어떻게 사용되었는지에 대한 가장 명확하고 날카로운 사례가 포함되어 있다. 1465-6년 메디치가 통제하던 피렌체에서 일어난 짧은 공화주의 부활 동안 이것을 본다. 또한 새로 활성화된 귀족 당파의 공격으로 공화파가 이전 투표 방식을 추첨으로 대체하도록 강요했을 때인 1494년 메디치 정권이 전복된 후 권력 투쟁에서 추첨의 역할이 반영된 것을 본다. 추첨이 예방 능력으로 사용되는 것을 보았던 고대 아테네의 예와는 달리, 여기서는 정치 공동체에 대한 명확한 위협에 맞서 작동하는 추첨을 볼 수 있다. 더욱이 이러한 사건은 문서화되어 있고 모호하지 않다. 이 장은 또한 모든 문제와 복잡한 문제를 안고 있는 대중 공화주의의 피렌체 모델이 유럽 정치의 무대에서 마지막으로 서있는 역사적 지점을 설명하기 때문에 전체 연구의 중심에 있다. 1530년의 최종 붕괴와 함께, 광범위하게 민주적이라고 간주하는 방식, 즉 점점 더 많은 시민들에게 개방적인 정부에 대한 참여 가능성을 제공하는, 추첨을 포괄적으로 사용하는 마지막 주요 정체는 사라진다. 이 장에서는 추첨에 대한 설명을 제공할 뿐만 아니라, 실제로 이러한 유형의 정치의 종말을 수반하는 정치사상의 변화에 대한 이야기도 들려준다. 이러한 이유로 마키아벨리의 헌법 제안과 구이치아르디니의 몇몇 작품을 살펴보기 위해 중요한 여행을 떠난다.

마키아벨리의 제안은 공화주의 전통에 매우 충실하며 포괄적이고 대응력 있는 정부의 목적에 봉사하기 위해 추첨을 사용하는 것을 옹호한다. 반면에 구이치아르디니는 다시 활성화된 귀족 파벌에 주도적 역할을 양도하기 위해 고안된 새로운 형태의 정부를 공식화한다. 이 비전은 대중 투표를 더 많이 사용하는 것을 포함한다. 또한 1494-99년의 논쟁을 바탕으로 한 추첨 사용에 관한 가상의 대화인 "대평의회에서 공직자를 선출하는 방법"이 이러한 목적을 위해 고안되었을 가능성이 있다. 그는 훨씬 후대의 저작인 그의 『이탈리아 역사』(*History of Italy*)에서도 같은 주제로 돌아간다. 피렌체 제2공화정의 수호에 대한 역사적 설명과 함께 이 작품들을 검토함으로써 이러한 이론적 입장이 공화정을 위한 전투적 정치 투쟁과 그 가치를 위한 투쟁과 어떻게 관련되는지에 대한 실질적인 생각을 얻을 수 있다.

그러나 공직자들을 선출하기 위한 베네치아 제도에 대한 설명으로 이 장을 시작한다. 이것은 지명 과정에서는 추첨을 사용했지만 최종 투표를 위해 대평의회의 모든 구성원의 비밀투표를 사용했다. 이 시스템을 이해하는 것은 연구에 매우 중요하다. 이 장의 바로 그 직접적인 맥락을 통해 새로운 베네치아 스타일의 정부가 도입되었던 제2공화정의 논쟁에 대한 진정한 통찰력을 얻을 수 있다. 이것은 또한 다른 정체 유형에서 추첨의 역할에 대한 논의를 진행하는 데 도움이 된다. 베네치아는 복잡한 선거 때문에 아리스토텔레스의 혼합 정부의 모델이라는 평판에도 불구하고 시스템은 본질적으로 귀족 과두제가 지배했다. 추첨 사용에 대한 더 넓은 그림의 관점에서 베네치아는 이탈리아와 북유럽 공화주의 사이의 주요 연결 고리이다. 공화주의 사상이 17세기에 북유럽으로 퍼져나가기 시작하면서, 그것은 피렌체가 아니라 베네치아가 주요 사례였다.

베네치아 선거제도

이 연구의 목적에 비추어 봤을 때 베네치아 정체 역사상 가장 중요한 날짜는 대평의회(*Consiglio Grande*)의 통합이 일어난 1297년이다. 아마도 이민자 문제에 직면한 시민체를 규정하는 수단으로, 1172년부터 운영되어 온 평의회(*Consiglio*)가 확대되었다가 폐쇄되었다.[1] 이것을 이전의 선거 및 의회 제도를 통제하기 위해 고안된 조치로 이해할 수 있다. 더 이상 평의회에는 선거가 없었고, 이제 종신 의원 자격은 세습에 의해 결정되었고 모든 귀족 또는 대평의회 세습 구성원들의 이름이 적힌 黃金書(황금서, *Libro d'Oro*)에 의해 규제되었다. 그러나 평의회는 처음에 약 1,200명 정도였고 참여율도 증가했지만, 정치 기구에 접근할 수 있다는 점에서 도시의 대다수 주민들과 구별되는 폐쇄된 시민 그룹을 곧 만들어냈다. 그 구성원은 사회적 지위에 관계없이 '상류층'(noble)이라는 칭호를 받았다. 대평의회가 공식 주권 기관이었지만 베네치아의 권력은 원로원(the Senate), 40명의 법사위원회(*Quarantia*), 10인 위원회, 24명의 집행기구(*Collegio*)와 같이 더 작고 엄선적인 기관에 있었다. 이 후자의 기구는 원로원과 명목상의 국가 원수인 도제(*Doge*)의 운영 위원회로 작동되었다.[2]

베네치아 정부의 구조는 피라미드로 표현되어 왔다.[3] 이것은 대체로 맞지만 다양한 정부 기관 간의 기능과 작동의 차이를 고려하지 않기 때문에 오해의 소지가 있다. 특히 고위직은 점점 더 의례적인 역할을 하게 되었고, 대평의회는 숙의하거나 주도적인 역할을 하지 않았다. 이것은

---

[1] Lane(1971).

[2] 도제(Doge)가 '자문위원회들로 둘러싸여 있다'는 생각에 대해서는 Lane(1973)을 참조하라.

[3] Finer(1999), 이 모델에 대한 제한 사항은 Finlay(1980) pp. 39-43을, 마찬가지로 Lane(1973) pp. 96과 429을 참조하라.

원로원이 *사실상* 공화정의 원동력이었고 게다가 원로원은 도시의 주요 가문들에 의해 지배되고 있었다는 것을 의미했다.[4] 피렌체는 1292년 사법령을 통해 다수의 주요 귀족 가문들의 정치 참여를 거부한 것과 달리, 베네치아에서는 귀족들이 권력을 유지하고 행사할 수 있는 헌법상의 수단을 찾았다.

선거 폭력과 불안정한 파벌주의의 가능성은 당시의 다른 도시 국가 못지않게 베네치아에도 존재했지만 이러한 문제들을 해결하기 위해 취한 조치들은 이 지역의 다른 곳보다 더 효과적인 것으로 보인다. 행정관(magistrate) 선출을 특징짓는 선호 투표와 추첨의 복잡한 조합이 공화정의 통합과 헌법의 지속에 기여했다는 것은 의심의 여지가 없다.

거의 모든 행정관들은 대평의회에 의해 선출되었으며 결과적으로 이 작업은 그 프로그램의 상당한 부분을 차지했다. 일반적으로 선거 절차는 브레비아에서 파생되었다. 그러나 베네치아에서는 후보 지명을 받기 위해서만 추첨이 사용되었고, 최종 선택은 전체 평의회(the whole council)의 비밀투표로 이루어졌다.[5] 대평의회의 폐쇄는 유권자들을 제한했고 이는 지명과 스크루티니 위원회의 구성이 끊임없는 정치적 마찰을 빚었던 피렌체에서보다 훨씬 더 큰 예측 가능성과 안정성을 만들어냈다. 같은 이유로 피렌체 시스템은 하위 길드와 장인 계급의 압력에 더 잘 반응했으며, 이러한 점에서 더 민주적인 잠재력을 지닌 것으로 간주될 수 있었다.

베네치아 선거제도는 쉽게 이해할 수 있도록 세 단계로 나눌 수 있다.

① 전체 평의회에서 추첨으로 지명자 선정

---

[4] Finlay(1980) p. 38.

[5] 원로원 지명은 기존 위원들의 스크루티니 투표를 통해 이루어졌다. Queller(1986) p. 59.

② 보다 작은 개별 회의소에서 (보통) 9명으로 구성된 4개 위원회에 의해 추첨과 선택에 의해 수행되는 지명 절차
③ 전체 평의회의 후보자에 대한 투표

첫 번째 단계에서는 세 개의 항아리가 구성원들을 마주보는 연단 위에 놓였다. 두 개의 바깥쪽 항아리에는 각각 30개의 금색 공과 같은 크기와 무게의 많은 수의 은색 공이 함께 들어 있다. 중앙 항아리에는 60개의 공이 들어 있었고 그 중 36개는 금색이었다. 구성원들은 추첨을 통해 정해진 순서대로 차례대로 나가 양 옆 항아리에서서 각각 공을 하나씩 꺼냈다. 금색 공을 뽑은 사람들은 그 다음에는 중앙 항아리에서 공을 꺼내게 되면 60명의 1차 라운드 승자 중에서 36명의 지명자들이 선택된다. 이들은 각각 9명의 위원으로 구성된 4개의 지명 위원회를 구성한다.

두 번째 단계에서 각 지명 위원회의 구성원들은 별도의 방으로 물러난 후 해당 위원회에 할당된 공석 목록의 특정 직위에 해당하는 1에서 9까지라고 표시된 제비를 연령순으로 뽑는다. 그런 다음 제비를 뽑은 사람은 적절한 공석에 대한 후보를 지명할 수 있었고, 각 후보 지명은 9명의 투표로 결정된다. 3분의 2를 얻은 후보자는 전체 투표를 위해 평의회에 제출된다. 만약 어떤 후보자가 필요한 6표를 얻지 못한 경우 해당 지명자는 요건을 충족할 수 있는 이름을 찾을 때까지 다른 이름을 제시해야 한다. 일단 지명 위원회가 평의회에 보고하면, 그들은 해임되고 투표에 참여하지 않는다.

각 후보자와 그 후보를 지명한 사람의 이름이 발표된 후, 후보자의 가문은 평의회를 떠나도록 요청받는다. 투표 자체를 위해 항아리(*bussuli*)를 들고 다니며 투표용지 또는 작은 아마포 공을 해당 후보자에 대한 찬성 또는 반대를 나타내는 두 구획 중 하나에 떨어뜨렸다. 각 유권자는 투표하기 전에 자신의 투표지를 이웃에게 보여주어야 한다. 만약 그것이

전체 평의회의 과반수를 차지한다면, 공직은 가장 많은 찬성표를 얻은 후보자에게 돌아간다.[6]

앞 장에서 브레비아와 스크루티니가 어떻게 공화정 정부의 통합을 촉진하고 공직자 선출을 위한 보다 공평한 기준을 세웠는지 보았다. 14세기 말까지 베네치아와 피렌체의 선거 제도는 각각의 도시들의 정치적 관습에 잘 스며들었지만, 또한 지배 집단의 필요에 맞게 조작되기도 했다. 피렌체에서는 이것은 작은 보충 가죽 주머니(*borsillino*)의 사용, 스크루티니 및 지명 위원회 구성의 지속적인 변화와 같은 조치의 형태를 취했다. 베네치아에서는 헌법은 비교적 변경되지 않았지만, 그 주요 특징인 투표권자인 평의회와 숙의하는 원로원 및 상급 위원회 사이의 분할은 '귀족'(nobility)의 하위 계층을 실제 정치 공동체에서 배제시켰다.

베네치아 하층 귀족들의 사회정치적 위계질서에 대한 도널드 E. 퀠러(Donald E. Queller)의 논의는 베네치아 선거 절차의 복잡한 의식을 유용한 관점으로 제시한다. 중세 후기와 르네상스 초기 베네치아 사회의 주요 특징은 출세를 위해 유급 관직에 의존하는 빈곤한 하층 귀족이 많았다는 것이다.[7] 이것은 그러한 관행을 금지하는 수많은 법령에서 분명히 알 수 있듯이 의회 안팎에서 광범위한 로비 시스템을 발생시켰다. 이것들은 지명 회의실에서의 제비를 교환하고 지지를 받기 위해 투표 항아리 뒤에서 왔다 갔다 하는 것과 같은 활동에 대한 구체적인 언급이 포함된다. 벌금 및 기타 처벌 시스템도 도입되었다.[8] 그러나 선거 부패(*imbroglio*)가 기소 대상이 된 경우는 거의 없었던 것 같다. 퀠러는 원로원과 정부 상위 위원회 내부의 개인적인 권력 기반에서 발생하는 파벌 장악의 위험

---

[6] 이 절차에 대한 전체 묘사들은 많은 기술에서 찾을 수 있다. 그 중 가장 좋은 것은 Queller (1986) p. 55이다.

[7] 전게서. pp. 29-49, 51.

[8] 전게서. pp. 64-70.

을 피할 수 있는 한, 야심 찬 개인에 의한 시스템의 낮은 수준의 부패는 어느 정도 용인되었다고 주장한다.[9]

켈러의 서술과 분석에서 교훈을 얻는다면, 추첨과 같은 조치가 모든 수준에서 선거 문제를 항상 제거하지는 않았다는 점을 강조해야 할 것이다.[10] 선거 부패의 정도는 특히 하층 귀족이 적극적으로 공직을 찾는 많은 방법이 분명히 있었기 때문에 '공직은 남자를 찾아야 한다'라는 베네치아의 이상을 주의 깊게 보도록 이끌어야 했다. 또한 개인의 우수성(merit)에 대한 냉철한 판단이 베네치아 평의회 구성원들이 투표하는 유일한 또는 주요 기준이라는 주장에 대해서도 회의적이어야 한다. 선거 결과는 호감과 개인적 의존이 맞물린 복잡한 패턴에 달려 있을 가능성이 더 높다.

지배집단이 세습적이고 대평의회에 대한 입회가 엄격히 제한되었다는 사실은 정치체에 새로운 피가 거의 수혈되지 못했다는 것을 의미했다. 모든 평의회 위원들의 정치적 제휴는 잘 알려져 있었을 것이다. 이러한 상황에서 지배 엘리트를 구성하는 다양한 베네치아 가문에 충성하는 그룹은 필연적으로 추첨 풀을 지배했다. 따라서 그 절차에서의 추첨 요소를 가중치 추첨으로 이해해야 하며, 따라서 높은 수준의 개인 후원과 의존으로 인해 부패하기 쉽다. 전체 시스템은 알려진 요소나 그룹 간에 제한적인 예측 불가능성이 있을 것이고, 이는 어떤 파벌도 쉽게 절대 권력을 얻을 수 없다는 점에서 잠재적인 적대적인 가문을 시스템에 묶을 것이라는 점에 기초해 운영되었다.

전체 시스템의 중심 특징이자 이 시기의 정치 유형을 이해하는 데 있어서 중심적 요소는 숙의하는 정부 기관의 구성원이 누리는 높은 수준

---

[9] 전게서. p. 75.

[10] 전게서. p. 18; Lane(1971) p. 121.

의 질적 정치 참여와, 평의회의 구성원들이 경험하는 진정한 의미의 참여 부족 사이의 구분이다. 실제로 투표 절차가 사소한 관료적 야망의 문제로 전락한 것은 베네치아 정치로부터 '공적 정치 담론의 전통의 오랜 부재'와 대평의회의 일반 구성원의 탈정치화의 직접적인 결과라고 주장되어 왔다.[11]

그러므로 지명자들을 위한 추첨이 이러한 분열을 완화시키는 데 도움이 된다고 생각해서는 안 된다. 실제로 두 개의 별개의 풀이 작동 중이었다. 하나는 지명자용이고 다른 하나는 후보자용이다. 이들이 겹치는 곳은 하급 공직을 위한 쟁탈전이었다. 그러나 원로원 의원들이나 다른 고위 공직자들을 위한 선거에서는 후보자는 지명되기에 충분한 영향력이나 명성을 가진 높은 가문과 교육받은 자들로 *사실상* 제한되었다.

이러한 고착된 정치적 노동의 분업은 베네치아와 피렌체 정체 사이의 가장 큰 차이를 나타낸다. 피렌체에서는 비록 비교적 드물게 권력을 잡았음에도 불구하고 포폴로 작동은 여전히 강력했고 정치 기구 내에서 일관된 수준의 영향력을 행사했다. 무한히 안정된 '아드리아 해의 공화국'인 베네치아 공화국(*La Serenissima*)의 이상이 혼합 정부의 패러다임으로 피렌체 지배층의 수사학에 들어간 반면, 귀족 통치의 현실은 대중적 공화정 전통에 속한 사람들에게 잘 알려져 있었다. 이미 1320년에 리미니(Rimini)의 헨리(Henri)는 다음과 같이 말했다. 우리 시대의 모든 기독교 공화국 중 베네치아 민족 공화국은 혼합정체에 접근하는 것으로 보인다.[12] 또한 16세기에 표현된 이 견해를 발견한다. 잔노티(Giannotti)는 베네치아를 다음과 같은 성과를 낸 것으로 간주했다. '고전적 고대의 이상

[11] Robey and Law(1975) p. 6에서 인용된 Bouwsma, 『베네치아 공화국 자유 수호』(*Venice and the defence of Republican Liberty*)로부터.

[12] Robey and Law(1975) p. 54.

적인 혼합정체의 전형으로서 최악의 경우 로마와 동등하다'"[13] 구이치아르디의 『이탈리아의 역사』에서 파올로 안토니오 소데리니(Paulo Antonio Soderini)는 많은 시민들이 대평의회에 연루되어 있기 때문에 베네치아가 '대중 정부'를 갖고 있다고 설명한다.[14] 콘타리노(Contarino)는 '대평의회가 대중 공화국 형태를 대표한다'고 제시한다.[15]

이 견해와 대조적으로 마키아벨리는 베네치아에서 '자유의 수호권이 로마에서와 마찬가지로 귀족의 손에 맡겨져 있었다'는 것을 인정한다.[16] 그러나 프란시스코 베토리(Francisco Vettori)가 제시한 명제는 피렌체의 대중적인 공화주의의 전통을 훨씬 더 직접적으로 표현한다. '3천명이 10만 명 이상을 지배하고 시민 중 어느 누구도 귀족이 되기를 희망하지 않을 때 참주정이 아니냐?'[17]

베네치아 공화국에 대한 이러한 인식들은 이 장의 대부분을 차지하는 피렌체 공화주의를 옹호하는 이야기에서 중요한 연결 고리를 구성한다. 그것들은 혼합 정체라는 아리스토텔레스적 개념이 귀족 통치를 가리기 위해 어떻게 사용되었는지를 보여주고, 1494년 새롭게 돌아온 피렌체 귀족이 피렌체에 베네치아 정착을 주장하면서 취했을 수 있었던 노선을 보여준다. 그러나 먼저 1465년 피렌체로 돌아가 정치적 자유와 대중적인 공화주의 헌법을 추구하는 사람들이 추첨을 어떻게 이해하고 사용했는지 살펴보고자 한다.

---

[13] Queller(1986) p. 9.

[14] Guicciardini(1984) p. 79.

[15] Contarino(1969) p. 18.

[16] Machiavelli(1998) pp. 115-16 (*Discorsi* Ⅰ, 3,5).

[17] Finlay(1980) p. 36. *Sommario della historia d'Italia*, pp. 145-6으로부터.

제비뽑기 실행(Lot in action)

1465-6년의 피렌체 공화주의자들

1434년과 1494년 사이에 메디치가의 통치에서 주목할 만한 업적은 코시모(Cosimo), 피에로(Piero) 또는 로렌초(Lorenzo)가 정기적으로 고위직을 차지한 적은 없었지만, 후원과 협박을 혼합하여 배후에서 전체 정부 기구를 조종하였다는 것이다.[18] 그들의 능력의 일부는 통치의 진정한 독단적인 성격을 감추기에 충분할 정도로 공공 통치의 허울을 유지하는 능력에 있었다. 이를 위해 그들은 임명과, 긴밀히 통제된 선거에 의존하여 정부의 다양한 기관을 정기적으로 변경하고 조정하여 그들의 사람들을 요직에 배치했다.[19] 그들은 또한 시뇨리아를 위한 풀을 지정하기 위해 특별위원회를 정기적으로 사용했다. 그런 다음 두 달에 한 번씩 비서직들에 의해 손으로 뽑는 공직자 선택이 이루어졌다.[20] 권위의 외관을 유지하기 위해 사용된 또 다른 전술은 모든 시민들의 집회(*parlamento*)였다. 이것은 항상 메디치 군대가 줄지어 늘어선 시뇨리아 광장(*the Piazza della Signoria*)이 일반 시민들로 채워지는 중세 집회의 무대 관리 버전이었다. 특별위원회의 위임(commissioning) 같은 주요 질문은 찬반 여부를 위해 대중들에 주어질 것이다. 메디치가가 공화주의 제도를 그들의 통치에 통합한 또 다른 방법은 그들이 더 큰 대중의 지지가 필요하다고 느끼고 그렇게 하는 것이 안전하다고 계산했을 때 시뇨리아를 위한 추첨 트래트(*tratte*)를 이따금 다시 도입한 것이었다.

1460년대에 루카 피티(Luca Pitti), 소데리니(Niccolo Soderini), 아그

---

[18] Kent(1978), 특히 pp. 228-33.

[19] Rubinstein(1966) p. 133.

[20] 전게서. p. 80.

놀로 아키아이우올로(Agnolo Acciaiuolo)의 지도하에 공화주의 그룹이 등장한 것은 이러한 형태의 '입헌 독재'에 반대되는 것이었다.[21] 1465년 9월 자문 위원회와 100명의 원로원(*Cento*)의 대다수가 추첨 복원을 요구했다. 표적은 메디치 가문의 후원 시스템이었다. 소데리니는 다음과 같이 설명했다. '우리 조상들이 고위직을 추첨으로 채우고 이양하지 않았던 것은 명분이 없는 것이 아니다.'[22] 이에 따라 이전에 원로원에 선출된 몇몇 주요 위원회에 추첨을 도입하는 양보가 뒤따랐다.[23] 그런 다음 시뇨리아를 위한 새 풀을 만들기 위한 스크루티니를 요청했다. 이 주제에 대한 초대된 참가자 간의 토의인 프라티케 중에 베네치아 스타일의 정체에 대한 아이디어가 제기된 것으로 보인다. 토의의 방향은 참가자들이 베네치아의 정체에서 간결하게 봤던 대중 정부의 추첨과 귀족 통치의 투표를 연관시켰다는 것을 나타낸다.[24]

1466년 5월, 지정된 소수를 제외한 모든 직위에 추첨 원칙을 확장하는 법률이 통과되었다.[25] 공화주의자들은 대담하게 공화정 정부를 옹호하기로 맹세한 400명의 서명을 담은 탄원서를 발표했다. 이는 민간인에 대한 어떠한 불법적인 압력이 가해져서는 안 되며, 시민이 공적 문제에 대해 논의하고 결정할 권리를 가져야 한다고 요구했다. 이러한 요구는 메디치 가문이 어떻게 운영되었는지를 나타낼 뿐만 아니라 1460년대에 추첨 요청이 정치적 표현의 자유를 우선순위 목록에 높은 순위에 두었던 광범위하게 구상된 공화주의 강령의 일부였다는 것을 보여준다.[26]

---

[21] 『해방』(*De Liberate*)의 저자인 알라만노 리누치니(Alamanno Rinuccini)도 이 그룹의 지지자였다. Phillips(1987) p. 170.을 참조하라.

[22] Rubinstein(1966) p. 144. 이것은 1465년 10월 29일 열린 토론에서 비롯되었다.

[23] 전게서. p..145.

[24] *Testi e Documents*(1961) p. 261을 참조하라.

[25] Rubinstein(1954) p. 326.

[26] Rubinstein(1966) p. 157. 루빈스타인의 판단은 '메디치 시대의 어떤 문서도 그렇게 선명

이에 대한 생생한 직접적인 설명은 스토로치(Strozzi) 가문과 관련 있는 마르코 파레티(Marco Parenti)의 편지에 나와 있다. 이 편지에서는 고유명사 중 많은 부분이 생략되었고 암호 번호가 그 자리에 삽입되었는데, 이는 이 시기 피렌체에 존재했던 두려움과 의심의 분위기를 나타낸다.[27] 파레티는 다음과 같이 쓴다.

> [닫힌 선출 주머니] 문제는 [피티(Pitti), 디에살비(Dietsalvi) 및 아키아이우올로(Acciaiuolo)]에 의해 받아들여져서 [주요 인물들]의 대부분이 그들과 함께 가서 잘 진행되었다. [피에로 디 코시모 데 메디치(Piero de Medici)]는 몇몇 [주요 인물들]과 함께 마지막 순간에 [닫힌 선출 주머니]를 바라는 멋진 과시를 했지만, 비밀리에 그들은 그것을 한탄한 것으로 생각된다. 그러나 그들은 저항할 수 없었다. 이제 그들은 대단한 화합을 보여주었다.[28]

파레티의 묘사는 이 시기 피렌체 사회 내부의 힘의 균형에 대해 많은 것을 말해준다. 메디치 가문은 권력을 잡았지만, 도시의 다른 강력한 가문들 사이에서 동맹을 유지해야만 했다. 이를 위해 그들은 대체로 음모적인 방법으로 권력을 유지하면서 동시에 개방적인 정치 과정이라는 허울을 유지했다.

그러나 시뇨리아를 위한 추첨 복원은 메디치 권력에 대한 직접적인 도전이었고 메디치 가문은 추첨이 불확실성을 일으키고 시민 혼란을 야기할 수 있다는 것으로 반대했다. 그 후 스크루티니 시스템은 전략적으로 중요한 두 명의 친(親)메디치 시뇨리아를 만들어냈고, 이를 통해 피에

하고 포괄적으로 만들어진 입헌주의 프로그램은 없다'라는 것이다.

[27] Phillips(1987) p. 139를 참조하라. 암호화된 단어들은 대괄호로 표시된다.

[28] 전게서. p. 148.

로 디 메디치는 1466년 9월 시민들의 집회(*parlamento*)를 소집할 수 있었다. 이것은 이후 추첨을 위한 풀을 지명하는 특별위원회의 형성을 승인함으로써 다시 한 번 메디치가는 도시의 지배적인 정치적 고지에 대한 통제권을 확보했다.[29]

이 간단한 부활(*risorgimento*)에 대한 해설은 알라만노 리누치니의 1479년 대화 『해방』(*De Liberate*)에 수록되어 있다. 보수적인 공화주의자인 리누치니는 고대 아테네에 관심을 보인 몇 안 되는 15세기 작가들 중 한 명이며, 추첨에 대한 그의 태도는 아마도 그 모델에서 영감을 받았을 것이다. 리누치니의 대화에서 가상의 참가자 중 한 명인 진실한 사람(Alitheus)는 다음과 같은 시스템보다 추첨을 선호한다.

> … 인간에게 어느 정도의 존엄성을 부여하고 어느 정도 이익을 얻는 모든 직위는 추첨이 아니라 임명에 의해 채워진다. 그 결과는 선한 사람이나 신중함과 능력으로 주목받는 사람도 선택되지 않고 권력자의 추종자들이나 욕망이나 쾌락의 종들이 선택된다는 것이다.[30]

여기서의 주장은 추첨이 능력 있는 자에 대한 직위를 부정한다는 소크라테스의 주장을 뒤집는 것이다. 부패한 정부에서는 임명이나 선거도 고결한 품성이나 능력을 갖춘 공직자를 배출하는 수단으로 신뢰할 수 없었다.

1460년대 공화주의 반대파에 대한 이 이야기는 메디치 정권을 유지하고 있던 사적 후원문화와 조직적 테러에 대한 구제책으로 추첨 기반의 의제를 옹호하는 공화주의 그룹을 보여주기 때문에 중요하다. 이것은 예

---

[29] Rubinstein(1966) pp. 161-8. 그 가죽 주머니들이 변조되었다는 비난이 있었다. 그러나 루빈스타인은 이것을 추첨의 사용에 의한 문제의 예로 본다. (1966, p. 160).

[30] Rubinstein(1978) p. 206.

방 조치라기보다는 시정 조치로서 옹호되는 추첨의 흔치 않은 문서화된 예이다. 이 경우에는 현직 참주에 반대하는 것이다. 더욱이 공화주의 의제는 구식 스크루티니와 틀에 박힌 트래트 시스템의 복원에만 국한된 것이 아니었다. 추첨은 선거와 임명이 권력을 분배하는 수단으로 불만족스러웠기 때문에 옹호되었다. 그것은 '초합리성'이 바람직한 자질인 정치적 맥락에서 사용된 추첨의 좋은 예이다. 더 중요한 것은 메디치 체제의 핵심 인터페이스, 즉 시민들이 공직에 선출되는 지점으로 바로 나아간다는 것이다. 추첨은 개인의 의지의 행동에 영향을 받지 않고 그 결과를 예측할 수 없기 때문에, 한 개인 또는 개인 그룹이 공직 분배에 대한 권한을 행사하여 다른 사람들을 통제하는 능력을 즉시 축소한다. 피렌체의 작업 레퍼토리에는 사적 후원에 대해 이렇게 빠르고 효과적으로 적용될 수 있는 다른 메커니즘은 없었다.

전반적인 정치적 맥락에서 볼 때, 추첨의 사용은 시민의 정치적 자유를 재확립하기 위해 의식적으로 시도하고 있는 보다 전반적인 공화주의 강령의 필수적인 부분을 형성하기도 했다. 그것은 르네상스 시대에 참주정의 위협과 전제적인 상태에 정면으로 반대하는 정체의 주축으로서 추첨에 대한 아테네인들의 이해에 가장 가까운 것이다. 필자는 더욱이 이러한 추첨의 적용이 제2공화정의 일련의 사건들과 추첨에 관한 논쟁을 살펴보아야 하는 유리한 지점을 형성해야 한다고 주장한다.

1494-9년의 논쟁과 사건들

1494-9년의 일련의 사건들에서 이번에는 새로 형성된 귀족 그룹에 대항하여 피렌체의 대중 공화주의를 방어하기 위해 추첨을 사용했다는 또 다른 이야기를 볼 수 있다. 제2공화정은 처음에는 베네치아 모델에 기반을 둔 투표 시스템을 선택했지만 대중 운동이 공격을 받자 그들의 이익을 지키기 위해 추첨에 의존했다. 이 이야기에서 누가 어떤 입장

을 취하는지, 그리고 왜 그런지를 이해하는 것이 중요하다. 특히 구이치아르디니의 『이탈리아의 역사』(1537년부터 40년에 쓰임)가 추첨 논쟁에 대해 다소 다른 관점을 제시하고 있기 때문이다. 결과적으로 '작동하는 추첨'과 '역사에 있는 추첨' 사이의 대조는 추첨에 대한 태도가 어떻게 변화하기 시작했는지에 대한 교훈적 통찰력과 함께 공화정 정부의 형태와 우선순위에 대한 지식들을 제공한다.

1494년 피렌체의 공화주의라는 정착지는 대부분의 정치 행위자들에게 새로운 영역이었고, 이는 메디치 통치 종말에 따른 전반적인 불확실성 수준으로 반영되어 있다고 말하는 것이 사실일 것이다.[31] 그러나 대부분의 상황에서와 마찬가지로, 누구든지 정치적 주도권을 잡고 안정을 유지할 수 있을 만큼 충분히 강력한 추종자가 있는 사람이 통제권을 가진다. 이 경우 이니셔티브는 예상치 못한 도미니크회 수도사 사보나롤라(Savonarola)에서 나왔다. 메디치 정권 말기에 사보나롤라는 정부의 부패와 타락을 공격하는 일련의 설교를 했다. 이 공개 연설은 그에게 상당한 지지를 제공했다. 1494년 프랑스가 피렌체에 입성하고 메디치 가문이 몰락하자, 정부는 처음에는 그들 중 일부는 메디치 가문을 지지하는 것으로 알려진 20명의 강력한 비서직들 통제 하에 놓이게 되었다. 그사이 새 헌법을 위한 청사진도 적극적으로 모색됐다.

사보나롤라는 피렌체 시민들로부터 프로젝트에 대한 폭넓은 의견을 요청받았으나, 주요 행정관들이 협의를 가로챈 것으로 보인다.[32] 네 가지 계획이 나왔다. 하나는 20명의 강력한 집권 비서직들 중 한 명인 도메니코 본시(Dominico Bonsi)가 제안한 것이고 다른 하나는 귀족 선발 평

---

[31] 『피렌체 정부에 관한 대화』(*Dialogue on the Government of Florence*)에서 구이치아르디니의 베로나도(Bernado)의 캐릭터는 새로운 형태의 정부에 대한 그의 반응을 '무엇을 세례 해야 할지 모르겠다.'라는 문구로 표현한다. Guicciardini(1994) p. 14.

[32] Weinstein(1970) p. 255.

의회를 지지하는 피에로 카포니(Piero Capponi)의 제안이다.[33] 다른 계획들은 익명으로 제출되었다. 두 가지는 하급 행정관들을 위한 추첨을 조합한 것이 특징인 반면, 주요 행정관들은 선거로 선출했으며, 다만 그들의 지명자들은 처음에 추첨으로 뽑혔다. 이 두 계획 중 더 포괄적인 제도는 파올로 안토니오 소데리니와 주요 피렌체 가문의 다른 공화주의 지도자를 포함하는 '자유와 평화의 10인'(Ten of Liberty and Peace)으로 알려진 그룹의 작업으로 생각되었다. 이것은 베네치아 스타일의 대평의회를 옹호했다. 상당한 서문에서 피렌체의 불안정한 정치에 대한 비난의 대부분은 고위 관리를 선택하기 위해 좁은 지배 그룹 사이에서 사용되는 추첨과, 하급 관리들에 대한 더 무차별적인 추첨 사용의 조합에 있다. 전자는 부패하기 쉬웠고 후자는 무능함을 조장했다.[34] 이에 대한 해답은 고위 관리들 경우는 베네치아 모델에 따른 선거와 모든 하급 행정관들 경우는 추첨을 결합하는 것이었다.[35] 초안에서 이 헌법이 신성하게 제정되었다는 생각에 대한 언급은 이 계획을 사보날로라의 추종자들에게 호소하기 위해 고안된 것으로 나타낸다.[36]

그러나 최종 계획은 이러한 보다 대중적인 조치의 많은 부분을 완화했다. 새로운 평의회는 베네치아의 약 3,500명의 시민들과 규모 면에 비슷했다.[37] 위원은 29세 이상의 합법적인 출생으로 부채가 없어야 하며, 지난 3대에 걸쳐 상위 3개 요직 중 하나에 오른 조상이 있어야 했다.[38] 이

[33] 전게서 p. 257. 본시(Bonsi)는 베네치아식 대평의회를 선호했지만, 고위직은 평의원들로 제한될 것을 제안했다.

[34] 전게서. p. 258.

[35] 전게서. p. 260.

[36] 전게서. p. 259.

[37] Pesman-Cooper(1985) p. 75.

[38] 이것은 행정관 자리에 뽑혀 앉은 사람들과 가죽 주머니로부터 이름이 뽑혔지만 자리에 앉지 못한 사람들에게 모두 적용되었다. 전게서. p. 74.

러한 정치적 상속인을 수혜자(*benificiati*)라고 한다. 이 제도는 불가피하게 평의회 내에 일정 비율의 메디치 지지자가 있을 것이라는 것을 의미했지만, 이는 또한 제1공화정 이후 권력을 잡지 못한 가문들에게 새로운 정치적 발언권을 주었다. 3년마다 메이저 길드(*Arti Maggiori*)의 45명의 시민과 소규모 길드(*Arti Minori*)의 15명의 시민을 평의회에 투표에 부쳐질 수 있었다.[39] 28명의 시민이 평의회에서 추첨으로 뽑혀 이 목적을 위한 지명자로 활동하였다.[40]

베네치아와 피렌체 시스템의 가장 큰 차이점 중 하나는 피렌체가 두 달에 한 번 교대하는 방식으로 시뇨리아의 전통적인 관직을 유지했다는 것이다. 이에 상응하여 베네치아 원로원과 동등한 새로운 오탄도(*Ottando*)는 베네치아 원로원보다 훨씬 덜 강력했다. 한편, 1494년 12월 23일에 법안이 통과된 시뇨리아에 대한 투표 방식은 베네치아에 심하게 끌렸다. 60명의 시민이 평의회에서 추첨으로 선출되어 지명자로 활동했다. 각자가 한 명의 시민을 지명할 수 있다. 모든 후보자는 50세 이상이어야 했지만 평의회 회원일 필요는 없었다. 60명의 후보자들은 비밀투표를 통해 함께 투표되었고, 가장 많은 득표를 한 6명이 두 번째 투표에서 과반수 찬성으로 승인되었다. 평의회의 비회원이 선출될 수 있다는 조항은 귀족들(*ottimati*)에게 유리했다. 그러나 각 시뇨리아에는 14개 소수 길드의 구성원들을 위한 두 개의 법적 자리가 있었다. 베네치아 평의회와 마찬가지로 새로운 피렌체 평의회에는 숙의 기능이 없었지만, 피렌체 프라티케와 기타 전통적인 숙의 포럼이 계속 존재했기 때문에 평의회

[39] 전게서. p. 78.

[40] 이 새로운 시스템이 실제로 얼마나 참여를 확대했는지는 논쟁의 주제이다. Weinstein (1970) p. 2에서는 '인상적인' 새로운 수준의 참여가 달성되었다고 주장하지만, Pesman-Cooper(1985) p. 79에서는 사실상 메디치 정권의 마지막 해보다 공직에 대한 접근이 더 크지 않았다고 주장한다. Gilbert(1965)도 함께 참조하라. 마키아벨리가 새로운 제도에 따라 평의회(Consiglio)의 구성원으로서의 자격을 얻지 못했다는 것을 주목할 가치가 있다.

의 대부분의 구성원은 정치적 토론에 참여할 기회를 가졌을 것이다. 초안 계획에서 크게 벗어나서 다수의 하급 관리는 추첨이 아니라 선거로 선출되게 되었다. 이것은 새로운 제도를 베네치아 모델에 훨씬 더 가깝게 만들었다.

표면적으로는 새 헌법에 대한 논의가 폭넓은 정부(*governo largho*)와 협소한 정부(*governo stretto*)의 차이에 초점을 맞추었다. 이것은 단지 일반적인 공화주의 틀 안에서 시민 참여 수준에 대한 논의에 불과하였다. 그러나 새로운 위태로운 공화정을 위협하는 다른 더 위험한 세력이 현장에 있었다. 이러한 의식적인 정치 세력이 어떻게 정렬되어 있는지 보는 것은 유용하다.[41] 지금까지 가장 큰 정치 집단은 사보나롤라의 지지자들(*piagnoni*)이었다.[42] 이들은 주로 보통 소규모 길드(*Arti Minori*) 또는 하급 길드의 구성원으로 묘사되는 계층인 하층 상인이나 상층 장인들로부터 뽑혀졌다. 이 그룹은 사보나롤라의 신정주의 비전에 정치적 추진력을 부여하였다. 그러나 제1공화정의 기반이 되었고 메디치 시대에 보통 타협의 과정을 거쳐 살아남은 상류 상인 지배집단(*popolani*)의 새로운 공화주의 정착에 대한 강력한 지지도 있었다. 이 계급은 평의회 구성원들에 의해 정의된 새로운 공화주의 정착지에서 지배집단을 형성했다.

강력하고 때로는 폭력적인 사보나롤라의 지지자들에 대한 반대는 작지만 강력한 그룹인 사보나롤라에 반대하는 집단(*arrabbiati*)이었다. 이들은 사보나롤라의 카리스마 넘치는 지도력을 불신하는 일부 공화주의자를 포함하는 이질적인 그룹이었지만 주로 대평의회에서 사보나롤라의 지지자들의 지배를 무너뜨리기 위해 선동하고 공모한 젊은 귀족들로 구성되었다.

---

[41] Roth(1968) pp. 60-2.

[42] 그들은 또한 형제(*Frateschi*)로도 알려져 있다.

귀족들은 메디치를 지지하는 사람들과 반대하는 사람들로 나뉘었다. 친(親)메디치 그룹은 팔레스키(*palleschi*)로 알려졌고 나중에는 비기(*bigi*)라고 알려졌다. 이 그룹은 공화국 초기 몇 년 동안 자중하였다. 반면에 메디치의 몰락과 함께 토지를 소유한 구(舊)귀족 가문의 구성원들은 자신들의 권력을 얻기 위한 기회를 엿보았으며 특히 망명자들의 귀환으로 그들의 지위가 높아졌다. 귀족들의 많은 구성원들은 실력자들의 후손이었기 때문에 14세기 초부터 피렌체 정치에서 역할을 거부당했다. 그러므로 귀족들을 사회경제적 계급으로만 생각할 것이 아니라, 피렌체의 새로운 정치 집단이 뚜렷한 정치 강령 뒤에 단결된 것으로 생각해야 한다. 루첼라이(Rucellai) 가문은 오르티 오리첼라리(Orti Orticellari)에서의 유명한 토론에서 이 그룹의 중심점이자 토론장을 제공했다.[43] 그들은 베네치아 방식을 피렌체 이식하는 것에 대한 지지하는 것으로 유명했다. 그러나 실제로 많은 주요 행위자들이 내기에 대한 위험을 회피하고 새 정권이 어떻게 안정될지 지켜보기를 기다렸기 때문에 귀족들 내부와 상위 상인지배계급들 사이에는 모두 상당한 기회주의가 있었다. 친 메디치 동맹이 나타날 수 있다는 우려가 끊이지 않았다.

피렌체 정치사회의 세력들이 각각의 관점 뒤에 어떻게 정렬되어 있었는지는 구분할 수 있지만, 이들을 현대적 의미의 정당으로 생각하는 것은 잘못된 것이다. 지성(*Intelligenze*)으로 알려진 당파들은 공화국에 해로운 것으로 간주되어 불법이었다.[44] 따라서 정치적 결사는 매우 느슨했으며 종종 우정이나 친족 관계 또는 특정 이슈를 중심으로 이루어졌다. 은밀한 파벌주의와 정치적 기회주의가 만연했고, 종종 이상한 동료들 사이에 공통된 대의가 만들어졌다. 역사 작가인 파울루 파레니(Paulo Pareni)

[43] Gilbert(1977)를 참조하라.

[44] Weinstein(1970) p. 273.

는 이 시기의 파벌들을 '마음속의 지성'(intelligenze in spirito)이라고 말한다.[45]

대평의회를 세운 1494년 12월 23일의 법은 귀족들과 사보나롤라 지지자들 사이에 광범위한 임시 협정을 맺었다. 귀족들은 사보나롤라의 대중 추종과 누진 재산세 도입과 같은 그의 보다 민주적인 조치에 대해 우려했다. 그들은 대평의회를 지지했고 그들의 장기 전략은 그들의 패권을 보장할 수 있는 베네치아 스타일의 선거 제도를 설계하는 것이었다. 동시에 그들은 평의회의 사보나롤라 지지자들 다수파에 좌절했고 대중 운동을 전복시키기 위한 파괴 전술을 채택했다.

길버트(Gilbert)가 지적했듯이 베네치아 스타일의 정착은 메디치 시대 이후 바로 몇 년 동안 보다 민주적인 역할을 맡았다.[46] 고정된 지배집단은 스크루티니 및 조사 위원회 또는 메디치 후원 시스템의 변덕에 더 이상 의존하지 않는 많은 사람들에게 공직에서의 보장을 의미했다.

투표 계획은 또한 메디치 가문이 오래된 가죽 주머니를 사용하거나 20명의 비서직들에 의한 조직적인 음모에 의한 결정 번복을 꾀할 수도 있다는 두려움을 누그러뜨렸다. 더욱이 새로운 시행에서는 프라티케에서의 공개 토론이 장려되었다. 적어도 처음에는 전체 시스템, 특히 투표 방식이 사보나롤라 지지자들에 유리했다는 데는 의심의 여지가 없다. 이러한 해결에서 또 다른 중요한 요소는 사보나롤라 자신이 추첨에 반대했고 선호 투표를 선호했다는 것이다. 그의 기본적인 정치 성향은 하나님의 완전한 의지와 힘에 의해 통치되는 천국이 지상 제도에 반영되어야 한다는 믿음에서 아퀴나스(Aquinas)를 따랐다. 따라서 그는 군주제를 선호했지만 시민 공화국과 같은 다른 형태의 정부도 군주가 참주가 되는

[45] 전게서. p. 277; Butters(1985) p. 26.

[46] Gilbert(1968) p. 478.

것을 방지하는 데 도움이 될 수 있다는 것을 인식했다. 그는 또한 도미니크회 신자이기도 했고, 투표의 포괄적 사용은 피렌체를 위한 최선이라는 그의 견해에 영향을 미쳤을 것이다.[47] 무엇보다도 그는 정치적인 문제에서 개인의 도덕적 판단이 중요하다고 믿었고, 이것이 그가 추첨을 반대한 주된 이유였을 것이다. 투표 결정은 우리 모두가 궁극적으로 심판받기 전에 전적으로 개인과 하나님을 위한 문제이다. 이러한 견해의 조합은 그의 『피렌체 헌법과 정부에 관한 논문』(*Treatise on the Constitution and Government of the City of Florence*)에서 표현된 바와 같이 사람들의 도덕적 의무감은 정치 제도보다는 종교에 의해 형성되어야 한다는 입장으로 이끌었다. 투표는 하되 통치는 하지 않는 것이 시민의 의무라는 암시가 담겨 있다.[48] 이러한 방식으로, 그리고 진정한 토마스주의적(Thomist) 종합으로, 사보나롤라는 시민 평등, 대중 주권 및 귀족 통치를 동시에 옹호한다. 더욱이, 주적은 폭정과 부패한 메디치 정권이었기 때문에 사보날로라는 쉬운 표적이 있었다.

> 따라서 전 시민만이 직책과 명예를 분배할 수 있는 제도를 마련하는 것이 필요하다. 그러면 한 시민이 다른 시민을 우러러볼 필요가 없을 것이다. 모든 사람은 자신을 다른 사람들과 동등하다고 생각할 수 있다.[49]

선한 군주제나 귀족의 수호자로서의 사보나롤라의 역할은 다층적인 문구로 표현되어 있다. '모든 사람은 심판의 문을 통과해야 한다. 이

---

[47] Barker(1913)를 참조하라. 그러나 도시 공화국에서 선거를 치르는 것은 수도회의 통제되고 규율된 환경보다 훨씬 더 벅차고 가변적인 프로젝트임을 인식해야 한다.

[48] Savonarola(1978) pp. 251-2.

[49] 전게서. p. 251.

것은 내가 말했듯이 모든 폭정의 근원을 제거할 것이다.'[50]

후보자들은 시민들의 판단을 통과해야 할 뿐만 아니라, 그 판단을 내리는 데 있어 시민들도 일정한 책임이 있다. 그들의 궁극적인 구원이 그들의 현세적 행동과 선택에 달려 있다는 믿음이 있었던 그의 기독교 독자층에 '심판의 문'이라는 은유는 사라지지 않았을 것이다. 도덕적 책임의 포기로 간주되었을 추첨은 이 도덕적 틀에는 차지할 공간이 거의 없다.

비록 투표 시스템이 사보나롤라 지지자들에게 평의회에 대한 충분한 다수를 부여했지만, 이 그룹의 지도적인 세속주의자인 프란체스코 발로리(Francesco Valori)는 이 제도가 장기적으로 사보나롤라 지지자들의 이익을 손상시킬 수 있다는 이유로 선거 개혁을 선호했다.[51] 파렌티의 말에 따르면, '… il modo della lectione non ad altro fine trovato era, che per rendere lo stato alla nobilta.' 이것은 다음과 같이 번역될 수 있다 '… 선거 방법은 귀족들에게 권력을 돌려주는 것 외에 다른 결과가 없는 것으로 밝혀졌다 … 그러나 '*stato*'라는 단어의 사용은 이것이 정치적 통치라기보다는 자의적인 권력의 조건으로 여겨졌을 것이라는 것을 나타낸다.[52]

발로리의 개혁 요구는 의미 있고 비극적인 선견지명으로 판명되었다. 메디치 이후의 혁명적 열정이 식자, 대평의회(*Consiglio Maggiore*)에 참석하는 사람들이 줄어들기 시작했다. 평의회는 처음 예상했던 것보다 더 큰 것으로 밝혀졌고, 베키오 궁전에 새로 지어진 회의실에서 회의가 가능하도록 세 그룹으로 나누어야 했다. 회의는 종종 정족수 미달이었

[50] 전게서. p. 253.

[51] Polizzotto(1994) p. 45.

[52] Rubinstein(1954) p. 324. 또한 Viroli(1992), Rubinstein(1971), 구이치아르디니를 위한 러셀 프라이스(Russell Price)의 번역자 노트를 참조하라.

고 1497년까지 정치적 주도권은 귀족들에게 유리하게 돌아가기 시작했다.[53] 부정행위도 있었다. 1496년에 사보나롤라 지지자에 대해 반대하는 후보들을 옹호하는 귀족들의 당파인 지식인(*intelligenzia*)이 등장하였다. 그의 『피렌체사』(*Corsa Fiorentina*)에서 구이치아르디니는 귀족들이 이 기간 동안 투표 절차를 방해하려는 시도에 대해 이야기한다.[54] 귀족들은 또한 복잡한 술책에 능한 싸움도 벌이고 있었다. 사법 항소에 대한 포퓰리즘적인 해결책에 투표함으로써 그들은 사보나롤라 지지자 계급의 분열을 일으키려 했다. 1497년 긴박한 여름에 메디치 가문을 복직시키려는 음모가 발각되었고 하수인들은 발로리의 명령에 따라 처형되었다.[55]

제2공화정의 역사를 다루면서 논쟁을 일으킨 사건들은 사보나롤라가 1497년 6월 교황에 의해 처음 파문당하고, 그 후 1498년 피렌체인들에 의해 체포되어 처형되었을 때 일어났다. 더욱이 사보나롤라 반대 집단(*arrabbiati*)에 의해 조직한 것으로 추정되는 폭도들이 사보나롤라가 체포된 날 밤 발로리를 살해했다. 따라서 그 운동은 지도자들 없이 남겨졌다. 이제 선거 개혁은 불가피해 보였다.

1495년 11월, 1497년 5월, 1498년 7월에 이미 새로운 법률이 통과되었으며, 각 법률은 선거 과정의 피해를 줄이기 위해 헌법에 대한 추가적인 추첨 요소를 복원시켰다.[56] 발로리의 개혁 요구는 마침내 받아들여졌고 시뇨리아에 대한 스크루티니는 1499년 5월 31일 재개되었다.

시뇨리아에 대한 개정된 스크루티니는 세 가지 과정으로 이루어졌다. 첫 번째 지명자들은 평의회 위원 중에서 추첨으로 뽑았다. 그런 다음 그들의 지명은 평의회 전체에 의해 투표되었으며 절대 과반수를 차지한

---

[53] Villani(1908) p. 526.

[54] Guicciardini(1964) pp. 60-1.

[55] Weinstein(1970) pp. 60-1.

[56] 전게서. p. 325.

사람들은 그들의 이름을 가방에 넣었고(*imbourse*) 필요에 따라 2개월 간격으로 추첨을 하게 된다.[57] 새로운 시스템은 여러 면에서 제1공화정의 스크루티니와 달랐다. 임명된 지명 또는 스크루티니 위원들은 없었다. 대신 지명자들을 추첨으로 선택하고(확대하거나 적어도 예측할 수 없도록 후보들의 확장 보증) 전체 평의회에서 투표를 실시했다. 따라서 선택은 하강이 아니라 상승 원칙에 기초했다. 또한 그 과정이 제1공화정의 스크루티니 과정보다 훨씬 더 공개적이었을 가능성이 있으며, 최종 후보에 이름이 올라간 사람들은 과반수 득표를 했다는 사실을 알았을 수도 있다.[58] 새로운 시스템과 그 이전의 투표 방식 사이의 결정적인 차이점 중 하나는 대평의회의 구성원들만이 스크루티니를 위해 지명될 수 있다는 것이었다. 이것의 효과는 지배 집단을 좁히고 새로 돌아온 귀족들이 시뇨리아에 자리를 확보하는 것을 막기 위한 것이었다.

그러면 추첨으로 되돌리기로 한 결정을 어떻게 설명할 수 있을까? 버터는 세 가지 이유를 제시한다.[59] 중간 계급 가문들은 더 넓은 직책의 배분을 원했고, 투표는 지지를 얻을 수 있는 사람들에게 유리했으며, 추첨은 잦은 선거보다 관리하기가 더 쉬웠다. 구이치아르디니는 귀족들이 투표 시스템의 신용을 떨어뜨리려고 시도한 후 거의 우연히 도달한 타협에 대해 이야기한다.[60] 사건에 대한 세 번째 버전은 선거 제도를 도입한 12월 법이 일시적인 조치로 간주되었다는 루빈스타인의 주장에 의해 제시된다.[61] 이 해석들 각각에는 어느 정도 진실이 있지만, 그것들은 모두

---

[57] Butters(1985) p. 34.

[58] 평의회(*Consiglio*) 투표의 결과가 은폐될 것 같지는 않다. 버터스(Butters)는 새로운 제도가 전통적인 스크루티니보다 훨씬 더 개방적이었다고 시사하는 것 같다.

[59] Butters(1985) p. 35.

[60] Guicciardini(1964) pp. 60-1.

[61] Rubinstein(1954) p. 322.

일어나고 있던 정치적 투쟁의 강도를 과소평가하는 경향이 있다. 사보나롤라의 처형과 대중 운동의 해체 위협은 무시하기에는 너무 큰 요인이다.

구이치아르디니는 조치의 중요성을 과소평가하면서도 추첨을 타협과 동일시한다. 추첨으로의 복귀는 영구적 귀족들 다수 당파 또는 메디치의 복귀 위협에 직면한 대중적인 공화주의자들에게 약간의 후퇴를 의미한다. 그러나 이것은 평의회에 있는 귀족들에게 보다 높은 관직의 지분을 제공하면서 전체적으로 귀족들에 대한 통제의 가능성을 부정하는 전술적이고 통합적인 후퇴이다. 동시에, 개혁과 함께 도입된 평의회 의원들로만 후보자를 제한하는 조치는 사실상 귀족들이 더 많은 이익을 얻을 수 있는 문을 효과적으로 닫았다. 이것이 이 조치의 가장 유력한 전략적 이유로 보인다. 그것은 참여 기관으로 지배집단을 유지하고, 스크루티니 투표를 평의회의 손에 맡겼으며, 선거 조작이 권력과 영향력을 가진 사람들에게 유리하지 않도록 방지했다.

추첨에 대한 피렌체 공화주의자들의 강한 친밀감은 헌법이 확립되고 오래된 메디치 가족 주머니가 파괴된 후에는 이러한 움직임이 항상 가능성이 있었던 것으로 보인다. 이런 의미에서 루빈스타인은 옳다. 추첨으로의 복귀는 확실히 더 높은 직위에 대한 접근을 유지하기를 원하는 상인지배계급의 이기심에 힘입은 것이 분명하며, 특히 전체 평의회 회의를 소집하는 데 어려움이 있다는 점을 감안할 때 추첨은 정기적인 투표보다 훨씬 더 효율적이었다. 그러나 분할되지 않은 지배집단을 보존하고 귀족들의 헤게모니를 방지하는 데 있어 전반적인 결과는 그 결정이 더 중요한 전략적 이유 때문에 내려졌다는 것을 시사한다. 즉 공화정을 수호하고 피렌체 민중 정부의 가치를 높게 평가한 것이나 다름없었다.

돌출한 귀족들의 권력으로부터 공화주의 대의를 방어하기 위한 수단으로 추첨을 재도입한 것에 대한 후기로서, 이 시기에 프라토(Prato)에서 일어난 사건은 그 기원이 무엇이든 선거 불안정의 위협을 완화하는 수단으로 추첨을 어떻게 보았는지 강조한다. 포데스타 선거 기간 동안 등장한 새로운 민중 당파에 비추어 볼 때, 우려스러운 시민들의 집단은 '민중들의 판단에서 벗어나기 위해'(*ed uscire dello arbitrio del popolo*) 추첨 복원을 요구했다.[62] 이러한 인식은 추첨이 귀족 파벌의 그것만큼이나 민주주의의 과잉에 대항하는 것으로 여겨졌다는 점을 상기시키는 데 유용한 것이다.

피렌체 헌법의 근대화

마키아벨리의 기여

이 단계에서 피렌체 헌법에 대한 논쟁의 다른, 그러나 그럼에도 불구하고 중요한 측면을 살펴볼 필요가 있다. 제1공화정의 구(舊)제도에는 시대에 뒤떨어지고 비효율적이며 개혁이 절실히 필요한 부분이 많다는 생각이며, 이는 특히 공직자를 선출하는 수단에도 적용되었다. 주요 문제는 2개월 교대에 의해 생성된 불연속성, 그리고 능력을 갖춘 개인들을 위한 헌법 내에서의 직접적인 역할의 부재라는 시뇨리아의 공직 자체에 부여된 권력이었다. 실제로, 강력한 개인들의 정치적 야망을 좌절시키는 스크루티니 시스템의 성공 바로 그 자체가 메디치가의 초헌법적 헤게모니의 발생에 책임이 있다고 볼 수 있다. 스크루티니 사이의 간격이 길다는 것은 이 시스템이 정치적 변화에 반응하지 않는다는 것을 의미하기도 했다.[63]

---

[62] 전게서. p. 328.

[63] 메디치 시대의 제도적 효율성에 대한 문제는 복합적인 축복이었다. 통제 가능한 작은 평의회를 만들어냄으로써, 메디치 가문은 특히 외교 문제에서 공화정의 효율성을 크게 향상시켰다. 많은 소규모 그룹들은 *원로원* 또는 100인 평의회에 의해 선출되었고, 이는 피렌체 지배 계급 구성원들에게 추첨에 대한 대안이 있다는 뚜렷한 신호를 보냈을 것이다. 그러나 동시에 메디치 가문은 헌법의 특정 부분을 쉽게 조작할 수 있도록 의도적으로 모호하

마키아벨리는 스크루티니와 트래트의 과두 정치 기원뿐만 아니라[64] 이 제도의 이면에 있는 단기적 사고도 인식하고 있다.

> 이 가죽 주머니들은 나중에 'squittini'라고 불렸다. squittini는 3년에 한 번, 길어야 5년에 한 번씩 열렸기 때문에, 그들은 도시의 골칫거리를 덜어주고, 경쟁자들이 너무 많았기 때문에 모든 행정관들의 선출할 때 발생하는 소란의 원인을 제거하는 것처럼 보였다. 어떻게 바로 잡아야 할지 모르기 때문에, 그들은 이 방법을 택했고 이 작은 장점 아래 숨어 있는 결점을 깨닫지 못했다.[65]

그는 『피렌체의 역사』(*History of Florence*)의 맥락에서 이러한 '결함'에 대해 자세히 설명하지 않았지만, 1520년 조반니 데 메디치(Giovanni de Medici)에게 만들어진 새로운 피렌체 헌법에 대한 제안의 형태를 취하는『피렌체 정부의 리모델링에 관한 담론』(*Discourse on the Remodelling of the Government of Florence*)에서 자세히 설명한다.

> 무엇보다도 그 결점은, 공직에 적합한 사람들의 명단을 훨씬 전에 준비했다는 것이다. 이것 때문에 사기는 쉬웠고, 그 선택은 좋을 수 없었다. 왜냐하면 사람들은 쉽게 변하고 선에서 악으로 바뀌는 반면에 그 선택이 훨씬 전에 시민들에게 주어졌기 때문이다. 그리고 추첨도 엉망이다. 이 밖에도 위인들이 정권을 망치는 파벌을 일으키지 않도록 위인들에게 공포를 줄 만한 것이 아무 것도 세워지지 않았다.[66]

게 유지함으로써 권력을 유지했다.

[64] Marchiavelli(1989) p. 101.

[65] Marchiavelli(1989) p. 83. (Bk. II chap. 28).

[66] Marchiavelli(1989) p. 102.

제1공화정의 장점을 극찬한 사람들과 비교할 때 마키아벨리는 과두제의 본질에 대해 환상을 갖고 있지 않다. 그는 스크루티니에서 추첨을 사용하는 것과 그 시대의 소위 자유 사이에 단순한 연관성을 만들지 않는다.[67] 그의 평가에서 더 중요한 것은 정부 기관들과 피통치 인구의 다양한 부문 간의 관계가 합리적이고 안정적이며 실행 가능하다는 것이다.

그러나 이 『담론』에서 마키아벨리의 실제 제안은 추첨 사용에 대한 연구에 상당한 관심을 불러일으킨다. 모든 계급의 정치적 열망을 충족시키기 위해, 그는 1494년 제도의 상당한 확장으로서 종신으로 임명된 시뇨리아를 위해 65명의 풀, 2-3년 임기로 그 그룹에서 선출된 곤팔로니어, 전체 시민들로부터 추첨으로 뽑힐 200명의 원로원과 600명에서 1,000명 사이의 대평의회를 제안한다.[68] (일단 곤팔로니어가 선출되면) 65명은 두 개로 나뉘었고 각각은 격년제로 재임하게 된다. 각각의 32명 그룹으로부터 8명으로 구성된 4개 그룹이 3개월마다 돌아가며 현 통치 집행부를 구성한다. 대평의회는 모든 군소 행정관들을 추첨으로 자체 번호에서 선출할 것이다. 또한 마키아벨리는 새로운 기능을 제안하는데, 선출된 16명의 곤팔로니어 중에서 추첨으로 뽑힌 4명의 프로보스트(*Provost*)들이 단지 1개월 동안 시뇨리아에 대한 모든 조치에 대한 거부권을 가진 비활동적 증인으로 시뇨리아에 앉게 된다. 거부권을 행사한 조치는 우선 그 해의 시뇨리아 구성원들의 풀에 있는 32명의 전체 회의에 회부되어야 했으며, 그 후 항소를 통해 원로원에, 그리고 필요한 경우 대평의회에 회부되었다. 프로보스트는 모든 항소에 출석해야 했다.[69]

이 제안은 이 시기의 가장 정교하게 작성된 모델 구성 중 하나이다.

---

[67] Rinnuccini(1978) p. 206과 비교 참조하라.

[68] 전게서. p. 111. '홀은 다시 열리고 이것은 일반 시민들에 할당해야 한다.'

[69] 전게서. pp. 111-12.

그것은 모든 계급의 이익의 균형을 추구하고 그들의 특정한 능력을 활용하는 방법을 이해한다. 지속성과 경험의 필요성은 책임감의 필요성과 마찬가지로 인정된다. 게다가, 그것은 로마와 아테네 정부의 특징들을 결합하고, 그것들을 피렌체의 독특한 전통에 두려고 한다. 임명, 선거, 추첨의 세 가지 다른 형태의 선택이 제안된다.

가장 흥미로운 특징은 그가 평의회를 시민체로부터의 추첨으로 선출해야 한다고 제안했다는 사실이다. 풀의 크기는 즉시 이 제안을 아테네 민주주의와 동등하게 하고 대부분의 중세 및 초기 르네상스 관행과 구별되게 한다.[70] 그것은 생산하는 다양한 임시 집권 집단보다 더 넓은 정치 공동체를 만들기 때문에 본질적으로 지배집단의 해결책이라기보다는 시민 해결책이다. 추첨의 블라인드 브레이크는 시민체의 편견이나 호의 없이 평의회가 직접 추첨될 수 있도록 한다는 점에서 추첨의 활용도가 강하다. 더 넓은 풀은 또한 이전의 세습 그룹들의 영향력을 무너뜨리지만, 이는 또한 단지 소수의 엘리트들로 추첨이 이루어진 경우보다 평의회 구성을 예측하기 어렵게 만는다. 이것은 충성과 의존의 오래된 관행을 깨뜨리는 효과가 있을 것이다.

프로보스트 직책 자체는 아테네 민주주의에서 나온 것이 아니라, 로마의 호민관(Plebian tribune)을 모델로 삼았다. 프로보스트의 거부권은 헌법에서 가장 강력한 조항이지만, 권력 남용과 임명된 소수의 공직자들이 자신의 이익을 추구하는 경향에 대한 방어책으로 고안되었다. 그것은 대평의회의 주권을 유지하면서도 가장 유능하고 경험이 풍부한 사람들이 장기적으로 그리고 일상적으로 공화정을 경영할 수 있도록 허용하는 수단이다. 프로보스트 선출을 위해 추첨을 사용하는 것은 그 직책의 헌법

[70] 이 특징 양식 역시 마키아벨리 자신이 이전 공직자의 후손이라는 기준을 충족하지 못했기 때문에 1494년 평의회(*Consiglio*)에 제외되었다는 사실에서 비롯되었다.

적 가치를 반영한 것이다. 프로보스트는 권력 남용에 대한 보증인 역할을 하므로 그의 선택이 부패나 당파적 간섭에 노출되어서는 안 된다. 그러나 얼마나 많은 숙의의 역할이 대평의회에 할당되었는지는 분명하지 않으며 입법의 개시는 시뇨리아와 원로원의 손에 확고히 남아 있는 것으로 보인다. 이러한 점에서 프로보스트가 침묵의 증인이 되어야 한다는 사실은 정치적 노동의 분업을 감소시키기보다는 오히려 강화시켰다. 반면에, 프로보스트의 거부권은 소수만이 반드시 공동선을 위해 행동한다는 귀족적 주장의 엄포를 단호하게 칭하며, 프로보스트가 거부권을 행사한 조치를 고려하는 데 있어 평의회에 잠재적인 숙의 역할을 제공한다.

추첨의 민주적 사용의 역사에서 마키아벨리의 제안은 중요한 이정표를 세웠으며, 추첨 사용이 어떻게 광범위한 혼합 정체로 통합될 수 있는지 보여준다. 1520년의 상황과 그가 메디치 가문에 호소해야 한다고 느꼈다는 사실은 이 헌법이 귀족과 대중 공화주의 특징 사이의 절충이라는 것을 의미한다. 그러나 이러한 점에도 불구하고 이 대담한 디자인은 1494년 시기의 여전히 대부분 비효율적이지만 유서 깊은 스크루티니와 트래트 시스템을 모델로 하고 있는 헌법 제안의 한계를 뛰어 넘는다.

구이치아르디니의 로그로그노(*Logrogno*) 논고

구이치아르디니의 근대화 논쟁에 대한 첫 번째이자 가장 직접적인 기여는 1512년 젊은 스페인 대사로서 로그로그노 마을에서 쓴 『로그로그노 논고』(*Del Modo di Ordinare il Governo Popolare*)라는 제목의 논고에서 나온다.[71] 이 논고에서 피렌체를 위한 베네치아 헌법이 모든 필수 요소에서 무엇인지를 제안한다. 그는 사보나롤라처럼 대중 정부의 피렌체의 전통의 맥락에서 그것을 배치하고 시도한다. 따라서 그는 그러한 전통에 호

[71] Guicciardini(1997).

소한다.

그 담론은 기존의 정치적 맥락을 다루기 위해 발전되었거나 그렇게 보이는 일련의 실용적인 제안들로 구성되어 있는데, 그러나 자세히 읽어보면 이러한 제안 중 일부가 이미 수년 동안 피렌체 정치의 일부였다는 것을 알 수 있다.[72] 그러므로 구이치아르디니가 이것을 정치적 논쟁을 진전시키고 발전시키는 계기로 삼는 것으로 봐야 한다는 의미가 있다. 우리가 보게 될 것처럼, 그 제안들은 이전에 탐구한 피렌체 귀족들의 강령을 모방한다.

시뇨리아의 급속한 교대와 추첨에 의한 임명에 대해 비판적인 구이치아르디니는 약간 확대된 대평의회에서 투표로 선출되는 약 80명으로 구성된 평의회에서의 지지와 통제를 받는 종신 곤팔로니어를 주장한다. 대평의회는 1494년 확정에서와 같이 전직 공직자들 중에서 선출된 종신 의원으로 구성된다. 그는 또한 200명으로 구성된 원로원도 제안한다.[73]

전체적으로 그의 강조점은 효율성과 자유는 함께 가야 한다는 것이다. 그리고 가장 유능한 사람들이 가장 높은 직위를 차지하지 않는 한 효율성은 유지될 수 없다는 점을 줄곧 강조했다. 따라서 그는 현재 시스템이 개인의 재능을 거의 고려하지 않고 개인의 우수성에 따라 특별히 보상을 제공하지 않기 때문에 심하게 비판한다. 그는 1,000표 중 501표를 얻은 사람이 800표를 얻은 사람과 같은 공직 기회를 갖는다는 것은 불합리하다고 주장한다.[74] 정의와 합리성은 우수성으로, 우수성은 투표로 평가되어야 한다. 그는 더 나아가 추첨의 사용이 평의회의 주권을 약화시

---

[72] 특히 시민들의 집회(*parlamento*)의 폐지, 종신 *곤팔로니어*, 원로원의 도입 등이 주요 의제로 떠올랐다. 그러나 이 마지막 조치는 1512년 소데리니(가 도주한 후 피렌체 귀족들에 의해 채택되었고 메디치 가문에 의해 거의 즉시 폐지되었다.

[73] Guicciardini(1997) p. 218.

[74] 전게서. p. 21o.

킬 것이라고 제안하면서, '더구나 대평의회는 추첨이 아니라 주권자여야 하는 대중 정부와 양립할 수 없고 공직자들은 운이 아니라 그들의 권위로부터 끌어내야 한다'고 제안한다.[75] 따라서 구이치아르디니의 관점에서 주권과 권위는 특히 선거 선택 과정과 구체적으로 연관되어 있다.[76]

그러나 구이치아르디니는 모든 경미한 직위는 추첨에 의해 선택되거나 추첨과 투표를 혼합하여 선택되어야 하며 행정관들의 위법 행위 고소를 다루기 위한 40개의 강력한 항소 재판소 및 유사한 기구가 이러한 방식으로 임명되어야 한다고 제안한다.[77] 그는 또한 시기와 경쟁을 억제하고 참여를 촉진하는 데 있어서 추첨의 장점을 인식한다.[78] 따라서 그는 원칙적으로 추첨에 전적으로 반대하지는 않지만, 시뇨리아에서 전략적으로 중요한 공직에 대한 우수성을 근거로 임명에 대한 자신의 주장을 집중한다.

베네치아 방식과 사보나롤라의 주장에서 특징적인 유권자와 통치자 간의 정치적 노동 분업은 구이치아르디니에서도 찾아볼 수 있다. 사보나롤라와 유사한 방식으로, 그는 투표가 만들어낼 시민들 사이의 평등을 과장한다.[79] 이렇게 되면 혼란이 생길 수 있기 때문에 대평의회는 숙의 기구가 될 수 없다는 게 그의 설명이다. 따라서 평의회의 역할은 공직자에게 투표하고 원로원에서 발의된 법안을 승인하는 것이다. 그러나 평의회가 결정을 내리도록 돕기 위해 이러한 제안은 투표 전날에 게시된다.[80] 그래서 그의 대중적 수사에도 불구하고, 구이치아르디니는 베네치

[75] 전게서. p. 210.

[76] 이러한 주장과 그 맥락은 동의의 개념이 추첨 사용의 감소 뒤에 있다는 마넹의 주장을 뒷받침한다. Manin(1997) p. 92.

[77] Guicciardini(1997) pp. 227-8.

[78] 전게서. p. 210.

[79] 전게서. p. 207.

[80] 전게서. p. 211.

아 모델에 대한 '통제된 평의회' 정치를 옹호하고 있다.

그러나 그가 직계 전임자들과 다른 점은 우수성의 원칙을 일관되게 강조한다는 점이다. 사보나롤라는 판단, 특히 정치적 지도층의 도덕적 자질에 대한 판단에 근거하여 선호 투표를 지지한 반면, 구이치아르디니는 부와 권력과 무관한 원칙으로서 우수성의 개념을 높이는 책임이 있다. 가난한 사람들이 능력만 있으면 정치적으로 명성을 얻을 수 있다는 그의 제안은 경험을 무시하는 것 같지만, 논쟁의 관점에서 이것은 우수성의 원칙이 '순수' 즉 공정하게 증진될 수 있도록 해주기 때문에 중요한 포인트이다.[81] 그는 또한 잠재적인 미덕으로서 개인적인 야망이라는 관념을 재도입하기를 열망한다. 공화정의 안녕을 도모하기 위해 공직에 출마하는 것은 나쁜 일이 아니다.

이것은 추첨 사용을 지지하기 위해 오랫동안 사용되었던 주장을 성공적으로 거부하기 때문에 중요한 단계이다. '야망'(ambition)이라는 단어 자체는 선거의 맥락으로부터 파생되었다. 라틴어로 '*ambio*'는 원래 표를 얻기 위해 선거 운동을 하는 것을 의미했다. 또 다른 단어인 *ambitio*(-onis)는 '적법한 방식으로 공직을 위한 선거 운동을 하는 것'을 의미하며, '명예 추구' 또는 '공직에 대한 열망'이라는 두 번째 의미를 갖고 있다.[82] 따라서 야망은 개인의 정치권력에 대한 과도한 욕망과 연관되었고, 중세 후기에는 교만과 탐욕과 함께 치명적인 죄악 또는 악덕의 지위에 접근했다. 사보나롤라는 예상대로 다음과 같이 연결한다. '… 사람들의 내면에는 교만과 야망과 시기가 있으며, 이로부터 다툼과 참을 수 없는 전쟁이 샘솟는다.'[83]

---

[81] 전게서. pp. 205-6.

[82] *Cassells Latin Dictionary.*

[83] Savonarola(1978) p. 232.

그러나 구이치아르디니는 가치 있는 목적을 위한 명예로운 야망과 이에 상응하는 부패하고 이기적인 야망을 구분한다. '야망은 비난받아서는 안 되며, 명예롭고 합당한 수단으로 영광을 얻으려는 야망 있는 사람의 욕망을 모욕해서도 안 된다. … 야망은 그것의 유일한 목적이 권력일 때 치명적이고 혐오스럽다.'[84] 이 입장에 대해서는 고결한 고전적 '진지함(gravitas)'이 많이 있으며, 비록 구이치아르디니의 정서가 사보나롤라의 보다 신학적 접근 방식과 다르기는 하지만,[85] 둘 다 개인의 내적 특성과 정치적 영역에서 도덕적 선택의 중요성을 다루고 있다.[86]

그러므로 그의 시대적 맥락에서, 구이치아르디니는 투표가 대중적 공화주의와 양립할 수 있으며 추첨은 시대에 뒤떨어졌다고 제안함으로써 새로운 지평을 열었다. 그러나 약 8년 후 마키아벨리의 제안은 오래된 스크루티니와 트래트의 비효율성이 대중적 공화주의 정부의 진정한 전통에 더 부합하는 방식으로 처리될 수 있으며, 추첨은 선호 선거를 배제하기보다는 보완하는 방식으로 작동할 수 있다는 것을 보여준다.

---

[84] Guicciardini(1965) p. 13. (Ricordi no. 32). 또한 Patrizzi(1594) p. 123을 참조하라.

[85] Pocock(1975) p. 133, 야망은 기독교의 미덕이 아니라고 지적했다.

[86] 야망의 문제에 대한 마키아벨리의 주요 공헌은 시적 형태로 나타난다. 야망에 대한 힘찬 3행 연구(聯句, Tercet)에서 그는 개인적인 야망의 파괴적인 힘을 묘사하지만, 야망이 '용감한 마음과 잘 무장된 활력'과 결합하면 그것이 유덕할 수 있다고 제안한다. 그러나 주요 주제는 구속되지 않는 야망이 좋은 법과 현명한 판단 아래 억제되고 조정되어야 한다는 것이다. Machiavelli (1989), pp. 734-9. (line 91). 또한 시의 마지막 구절도 참조하라. : '그리고 그녀(야망)는 이미 질투에 부풀어 오른 사람들 사이에 너무나 많은 불꽃을 흩뿌려 놓았기 때문에 우아함과 더 나은 판단이 그녀를 헛되게 하지 않는다면, 그녀는 마을과 농장을 불태울 것이다.'

대평의회에서의 공직을 선출하는 방법
(Del Modo di Eleggere gli Uffici nel Consiglio Grande)

투표와 추첨의 논쟁에 대한 구이치아르디니의 관심은 로그로그노 논고에서 끝나지 않는다. 그는 적어도 두 번 이상 주제를 탐구하기 위해 돌아온다. "대평의회에서 공직을 선출하는 방법"과 그의 뒤에 나온 『이탈리아의 역사』이다. 두 경우 모두 그는 추첨에 대한 찬반 논거를 제시하는 짝을 이룬 가상의 연설을 사용한다.[87] 이러한 연설은 고전 역사학자, 특히 리비우스(Livy)에서 파생된 르네상스 장르에 속한다고 볼 수 있다. 그것들은 단순히 서술에 활기를 불어넣고 수사학의 예를 제공하는 데 사용되었을 수 있는 주장의 유형을 묘사하기 위해 역사적 설명에 포함되었다. 구이치아르디니는 그의 후기 역사 작품들인 미완성인 『피렌체사』와 『이탈리아의 역사』의 다른 곳에서 이 장치를 광범위하게 사용한다.[88]

"대평의회에서 공직을 선출하는 방법"은 그 창작 경위나 작가의 의도가 거의 알려진 바가 없기 때문에 이해하기 어렵다. 이 시점에서 언급할 가치가 있는 여러 옵션이 있다. 이 책은 역사적 이야기의 일부로 의도되었을 수도 있고, 저자의 수사학적 기술의 한 예로서 써졌거나 또는 정부의 본질에 대한 더 넓은 담론의 일부로 써질 수도 있다. 구이치아르디니가 정기적으로 참석한 오르티 오리첼라리와 같은 귀족들 포럼에서 토론하기 위해 작성되었을 수 있다. 이 작품이 특정 독자층이나 청중을 염두에 두지 않고 전적으로 자기 설명만을 위해 작성되었을 수도 있다.[89]

---

[87] "대평의회에서 공직을 선출하는 방법"에서는 연사들은 이름이 지어지지 않았다. 그러나 『이탈리아 역사』에서는 파올로 안토니오 소데리니(Paolo Antonio Soderini)는 투표 지지자로 나와 있는 반면 귀도 안토니오 베스푸치(Guido Antonio Vespucci)는 추첨 사용을 지지한다. Guicciardini(1984) pp. 76-80. 또한 아래 pp. 132-3도 참조하라.

[88] Luciani(1950) p. 112.

[89] Gilbert(1977)를 참조하라.

이러한 어려움에도 불구하고, 그것은 주목할 만한 담론이며, 논쟁의 제시를 더 자세히 살펴보면 구이치아르디니가 고전적 사유와 근대적 실천적 현실의 복잡한 합성을 시도하고 있는 것은 분명하다.

구이치아르디니의 첫 번째 연사

"대평의회에서 공직을 선출하는 방법"의 첫 번째 연사는 가장 유능한 사람들이 정체를 잘 운영하기 위한 본질적인 사례와 가장 유능한 사람들은 대평의회에서 가장 많은 표를 얻은 사람들로 이해된다고 제시한다. 그러나 사례가 만들어지는 방식은 논쟁과 사고의 다른 영역에 대한 참조가 풍부하다. 귀족적 의제를 분명히 추진하고 있는 연사는 자신의 공화주의의 적격임을 선언하는 것으로 시작한다. 공화정에서 정부의 업무들과 자유를 결정하는 사람들은 먼저 다음을 수행해야 한다. '각 시민이 법 앞에 평등하게 설 수 있도록 그러한 자유가 제도화되었는지 확인하고 부자와 가난한 사람을 구분하지 않아야 한다.'[90] 그런 다음 공직과 급여가 '모든 시민이 가능한 한 많이 참여할 수 있는 방식으로 모든 사람에게 분배'된다는 원칙을 따른다. 이는 '그들은 모두 한 어머니의 자녀들이기 때문이다.'[91]

그러나 이러한 포괄적인 비전은 참여 증가가 공화정의 위험을 증가시킬 것이며, 잘못된 경영은 '무질서와 파멸'을 예고할 것이라는 견해에 의해 간결하고 절대적으로 적합하다.[92] 공화정의 경영은 '관료의 자질'에 따라 좌우되고, 정부 업무는 사기업의 경영에 비유된다. 즉시 대중 정부의 이상을 구애하는 구이치아르디니의 전술이 이 연사의 수사학적 장치

[90] Guicciardini(1932) p. 176.

[91] 전게서.

[92] 전게서.

에 어떻게 반영되는지 알 수 있다.

이 독해는 투표가 인민 주권의 확증이라는 그의 묘사에 의해 더욱 지지된다. 연사는 투표가 '협소한 정부'(*governo stretto*)를 생성하지 못할 것이라고 설명한다. 결정은 인민의 손에 달려 있기 때문이다. '당신이 원하는 사람에게 공직을 나누어 주는 것은 당신이기 때문이다.'[93] 이런 방식으로 두 페이지에서 다수결 투표와 교육받은 계층의 선거 우위에서 발생하는 귀족 통치를 동일시하는 것은 효율성과 안전에 대한 주장과 인민 주권에 대한 호소로 거부된다.

그러나 연사는 투표에 약간의 문제가 있을 수 있으며, 모든 사람이 편애나 편견 없이 현명하게 투표하지는 않을 것이라는 점을 인식한다. 그러나 그는 '더 열심히 살피는' 수백 명이 있고, 오직 우수성만 따라 선택함으로써 권력의 균형을 효과적으로 유지할 수 있다고 강조한다. 따라서 투표 충성도에 대한 문제가 제기되지만 파벌이나 당파에 대한 문제는 제기되지 않는다. 실제로 두 연설 중 어느 것도 분파를 상쇄할 수 있는 추첨의 능력에 대해서는 언급하지 않는다.

비슷한 방식으로 연사는 지금까지의 투표가 그렇지 않다는 것을 증명한다고 제안함으로써 투표가 소수의 손에 권력을 집중시킬 것이라는 주장을 다소 약하게 비껴간다. 게다가, 그는 사람들이 다양성을 가지기를 원한다면 그들은 그것에 투표할 수 있다고 설명한다.[94] 그러나 연사는 추첨의 상실로 인해 인민들이 진정으로 불이익을 받을 것이라는 것을 인식하고, 그래서 이것을 공익을 위해 필요한 희생으로 제시한다.

이 연설은 그가 추첨의 부도덕성이라고 생각하는 것을 공격할 때 더 높은 도덕적 어조를 채택한다. 추첨은 위험할 정도로 불안정할 뿐만 아니

[93] 전게서. p. 178.

[94] 공직자 간의 다양성 장려는 보다시피 추첨 사용에 대한 주요 논쟁이다. 그것은 구이치아르디니의 두 번째 연사에 의해 전개된다.

라, 젊고 감수성이 풍부한 사람들에게 정의의 나쁜 예를 제공한다. "그것들은 당신이 미덕과 근면에 대한 사랑을 억누르고, 선악의 모든 차이를 지우고 … 당신과 당신의 아들의 선한 본성을 해칠 것을 제안한다."[95]

구이치아르디니가 비례적인 정의라는 개념을 탐구하기 위해 짝을 이루는 연설과, 추첨과 투표 간의 토론을 사용하고 있다는 것은 의심의 여지가 없다. 추첨의 자의적이고 본질적으로 도덕과는 무관한 작동은 도덕적 선에 비례하는 정의의 개념과 쉽게 조화될 수 없다. 이 시점에서 논쟁은 좋은 경영의 실천적 문제에서 정치적이고 도덕적 원칙 중 하나로 옮겨간다. 추첨은 정치적 책임을 포기하고 도덕적 퇴보의 표시로 제시된다. 여기에는 사보나롤라의 도덕적 순수성에 대한 암시 이상의 것이 있다.

여기서부터 구이치아르디니의 연사는 추첨이 피렌체 중간 계층의 사소한 야망에 기여하는 것으로 그리는 것은 쉽다. 이는 추첨이 과도한 개인의 정치적 야망에 제동을 거는 역할을 한다는 개념을 교모하게 뒤집는 것이다. 그는 선거 원칙을 지지하는 베네치아, 스파르타, 로마의 사례를 인용하면서 그는 또한 추첨이 방종이자 무절제에 가깝고 자유에 대한 위험이라고 주장한다.

> 그리고 만약 당신이 그들의 경솔함과 야망에 굴복한다면, 그들은 사물의 질서를 바꾸려는 새로운 아이디어와 새로운 무질서로 매일 당신에게 올 것이며 … 그리고 결국 그들은 공화정의 명예와 이익에 관심이 없고, 그것들의 특정한 욕망과 열정에만 관심이 있기 때문에 당신을 파멸로 몰고 갈 것이다.[96]

---

[95] Guicciardini(1932) p. 183.

[96] 전게서. p. 184.

인문주의자들에게 잘 알려진 논쟁에서, 그리고 약간의 과장된 수사학으로, 구이치아르디니는 그의 연사에게 추첨이 그것의 지지자들이 보존하고자 하는 바로 그 자유를 파괴할 과도함과 방종이라고 제안하게 한다.

> 고대인들은 자유 정부가 과도한 허가의 결과로 무질서가 될 수 있다고 썼고 그것이 사실이다. 그리고 이것은 정부가 너무 광범위하고 너무 많은 중요한 문제가 다수의 손에 맡겨져 있다는 것을 의미할 뿐이다. 이로 인해 도시의 혼란, 시민들 사이의 분열, 그리고 결국에는 지배력 상실이나 폭정이 뒤따른다.[97]

그러므로 연사는 절제의 미덕을 찬양하고 그러한 과잉에 대한 억제를 요청함으로써 작품을 끝낸다. 그는 이런 방식으로 도시의 안전과 번영이 보존될 것이라고 제안한다.

이미 로그로그노 담론을 보았기 때문에 구이치아르디니의 첫 번째 연사에게 무엇을 기대해야 할지 알고 있다. 인민주권은 투표 제안과 연결되어 있고, 투표는 좋은 정부를 담보하는 수단으로 제시되고 있으며, 무책임한 정부 참여의 위험성이 도사리고 있다. 그것은 피렌체의 민중 정부 전통에 호소하는 경향이 있는 최고에 의한 통치에 대한 논쟁이다.

구이치아르디니의 두 번째 연사

반면에 두 번째 연사는 다소 놀라움을 선사한다.[98] 비록 귀족 정부의

---

[97] 전게서.

[98] Manin(1997) pp. 61-2에서 이 부분의 논의는 두 번째 연사를 완전히 무시한다. Pocock(1975) p. 134는 더 잘 하지만 연사의 주장의 힘이나 전통적인 피렌체 공화주의의 '잃어버린 목소리(lost voice)'로서 그의 정체성에 대해 우리를 준비시키지는 못한다.

공언한 지지자에 의해 만들어졌지만 이 인물은 그 시대의 진정한 급진적 공화주의 목소리에 가장 가깝다. 계급 배경이 언급되지 않은 첫 번째 화자와 달리 구이치아르디니는 특정한 배경과 사고의 전통에서 연사를 만들어낸다. 연사는 자신이 피렌체 사회의 하층부 출신이라고 설명한다. 비록 첫 번째 연사의 요점에 대한 일부 답변이 있지만 이 연설은 상호간의 의견교환 또는 단순한 수사학의 연습보다 토론의 분위기를 더 강하게 만든다. 그의 주장은 일관되고 강력하며 체계적이다. 이 연설의 많은 측면들은 또한 제안된 역사적 맥락 이상으로 논쟁을 고조시킨다. 유용하게 검토할 수 있는 네 가지 주요 주제가 있다. 투표제도가 시민체의 통합에 미치는 영향, '최고에 의한 통치' 제안에 대한 계급의 실질적인 영향, 절제 또는 타협에 대한 생각, 그리고 시민들이 정부에 참여할 만큼 충분한 자신감이 있는지에 대한 질문이다.[99]

처음부터 구이치아르디니의 두 번째 연사는 모든 시민이 공직을 맡을 권리가 있으며, 선거 제안은 위험할 정도로 분열된 시민체를 만들 것이라고 믿고 있는 것은 확실하다. 모든 시민이 동시에 하나의 공직을 맡을 수 없다는 자명한 사실에 대한 답으로 연사는 두 가지 대안을 제시한다. 제외된 사람들은 '전혀 시민으로 간주되어서는 안 된다'거나 제외는 일시적이어야 한다. 그는 만약 '모든 사람에게 이익과 명예가 열려 있지 않다면, 우리는 도시의 일부는 권력을 잡고 다른 하나는 영구적인 노예 상태에 놓이게 될 것이다'라고 설명한다.[100] 시민체를 분열시키는 선거의 경향은 연설 후반부에서 동등하게 직접적인 용어로 제시된다.

그러므로 우리가 다른 도시의 적이나 시민인 것처럼, 또는 항상 포도주를

---

[99] 이 주제는 연설의 시작 부분에서 소개되었다가 마지막에 되돌아간다. 필자는 이것을 마지막에 다루겠다.

[100] Guicciardini(1932) p. 187.

나르고 물만 마시는 게 임무인 당나귀처럼, 우리와 동료들을 영원히 배제하기보다는 이 절차가 일으킬 수 있는 작은 혼란을 용인하는 것이 더 정직하다고 생각한다. 우리는 그들보다 훨씬 더 많은 부과된 짐을 지고 있는데 왜냐하면 우리는 더 가난하고 모든 부과된 무거운 짐은 그들보다 우리에게 훨씬 더 의미를 가지고 있기 때문이다. 왜 우리는 이익을 누릴 자격이 없어야 하는가?[101]

추첨에 의한 공직 접근은 공정하고 정당하며 자연스러운 것으로 제시되며, 연사는 시민 전체의 소유물이 빼앗기고 있다는 느낌을 전달한다. 첫 번째 연사가 제기한 법 앞의 평등 개념은 여기에서 두 번째 연사가 인용했지만, 행정관을 채우기 위해 추첨을 사용하는 것은 마치 그 조항의 다음에 해당하는 것처럼 제시된다.

… 배제된 사람들은 합리적으로 자신들에게 속하는 무엇인가를 박탈당할 뿐만 아니라, 모든 사람이 동일한 법과 공직지에 종속된다는 사실에 의해 부여된 그 안전과 평등도 박탈될 것이며 따라서 만들어졌던 자유는 변경되고 약화될 것이다.[102]

이런 식으로 연사는 논쟁을 위한 대변자일 뿐만 아니라, 뚜렷한 사고 전통에서 나온 사람으로 묘사된다. 이것은 13세기 실력자들과 귀족들의 무정부주의적 반대에 직면하여 코뮌법을 제정한 민중 정부의 전통이다. 이 목소리는 바르 톨 루스(Bartolus), 마르실리우스(Marsilius), 그리고 다른 초기 법학자들의 인민 주권 사상을 반영한다. 두 번째 연설을 진행

[101] 전게서. p. 192. 구이치아르디니가 아테네식 시민권 제도를 모델로 삼은 것 같다.
[102] 전게서. p. 187.

하면서 구이치아르디니가 역사, 사상, 논증을 복합적으로 종합하고 있다는 것을 점점 더 깨닫게 된다.

아마도 이 연설의 가장 강력한 영향, 그리고 확실히 가장 '근대적인' 특징은 피렌체 공화정 내의 계급투쟁에 대한 연사의 인식에서 비롯된다. 이것은 첫 번째 연사가 마치 계급이 선거 선택의 요소가 아닌 것처럼 투표로 능력주의와 인민 주권에 대한 자신의 비전을 제시했기 때문에 특히 두드러진다. 이 계급의 공평성에 대한 이러한 주장은 두 번째 연사의 하나의 핵심 구절을 통해 도전받고 있다. 이것은 비교적 온순하게 시작된다.

> 이 조항에 반대하는 사람들은 다수결 투표로 공직을 선출할 때 가장 자격이 있는 사람들에게 직위가 배정된다고 말한다. 대다수가 그들에 대해 같은 의견을 가지고 있다면 그렇게 생각하는 것이 합리적이기 때문이다. 만약 투표권이 있는 사람들, 즉 평의회 위원들이 모두 같은 부류의 사람들이고 같은 지위에 있다면 나는 이 견해를 공유할 것이다.[103]

첫 번째 연사는 정치체를 공정한 경쟁의 장으로 제시했지만 두 번째 화자는 그렇지 않다고 주장한다. 능력주의적 주장을 뒤집어 그는 일단 부자가 공직에 오르면 그 자리를 유지할 수 있는 신뢰를 축적하게 될 것이라고 주장한다. 그들은 하층 계급의 복종으로 도움을 받을 것이다. 어떤 특정한 미덕보다 운과 뚜렷한 관례가 부자들에게 선거에서의 우위를 부여했고 로비, 후보자 명부, 연합을 통해 권력을 유지한다. 또한 유권자의 동의로 헤게모니를 유지할 수 있다.

---

[103] 전게서. p. 188.

> 내가 진정한 자유에 대해 이야기하는 이유는 그들이 지금까지 우리에게 자유를 실제로 부여하지 않고 지금까지 우리에게 보여주기만 했기 때문입니다. 한편으로 그들은 우리에게 투표권을 줬고 우리 모두가 모든 명예와 이익에 동등하게 참여할 수 있다고 확신시켰다.; 다른 한편으로, 그들은 여전히 폭력이나 명백한 억압이 없이 우리 자신의 동의를 얻어 모든 이점을 누릴 수 있는 방식을 유지해나갔다. 따라서 우리는 여전히 많은 면에서 그들의 종이다. 그러므로 우리는 곰들이 꿀을 찾는 것과 같은 호기심을 가지고 평의회 회의에 참석하는데, 그것이 단지 쓸데없는 노력과 예속일 뿐이라는 것을 깨닫지 못한다면, 우리는 항상 실제로 관련이 있는 것을 얻지 못한 것으로 드러난다.[104]

이것은 나중에 피렌체 제2공화정의 멸망에 핵심적인 역할을 한 귀족들 계급의 일원인 구이치아르디니가 자신의 계급이 한 손으로는 자유를 주고 다른 한 손으로는 그것을 빼앗아 가기 위해 어떻게 책략을 쓰는지를 드러내는 정말 놀라운 구절이다.[105] 그는 또한 후기 사회 계약 이론의 핵심인 동의 개념이 공직의 권리를 근본적으로 상실하는 것을 감추기 위해 어떻게 사용되는지를 제시한다.

비록 구이치아르디니가 이 연설의 많은 부분에서 그가 공화주의 전통에 대해 알고 있는 것에 초점을 맞추고 있지만, 그는 또한 연사에게 고전적 출처에서 파생된 주장과 구상을 발전시킬 수 있는 기회를 제공한다. 논쟁에서 더 대중적인 공화주의 요소들과 대조적으로, 연사는 추첨을 중도(中道)로 묘사한다. 그는 다음과 같은 명제를 내세운다. 부자들이 그들의 방식을 바꾸지 않을 것을 감안할 때, 민중 당파는 두 가지 선

[104] 전게서. p. 194.

[105] Roth(1968) p. 91, 구이치아르디니를 '메디치 가문의 상징'으로 묘사한다.

택을 할 수 있다. 하나는 위험스러운 분열을 야기할 수 있는 그들의 다수를 사용하여 하층 계급의 영구 정부에 투표하는 것이고 다른 하나는 모든 사람들에게 동동한 공직을 맡을 수 있는 기회를 주는 추첨을 사용하는 것이다.[106] 이러한 방식으로 구이치아르디니는 가난한 자들의 자의적 통치에 대한 대안으로서, 그리고 아리스토텔레스적 의미에서 진정한 정체를 수립하는 수단으로 추첨을 제시한다. 그는 또한 스크루티니 요소가 어느 정도의 우수성에 의한 판단의 일부 수준을 완전히 배제하는 것은 아니라는 것을 분명히 한다. 이 계획은 '완화된'(*temerata*), 사용하기 좋은(*conveniente*) 그리고 광범위하지만 체계적이지 않거나 단조롭지 않다(*non disordinino .... larghezza non sbacata*).[107] 유능하지 않은 사람을 뽑는 등 추첨으로 인해 발생할 수 있는 모든 문제는 현직자의 합의제도(the collegiate system of office-holding)를 통해 처리할 수 있는데, 어쨌든 이런 문제는 사회 분열이 심한 것보다 낫다고 연사는 설명한다.

두 번째 연설은 피렌체 시민들에게 하인으로서의 생각과 행동을 멈추고 자유 시민으로서의 권리를 주장하라는 권고로 시작되었다. 이 주제는 연설 말미에 다시 거론된다. 이러한 적극적인 시민의 옹호에서 구이치아르디니는 더 큰 정치적 참여가 부자들의 기득권뿐만 아니라 연사 자신의 계급 구성원들의 평범함과 비굴한 태도에 의해서도 방해를 받고 있음을 시사한다. 그는 그들에게 더 의식적이고, 더 결단력 있고, 무엇보다도 더 책임감을 갖기를 요청한다. 구이치아르디니는 연설을 이런 식으로 끝맺음으로써 정부의 문제는 양면성이 있다는 것을 시사한다. 기회는 주어져야 하지만 기회도 또한 잡아야 한다. 여기에는 일반시민이 유창한 대표자의 조언을 따르지 않거나 따르지 않을 수 있다는 암시 이상의 것

---

[106] Guicciardini(1932) p. 188.

[107] 전게서.

이 있다.

이 조사에서 분명해진 것은 구이치아르디니가 이 작품을 단지 그의 수사학을 과시하거나 단순히 역사적 서사에 생기를 불어넣는 데 사용하지 않는다는 것이다. 두 가지 측면이 모두 존재하지만 작품의 전반적인 추진력과 철학적이고 실용적인 풍부함은 이러한 부분들의 합보다 더 크다는 것을 보여준다. 이 작품의 역할에 대한 한 가지 해석은 추구해야 할 새로운 의제를 가진 근대 정치 사상가이자 그러나 동시에 고대 정치사상에 대한 상당한 인식을 보여주는 사상가로서의 구이치아르디니의 정체성에 있다. 두 연설 모두 고전적 언어와 개념에 의해 뒷받침되며, 고전 작가들인 키케로(Cicero), 폴리비우스(Polybius), 투키디데스(Thucydides)와 특히 추첨 이슈를 다룬 유일한 고대 작가인 아리스토텔레스의 작품에 대한 수사학적 인유(引誘)가 있다.[108]

따라서 이 작품은 아리스토텔레스적 주제를 리비우스에 파생된(Livian) 형식으로 동시대적으로 재구성한 르네상스 정치 예술 작품으로 볼 수 있다. 이런 식으로 추첨과 투표 사이의 논쟁은 로마와 아데네, 또는 스파르타와 아테네 사이의 논쟁으로 볼 수 있고, 또는 아테네 민주주의자와 귀족 사이의 가능한 논쟁의 반영으로 볼 수 있다. 아리스토텔레스에게는 그러한 논쟁이 없었기 때문에 구이치아르디니는 아리스토텔

[108] 법 앞의 만인의 평등으로서의 자유의 개념은 키케로니아(Ciceronian) 교의다. 민주주의가 폭정으로 전락하는 것은 폴리비우스(Polybius)의 잘 알려진 명제이다. 피사 원정에 대한 언급이 있는데, 이는 투키디데스가 아테네에서 온 시라쿠사 원정을 묘사한 것과 유사한 것으로 읽을 수 있다.(Butters, 1985, 특히 pp. 83-112 참조하라) 선택의 도덕성에 대한 첫 번째 연사의 관심은 『니코마코스 윤리학』(Nicomachean Ethics) 첫 두 권의 책(Aristotle, 2000, pp. 3-36)에서 아리스토텔레스가 자발적이고 합리적인 선택과 숙의를 탐구한 것을 반영한다. 두 번째 연사의 정체에 대한 이해는 『정치학』(*Politics*) BK.Ⅳ의 헌법 분류에서 직접 나온 것으로 보인다. 기업 경영과 잘 운영되는 공화국 사이의 비교는 『경제』(*oeconomica*)에서의 아리스토텔레스의 관심을 반영한다. 최고의 통치와 부자들에 의한 통치를 구별하는 어려움이라는 두 연설은 아리스토텔레스의 정치적 담론의 중심이다. *Politics* BK. Ⅱ chap. 11 § 8-9.(Aristotle, 1946, p. 85.)

레스의 『정치학』에서 잠재되어 있지만 해결되지 않은 문제를 제기하는 것으로 그 자신을 볼 수 있었다.

그러나 이 작품에는 좀 더 실용적인 장점이 있다. 구이치아르디니와 같은 귀족들은 1494-9년의 논쟁에서 패배했고, 공화정에 대한 그들의 새로운 비전은 1512년 메디치 가문과 1527년부터 1530년 피렌체 공화정의 두 번째 단계에 의해 거부되었다.[109] 이러한 근거에서 이 작품을 미래의 실천을 염두에 두고 원칙을 탐구하는 특히 중요한 수단으로 읽을 수 있다. 귀족들의 자기비판의 한 조각이다. 그러한 독해는 구이치아르디니가 그의 반대자들의 주장에 접근하는 힘과 정직함을 설명하는 데 큰 도움이 될 것이며, 왜 그가 두 번째 연사에게 귀족적 전술에 대한 그토록 기민한 이해를 제공한 이유를 설명할 수 있을 것이다.

그러나 이 연구에서 중요한 것은 구이치아르디니가 이 문제에 대한 표면적인 양면적인 설명에서 생략한 주장이다. 두 번째 연사는 부유하고 힘 있는 사람들이 어떻게 투표를 자신들에게 유리하게 사용할 수 있는지에 대해 직관적으로 이해하고 있지만, 그의 두 연사 모두 추첨이 선출 과정에 대한 공적 소유권을 유지하기 위해 사용되었다는 발상을 직접적으로 표현하지 않는다. 이런 방식으로 추첨 사용의 가장 강력한 논의와 추첨의 가장 일관성 있는 전개에 대한 이유, 특히 피렌체 대중 공화주의를 옹호하는 것과 관련된 이유는 숨겨져 있다. 구이치아르디니의 두 번째 연사는 추첨이 시민들을 '예속'으로부터 보호한다고 주장하지만, 그럼에도 불구하고 그는 추첨이 사적 또는 파벌 권력에 대항하여 공공 정치 과정을 얼마나 지켜냈는지는 명확히 하지 못했다.[110]

[109] Butters(1985)를 참조하라.

[110] 이와 관련하여 선거 부패를 예방하는 보다 직접적인 추첨 역할은 연설에서 제외된다.

구이치아르디니의 토론 재작성

추첨에 대한 구이치아르디니의 묘사를 둘러싼 미스터리는 그가 추첨에 관한 1494-9년 토론에 대한 세 가지 다른 설명을 제공한다는 사실에 의해 강화된다. 『피렌체사』에서 본 것처럼 합의가 어렵다는 것이 증명되었기 때문에, 그 논쟁은 단순한 타협이라는 상태로 경시되었다. "대평의회에서 공직을 선출하는 방법"에서 그는 논쟁의 중요성을 과장하고, 수사적 연극의 한 부분으로 제시함으로써 논쟁의 정치적 범위를 확장한다. 그럼에도 불구하고 다른 출처를 통해 구이치아르디니가 이 연구에서 제시한 논증의 양면이 1494-9년 논쟁에 참여하는 당사자들의 사상의 입장과 전통에 매우 가깝다는 것을 알고 있다. 젊은 구이치아르디니 그 자신의 틀에는 신중한 귀족적 근대화가 있고, 자유와 추첨은 서로 의존한다는 리누치니(Rinuccini)의 노선을 따르는 대중 공화주의 옹호자이기도 하다. 이 주제에 대한 그의 마지막 말인 그의 『이탈리아 역사』에서의 논의에서 이 논쟁에 대한 또 다른 관점을 제공한다.

『이탈리아 역사』에서 추첨과 투표 사이의 논쟁은 메디치 가문이 몰락한 이후, 새로운 피렌체 헌법이 채택되기 이전을 배경으로 한 한 쌍의 연설로 나타난다. 민중 정부와 협소한 정부(*governo stretto*)의 귀족적인 입장인 좁은 정부 사이에서 두드러진 논쟁이 나오는데, 이런 맥락에서 추첨에 의한 선출과 선호 투표 사이의 논쟁이 나타난다. 민중 정부를 위한 연사는 피렌체가 베네치아 모델을 채택할 것을 제안한 공화주의자 파올로 안토니오 소데리니(Paulo Antonio Soderini)이다. 그를 반대하는 사람은 귀족들의 지도자인 귀도 안토니오 베스푸치(Guido Antonio Vespucci)이다. 소데리니는 최고에 의한 공직과 정부에서의 교대를 포함한다는 이유로 베네치아 스타일의 해결에 대한 선호를 선언한다. 투표는 정부 관리가 유권자에 대해 책임을 지기 때문에 파벌과 싸우는 수단이다.[111] 반면 베스푸치는 투표를 잠재적인 무정부 상태로, 대중은 권력을 가질 책임이 없다고 묘사한다.[112] 이것은 '민중의 폭정'으로 귀결될 것이라고 그는 말한다.[113] 그는 추첨이 소수 또는 다수에 의한 선거보다 낫고 파벌이나 '특정 시민의 의지'에 의한 임명을 방지한다고 설명한다. "대평의회에서 공직을 선출하는 방법"에서의 부재로 주목할 만한 논쟁이다.

소데리니는 사보나롤라의 알려진 지지자이자 베네치아 해결책의 옹호자였다. 이 정도까지 구이치아르디니의 설명은 사실에 기반을 두고 있다. 그러나 소데리니가 제시하는 주장의 관점에서 볼 때 이는 1512년의 구이치아르디니의 로그로그노 논고에서 나온 것이다. 그러나 베스푸치는 추첨을 귀족들이 인민에 대한 투표를 거부함으로써 권력을 유지하려고 하는 수단으로 제시한다. 이것은 제2공화정 초기에 표면화된 추첨에 대한 보수적인 논쟁이지만 확실히 귀족들이 유지한 노선은 아니다.[114]

따라서 구이치아르디니의 『이탈리아 역사』에서의 추첨/투표 논쟁은 한편으로는 추첨과 대중 공화주의 사이의, 다른 한편으로는 투표와 귀족 사이의 전통적 연결을 의도적으로 뒤집은 것이다. 그 효과는 제2공화정 수호에서 추첨의 전투적 역할을 숨기고 선호 투표를 대중적인 선택으로 묘사하는 것이다.

결론

이 장과 이 이야기가 이 연구의 핵심이다. 공직자 선출 과정을 통제

---

[111] Guicciardini(1964) p. 78.

[112] 전게서. p. 81.

[113] 전게서.

[114] 프라토(Prato) 사건에서 이런 종류의 것을 본 적이 있다. 위 pp. 117 참조하라.

하기 위한 두 번의 투쟁을 보아왔다. 하나는 메디치 통치 기간 동안이었고 다른 하나는 피렌체 제2공화정의 첫 몇 년 동안이었다. 첫 번째 사례에서 공화주의자들은 복잡한 후원과 협박 시스템을 유지함으로써 권력을 쥐고 있는 부유하고 영향력 있는 가문들에 의해 행사된 정부에 대한 통제를 무너뜨리려고 시도했다. 두 번째에서 민중 운동은 공화정을 피렌체에 대한 베네치아 스타일의 정착에 기반을 둔 새로운 귀족 당파의 통제에서 벗어나게 하려고 시도했다. 두 경우 모두 추첨은 공화주의자들의 정치적 전술에서 중심적인 역할을 했으며, 두 경우 모두 공직자 선출을 공적인 손에 맡기는 역할을 했다.

더욱이 이 용도가 잘 이해되었다는 것이 분명하다. 추첨은 13세기 중반의 민중 정부인 프리모 포폴로 이래로 또는 아마도 더 일찍부터 피렌체 공화주의 관행의 일부였다. 추첨이 적용된 두 경우 모두 블라인드 브레이크를 긍정적으로 활용했고, 추첨은 정치적 이해관계가 높은 상황에서 사용되었다. 선정과정에 대한 통제력이 상실되면 공개토론, 시민참여, 자의적 지배로부터의 자유를 중시하는 정치과정의 형태도 위태로워진다는 것은 명백하다. 이러한 가능성은 구이치아르디니의 두 번째 연사에 의해 잠재적인 예속 상태로 정의되었다. 비록 "대평의회에서 공직을 선출하는 방법"이 창작과 수사학으로 가득하지만, 이것이 피렌체의 대중적인 공화주의자들이 그들의 상황을 이해한 방식이었다는 데 의심의 여지가 없다. 이러한 맥락에서 추첨은 전술적 메커니즘이었지만, 또한 그것을 정치적 원칙의 문제와 연계된 것으로 생각해야 한다.

이 장에서 또한 처음으로 추첨에 관한 정치적 사상과 실천의 상호작용을 보았다. 필자는 구이치아르디니가 귀족들의 대의명분을 좌절시킬 수 있는 추첨의 잠재력을 깨달을 만큼 충분히 기민하다고 주장한다. 그는 이 시기에 추첨을 진지하게 고려한 유일한 작가인 동시에 대중 공화정의 맥락에서 선거를 위한 플랫폼을 개발하려고 시도한 최초의 작가이다. 또한 중요한 것은 그가 공화주의 내용을 명확하게 밝히지 않고 추첨이 명확하게 속해 있던 공화주의 전통에서 추첨을 제거함으로써 추첨의 모든 잠재력을 후손들에게 숨기려 한다는 것이다. 그의 시대를 위한 글뿐만 아니라 구이치아르디니의 작품은 현대 정부의 여러 측면을 예시하는 것처럼 보인다. 비록 그들 사이의 경계가 조금 얇지만, 대중 투표에 의존하고 투표하는 사람들과 통치하는 사람들 사이가 뚜렷하게 구분되는 자유민주주의는 그의 생각을 직접적으로 반영한 것으로 볼 수 있다.

대조적으로, 혼합정체 헌법에 대한 마키아벨리의 제안은 오래된 전통에 확실히 속하며, 동시대 피렌체와 고전적 공화주의 사상 모두를 끌어내는 계획된 제도의 맥락에서 많은 것을 볼 수 있는 기회를 제공한다. 그의 1520년 헌법에서 추첨을 사용하자는 두 가지 제안인 대평의회 의원 선출과 프로보스트 선출은 모두 동일한 기본 기능에 사용되는 추첨의 예이다. 시민이 정치 기구에 들어가는 것은 당파의 영향과 무관하며, 어떤 프로보스트도 전략적으로 임명될 수 없다는 사실은 정치권력을 공적으로 유지하는 데 도움이 된다.

이 장은 이론과 실천 모두에서 서구 정치의 발전 방향과 이별을 고한다. 구이치아르디니의 사상이 자유주의적 민주주의와 전문적인 관리 정치인을 예견했다면, 마키아벨리의 정치적 통찰력을 낳은 실천적 전통은 그가 그의 담론을 쓴 지 얼마 되지 않아 종말을 고했다. 피렌체의 공화정은 1530년 교황과 제국의 연합군에게 함락되었다. 아테네 기준으로 볼 때 혼란스럽고 복잡한, 그럼에도 불구하고 그것은 추첨의 정치적 사용에 있어서 거의 300년의 실제 경험을 나타낸다. 베네치아의 선거제도는 1797년까지 비교적 변화가 없었고, 제임스 해링턴과 같은 몇몇 작가들에게는 피렌체 대신 베네치아 제도가 모범 공화국이 어떻게 구성되어야 하는지에 대한 질문에 대한 해답을 제공하였다.

다음 장에서 추첨 전통이 어떻게 베네치아에서 영국 공화주의를 통해 신대륙으로 가는지를 살펴보고, 무작위로 선택된 배심원단과 비밀투표와 같은 다른 정치 제도들이 어떻게 발전해 나가는지 살펴볼 것이다. 그것은 추첨의 문제 해결 잠재력이 매우 새롭고 매우 다른 정치적 환경에서 어떻게 다시 주장되는지에 대한 이야기이다.

참고문헌

구이치아르디니의 작품들로부터 시작한다. "로그로그노 논고"(Del Modo di ordinare il Governo Popolare)는 크레이 등(Kraye, J. ed.)의 프라이스(R. Price)(1997) 『르네상스 철학 텍스트의 캠브리지 번역본』(*Cambridge Translations of Renaissance Philosophical Texts*) (캠브리지대학교 출판부)의 번역을 사용한다. 『피렌체의 역사』(*the History of Florence*)는 홀(Hall)에 의해 요약된 그레이슨(Grayson)의 1964 번역본을, 『이탈리아 역사』(*the History of Italy*)는 알렉산더(S. Alexander)에 이해 번역된 1984년 프린스턴 판을, "대평의회에서 공직을 선출하는 방법"(*Del Modo di Eleggere gli Uffici nel Consiglio Grande*)은 『피렌체 지배집단과의 대화와 연설』(*Dialogo e discorsi del Reggimento di Firenze*)』에서 발견된다. A cura di R. Palmarocchi. Bari Laterza(1932년 출간) 필자는 이것을 번역하는 데 토레시(T. Torresi)와 론조니(M. Ronzoni)의 도움을 받았다. 마키아벨리의 작품은 1989년 길버트(Gilbert) 3권 세트를 사용했고 여기에 피렌체 『역사』(*Histories*)의 1988년 프린스턴 판과 워커(L. Walker)가 번역한 1988년 펭귄판 『담론』(*Discourses*)을 활용했다. 리누치니(Rinnuccini)의 『해방』(*De Liberate*)과 사보날로라(Savonarola)의 "피렌체 헌법과 정부에 관한 논문"(Treatise on the Constitution and Government of the City of Florence)는 왓킨스(R. N. Watkins) R. N. 등의 왓킨스(1978)에 의한 번역본을 찾을 수 있다. 『인본주의와 자유. 15세기 피렌체의 자유에 관한 글』(*Humanism and Liberty. Writings on Freedom from fifteenth century Florence*)는 사우

스캐롤라이나 대학교 출판부에서 출간되었다. 1465-6년 추첨에 관한 논쟁 내용은 이탈리아 역사기록보관소』(*Archivio Storico Italiano*) 119에 있는 "텍스트와 기록물"(Testi e Documenti)(1961) 에서 라틴어로 볼 수 있다.

부차적인 출처의 사용은 두 작가 루빈스타인(Rubinstein)과 길버트(Gilbert) 작품에서 가져왔다. 길버트의 1968년 "피렌체 정치사상의 베네치아 헌법"(The Venetian Constitution in Florentine Political Thought)은 베르나르도 루첼라이(Bernado Rucellae)를 중심으로 발전한 귀족들(*ottimati*) 서클에 대한 1977년도 연구와 마찬가지로 특히 가치 있었다. 『이탈리아 역사기록보관소』 n. 4, a cxii, 1954 II. p. 51에서 발견된 루빈스타인의 1954년 '피렌체 대평의회의 초기 연도 1494-99'(I primi anni del Consiglio Maggiore di Firenze(1494-99))는 새로운 공화국의 첫 해에 대한 설명을 제공한다. 그의 1966년 『1434-1494년 메디치 가문 하의 피렌체 정부』(*The Government of Florence under the Medici 1434-1494*)는 특히 1465-6년의 공화주의 동향을 다루는 데 좋은 역할을 한다. 언급될 필요가 있는 다른 부차적인 작품들은 버터스(Butters)(1985), 핀레이(Finlay)(1980), 스티븐스(Stephens)(1983)와 1936년에 처음 출판된 로스(Roth)의 제2공화정 붕괴에 대한 초기 설명이다. 퀠러(Queller)의 1986년 베네치아 귀족에 대한 자세한 연구와 페스만 쿠페(Pesman-Cooper)의 피렌체 지배집단에 관한 논문은 필수불가결한 것이었다.

이 시기의 정치사상에 대한 필자의 배경은 복스(Bock), 스킨너(Skinner)와 비롤리(Viroli)의 1990년 『마키아벨리와 공화주의』(*Machiavelli and Republicanism*), 비롤리의 『정치에서 국가의 이성으로』(*From Politics to Reasons of State*)와 포칵(Pocock)의 『마키아벨리안 모멘트』(*Machiavellian Moment*)가 잘 제공되었다. 그러나 이들 중 어느 것도 구체적으로 추첨의 사용을 탐구하지 않는다.

제5장

17세기와 18세기 영국과 미국에서의 추첨

지금까지 정치적 맥락에서 추첨이 광범위하게 사용되었고 그 잠재력이 잘 알려진 곳에 대해 살펴보았다. 이 장에서는 훨씬 더 단편적인 적용 패턴을 다룬다. 추첨은 중세 후기에 북유럽에서 등장한 정치 발전 경로의 일부가 아니었다. 예를 들어 13세기 이탈리아의 포폴로정치에서 볼 수 있었던 대중참여 수준은 더 북쪽에서는 전례가 없었다. 여기에서 지배적인 정치 형태는 시민에 의해 전반적으로 통치되는 작은 코뮌 공화국이나 도시 국가가 아니라 군주가 봉건적 민족 국가를 지배하는 것이었다. 그러나 르네상스 공화주의의 사상이 북쪽으로 퍼지고 고전적인 정치 문헌이 더 널리 보급되면서 추첨에 대한 관심도 함께 생겨났다. 그리므로 17세기 초 영국에서는 학자들이 추첨의 정치적 사용에 대해 알고 있었고 특정 문제를 해결하기 위해 추첨을 사용하거나 옹호되었으며 몇몇 지역에서는 확립된 관행으로 자리 잡았다. 그러나 아테네, 베네치아, 피렌체에서와 같이 북부 정치의 중심 부분은 결코 아니었다.

이러한 제한된 관심은 작가들과 정치 사상가들이 그들 자신들이 발견한 새로운 상황에 맞는 새로운 구조와 절차를 적극적으로 모색하던 영국 혁명 동안 더 큰 의미를 갖게 되었다. 이러한 맥락에서 영국에서의 베네치아 스타일 헌법을 의식적으로 옹호하는 주요 공화주의 저작인 해링턴의 『오세아나』를 발견한다. 『오세아나』는 영국 정치의 즉각적인 방향에 영향을 미치지 못했지만, 헌법이나 일련의 기본법들에 대한 관심은 신대륙, 특히 북미의 영국 소유 식민지들에서 분출구를 찾았다. 이들 식민지의 헌법 초안에서 추첨이 옹호되는 것을 발견했지만, 무작위로 선정된 배심원이라는 한 가지 특정 조치의 경우에만 추첨 사용이 정기적인 정치 관행의 일부가 되는 것을 볼 수 있다. 이 이야기는 이 장의 기본 서술 구조를 형성한다. 그러나 필자가 인용한 예들은 크게 두 가지 범주로 나뉜다. 일반적인 정부 사상이나 실행의 일부로 추첨을 보는 경우와 당면한 특정 문제에 대한 해결책으로 추첨을 지지하거나 사용하는 경우이다. 이러한 구분은 추첨의 정치적 잠재력에 대한 그 예들이 보여줄 수 있는 것이 무엇인지를 이해하는 데 도움이 될 수 있다. 후자의 범주(필자는 이것을 '독립적인' 예라고 부름)의 예는 좋은 제도, 나쁜 제도, 추첨의 강하고 약한 적용, 또는 추첨 메커니즘의 적절하고 부적절한 사용에 대한 예시다. 반면에 추첨이 더 큰 정부적 또는 헌법적 의미를 갖는 그러한 제도들은 추첨의 더 넓은 정치적 의미와 그것이 해당 정치의 전반적인 방향에 어떤 특성을 가져올 수 있는지에 대해 알려준다. 그것들은 또한 이 시기 발생했던 정치적 실행과 사상의 변화하는 패턴 안에서 추첨 사용을 보다 안전하게 찾을 수 있게 해준다.

그러므로 17세기 초 영국의 사상과 정치적 실행에서 세 가지 추첨 사례에 대한 논의로 이 장을 시작한다. 그런 다음 해링턴의 『오세아나』로 돌아가서 거기서부터 독점 식민지의 제안된 '해링턴의' 헌법에서부터 시작한다. 이것은 추첨과 비밀투표의 관계에 대해 고려하게 한다. 그런 다음 어느 정도 무작위로 선발된 배심원단의 출현을 상세히 조사하기에 앞서 미국혁명 기간 동안 추첨을 사용하고 옹호한 몇몇 개별 사례를 살펴본다. 이것은 진정으로 대서양을 횡단하는 사건이었다. 배심원은 초기 노르만(Norman) 시대부터 영국에서 사용되었지만 처음으로 추첨 방식이 공식적으로 채택된 것은 1682년 사우스캐롤라이나에서였다. 영국은 1730년에 무작위 선택을 채택했고, 그 후 얼마 지나지 않아 나머지 식민지 대부분이 그 뒤를 따랐다. 이 기간 동안 배심원단의 정치적 중요성과 그것이 초기 공화주의의 추첨 사용과 어떤 관련이 있는지 논의한다.

17세기 초 영국의 세 가지 예

그레이트 야머스(*Great Yarmouth*)

야머스 역사가 파머(C. J. Palmer)에 따르면 시장, 집행관(bailiffs) 및 지역 공직자들(4명의 특별시의원(Aldermen), 3명의 일반 시의원(Common Councilor), 출납공무원(Chamberlain), 2명의 교구위원(Churchwarden), 2명의 어업 실업수당 징수원(Collectors of Fishing Doles), 4명의 감사인(Auditor) 및 16명의 청어 출납원(Tellers of Herrings) 등)들은 '심리'(inquest)라는 방법을 통해 선정됐다.[1] 공개된 대총회(Grand Assembly)에서 특별시의원과 일반 시의원(후보)의 이름이 먼저 호명된 후 그 다음 종이에 기록되었다. 이것들은 숫자로 표시되어 4개의 모자(각 모자에 6개씩, 그리고 24명 이상이 추첨에 적합하다면 마지막 모자에 더 많이 넣어졌다.)에 넣어 시장 앞에 놓였다. 24명 미만인 경우 그 수는 회의에 참석한 자유민으로 채워져야 했다.[2] 그런 다음 보통 군중 속의 소년인 '순수한' 또는 '문맹인 사람'은 각 모자에서 세 개의 이름을 뽑도록 요청받았고 이 12명은 공직자들을 위한 선거인단 역할을 하게 된다. 진정한 이탈리아 스타일로 선거인단은 '고기, 음료, 불, 양초 없이' 홀에 갇히고 결정에 도달할 때까지 다른 누구라도 대화하는 것이 금지되었다. 이들 12명의 선거인단의 투표에서 9표면 어떤 직책에라도 선출되기에 충분했다. 이 기간 동안 오직 그들은 합의에 도

---

[1] 시스템에 대한 전체 설명은 Palmer(1856) p. 55와 pp. 51-9를 참조하라. Manship(1954) p. 358도 함께 참조하라. 파머는 맨쉽의 1619년 역사가 1854년에 처음으로 출판되도록 주선했다. '심리'에 대한 자세한 내용은 파머의 진술서에서 확인할 수 있으며, 1856년 그의 역사에서보다 집행관(bailiff) 사무에 더 많은 중점을 두고 있으며, 이 방법으로 선출된 공직자들에 대해 약간 다른 세부사항도 포함되어 있다.

[2] Palmer(1856) pp. 55-6.

달했는지 여부만 물을 수 있었다.[3] '심리' 자체는 1491년에 도입되었으며 1835년 시장을 선출하는 데 마지막으로 사용되었다. 이 실행은 그 해의 지방자치단체법(Municipal Corporations Act)의 조항에 따라 중단되었다.[4] 당대 문서들에 따르면 이 제도가 선거 분쟁에 대한 대응책으로 도입되었음을 보여준다. 이것은 '순서와 규칙을 어긴' 결과 나타난 '불일치와 불화'로 설명된다.[5]

중세 후기에 야머스는 강력한 독립적 단체라는 정체성을 발전시켰다. 이곳은 청어 산업의 중심지였으며 대륙으로의 양모 무역에 크게 관여했다. 더욱이 바로 북쪽과 남쪽의 봉건 지주들에 맞서 상업적으로 생존하기 위해, 그리고 원래 관할권 아래 있던 친퀘 항구(Cinque-ports)로부터 더 큰 독립을 위해 싸워야 했다.[6] 최초의 헌장은 1208년에 승인되었고 1272년의 자치구 조례들은 이례적으로 자치구를 선출할 권리를 부여했다.[7] 맨쉽(Manship)은 17세기 초에 쓴 글에서 야머스를 '연방'(commonwealth)으로 묘사했다.[8]

그레이트 야머스 '심리'에서 가장 주목할 만한 특징은 시행 기간이다. 이것은 지역 사회의 요구에 명확하게 부합했고 책임감 있고 안정적인 지방 정부를 제공했다. 그러나 이것이 영국 땅에서 고립된 예인지, 그리고 그것이 대륙에서 기원했는지 그 여부를 알기는 어렵다. '심리'의 세부 사항은 배심원들에 의한 현대 재판 절차와 놀랍도록 유사하다.[9] 관련

---

[3] Palmer(1856) p. 59. 분명히 이 절차는 parliament의 선거구를 선정하는 데에도 사용되었다. 전게서. p. 197.

[4] Manship(1854) p. 358.

[5] 전게서.

[6] 전게서. pp. 168-9와 181-4.

[7] Saul(1975) p. 6.

[8] Manship(1854) p. 24.

[9] 이는 야머스 지방정부의 다른 특징들에도 반영되는데, 예를 들어 1386년 24명의 평의원

된 관리들이 지역 경제 규제에 핵심이었기 때문에 '초합리적인' 선출방식을 통해 부패를 방지하고 지방정부를 비당파적이 되도록 도왔다. 이것은 추첨의 공개 의식에서 '순진한' 문맹 소년을 사용하는 것에서 그 표현을 찾을 수 있다. 소년은 당파성을 넘어 공공선을 상징하고 그의 행동은 선택된 사람들과 도시 사이의 특별한 관계를 나타낸다. 마르쿠스 키슬란스키(Marcus Kishlansky)의 말에 따르면 그들은 마을의 '공동의 정체성'을 부여받았다.[10]

야머스 조사의 존재와 지속성은 내전 이전 영국에서 공직자와 의회 대표 선출에 관한 폭넓은 조망 없이 이해하기 어렵다. 1986년 키슬란스키의 『의회 선출』(*Parliamentary Selection*)의 주요 논지는 이 시기 대부분의 공동체들이 대표자를 선출하는 데 있어 경쟁보다는 합의를 추구했다는 것이다. 그는 개인이 자신을 전체 공동체의 대표자로 볼 수 있는 '의석에 입후보하는 것'(standing for a seat)과 후보자가 더 넓은 공동체 내에서 특정 선거구를 대표하는 것으로 자신을 볼 수 있는 '의석에 출마하는 것'(running for a seat)를 가치 있게 구분한다.[11] 그는 이 시기의 경합선거는 규칙이라기보다 예외였으며[12] 선출 과정에는 정치적인 내용이 거의 없거나 아예 없었고, 경합이 공동체에 재앙이 될 수 있다는 데 진정한 합의가 있었다고 주장한다.[13] 키슬란스키는 정치 과정에 대한 이러한 개념이 어떻게 '명예, 지위, 존경'이라는 복잡한 개념과 17세기 중반의 격변으로 심각하게 흔들린 조화로운 공동체 개념에서 성장했는지에 주목한다.[14]

을 활용하여 'have a syght of merchandize'는 것이다. 그러나 그들이 어떻게 선택되었는지 모른다. Palmer(1856) p. 45.

[10] Kishlansky(1986) p. 36.

[11] 전게서. p. 11

[12] 전게서. p. 12.

[13] 전게서. p. 15.

[14] 전게서. p. 12.

토머스 가타커(*Thomas Gataker*)의 작품

실용적인 예와는 대조적으로, 가타커의 1619년 논문인 『추첨의 특성 및 사용에 대해』(*Of The Nature and use of Lot*)는 17세기 초 지식인 사회에서 추첨이 어떻게 이해되었는지에 대한 중요한 기준이 된다.[15] 토마스 가타커(1574-1654)는 케임브리지의 시드니 수섹스 대학(Sidney Sussex College)의 선임연구원이었으며 링컨스 인(Lincoln's Inn)에서 강의를 했다. 후에 그는 로더히쓰(Rotherhithe)의 교구목사가 되었고, 그 나라에서 선도적인 고전 및 신학 학자 중 한 사람으로 국제적으로 인정받았다. 그는 중요한 청교도 성직자였으며 웨스트민스터 성당(Westminster Abbey)에서 정기적으로 설교하는 웨스트민스터 신학자(Westminster Divines) 그룹의 일원이었다.[16] 이러한 세부 사항들은 그의 독자층과 영향력에 대한 몇 가지를 암시한다.

『추첨의 특성 및 사용에 대해』는 점술과 도박에 대한 동시대적 논쟁에 기여하고 있으며, 거기에서 가타커는 인간의 가치 있는 목적을 달성하기 위해 추첨을 '적법한'(lawful) 사용과 도박에서의 그것의 사용과 그가 미신으로 특징지을 수 있는 점술의 형태 사이에 명확한 구분선을 그었다.[17] '적법한'이라는 용어를 도덕적으로 허용된다는 의미로 해석할 수 있지만 가타커의 사용에는 신학적 의미를 가지고 있다는 것도 인식해야 한다. '적법한'은 하나님의 법에 따라 허락되는 것을 의미한다. 가타커는 추첨이 그 자체로 선과 악의 목적을 위해 사용될 수 있는 중립적인 현상이라는 것을 잘 알고 있으며,[18] 그는 '옳고 그름의 문제는 추첨을 근거로

---

[15] Gataker(1627). 이 논문은 1619년에 처음 출간되었다.

[16] *Oxford Dictionary of National Biography.*

[17] Gataker(1627). p. 362.

[18] 전게서. pp. 5, 360.

할 수 없으며, 권리를 결정하지 않는다'라고 경고하고 있다.[19] 반면에 그는 추첨이 '평화와 고요함'이라는 명분으로 분쟁을 해결하는 수단으로 가치 있고 합법적으로 사용될 수 있다는 것을 인정한다.[20] 그는 잠언 18장 18절을 인용함으로써 이 점을 더욱 강조한다. '… 제비 뽑는 것은 다툼을 그치게 하여 강한 자 사이에 해결케 하느니라.'[21]

가타커는 논문의 주요 부분을 정치적 목적을 위한 추첨 사용에 할애한다. 그는 고대 아테네와 로마, 고대 이스라엘과 그리고 동시대의 베네치아의 추첨 사례를 다양한 출처를 통해 매우 자세하게 논의한다. 이것은 만약 증거가 필요하다면, 이러한 문제들이 이 시기에 철저하고 안전하게 공적 영역에 있었다는 의심할 여지가 없는 증거이다. 가타커는 보다 특정한 정치적 사안에 대해 후보자를 공직에 선출할 수 있는 상호 교환 가능한 수단으로 추첨과 투표를 보고 있다.

> 어떠한 의심이나 논쟁도 어떤 적법한 추첨에 의해 해결되거나 결정되는 것은 아니지만, 달리 해결하고 결정하는 것은 사람의 권한이나. 추첨을 통해 공직자를 선출할 때 일부는 그렇게 할 수 있으며, 다른 일부도 마찬가지로 대부분의 목소리에 의해 이루어진다.[22]

그러나 동시에 그는 민주주의 국가들이 자의적 형태의 평등을 확립하기 위해 그것을 사용함에도 불구하고 추첨이 정부의 안정에 강력한 보조물이라는 것을 인식하고 있다.

---

[19] 전게서. pp. 148-9.

[20] 전게서. p. 148.

[21] 전게서. pp. 61, 118. 이것은 사실 그것의 가장 큰 정치적 잠재력을 성경적으로 보증하는 것이다.

[22] 전게서. p. 59.

> 민주주의나 민중 사회에서는 가장 일반적이지만 (그것들은 의심의 여지없이 그것들과 함께 있을 수 있는 가장 많은 평등과 공정을 정당하게 가지고 있는 것처럼 보였기 때문에 그러한 무관심이 실제로 항상 허용되는 것은 아니며 그러한 평등이 항상 공평하게 유지되는 것은 아니다) 그러나 어떤 종류의 국가나 정부 행태에서도 추첨은 가장 번성하고 질서정연한 사회에서 많이 활용되지 않고, 거부당하지도 않고, 그렇다고 인정되지도 않고, 승인되지도 않는다 … 그것들은 단지 가장 좋고 가장 오래 지속되기를 희망하고 있다.[23]

이것은 정치적 합의를 지지하고 유지하는 추첨의 능력에 대한 증거이기도 하지만, 이 작품이 또한 17세기 초 영국의 고전 교육자 사이에서 추첨의 정치적 역할이 이론상으로 잘 알려져 있었고 그 잠재력과 한계가 인식되고 논의되었음을 보여준다. 동시에 이 작품에 의해 야기된 논쟁은 청교도 공동체 구성원들 사이에서 추첨 사용에 대해 상당한 우려가 분명히 있었다는 것을 나타낸다.

가타커는 유익한 정치적 목적을 달성하기 위해 추첨을 사용하는 데 대한 도덕적, 종교적 장벽을 일부 제거하지만, 그의 작품에는 추첨을 신중하게 처리해야 하며 합리적인 메커니즘이 원하는 결과를 얻을 수 있다면 사용하지 말아야 한다는 의미가 있다. 그는 또한 모든 당사자들이 자발적으로 참여할 때 추첨이 더 적법적일 것이라고 제안한다.[24] 일반적으로 가타커는 풀에 있는 사람들이 이미 평등하다면 추첨이 훨씬 더 합법적인 것으로 간주한다. '불평등이 적을수록 추첨은 더 합법적이다.'[25] 그는 공직자를 선출하기 위한 추첨을 사용할 때, '누군가가 공직을 갖고

[23] 전게서. p. 68.
[24] 전게서. pp. 111, 49.
[25] Gataker(1623) p. 73

있든 간에 그것이 중요할 수 있다면 추첨은 적법하지 않다'라고 제안한다.[26] 그러나 그는 '더 큰 불편을 초래하지 않는 한 시행한다.'라는 예외를 둔다.[27] 그는 이러한 더 큰 불편함이 무엇인지는 설명하지 않지만, 사실 이것은 추첨이 '초합리성'의 긍정적인 미덕으로 사용될 수 있다는 것을 인정하는 것이다. 그는 추첨을 '그것을 어떤 부패나 편파도 없을 수 있는 가장 평등하고 이해관계로부터 무관한 과정'이라고 묘사하며, 이는 그가 정치적인 맥락에서 이러한 생각들을 더 이상 논의하거나 발전시키지 않더라도, 이것은 다시 그가 그 잠재력을 이해하고 있다는 것을 나타낸다.[28]

가타커의 저작은 추첨 문제가 17세기 초 지적이고 신학적 담론의 일부였다는 것을 보여준다. 그러나 이 논의가 정치권에서 읽혔음에도 불구하고 구체적으로 정치적 의제의 일부로 제시되지는 않았다. '합리적인' 작업을 수행하는 데 '초합리성'을 사용할 수 있다는 생각에 대한 청교도적 유보주의와 비(非)순응주의적 반감이 영국에서 추첨의 정치적 사용을 받아들이는 것을 억세했을 것이다. 가타커의 논문은 추첨이 더 큰 정치적 사용에 대한 장벽이 곧 제거될 것이라는 암시라기보다는 이러한 경향의 강도와 그러한 문제에 대한 신중한 영국인의 접근을 상기시켜준다.

영국 의회 위원회(*English Parliamentary Committees*)

내전 이전의 세 번째 예는 다소 미스터리하지만, 이 시기동안 추첨이 정치 사상가들과 실무자들에게 실용적인 선택이었다는 생각을 확실히 입증한다. 1626년 3월 찰스 1세(Charles Ⅰ) 치하의 첫 번째 의회 회기

---

[26] 전게서. p. 238.

[27] 전게서.

[28] Gataker(1627) pp. 205-6.

동안, 하원 위원회는 다음 날 '위원회 지명에 무관심한 과정을 고려'할 것을 요청받았다. 12명으로 구성된 그룹은 더들리 디거스(Dudley Digges) 경, 토마스 호비(Thomas Hoby) 경, 에드윈 샌디스(Edwin Sandys) 경, 허버트(Herbert) 경, 마일스 플릿우드(Miles Fleetwood) 경, 프랜시스 배링턴(Francis Barrington) 경과 같은 저명한 의원들로 구성되었다. 위원회 위원인 헨리 셰필드(Henry Sherfield)의 일지에 따르면, 이 제안을 주도한 사람은 야심찬 하원의원이자 버킹엄(Buckingham) 공작의 집요한 반대자인 더들리 디거스 경이었다.[29] 일지에는 논의의 세부 사항과 제안 전문에 대한 자세한 내용이 기재되어 있다. 하원의 모든 성원들의 이름은 작은 두루마리 종이에 써서 서기 옆 탁자 아래 상자에 넣어야 했다. 법안이 통과되면 하원은 위원회에 이름을 올리는 데 동의하고 서기는 필요한 수의 절반에 해당하는 이름을 뽑았다. 이들은 지명자들이 되며 위원회에 보내기 위해서 각각 한 명씩의 위원을 지명해야 한다. 그런 다음 각 위원회 위원들은 다른 위원들을 선택할 것이다. 추첨으로 뽑힌 위원은 자신이 선택한 위원이 선택할 수 없으며 다른 지명자 또는 위원이 지명할 수 있다. 관례에 따르면 해당 법안에 반대하는 발언을 한 사람들은 위원회에 참여할 수 없었다.

셰필드의 일지에는 이 제안에 반대하는 많은 이의제기를 나열하고 있다. 여기에는 위원회 회원 자격을 결정하는 데 걸리는 시간, 지명되지 않은 사람들이 기분이 상할 가능성, 복무를 원하지 않는 의원들이 지명될 수 있는 가능성이 포함되었다. 또 다른 반대는 가장 저명한 인물들이 지명될 수 있다는 점인데, 따라서 이는 원래의 제안에서 피하려고 했던 상황인 '일을 소수의 손에 맡길 수 있다'는 것이었다.[30] 또한 상자 위쪽에

---

[29] Bidwell and Janssen(1991-5) pp. 196-200.

[30] 전게서. pp. 198, 197.

있는 종이는 다른 것들보다 더 자주 꺼낼 수 있다는 의견도 제시되었다.

일지의 다음 항목은 덜 권위 있는 많은 의원들로 구성된 다른 회의에서 오는 대안 제안으로 보인다. 이것은 하원을 10개의 동등한 부분으로 나누어 각각 가능한 한 같은 수의 '변호사, 주(州)들의, 항구의, 중간지의, 도매상인의, 소매상인 및 기타 사람들의 기사 작위'로 구성한다는 것을 시사한다.[31] 이러한 분할들은 1에서 10까지 번호가 매겨지고 의회 업무에서 요구하는 순서대로 적절한 위원회를 구성하기 위해 소집된다. 위원회는 공동선택권을 가진 선출된 사람들이 발언권을 가질 수 있는지 여부를 결정할 수도 있다. 그들은 또한 하원의 구성원을 소환하거나 필요한 정보를 요청할 수도 있다. 모든 위원회는 모든 하원의원들에게 참석할 수 있도록 개방될 것이지만 위원회 구성원으로 지명된 사람들만이 발언권을 갖게 될 것이다.

두 계획 모두 의회 위원회를 선정하기 위한 공정하고 공평한 절차를 수립하는 데 어느 정도 도움이 된다. 둘 다 문제가 있다. 첫 번째는 무작위성과 선택의 복잡한 혼합을 옹호하는 반면, 두 번째는 위원회 구성을 위한 비례적인 해결책을 선호한다. 두 계획에 대한 전반적인 근거는 기득권을 가진 사람들이 해당 이익을 처리하도록 지정된 위원회를 꾸리는 것을 방지하고 하원 의원들 사이에 위원회 업무를 보다 평등하게 확산시키는 것이다. 첫 번째 계획에서 무작위 요소는 선택된 사람들이 할 수 있는 개인적인 선택의 수에 의해 손상된다. 파벌과 후보자들은 이 계획 내에서 쉽게 활동할 수 있다. 누구든지 하원 위원회 구성을 조작하거나 통제하는 것을 방지하기 위한 계획으로 블라인드 브레이크를 적극 활용하기 때문에 추첨의 강한 적용으로 특징지어진다. 불행히도 이 계획 자체는 잘못 설계되었으며 표면적으로 근절하고자 했던 조작의 여지를

[31] 전게서. pp. 189-200.

남겨두었다.

이 두 번째 제안은 추첨을 사용하지 않는다는 사실에도 불구하고, 일련번호에 의한 엄격한 교대 방법은 추첨을 사용하는 것과 유사한 절차에 무작위성 요소를 도입한다. 또한 하원 의원들 사이에 참여를 첫 번째 계획보다 훨씬 더 널리 확산시킬 수 있는 잠재력이 있다. 그러나 이는 비례적인 방식이며 무작위 선택으로는 불가능한 방식으로 각 위원회 내 균형 문제를 해결한다. 그러나 명단 시스템은 번거롭고 의회 일정이 왜곡될 수 있으며 누가 혼합 기준을 결정하고 누가 위원회의 특정 인원을 결정해야 하는지에 대한 문제는 특혜나 부패에 대한 편파적 비난을 유발할 수 있는 문제이다. 두 번째 계획의 각 계층 또는 범주 내 추첨은 이러한 어려움을 해결할 수 있다. 위원회 배분 문제도 마찬가지로 토론이 끝난 후 추첨을 통해 해결될 수 있었다. 후자의 제안은 파벌 활동을 억제하기 위한 추첨의 강한 사용과 원래 제안에 포함된 합리적인 균형 및 비율의 개념을 결합할 것이다. 투표권이 없는 전문가를 선택하는 아이디어도 이러한 맥락에서 유용할 수 있으며 추첨 선택이 제안할 것이 있는 사람들을 배제함으로써 모든 위원회의 효율성을 저해하는 것을 방지할 수 있다.

제임스 해링턴의 『오세아나』

제임스 해링턴의 『오세아나』는 르네상스 이탈리아의 오래된 공화주의 관행과 영국, 미국, 프랑스 혁명의 새로운 공화주의 사상 사이의 중요한 연결 고리이다. 이 조사에서 중요한 것은 『오세아나』가 영국 국민국가를 위한 베네치아식 선거 제도를 옹호하고, 그렇게 함으로써 공화정 정부의 전체 계획의 맥락에서 새로운 정치 지형으로 추첨의 아이디어를 가져왔다는 것이다. 『오세아나』는 확실히 추첨 기반 시스템을 제시하지만 해링턴이 추첨을 어떻게 보는지 정확히 평가하기는 어렵다. 한편으로 본문은 선거 제도의 일부로서 그리고 공화정 내의 여러 다른 기능을 위한 추첨의 예들로 가득 차 있다. 해링턴은 그가 묘사하는 정치 유형에 추첨이 어떤 가치를 가져온다는 것을 분명히 인식하고 있다. 반면에 추첨의 사용에 대한 설명이나 탐구는 없다. 따라서 『오세아나』는 아테네와 중세 이탈리아에서 추첨을 사용할 때 직면했던 것과 동일한 일련의 문제, 즉 어떻게 추첨 전개의 근거를 이해할 수 있는지를 제시한다. 그러나 이것은 『오세아나』가 동시대의 사건에 대한 반응이자 이상적인 정부 구조를 제시하는 가상의 작품이라는 사실 때문에 복잡해진다. 어떤 수준에서는 그것은 정치적 환경의 산물이며, 또 다른 수준에서는 그것으로부터 상당히 추상화되어 있다.

『오세아나』는 해링턴이 헌법의 서문과 작품 후반부의 허구 연설에서 명시적으로 제시한 다수의 통치 사상이나 원칙을 기반으로 한다. 이것은 '자연 귀족'(natural aristocracy), 사회의 물질적 기반으로서 토지를 평등하게 소유한다는 개념과 민중 정부 또는 국민의 실질적인 참여를 수반하는 정부는 자연스럽고 안정적이며 일반적인 인간의 이익을 반영한다는 착상 등이 그것이다. 이러한 원칙이나 아이디어는 제안된 구조나 절차에서 실제적인 표현을 발견한다. 자연 귀족의 정치적 역할은 숙의하는 원로원과 의결하는 국민(또는 국민의 대표자) 사이의 분업을 통해 보장된다. 모든 토지의 소유에 연간 2,000파운드의 상한선을 두는 『오세아나』의 농업법은 평등과 사회의 물질적 기반에 대한 해링턴의 생각이 표현되는 수단이다. 투표의 보편적 적용 — 추첨으로 선택된 지명자들을 참여시키고 선호 투표를 하는 통합된 베네치아 스타일 과정 — 과 모든 직위의 엄격한 교대는 국민과 정부 간의 연계를 유지하는 수단이다.

또한 『오세아나』가 이상적인 공평한 공화정이라는 사실에 주목해야 한다. 정당은 금지되어 있다. 비록 해링턴이 파벌주의를 '영연방의 거대한 해충'으로 묘사한 네드함(Nedham)의 방식으로 파벌주의의 위험성에 대한 주장을 전개하지는 않았지만, 공평성에 대한 논증은 때때로 『오세아나』의 본문에서 표면화된다.[32] 그는 영연방은 하나의 정당이 아니며,[33] 누구든지 자신을 당파라고 선언하는 사람은 새 정권에서 설 자리가 없어야 한다고 주장한다.[34] 어떤 정당도 정부에서 배제되어서는 안 되지만 '하나의 정당으로 구성된 영연방은 영구히 자신을 파괴하는 노동을 하게 될 것이다.'[35]

해링턴은 지방교구 수준(perish), 읍촌(Hundred), 주(州) 수준의 모든 대표자와 공직, 그리고 원로원에서 선출되는 거의 모든 공직에 대해 투표와 추첨의 결합을 사용하도록 규정하고 있으며, 이를 옹호한다고 추정한다. 후보자들은 대규모 공개 모임에서 특별히 준비된 항아리에서 뽑은 공을 사용하여 선출된 제안자 또는 선거인에 의해 지명된다. 은색 공들 중에서 금색 공을 뽑은 사람들이 후보자를 선택하고, 이 후보자들은 비밀투표를 통해 투표하게 된다. 이것은 두 개의 내부 칸이나 구획으로 구성된 특수상자를 사용하고, 투표자가 팔을 넣을 수 있는 상단에 하나의 구멍으로 구성된 특수 상자를 사용하여 수행되었다. 각 유권자는 해당 후보자에 대한 승인 또는 비승인을 표시하기 위해 이러한 구획 중 하나에 천으로 된 공이나 종이 등으로 뭉친 작은 알을 놓아야 했다. 해링턴은 이러한 투표 절차를 모든 의례적 세부 사항으로 설명한다.

기본 모델에는 많은 변형과 개선이 있다. '갤럭시'(galaxy)라고 부르는 의회(원로원 및 주(州) 대권 의회(Prerogative)) 선거에서는 잠재적 지명자들 중에서 항아리에 먼저 접근해야 하는지를 지정하기 위해 추첨이 이루어

---

[32] Nedham(1656) pp. 28-9.

[33] Harrington(1992) pp. 123, 63.

[34] 전게서. p. 215.

[35] 전게서. p. 62.

졌다.[36] 읍촌 공직 선거에서는 여러 세트의 공을 사용할 수 있었으며 각 세트는 세트의 모든 공에 새겨진 문자로 식별되었다. 어떤 세트를 사용할지 결정하기 위해 본 투표에 앞서 추첨을 하였다.[37]

해링턴은 다양한 선거 수준에서 운영되는 다양한 지명 절차를 제안한다. 지방교구에서 '원로들(elder)'은 매년 그들 중 5분의 1을 모두 추첨으로 뽑힌 한 명의 제안자에 의해 지명된다.[38] 읍촌의 7명의 공직자들을 위한 선거에서 7명의 지명자들은 추첨으로 선택되며 각각은 채워져야 하는 직위 중 하나에 대해 3명의 후보자를 지명하도록 요청받는다. 그리고 나서 그들의 선택은 그 이름이 비밀투표로 넘어가기 전에 7명의 선거인단의 단순 과반수의 승인을 받아야만 한다.[39] 주(州) 수준에서, 네 그룹의 선거인단은 추첨으로 먼저 선택되며 각 그룹 구성원은 오직 하나의 직책에 대해서만 지명할 책임이 있다. 그런 다음 이름이 앞으로 나올 수 있으려면 그룹 과반수의 찬성을 얻어야 한다. 그런 다음 최종 투표는 각 공직에 대한 4개 그룹의 후보자들 사이에서 차례로 실시된다.[40]

추첨으로 지명자 선택 이후 비밀투표에 부치는 조합의 유일한 예외는 원로원에서 위원회 직위를 선출뿐이다. 이 경우 한 명의 후보자는 각 직책별로 '심사를 통해', 즉 해당 위원회 자체의 선택에 의해 지명된다. 최종 투표는 위원회의 후보자와 원로원에서 '일반적인 방식으로' 선택한 4명 사이에서 이루어진다.[41] 추첨 없이 우선 투표로 선출되는 이들 후보자들의 선거에 대해 해링턴이 다른 단어로 지정한 것은 그가 전체 투표

[36] 전게서. p. 90.
[37] 전게서. p. 86.
[38] 전게서. p. 78.
[39] 전게서. pp. 83-5.
[40] 전게서. pp. 91, 95. 이것들은 다양한 설계 가능성의 예로서 포함될 수 있었다.
[41] 전게서. p. 124.

의 통합된 특징으로 추첨 요소를 고려하는 정도를 나타낸다.[42]

투표 과정에서 제안자와 선거인단을 선택하는 것 외에도 해링턴은 추첨을 사용하여 여러 다른 업무를 수행해야 한다고 규정한다. 헌법 제정을 위한 연구 과제는 추첨의 사용에 의한 배정으로,[43] 부족이름 할당,[44] 기마 또는 보병으로 배정된 대장,[45] 마르페시아(Marpesia)와 파노페아(Panopea) 식민지(스코틀랜드 및 아일랜드)에서 병역 의무를 수행하도록 파견된 병사들,[46] 그리고 전쟁 시 그들의 군단에 배치된 공직자들[47] — 모두 추첨 방식으로 배정된다. 이것은 해링턴이 추첨을 투표 절차의 한계를 넘어 더 넓은 잠재력을 가진 것으로 본다는 것을 나타낸다. 군 지휘권을 배분하기 위해 추첨을 사용해야 한다는 생각은 특히 추첨 분배의 '초합리성'을 사용하여 군대 내부에 파벌 형성을 억제하기 때문에 강한 적용이 된다.

만약 『오세아나』를 균형 잡힌 정치 문헌으로 본다면, 『오세아나』 헌법의 구성 자체가 추첨의 사례들에 의해 틀이 짜여 있다는 것을 알 수 있다. 헌법 작성을 위한 연구 주제를 추첨으로 선택하여 헌법 준비를 시작하고, 절차의 마지막 단계로 누가 헌법 제안에 대한 국민투표를 원로원에 제출할지 추첨으로 결정한다.[48] 이에 대한 가장 타당한 해석은 그가 새로운 공화정의 공정한 절차에 대한 시민의 동의를 얻기 위해 추첨을 사용하고 있다는 것이다. 추첨에 동의하는 사람들은 개인적인 야망을 포기하고 대의를 위한 사명감과 봉사의식에서 자신에게 할당된 역할이 무

---

[42] 전게서.
[43] 전게서. p. 69.
[44] 전게서. p. 87.
[45] 전게서. p. 88.
[46] 전게서. p. 194.
[47] 전게서. p. 208.
[48] 전게서. p. 252.

엇이든 수락한다. 추첨에 대한 동의는 정부의 규칙에 의해 통치되는 권위를 준수하기로 동의하는 것을 상징한다.

『오세아나』의 서문에서, 헌법에 대한 토론 중 연설과 기타 여러 저작에서 해링턴은 고전과 히브리 역사에서 추첨의 사용을 암시하고 때때로 논의한다. 이 지식에는 큰 차이가 없으며 해링턴의 출처는 대부분의 경우 가타커가 사용한 것과 동일하기 때문에 17세기 영국에서 고전 교육을 받은 사람들 사이에 추첨의 정치적 사용에 대한 공통된 이해가 있었다고 추정할 수 있다.[49] 그러나 더 흥미로운 것은 이러한 역사적 추첨의 예들, 특히 고대 아테네의 추첨에 대한 해링턴의 태도이다. 그는 아테네의 추첨 시스템이 그 도시의 쇠퇴에 기여했다고 주장한다.

> 투표가 아니라 추첨에 의해 선발되었고 매년 그 일부가 아니라 전체를 바꿨다는 측면에서 원로원은 자연귀족을 형성하지 못하였으며, 의원들이 업무를 이해할 수 있거나 그 일에 완벽해질 수 있을 만큼 오랫동안 자리에 있지 못했기 때문에, 원로원은 민중의 지속적인 소동을 억제할 수 있을 만큼 충분한 권위를 가지지 못했고, 결국 멸망하고 말았다.[50]

그는 아테네가 생존할 수 있는 '자연귀족의 결여'로 멸망했다고 다시 주장한다.[51] 사람들은 '너무 자주 숙의'했고,[52] 원로원에 대한 사람들의 접근은 '해악'이었다.[53] 이러한 비판의 출구는 다음에서 찾을 수 있다. 원

[49] 민중 정부의 특권과 간략한 지시. *The Prerogative of Popular Government and Brief Directions.*

[50] Harrington(1992) pp. 37-8.

[51] 전게서. p. 136.

[52] 전게서. p. 28.

[53] 전게서. p. 140. 예를 들어 유사한 문장의 많은 예가 있다. 예를 들면 Harrington(1992) p. 142, Harrington (1977) p. 477,

로원과 국민의 기능을 엄격하게 구분하는 해링턴의 계획, 민중이 토론하면 민주주의가 아니라 무정부 상태가 될 것이다.[54] 아테네의 추첨은 투표권만큼 대중적이고[55] 인민을 대표함에도 불구하고,[56] 아리스토텔레스를 찬양하는 해링턴이 민주주의에 필수적이라고 보는 이 필수적인 분할을 침해한다.[57]

> 반면 내 원칙에 따르면(당신이 좋아한다면) 민중 사이에서의 논쟁은 무정부 상태를 만들고, 그 결과만 남고 그 이상은 없는 곳에서는, 나머지는 훌륭한 귀족들에 의해 관리되며, 민주주의 또는 민중 정부라고 부르는 것이 적절하고 진실한 것을 만든다.[58]

따라서 해링턴이 추첨의 민주주의적 사용에 대해 신중하다는 것은 분명하다. 그러나 이에 대해 그가 비판하는 것은 추첨 자체의 '초합리성' 과정이 아니라 누가 풀에 참여해야 하고 선택된 사람들이 수행해야 할 정부 업무에 대한 사전 추첨 결정이다.

『오세아나』에서 시종일관하여 해링턴은 교대의 원칙과 시민권을 강조한다. 이것들과 관련하여 추첨은 결정적으로 도구적이고 지원적인 역할로 묘사된다. 이것이 어떻게 작동하는지에 대한 암시는 『오세아나』의 주요 정치 행위자 중 한 사람인 에피모누스 경(Lord Epimonus)의 연설에서 찾을 수 있다.

---

[54] Harrington(1977) p. 479.
[55] 전게서. p. 549.
[56] 전게서. p. 481.
[57] Harrington(1992) p. 10.
[58] Harrington(1977) p. 479.

> … 이러한 방식으로 참정권은 그것이 가장 순수하다는 것을 보여주는 것이다. 그리고 대중 정부에서 참정권의 순수성은 생명은 아닐지라도 건강이다. 영혼을 보는 것은 인민의 참정권에 의해서가 아니라 주권 권력에 다른 방식으로 불어넣어진다.[59]

여기서 해링턴은 자신의 주요 가상 목소리 중 하나를 가장하여 선거의 순수성 개념에 분명한 정치적 우선순위를 두고 있다. 『오세아나』의 복잡한 의식은 이러한 초점을 확증하고 선거 절차의 본질적으로 공공성을 강조한다. 지명자를 선택하는 데 추첨을 사용하는 것이 중요한 역할을 하는 것이 분명하지만, 해링턴은 이를 언급할 가치가 없다고 생각한다. 마치 그가 낮은 메커니즘보다 높은 원칙에 관심이 있는 것 같다.

그러나 선거의 순수성에 대한 이러한 요구의 절박성은 『오세아나』의 역사적 맥락을 고려할 때 더욱 분명해진다. 최근 영국 혁명에서 해링턴은 절대 군주제, 자의적 군사 통치, 정치체의 파벌적 분열의 위험을 직접 목격했다. 그는 또한 의회가 부패에 취약하다는 것을 목격했다. 비록 『오세아나』는 가상의 작품이지만 실제 주제는 영국 내전과 그 뒤를 이은 불안정한 공화정이다. 해링턴 모델의 절차와 제도는 베네치아 안정성에 대한 개인적인 경험에서 도출된 해결책과 일치하는 후기 공위(空位) 기간의 매우 실제적인 문제에 대한 그의 대응이다. 해링턴의 추첨 적용의 숨겨진 맥락인 이러한 문제들은 선거 과정과 가능한 새로운 영국 공화국의 절차와 제도를 보호하기 위해 고안된 여러 조치 중 하나로서 추첨을 일관되게 강하게 옹호한다는 것을 드러낸다.

만약 『오세아나』가 구상되고 생산된 시기의 극도의 불확실성을 고려한다면, 국민 통합을 위한 호소로도 생각해도 무리가 아니다. 평등화

---

[59] 전게서. p. 118.

요구는 농업법의 장기적인 운영, 타고난 귀족의 개념에 의해 수용된 상원의 폐지에서 다루어지는 반면, 사회의 상류층을 달래야 할 필요성은 상원 의원의 독점적인 정치적 권리에 명시되어 있다. 군부 독재의 위험성은 선거 통한 장교 선출과 그들을 연대에 배정하기 위한 추첨을 통해 해결된다. 더욱이, 내전 이전의 의원들과 반(反)크롬웰주의자들 모두 공위 기간 동안 우려했던 자의적인 권력 행사도 공직 교대, 정기 선거, 상하원 제도를 위한 제안으로 좌절된다.

이 해석은 추첨에 대한 해링턴의 양면적인 태도를 설명하는 방향으로 진행된다. 투표 의식은 명백하게 새로운 비당파적 영연방에 대한 국민적 동의를 공개적으로 보여주는 것이며, 이러한 맥락에서 추첨은 공화주의 의식에 대한 해링턴의 비전의 핵심인 통치 절차에 대한 복종을 상징하기 위해 사용된다. 여기에는 구체적인 정치적 제안이 포함되어 있지만, 『오세아나』가 얼마나 많은 수사학적 정치 문헌의 한 부분인지 알아야 한다.

비록 『오세아나』를 그 시대의 사건들에 대한 대응으로 이해할 수 있지만, 모델 공화국은 특히 1650년대 후반 영국에서는 정치적 행동으로 쉽게 이어질 수 있는 유형은 아니었다. 그것은 이탈리아 공화주의의 대부분의 측면에 익숙하지 않고 복잡한 외국 의식에 전적으로 헌신할 가능성이 거의 없는 대중들에게 제시되었다. 따라서 이론상으로는 추첨이 주창되었지만, 수백 년의 시행착오의 산물인 이탈리아에 존재했던 실용적인 전문 지식과 이해가 결여되어 있었다. 따라서 『오세아나』는 가능한 아이디어에 대한 에세이이자 공화주의의 기풍을 탐구하는 우화이며, 적절하고 적용 가능한 해결책의 옹호라는 의미가 있다. 그것은 영국에서 공화주의 관행이 걸음마 단계였던 시기에 완전히 성장한 공화주의 모델을 내세운 것이다. 이 그림의 일부로, 해링턴은 추첨 개념을 새로운 환경에 이식했지만 그 잠재력이 새로운 집에서 실현될 가능성은 거

의 없었다.[60]

해링턴이 후기 공위 기간 영국에 베네치아식 추첨을 도입하려고 한 것은 그가 공화국을 수호하는 방법의 문제에 베네치아의 적용 가능성에 대해 어느 정도 알고 있었음을 보여준다. 그러나 사실 『오세아나』는 원래의 베네치아 상황에서 알던 것보다 메커니즘으로서의 추첨 가능성에 대해 조금 더 알려준다. 해링턴이 미국의 독점 식민지의 헌법에 미치는 영향을 조사하기 위해 눈을 돌릴 때, 해링턴의 매우 특정한 이론적 환경에서 해링턴식 추첨을 꺼내어 다시 한 번 정치적인 실천으로 만들려는 시도가 이루어지면서 이 과정의 반전을 보게 된다. 그럼에도 불구하고 『오세아나』의 요소는 신대륙에서 나타났고 일부는 시간의 시험을 견뎌냈다. 투표는 계속되었지만 지명자 선택에서 추첨 요소가 상실되었다. 반면에 추첨은 영국 배심원 형식과 병합되었다. 그러나 잃어버린 것은 부패와 사적 통제로부터 주요 공직자의 선출 과정을 보호하기 위해 추첨이 사용되는 베네치아 스타일 정치의 통합된 비전이었다. 해링턴은 이러한 점에서 추첨이 잠재력이 있다는 것을 확실히 이해했지만, 그를 따르는 사람들에게 도움이 될 수 있는 유형에 대한 비판을 발전시키지 못했다. 이러한 누락은 공화주의 관행의 중심 요소인 추첨의 몰락에 대해 단독으로 책임이 있는 것은 아니지만, 아마도 후세들이 그 가치를 이해하는 것을 더 어렵게 만들었을 것이다.

---

[60] 해링턴의 추첨에 대한 옹호에는 영국의 계승자가 없었다는 생각은 1701년 『놀랜드 자유국』(The Free State of Noland)라는 제목의 익명의 헌법 제안에 의해 도전을 받았다. 이것은 사이어(Shire) 평의회의 선거인단을 뽑기 위해 추첨을 옹호한다. Noland(1701) pp. 55-6. 참조하라.

추첨과 미국 독점 식민지들

해링턴의 직접적인 영향력을 입증하기는 어렵지만 뉴저지(New Jersey), 사우스캐롤라이나(South Carolina), 펜실베이니아(Pennsylvania)와 같은 식민지의 헌법은 『오세아나』가 잘 알려졌을 영연방이나 영국의 급진적 휘그당(Whig) 서클 출신 작가들이 그렸다.[61] 여기에는 또한 『오세아나』 모델, 특히 농업법, 숙의하는 상원과 결의 대표 기구(대의원) 간의 구분, 비밀투표 및 추첨 사용을 강하게 연상시키는 특징도 포함되어 있다. 더욱이 이것들은 근대 초기의 헌법 수립에 대한 첫 시도였으며 그것들은 그 과정의 가장 중요한 현대 이론 모델에 명백한 부채를 보여준다.

독점 식민지 주(州)들은 수명이 짧았으며 그들의 원래 헌법은 훨씬 더 그러했다.[62] 이 유형의 원래 9개 식민지 중 3개인 펜실베이니아, 메릴랜드(Maryland), 델라웨어(Delaware)는 미국 독립 혁명 당시까지 왕립 식민지 지위로 돌아가지 않았다. 이스트 뉴저지(East New Jersey)와 사우스캐롤라이나의 헌법은 도입된 지 몇 년 만에 실제로 실행할 수 없는 것으로 판명되었으며 펜실베이니아에서는 윌리엄 펜((William Penn)의 원래 정부 틀의 많은 주요 특징들이 세기가 바뀌면서 폐지되었다. 게다가 독점 형태는 호기심 많은 혼성이었다. 이 식민지들은 단일 소유주 또는 소유주 그룹에게 통치할 권리를 부여한 왕실 후원 덕분에 존재하게 되었다. 그들은 새로운 정착민들과 자본 투자를 유치할 필요가 있었고, 그들의 헌

[61] 해링턴 서클에 대해서는 Cotton(1980), Gooch(1917), Russell-Smith(1914), Robbins(1959)를 참조하라. 이러한 점에서 또한 해링턴의 인쇄업자인 존 스트리터(John Streater)는 베네치아와 비슷한 스타일의 후보 지명을 위해 추첨을 사용한 국가인 라구사(Ragusa)의 헌법에 대한 설명을 출판했다는 것을 주목해야 한다, Steater(1659)를 참조하라. 이스트 뉴저지(E. New Jersey)의 헌법은 알제넌 시드니(Algernon Sidney)와 연결되어 있었다. Karston(1967)을 참조하라.

[62] Osgood(1924)를 참조하라. 특히 집회들의 증가 경우 p. 58과 pp. 74-5를 참조하라.

법은 종종 영연방 노선을 따랐기 때문에 그들은 동시에 여러 방향으로 향하는 것처럼 보였다. 본질적으로 사적인 정부 형태는 17세기 후반 공화주의 사상가들에게 그들의 아이디어를 실행에 옮길 기회를 제공했지만, 이 실험의 효율성은 근본적으로 현장에서 해결할 수 없는 이해 충돌로 인해 훼손되었다. 기존 정착민들은 그들의 새로운 독점 영주와 관리들을 그들의 자유에 대한 위협으로 보았다. 반면에 소유주는 들어오는 지주들과 기업가들에게 유리한 조건을 제공해야 할 필요성과 종교적 충성심이 지배하는 확고한 지역 엘리트의 반감을 완화해야 할 필요성 사이에서 샌드위치 신세가 되었다. 식민지의 파벌들은 또한 모국의 직접적인 격려를 받았다. 특히 후기 스튜어트(Stuart) 후원 네트워크가 대서양을 가로질러 퍼진 왕정복고시대 이후에는 더욱 그렇다. 지역 과두 정치는 그렇게 하는 것이 유용했던 영국 정부에 의해 용인되었고, 지역의 반체제 인사들은 총독(governor)이나 소유주가 영국에 눈 밖에 난 경우에는 장려될 수 있었다.[63] 따라서 새로운 헌법은 다소 추상적인 정치적 행사이며 지역 상황에 대한 반응이 전혀 아니라는 느낌이 있었다. 특히 사우스캐롤라이나의 헌법에 반하여 이러한 비난이 있었다.[64]

사우스캐롤라이나

오랫동안 로크(Locke)의 작품으로 여겨졌고, 또한 소유주 중 한 명인 그의 고용주 샤프츠베리(Shaftesbury)와 또한 관련이 있는[65] 1669년 "사우스캐롤라이나 기본 헌법"(*the Fundamental Constitution of South Carolina*)은 '수많은 민주주의'를 피하겠다는 공언된 목표와 함께 완전히 귀족적이라는

[63] 특히 Olson(1973) pp. 66-7를 참조하라.
[64] 예를 들어 Weir(1983) p. 54를 참조하라.
[65] Russell-Smith(1914) p. 159

첫 인상을 준다.[66] 해링턴의 농업법을 본받아 헌법 초안 작성자들은 토지 소유권에 따라 인구를 여러 계층으로 나누고, 그 구분에 따라 식민지의 의사 결정 기관을 조직할 것을 제안했다. 법안은 50명으로 구성된 대평의회(Grand Council, 그 중 14명만이 인민을 대표함)에서 발의되고 소유주, 세습 귀족의 새로운 추천 계층인 방백(landgraves), 12,000에서 24,000 에이크 사이 중간 계급 소유자인 지주(caciques), 부유한 평민들로 구성된 의회(parliament)에서 결의되었다. 선거로 선출된 하원(assembly)에 상당한 권리를 부여한 이전 헌장과 비교할 때, 이 새로운 헌법은 정착민들에게 거의 제공하지 않았으며, 그들 중 다수는 바베이도스(Barbados) 출신의 부유한 농장주를 경험했다. 그러나 기본 헌법은 이미 정착한 사람들을 기쁘게 하기 보다는 적절한 질을 가진 새로운 정착민들을 격려하기 위한 수단으로 더 의미가 있었을 것이다. 그것은 주로 새로운 '타고난' 귀족에 의한 안정적인 정부와 통치라는 맥락 안에서 권리와 자유, 특히 종교의 자유를 보장함으로써 이를 수행했다.[67] '망상적이고, 조잡하고, 불완전하고, 비실용적'이라는 평판이 정당하지 않지만,[68] "기본 헌법"은 거의 확실히 '즉각적으로 적용하기에는 너무 정교했다'라고 볼 수 있다.[69] 소유주들은 조직적인 지역 반대에 직면하여 새로운 계획을 시행하기 위해 고군분투했고, 1705년에 수용 가능한 문서 초안을 작성하려는 다섯 번째 시도 이후 포기했다. 다만 1682년에 대중 하원(popular assembly)은 더 큰 권한을 얻었고, 1693년에는 입법권이 양원에 부여되었다.[70] 소유주들의 포트폴

[66] 전게서. p. 157.

[67] 귀족을 창설할 권리는 영국의 것과 다른 칭호가 있는 한 원래 헌장의 일부였다. Weir (1983) p. 50을 참조하라.

[68] 에드워드 매크리디(Edward McCready)는 Edgar(1998) p. 42에서 인용된다.

[69] Weir(1983) p. 58.

[70] Russell-Smith(1914) p. 161.

리오를 추첨으로 교체시키는 조항 외에는 원래 헌법에는 추첨에 대한 언급이 없다.

헌법의 모든 버전이 거부되었지만, 이후 초안의 일부 조항은 하원(assembly)의 지지를 얻어 식민지 법 본문에 포함되었다. 이 중 가장 중요한 것은 1682년 8월 17일의 세 번째 버전의 법안으로, 배심원은 추첨으로 선출해야 한다고 규정했다. 모든 자격을 갖춘 배심원의 목록이 작성되었고 이름이 별도의 종이에 기록되었다. 그런 다음 어린이는 상자에서 이름을 뽑는다.[71] 사우스캐롤라이나가 이 방법을 도입한 최초의 주인 것처럼 보이며 아마도 배심원 형식 역사에서 합법적으로 구성된 무작위 배심원의 첫 번째 사례일 것이다. 그것은 또한 눈에 띄게 성공을 거두었고 미국 혁명 이후까지 효력을 발휘했다.[72] 이것은 식민지 자체에서 작성된 개정 초안에 나오는 지역 상황에 대한 대응이었을 뿐만 아니라, 대중적인 조치였고 한시적으로 통합된 당파들이 파벌 투쟁에 얽매이게 되는 것에 대한 유효한 조치라는 점에서 의의를 둘 수 있다.

웨스트와 이스트 뉴저지

1676년에 뉴저지는 두 개의 독립 소유 식민지로 분할되었다. '해링턴과 무어(Moore)에 대한 연구에서 갓 나온' 윌리엄 펜은 웨스트 뉴저지에 대한 관심을 갖게 되었고, 그 헌법은 본 연구와 어느 정도 관련이 있는 몇 가지 조치를 제공한다.[73] '정직하고 존경할 만한 7인'(seven honest and respectable)으로 구성된 단체는 반역적인 법을 도입하는 누구든지 고발함으로써 헌법을 수호할 수 있는 조항이 있다. 이것은 고대 아테네 시민이

---

[71] Sirmans(1966) p. 37.

[72] 전게서.

[73] Russell-Smith(1914) p. 162.

민회 결정에 이의를 제기할 수 있는 권리와 유사하다. 1676년 3월 3일 웨스트 뉴저지 양허 및 협정(the West New Jersey *Concessions and Agreements*)은 또한 투표함 또는 '트렁크'를 선거에서 '편파성을 방지하고 모든 사람이 자신의 판단과 정직한 의도에 따라 자유롭게 선택할 수 있도록' 사용해야 한다고 규정하고 있다.[74] 베네치아 방식에서 후보자 지명을 위해 추첨이 사용되었는지 여부에 대한 언급은 없지만, 간단한 옹호는 비밀투표가 파벌주의에 맞서 싸우는 수단으로 간주되었음을 나타낸다.

그러나 추첨에 의한 지명을 포함하는 선택 시스템을 이스트 뉴저지의 "기본 헌법"(*the Fundamental Constitution*)에서 발견한다.[75] 러셀 스미스(Russell-Smith)에 따르면, 1683년의 이스트 뉴저지 헌법은 '『오세아나』를 식민지에 도입하려는 모든 시도 중 가장 완전한 것'이며, 그 도입은 24명의 새로운 소유주 그룹이 식민지를 인수하는 것과 동시에 이루어졌다.[76] 여기에는 윌리엄 펜, 저명한 프리메이슨인 제임스 드러먼드 퍼스 백작(James Drummond Earl of Perth),[77] 다수의 스코틀랜드 퀘이커 교도가 포함되어 있었다.[78] 헌법에 따르면 총독은 3년 동안 소유주에 의해 선출되며 연임할 수 없다. 24명의 소유주(또는 그 대리인)들과 대평의회에서 투표로 선출한 12명의 자유민으로 구성된 총독 평의회(the Governor's Council)는 자체적으로 입법 권한이 없었으며, 『오세아나』의 상원과 마찬가지로 행정 업무를 위한 위원회로 분할되었다.[79] 대평의회는 24명의 소유주와 재

---

[74] New Jersey Statutes(c.1700) p. 405. 또한 Russell-Smith(1914) p. 162를 참조하라.

[75] Leamin and Spicer(1858). 이 문서의 실제 작성자는 불분명하지만 화이트헤드의 『식민 소유 정부 하의 이스트 뉴저지』(*East Jersey under the Proprietary Governments*)는 새 부총독 가웬 로리(Gawen Laurie)가 문서 소개에 책임이 있음을 시사한다.

[76] Russell-Smith(1914) p. 163.

[77] Schuchand(2002) p. 729.

[78] 이스트 뉴저지에서의 스코틀랜드 프리메이슨과 퀘이커의 혼합에 관해서는 Landsman(1985)과 Stevenson(1988) p. 203을 참조하라.

[79] Russell-Smith(1914)는 이것은 추첨을 통해 평균화될 수 있다고 주장한다. (p. 165). 이것

산 소유자가 되어야 하는 72명의 자유인으로 구성되어야 했다.[80] 이들은 세 그룹으로 나누어져야 했다. 3분의 1은 매년 은퇴하고 각 공직자는 추가로 2년 동안 재선될 자격이 없었다.

대평의회의 모든 구성원이 법안을 발의할 수 있으며 여기서 헌법은 초기 사우스캐롤라이나와 후기 펜실베이니아의 헌법과 모두 달랐다.[81] 대평의회의 구성원들은 먼저 각 카운티(county)에서 '10세 미만 소년'이 뽑은 추첨으로 50명을 선출한 다음 그 50명 중에서 25명을 뽑는다. 이 25명만이 공직에 선출될 수 있고, 모자에 남아 있는 25명은 얼마나 많은 자리가 채워지는지에 따라 이들 중에서 8명 또는 12명의 후보자를 지명하는 책임을 맡겨 될 것이다.[82]

이 헌법에 있어서 추첨에의 일관성 있는 접근은 배심원을 선택하고[83] 항소 법원(the Court of Appeal)의 구성원을 선택하기 위해 추첨을 제안할 때 확립되었다.[84] 이것은 4명의 독점 식민지의 소유주와 4명의 자유민으로 구성되었다. 16명의 소유주의 이름은 한 상자에 들어가고 8명은 적격한 후보자로 뽑히고 나머시 8명은 그 8명 중에서 4명을 선택하게 된다. 자유민들의 선택도 비슷한 방식으로 진행되는 것이었지만, 이들이 어떻게 지명될지는 불분명하다. 배심원과 항소 법원 추첨 모두에서 10세 소년이 하기로 되어 있다. 헌법에서 이 조치는 '모든 간접적 수단을 완전히

은 더 이상의 세부사항이 없는 'ballot'이라는 용어를 해석하기 어려운 또 다른 예이다. 아래 pp. 162-3을 참조하라.

[80] 카운티에 걸쳐 50에이커 또는 자치구들(boroughs)의 3에이커. Leamin and Spicer(1758) p. 155.

[81] 전게서. p. 155.

[82] 전게서.

[83] 전게서. p. 163.

[84] 전게서. p. 164.

방지하기 위한 것'으로 정당화된다.[85] 뇌물수수 문제는 이 조항의 앞부분에서 언급되었기 때문에 '간접적 수단'이라는 용어가 좀 더 조직적인 공모 방법을 의미한다고 추정할 수 있다.

사우스캐롤라이나의 문제를 고려할 때, 이 법안은 하원(assembly)에 지역 권력 기반을 구축한 사람들에 대한 직접적인 도전으로 볼 수 있으며, 이것이 "기본 헌법"이 채택되지 않은 이유 중 하나일 수 있다. 그러나 다른 이유가 있었을 수도 있다. 뉴저지 역사학자 리처드 P. 맥코믹(Richard P. McCormick)은 헌법이 '공상적'이고 '교리적'이며 정기 거주의 주민들의 오래된 권리에 대한 달갑지 않은 위협이었다고 주장한다.[86] 따라서 새로운 헌법에 대한 거부는 지역 자치를 지속적으로 수호하기 위한 일환으로 볼 수 있다.[87] 이것은 합리적인 해석이다. 이스트 뉴저지의 주민들은 소유 정부 자체의 법적 지위를 실제로 받아들인 적이 없었고, 그들은 1680년에 식민지를 차지하려고 했던 뉴욕주 총독 안드로스(Andros)에 대항하여 투쟁을 벌였다. 그러나 1851년 화이트헤드(William A. Whitehead) 설명은 이 문제에 대해 다른 시각을 보여준다. 분명히 헌법과 함께 제공되는 특권은 원래 보조금에 대한 재조사 및 재평가를 수행하고 상당한 체납금을 지불한 사람들에게만 확대되어야 했는데, 그 중 일부는 상당했다.[88] 비(非)준수에 직면하고 식민 정부의 두 가지 병행 체제가 나타날 수 있다는 가능성을 우려한 로리(Laurie)는 헌법을 시행하는

---

[85] 전게서. p. 155.

[86] McCormick(1964) p. 32. Pomfret(1973) p. 33은 판사들이 1683년 이전에는 선거로 선출되었다고 언급한다.

[87] Pomfret(1973) p. 59.

[88] 키텐트(Quitent)는 모든 토지 소유자가 소유주들에게 지불해야 하는 금액이었다. McCormick(1964) p. 25. 정착민들이 언제 이주했느냐에 따라 지역에 대해 연간 1에이커당 1페니 또는 1/2페니로 책정한다. 미납이 만연했다.

데 아무런 노력도 기울이지 않고 물러났다.[89]

그러나 '공상적' 헌법을 광고의 한 부분으로 읽을 수 있다. 스코틀랜드 형제회(the Scottish fraternity)에서 새로운 정착민들을 찾아야 할 필요성을 고려할 때, 그들이 새로운 환경에서 정치적 참여에서 배제되지 않을 것이라는 확신을 주는 것이 중요했다. 따라서 추첨의 엄격한 사용에 대한 제안은 바로 이것을 하기 위한 시도로 볼 수 있다. 아쉽게도 화이트헤드를 따라가다 보면 이미 현장에 있는 이들의 참여에 대한 대가를 너무 높게 책정한 것 같다.

제안된 "뉴저지의 헌법"(*Constitution of East New Jersey*)에서 평의회 선거는 여러 면에서 관심이 있다. 먼저 평의회(Council)의 역할과 구성의 맥락에서 이해해야 한다. 이것은 이례적으로 24명의 소유주들을 포함했지만, 식민지의 자유인들에 의해 상당히 열세였던 소수의 소유주들을 포함했다. 평의회의 모든 구성원은 또한 입법을 숙의하고 발의할 권리가 있었다.

지명자와 후보 그룹을 모두 선택하기 위해 추첨을 사용하는 것은 살펴본 계획들 중에서 독특하다. 그것의 특별한 가치는 그것이 선호 선거를 포함하는 완전 시민 추첨 계획이지만 시민들을 투표하는 사람들과 통치하는 사람들을 구분하지 않는 것이다. 새로운 정착민들을 식민지 정부에 통합할 필요성에 걸맞게, 그 목적은 소규모 집단이나 파벌들이 절차를 지배할 수 없도록 공직을 분배하는 것이다. 추첨은 잠재적인 권력 집중에 대항하여, 모든 자유인에게 지명 과정과 지명 자격 모두에서 동등한 지분을 부여하기 위해 강력하게 사용된다. 선호의 개념을 기회의 확대와 결합하려고 하는 반면, 경험이나 우수성에 기초한 선택은 25명의 무작위로 선택된 임시 지배집단에서 절대적인 것이 아니라 상대적으

[89] Whitehead(1875) p. 133.

로만 이루어질 수 있다. 이러한 점에서 추첨이 어떻게 효율적으로 교대 방식으로 사용될 수 있는지를 보여주는 좋은 예이다. 그러나 일시적으로, 소수의 시민을 제외한 모든 사람을 공직에서 제외시킨다. 이 헌법에서 정부 경험이 있는 사람들을 배제하는 것의 위험성은 평의회의 소유주들의 존재와 순수한 선호 제도를 채택하는 경우보다 더 넓은 범위의 자유인들이 경험을 쌓을 수 있다는 생각에 의해 상쇄된다.

펜실베이니아

펜실베이니아의 초기 역사는 성문헌법이 실제로 시행되고 있다는 것을 보여주기 때문에 가치가 있다. 또한 뉴저지에서의 문제가 발생한 후 펜이 조정한 내용을 볼 수 있기 때문에 중요하다. 첫째, 배심원을 선발하기 위해 실제로 추첨이 사용된다. 둘째, 총독 입법평의회(governor's legislative council) 의원에 대한 포괄적인 교대 시스템이 구축되어 있다. 마지막으로, 펜실베이니아에서는 정부 관직에 대한 모든 선거와 정부 내의 모든 선거에 비밀투표가 사용되는 것을 볼 수 있다.[90] 새로운 식민 정부의 정치적 발전에 미치는 영향은 적지만, 첫 번째 교대를 촉발하기 위해 의회를 추첨으로 나누는 계획 초안은 관직에서 구성원을 퇴출시키는 데 추첨을 사용하는 것이 얼마나 부적절한지 보여준다.

1682년 5월 출판된 펜의 『정부의 프레임』(*Frame of Government*)는 배심원 재판을 받을 권리에 큰 비중을 두고 있지만 배심원 선정 방법에 대해서는 거의 언급하지 않고 있다. 『영국에서 합의된 법률』(*Laws Agreed upon in England*)의 법률 초안에서 펜은 배심원단이 보안관에 의해 선정되어야 한다고 제안했지만,[91] 그의 네덜란드 친구 벤저민 펄리(Benjamin Furly)는 이

[90] Beckman(1976) p. 160.

[91] Penn(1982) vol. 2, p. 206, doc 59.

초안에 대한 논평에서 추첨이 사용될 수 있다고 제안한다.

> 특히 생명이 관련된 곳에서 … 우선 이 일을 사람보다 신에게 맡기도록 하십시오. 이는 정당한 이유 없이 사람들을 세상 밖으로 내몰기 위해 배심원을 소집하는 모든 부패를 방지될 수 있도록 하기 위함입니다. 어떤 목적을 위해 봉사할 수 있는 모든 자유민의 이름을 서류로 작성하고 48명을 추첨하여 재판소에 충분한 이유를 제시하여 양쪽이 정직하게 진행될 수 있도록 합니다.[92]

펜은 사우스캐롤라이나에서의 사건에 영향을 받았을 가능성이 있는 1683년 3월 1일 이 조언에 뒤늦게 행동한 것으로 보이며, 각 카운티의 자유민 목록에서 추첨으로 배심원을 선택하도록 하는 법령을 통과시킨 것으로 보인다.[93] 이 법령은 나중에 기본법으로 선언되었지만 1693년에 윌리엄(William)과 메리(Mary)에 의해 폐지되었다.[94] 펄리의 논평은 또한 펜의 결정이 매우 의식적인 것이었음을 시사한다.

펜실베이니아에 양원제 정부를 수립한 펜은 평의회(council)만이 입법을 발의할 권리가 있고 하원(assembly)은 승인에 대해서만 책임을 진다는 해링턴의 원칙을 따랐다.[95] 하원은 자유민들의 투표로 선출되며, 모든 자유민들은 출마할 자격이 있었다. 그 후 평의회의 자유민들은 하원에서

---

[92] Penn(1982) vol. 2, xi p. 232.

[93] 자유민들은 처음에는 보안관에 의해 소환되었고, 그들의 이름은 작은 종이에 써져 모자에 담겨졌다. 이렇게 선발된 48명의 자유민은 죄수에 의해 받아들여지는 첫 12명을 뽑는 풀 역할을 할 것이다. Staughton(1879) p. 129. chap. LXIX.

[94] Beckman(1976) p. 9.

[95] 처음에 펜은 72명의 평의회(Council), 200명의 하원(Assembly)를 계획했지만 실제로는 각각 18명과 36명으로 축소되었다. Russell-Smith(1914) p. 168.

비밀투표로 선출되었다. 매년 평의회의 구성원 3분의 1이 재선된다.[96] 헌법의 초기 초안에서 펜은 최초의 감축이 추첨으로 이루어져야 한다고 제안했다.[97] 그러나 최종안에서는 교대 사이클의 첫 시도는 다른 방식에 의해서 실제 달성되었다. 즉 의원을 선출하는 세 세트의 선거, 즉 1년 직무 수행하는 3분의 1, 2년 직무 수행하는 3분의 1, 그리고 3년 동안 직무 수행하는 3분의 1 방식이었다.[98]

여기서 질문을 제기하게 되는 그 문제가 어느 정도까지 '초합리적인' 해결책을 요구하는가이다. 이 제안의 상황에서 '초합리적인' 메커니즘의 사용이 정당화될 수 있다고 시사하는 것은 거의 없으며, 세 그룹의 구성은 아마도 후보자 스스로 결정하는 것이 최선일 것이다. 따라서 이 제안 초안은 추첨을 약하게 사용하는 것이며, 합리적인 의사 결정 과정이 훨씬 더 적절할 것이다. 선출된 의원을 효과적으로 정리하기 위한 추첨 제안은 또한 선거인단 투표의 무결성을 훼손한다. 그러나 이러한 추첨의 사용은 독립 이후 미국 최초의 헌법에서 흔히 볼 수 있는 것이었다.[99] 또한 프랑스의 총재정부(Directory) 아래에서 그것을 찾을 수 있는데, 그 곳에서 현직 공직자들을 내보내기 위해 추첨을 사용함으로써 야기된 문제는 더 심각한 결과를 초래했다.

펜실베이니아에서의 비밀투표

웨스트 뉴저지 주 헌법에서 보았듯이 비밀투표는 선거의 공정성을

---

[96] Pole(1996) pp. 82-3.

[97] Penn(1982) vol. 2, p. 145, Ⅶ, and p. 165.

[98] 밀턴(Milton)이 기술한 계획의 희미한 반영을 볼 수 있지만, 그 설명에서 의원들을 추첨으로 해임하는 것은 교대제를 시작하려는 생각과 관련이 없다. Milton(1660) p. 9를 참조하라.

[99] Poore(1878) 참조하라. Maryland p. 823; Kentucky p. 675; New York p. 1333; N. Carolina p. 1411; Virginia p. 1991

확립하는 수단으로 인식되었다. 펜은 이 새로운 절차와 유권자가 방해받지 않고 결정을 내릴 수 있도록 하는 비밀투표의 잠재력에 대해 확실히 열정적이었다. 그는 비밀투표가 '공정한 원칙에 따르지 않는 사람들이 두려움이나 호의에 의해 영향을 받는 부패를 방지하기 위해'라고 설명하며,[100] 베네치아에서의 실행과 그레셤(Gresham) 대학의 왕립학회의 투표함 사용에 대해 언급했다.[101] 투표 절차에 대한 자세한 내용과 투표함에 대한 설명은 영국과 유럽 대륙의 정착민들을 격려하기 위해 펜이 출판한 글에서도 찾을 수 있다.[102] 여기서도 다시 공정성의 개념은 언급된다. 그러나 펜이 무작위 선택에 의한 지명을 포함했다는 증거는 없으며 실제로 어떻게 지명을 해야 하는지에 대해 법령과 헌법 초안에는 거의 세부 사항이 없다.[103]

펜은 분명 보편적인 정치 도구로서 비밀투표에 대한 해링턴의 비전을 구현한 공로를 인정받을 수 있다. 그러나 그것은 보편적으로 대중적이지는 않았고 일부 평의원들에게는 비밀 거래와 은밀한 수법의 존재를 암시했다.[104] 특히 1696년 마크험(Markham)의 새로운 식민지 정부 틀에서 제외되었으며 또한 1701년 "특권 헌장"(*Charter of Privileges*)에도 없다. 비밀투표의 상실을 1690년대 중반으로 본다면, 이것은 하원에 독점식민지의 평의회에 대한 더 큰 권한을 부여한 이 시기 여러 다른 조치들과 함께 한다. 여기에는 무작위로 선정된 배심원단의 상실, 엄격한 직무 교대 중단, 하원에 입법 발의권 부여 등이 포함된다. 펜은 이 기간 동안 식민지에 없었고 그는 또한 영국의 새로운 정권에서도 인기가 없었다. 펜은

---

[100] 전게서. vol. 2., p. 147; New Jersey Statutes(c.1700)를 또한 참조하라.

[101] Penn(1982) vol. 2, p. 166, note 12.

[102] Shumway(1925).

[103] 특히 Staughton(1876)과 Beckman(1976)을 참조하라.

[104] Shepherd(1896) p. 266,

비밀투표의 패배를 하원에서 의견을 달리하는 그룹의 지도자인 데이비드 로이드(David Lloyd)의 탓으로 돌리며 1704년 로건(Logan)에게 보낸 편지에서 이 패배를 질책한다.

> 나는 그들이 입법을 준비해야 할 선거로 선출된 평의회의 모델을 싫어할 때처럼, 그리고 의결해야 하는 하원의 모델을 싫다는 것을 처음 보인 것을 묵인했다. 그리고 비밀투표 사용을 포기하면, 내가 그들에게 말한 대로 그들의 자녀들은 아마도 그들의 어리석음을 회개하기에 충분할 것이다.[105]

추첨과 비밀투표

이것은 추첨과 비밀투표 사이의 관계를 살펴보는 이 장의 요점이다. 이미 베네치아 투표 시스템의 기초를 형성한 브레비아의 후기 버전에서 이 두 가지가 함께 운영되는 것을 보았다. 이러한 유형의 시스템에서 추첨은 정부 또는 정치 직위에 대한 지명자를 선택하는 데 사용되었다. 비밀투표는 또한 아테네 디카스테리온에 의해 사용되었으며, 인원 선택이 아니라 최종 평결에 대한 투표에 사용되었다. 이것의 목적은 각각의 디카스타이들이 독립적으로 자신의 결정에 도달하도록 하는 것이었다.

옥스퍼드 영어 사전에 있는 'ballot'이라는 단어의 정의에는 두 가지 관련 의미가 있다. 비밀스러운 방법으로 투표하는 것과 제비뽑기로 선택하는 것이다.[106] 두 개의 다른 과정이 같은 이름으로 나타나 있다는 것은 공통된 기원을 암시하며, 이것을 영국 작가들이 두 절차를 모두 포함하

[105] Penn(1982) vol. 4, p. 348.

[106] Second edn(1989). OED는 각각 첫 번째와 두 번째 의미의 초기 사례로서 토마스(Thomas)의 1561년 『이탈리아 역사』(*Historie of Italie*)와 롤리(Raleigh)의 1618년 『남은 것들』(*Remains*)를 각각 인용하고 있다.

는 베네치아 선거 과정에 관심을 갖기 시작한 시점에 두는 것이 정당화될 수 있다. 필연적으로 그 그림은 복잡한 것이다. 『오세아나』와 이후의 소책자 『투표의 이점』(*Benefit of the Ballot*)과 같은 작품들은 단일 이름으로 통합된 절차의 일환으로 추첨에 의한 지명과 비밀 선호 투표를 제시하지만, 이 기간 동안 비밀투표에 대한 자체적인 절차로서 상당한 관심이 있었다.[107] 그레셤 대학의 왕립 학회는 비밀투표를 사용했고, 왕립내과대학(Royal College of Physicians), 버지니아 회사(Virginia Company), 그리고 다른 초기 상업 조직들도 마찬가지였다.[108] 1677년에 의회 선거에 비밀투표를 사용하려는 첫 시도가 햄프셔(Hampshire)의 리밍턴(Lymington)에서 행해졌지만, 이것은 상대적으로 고립된 실험이었던 것으로 보인다.[109] 비밀투표에 대한 관심은 동시대 소책자 출판물에도 반영되었다. 1659년에 출판된 『혼돈 – 또는 치안 판사의 견해를 제시하는 담화』(*Chaos – or a discourse wherein is presented the view of a magistrate*)는 서면으로 등록된 투표가 있는 비밀투표를 옹호한다.[110] 1701년, 『투표방법에 의한 대중 불편 및 비공개 선거의 장점에 대한 조사』(*An enquiry into the inconveniences of public and the advantages of private elections with the method of the ballot*)이라는 영향력 있는 소책자가 출판되었을 때, 이 용어는 분명히 추첨에 의한 지명을 포함하지 않는 비밀투표를 언급하기 시작했다.[111] 'ballot'라는 단어가 추첨을 설명하는 데 계속 사용되었으며 특히 군 복무를 할 남자를 뽑기 위해 추첨을 할 때 사용되었다.

---

[107] *Benefit*(post 1688). 1688년 이후 출판된 이 책은 앤드루 마벌(Andrew Marvell)의 작품으로 생각되었다.

[108] Russell-Smith(1914) p. 39.

[109] 전게서. p. 139.

[110] *Chaos*(1659) p. 39.

[111] Russell-Smith(1914) p. 139.

미국의 독점 식민지, 특히 펜실베이니아에서 비밀투표의 사용은 서구 스타일의 자유 민주주의 국가에서 현재 보편적으로 적용되는 첫 번째 단계이다. 이러한 사용으로 이전에 같은 과정의 일부였던 지명자를 위한 추첨에서 비밀투표 절차가 분리되는 것을 보기 시작한다. 결합된 절차는 두 가지 목표를 달성했다. 추첨에 의한 지명자 선정은 소수의 고정된 수의 후보자만 선거에 출마하는 방식으로 사용되었다. 추첨의 역할은 개인이나 정당이 정당 명판을 사용하거나 가짜 후보를 세워 선정 절차를 좌지우지하는 것을 방지하는 것이었다. 그런 다음 비밀투표는 뇌물이나 협박이 이어지는 투표에 영향을 미치는 것을 방지했다.

두 측면 모두 권력과 영향력이 있는 사람들이 선거 과정을 지배하지 못하도록 하는 전반적인 기능을 수행했다. 1676년 웨스트 뉴저지(West New Jersey)의 "양보와 합의"(*Concessions and Agreements*)는 새로운 투표용 트렁크를 주로 '당파성'을 방지하는 수단으로 보았다. 이는 비밀투표를 사용한 주된 이유가 파벌의 부상을 억제하기 위한 것임을 시사하는 대목이다. 이 단계에서 개개인 유권자의 '정직한 의도'를 보호하는 것이 부차적인 목표로 제시된다.[112]

베네치아에서 신대륙으로 넘어가는 과정에서 추첨으로 지명자를 선정하는 과정이 사라질 수 있는 이유는 여러 가지다. 미국 식민지들의 흩어져 있는 시골 인구는 아마도 베네치아와 해링턴 제도의 중심이었던 대규모 회의를 실행 불가능하게 만들었을 것이다. 더욱이 이 두 제도에서 추첨은 전체 공동체에 의해 목격되는 매우 공개적인 과정이었다. 청교도 정착민들에게 이것은 미신이 가톨릭에까지 영향을 미치는 매우 낯설고 기이한 공개 의식처럼 보일 수 있었다. 반면 비밀투표는 개인이 혼자 판단하고 오직 하나님께만 책임을 져야 한다는 프로테스탄트의 이상

[112] New Jersey Statutes(c.1700) p. 405. 또한 Russell-Smith(1914) p. 162을 참조하라.

에 부합했다. 비밀투표, 추첨 및 교대(시민의 정부 참여)도 모두 시도되지 않은 혁신이었던 상황에서, 추첨은 가장 수용할 수 없는 메커니즘으로 간주되었을 수 있었다.

이제 공개적인 환호 과정과 함께 비밀투표를 생각해보면, 어떤 경우에는 대체되었고, 그것이 어떻게 사용되었는지에 대한 또 다른 관점을 얻게 된다. 비밀투표는 개별 시민의 판단을 간섭으로부터 보호할 뿐만 아니라, 공개적인 갈등이 발생할 경우, 누가 어떤 후보자를 지지하고 잠재적으로 누가 자신의 편을 들 것인지 명확히 하는 공개적인 분할의 유형으로부터 정치체를 보호한다. 따라서 비밀투표는 정치체의 단층선을 덜 개방적이고 덜 두드러지게 유지함으로써 통합을 유지하고자 한다.

비밀투표의 비밀은 또한 시민을 보호하는 임무를 넘어서서 전체 선거 과정을 특징짓게 될 수도 있다. 유권자의 의견이 종이에 표식으로 바뀌어 투표함에 들어가면 그것은 익명이 된다. 즉, 그것을 만든 사람과 그것이 만들어진 이유는 추상적이 된다. 그것은 정치적 표현의 질적 행위가 아니라 양적 행위가 된다. 따라서 비밀투표는 유권자에게 숫자의 안전성을 제공하는 동시에 대중의 시선에서 그 의견에 대한 근거를 숨긴다. 이러한 '숨겨진' 의견이라는 개념은 비록 그것이 공직자를 선출하는데 사용되기는 하지만 비밀투표를 사적인 절차로 특징지어진다.

추첨을 통해 선정된 각 지명자는 개별적이고 개인적인 결정을 내리는 책임을 맡았지만 풀의 모든 사람이 선정 과정에 이해관계가 있는 만큼 선정 과정은 공개되었다. 비밀투표가 무작위로 선택된 지명자의 사용에서 분리되었을 때 두 가지 일이 일어났다. 첫째, 지명 과정은 부패와 조작에 더욱 취약해졌다. 그것은 모든 점에서 공공 소유로부터 상실되었다. 둘째, 전체 선거 과정은 모든 시민이 잠재적으로 질적 정보를 가질 수 있는 공적인 행사가 아니라 비밀투표라는 사적인 양적 행위에 의해 지배되었다.

또한 베네치아 대평의회에서 선출된 지명자와 브레비아에 의해 선출된 일반 시민들도 그들이 선택한 기능을 수행하도록 요구되었다. 이것은 모든 단계에서 선택 과정에 대한 공동 소유 의식과 시민 참여 정신을 의미하다. 신세계로 전환하면서 선거 과정에서 추첨 요소가 사라지면서 정치체에 대한 시민의 의무감도 사라졌다. 이러한 변화는 또한 상대적으로 수동적인 개인 유권자와 직업에 기반을 둔 능동적인 정치 계급 간의 정치 기구 분열을 가속화했다. 따라서 비밀투표는 시민의 투표를 보호하는 동시에, 그 활동을 사적 영역에 확고하게 자리 잡게 되었다. 원래의 공화주의적 맥락을 벗어나는 비밀투표는 그 자체로 개인의 정치적 양심을 방어하는 역할을 한다. 공화주의의 맥락 내에서 추첨의 도움을 받아 공공 정치의 공유 가치를 보호하는 수단이다.

미국 혁명 시대의 독자적인 예들

페인의 『상식』(*Common Sense*)

페인의 『상식』 제안은 간단하다. 각 식민지는 의회(Congress) 대의원을 선출하기 위해 구역으로 세분화되어야 한다. 그는 각 식민지에서 30명씩을 제안한다. 의회 회의에서 추첨을 통해 특정 식민지의 이름이 결정되고 그 식민지의 대표자들이 투표하여 그 중 한 명이 1년 동안 대통령이 될 수 있다. 13년 후 모든 식민지가 대통령을 선출할 때까지 어떤 연도의 대통령을 제공하는 식민지는 다음 해 추첨에서는 제외될 것이다. 그의 제안 말미에서 페인은 다음과 같이 제안한다. '이렇게 평등하게 구성된 정부 아래에서 불화를 조장하는 자는 루시퍼(Lucifer)와 함께 반란을 일으키게 될 것이다.'[113]

[113] Paine(1976) p. 96.

페인은 그의 계획을 놀랍도록 단순하게 제시하지만 복잡한 목적을 가지고 있다. 『상식』을 쓰는 그의 목적은 독립한 미국을 바람직하고 실행 가능한 것처럼 보이게 하는 것이다. 그러나 그는 또한 민주적인 공화주의자였으며 새로운 미국 공화국이 유럽의 구체제에 미칠 영향을 이해했다. 이 점에서 페인은 진정한 제안의 일부를 구성하는 것뿐만 아니라 정치적 상징성을 위해 추첨을 사용하고 있다는 의미도 있다. 그는 특별한 종류의 연을 날리고 있다. 독자들에게 문턱을 넘어 새로운 미국이 어떤 모습일 수 있는지 보여주기 위해 페인은 그들이 가장 두려워한다고 생각하는 것에 대해 이야기해야 한다. 첫 번째는 식민지가 자연적 통합을 갖고 있지 않다는 것이고, 두 번째는 미래의 정부가 가장 강력한 국가의 소수에 의해 지배될 것이라는 점이다. 이러한 의미에서 이 제안은 추첨에 대한 강력한 옹호이다. 그 과정의 '초합리성'은 대통령 선출에 있어 주들 사이에 질적 구분이 생기지 않도록 보장한다. 또한 추첨의 사용은 국가의 미래 협력 기구가 공정한 기구가 되는 것을 명확히 한다.

『상식』의 본문에서 대통령 선거에 대한 제안의 정확한 맥락은 의미가 크다. 그것은 영국 군주와 군주제 일반에 대한 강력한 논쟁 직후에 나온다. 그는 단일 거물급 인물의 필요성을 인식하면서도 또한 최고 경영자보다 회장에 더 가깝도록 공직의 지위를 낮춰 말하기도 한다. 교대와 추첨은 또한 한 명의 강력한 개인이 선출 과정을 지배할 수 없다는 보장으로 쓰이기도 하는데, 이것은 미국의 군주가 없을 것이라는 보장이다. 동시에, 추첨은 우수성에 기반에 둔 선택을 대체하기보다는 보완하기 위해 제시된다. 추첨을 옹호함으로써 페인은 현대적인 클레이스테네스를 연기하고 있다. 그는 목적의 통합이 가능하고, 강력하고 분리된 이해관계가 억제될 수 있으며, 모든 이들의 에너지가 이 새로운 협력적인 사업에 집중될 수 있다는 것을 미리 보여주고 있다. 이 제안은 사실, 정부가 어떻게 그들 자신을 가장 잘 다스리는가에 대한 개인들 간의 합의라는 생각을 구현한 것이며, 사실 이는 페인이 『인간의 권리』(*Right of Man*)에서 발전시킨 사회계약 개념과 일치한다.[114]

연합 규약(the Articles of Confederation)

이 시기의 두 번째 추첨 사례는 13개 주에 대한 공정한 의회(Congress) 설립의 필요성이라는 동일한 주제를 따른다. 1777년 10월 27일 월요일에 대륙 회의(Continental Congress, 요크에서 회의)는 사실상 미국 최초의 헌법인 연합규약(*the Articles of Confederation*) 제9조를 의결했다.[115] 이 조항은 주들 간 분쟁을 해결하기 위한 절차를 제시했으며, 현재 존재하는 모든 분쟁과 차이, 향후 두 개 이상의 주들 사이에 경계, 관할 구역 또는 다른 이유야 어쨌든 발생할 수 있는 것을 해결할 수 있는 유일하고 배타적인 권리와 힘을 의회에 부여했던 디킨슨(Dickinson)[116]의 초기 초안을 대체했다.[117]

이 새로운 조항은 이러한 모든 분쟁에서 항소의 마지막 수단으로 만들어 의회의 역할을 축소했다. 양 당사자로부터 이러한 분쟁에 대한 적법한 통지를 받으면 의회는 양 당사자를 특별 법원 심리에 소환한다. 합의에 도달하지 못할 경우 의회는 미국의 각 주에서 3명의 명단을 작성하고, 각 당사자는 13명이 남을 때까지 한 명의 이름을 선택적으로 삭제했다. 이 13명 중에서 최대 9명, 최소 7명까지를 의회에서 추첨으로 선출한다. 뽑힌 사람 또는 그 중 5명이 판사 역할을 하여 사건을 심리하고 최

[114] Paine (1945) p. 278를 참조하라.

[115] Nilsen (2004) p 21을 참조하라.

[116] 델라웨어(Delaware) 대리자는 『아티클』(*the Articles*)의 초안에 책임이 있다. 그는 중앙 정부의 강력한 지지자로 알려져 있었다.

[117] Library of Congress(1907) Vol. 5, p. 550.

종적으로 결정한다. 다수결은 이를 수행하기에 충분했다.[118]

제9조는 본질적으로 매우 실용적인 조치이지만 정치적인 의미도 내포하고 있다. 중앙 정부 조직의 역할에 대해 의회에서 열띤 토론이 있었고, 특히 리처드 헨리 리(R. H. Lee)가 표현한 것처럼 개별 주의 주권이 손상될 것이라는 우려가 있었다. 그러나 제9조는 16명의 대의원들이 찬성하였고, 반대 4명, 기권 3명이었다. 오직 뉴햄프셔 주만 반대했고 뉴저지와 사우스캐롤라이나는 분열되었고 코네티컷은 대의원 중 2명이 기권하고 1명이 법안에 반대했다.[119] 초기의 신랄함을 감안할 때 놀라운 수준의 합의에 도달했다. 따라서 이 법안은 거의 모든 참석자들이 수용할 수 있는 의회 역할에 대한 기준을 설정하는 동시에 부인할 수 없을 정도로 공평하다는 두 가지 목표를 달성했다. 이 경우에 필요한 대로 개별 주에 대한 우월한 권위를 가져야 하지만 동시에 그것이 행사하는 권위는 공정한 것으로 이해되어야 했다.

제임스 윌슨(*James Wilson*)의 제헌회의 제안

미국 역사의 혁명적 시기의 세 번째 예는 1787년 5월 연방규약을 대체하기 위해 소집된 제헌회의에서 찾아볼 수 있다. 6월 초부터 7월 말까지 간헐적으로 이어진 길고 힘든 토론에서 대표자들은 대통령이나 대통령 권한, 선거 문제에 대해 심각한 수렁에 빠졌다. 토론은 대통령과 새로 제안된 양원제 입법부 간의 관계를 중심으로 전개되었다.

펜실베이니아 출신의 제임스 윌슨(James Wilson)과 구베르뇌르 모리스(Gouverneur Morris)는 이미 대통령이 국민에 의해 직접 선거로 선출되어야 한다는 입장을 밝혔고, 이것이 입법부의 권력을 견제하는 역할을

[118] Library of Congress(1907) Vol. 9, p. 841-843. 또한 Jensen(1940) p. 180을 참조하라.

[119] 와이오밍 계곡을 둘러싼 펜실베이니아와 코네티컷 사이의 오랜 경계 분쟁 때문이다. Jensen, Kaminski, Saladino(1981) pp. 1414, 1418을 참조하라.

할 수 있기를 희망했다. 그러나 7월 17일 이 제안은 펜실베이니아만 지지하면서 크게 좌절되었다. 그럼에도 불구하고 여전히 더 큰 권력 분립에 대한 논쟁이 계속되었고, 그 후 며칠 동안 회의는 의회가 지배하는 약한 행정부에 대한 제안과, 군주제가 이름만 빼고 만들어지고 있다는 두려움을 불러일으킨 강력하고 독립적인 행정부에 대한 제안 사이에서 오락가락했다.[120] 7월 24일, 토론이 의회가 대통령을 선출해야 한다는 견해를 수용하는 방향으로 흘러가는 것처럼 보이자 윌슨은 자신의 전략을 소개했다. 메디슨(Madison)의 메모는 다음과 같이 연설을 보고한다.

> 선거 방식에 큰 난관이 터져 나오는 것처럼 보이기 때문에 그동안 언급되지 않았던 방식을 제안하고 싶다. 투표가 아닌 추첨으로 선출되며, 이들은 즉시 퇴직하고 바로 선거를 치러야 하는 국가 입법부 의원 15명 이하의 소수에 의해 6년 임기로 대통령을 선출한다. 이 방식을 사용하면 처음에는 음모를 피할 수 있고 의존성이 줄어들 것이다. 그는 이것은 이미 소환된 아이디어가 아니며 강한 반대에 부딪힐 수도 있다고 말했다.[121]

윌슨이 이 문제를 완전히 결의하기 전에, 입법부에 대한 고려를 연기하자는 발의가 옮겨져 무산되었다. 윌슨은 그의 펜실베이니아 대표단과 함께 그 동의안에 찬성했다. 윌슨은 그 결의안을 추첨으로 옮겼고, 메릴랜드의 캐롤(Carrol)이 이를 지지했고 토론이 이어졌다.[122]

이에 반대하여 매사추세츠의 엘브리지 게리(Elbridge Gerry)는 다음과 같이 제안했다. "이것은 운에 너무 많은 것을 맡기는 것입니다. 만약

---

[120] Collier and Collier(1986) pp. 297-310.

[121] Madison(1987a) p. 359.

[122] 전게서. p. 361.

무가치한 자들에게 추첨이 걸린다면, 무가치한 대통령은 그 나라에 안장을 얹혀야 합니다."[123] 매사추세츠의 루퍼스 킹(Rufus King)은 같은 주에서 추첨이 발생할 가능성에 대해 걱정하면서 '운이 아니라 이성에 의해 통치되어야 한다'고 말했고, 아무도 만족하지 못했기 때문에 연기하는 것이 순서였다. 윌슨은 연기를 승인했고 구베르뇌르 모리스는 같은 주의 선거인단 다수가 뽑힐 가능성이 거의 무한하다고 제안했다. 연기하기로 한 결의가 만장일치로 통과되었다.[124] 추첨에 대한 윌슨의 제안은 7월 26일 위원회로 보내지기 전에 논점이 요약되었기 때문에 다음 며칠 동안 무산된 것으로 보인다. 버지니아의 메이슨(Mason)은 건조한 논평을 했다. '다른 편법들 중에서, 추첨이 도입되었다. 그러나 티켓 수요가 많지 않은 것 같기 때문에 진행되지 않을 것이므로 해당 주제에 대해 아무 말도 할 필요가 없다 …'[125] 제헌의회에 대한 매디슨의 메모는 가득 차 있지만, 비서의 설명을 인용한 패랜드(Farrand)의 설명은 다음과 같다. 윌슨의 제안에 대한 더 자세한 논의가 있었다는 것을 시사한다. 비서의 서류에서 발견된 종잇조각에는 실제로 일부 도금된 공이 추첨에 사용될 것이라고 언급되어 있다.[126]

윌슨이 자신의 제안을 통해 달성하려고 했던 것이 무엇인지 완전히 확신하기는 어렵다.'음모를 피하고 의존도를 낮춘다'라는 그의 명분은 정부 기관의 순수성에 대한 그의 일반적인 노선과 관련이 있는데, 이는 나중에 그가 '도당과 부패'를 줄이는 것에 대해 이야기하고 '종신의 상원의 영향력과 파벌'에 대해 걱정한다'.[127] 비록 '검증되지 않은' 그것은 일

[123] 전게서.
[124] 전게서. p. 362.
[125] 전게서. pp. 370-1.
[126] Farrand(1966) vol. 2, p. 99
[127] Madison(1987a) p. 578.

부 현대 평론가들이 제안한 것보다 훨씬 더 합리적인 제안이지만, 그가 입법부의 권력을 조정하고 주요 개인과 파벌의 영향력을 억제할 수 있는 원칙이나 공식을 찾고 있었다는 것을 확신할 수 있다.[128] 또한 당시 그의 매우 극단적인 결의안을 추진하게 된 동기는 동료 대의원들이 직면한 위험에 대해 더 잘 인식하도록 하기 위한 것이었다는 의미도 있다. 대통령이 의회 의원들과 동등한 숫자의 주에서 온 선거인단에 의해 선출되어야 한다는 토론의 최종 결과는, 일반투표로 선출된 대통령의 가능성에 대해 문을 닫지 못했으며 실제로 이는 윌슨에게 정말로 양보가 되었다.

이 제안에 대한 게리의 반응과 한 주에서 선거인을 뽑을 확률에 대한 킹과 모리스사이의 짧은 논쟁도 드러났다. 선출된 의원들이 '무가치할' 수도 있다는 게리의 주장은 그들이 지적으로 좋은 선택을 할 능력이 없을 수도 있다는 의미로 받아들여지기 어렵다. 그러나 그의 발언은 누가 통치해야 하는지에 대한 친숙한 귀족적 논쟁으로 쉽게 보일 수 있지만, 맥락은 다른 해석을 암시한다. 이 기간 동안 프리메이슨은 형제회 후보자를 거부할 때 '무가치한'(unworthy)이라는 용어를 사용했다.[129] 이러한 추론을 따른다면, 게리는 말을 잘못하거나 그의 동료 형제들(워싱턴과 프랭클린 모두 포함)에게 윌슨의 제안의 결과에 대해 경고하고 있는 것이다.[130] 같은 이유로 윌슨은 자신이 떨어뜨리고 있는 (충분히 이해되지 않는) 폭탄선언과 그것이 양보를 얻어낼 수 있는 가능성을 잘 알고 있었을 것이다.

동일한 주에서 다수의 선거인단을 뽑을 가능성이 '무한'일 것이라는 모리스의 주장은 그가 확률론에 대해 어느 정도 알고 있거나 그 문제를

---

[128] Rossiter(1966) p. 199.

[129] Barratt, Sachse(1908) pp. 361, 399, 362 etc.

[130] Morse(1924) pp. xi, 68, 72, 110. 대륙회의(Continental Congress)에서의 프리메이슨(Masonic)의 영향은 p. 61을 참조하라.

사전에 고려했다는 것을 나타낸다. 그것은 또한 통합을 달성하고 잠재적인 갈등을 해결하기 위한 수단으로서 제안의 효율성을 고려하여 제헌회의에서 주 대표들에게 호소할 수 있다는 점도 고려하게 된다. 이 계획안에서 북부와 남부, 해안과 내륙, 크고 작은 주에서 온 선거인단이 혼합되었을 가능성이 높다. 게다가 15명의 선거인단 내에서, 이 계획은 작은 주들에 많은 것을 제공했다. 델라웨어와 로드 아일랜드(Rhode Island)는 해당 주에서 선거인을 뽑을 확률이 약 30분의 1이고, 노스캐롤라이나와 사우스캐롤라이나, 코네티컷에서 17명 중 1명의 선거인단을 가질 확률이다. 이러한 주들은 특정 상황에서 잠재적으로 권력 균형을 유지할 수 있다는 것을 알았을 것이며 따라서 경쟁하는 권력 블록에 의해 지배되는 행정부의 경향을 완화시킬 것이다.[131]

무작위로 선택된 지역이 대통령을 선택하자는 제임스 윌슨의 '충분히 이해되지 않은' 제안은 전형적인 가중치 추첨 갈등해결 시나리오이다. 무작위로 선택된 개인을 사용하자는 제안은 개인의 그룹이나 그룹이 지배적인 맥락에서 이루어시기 때문에 가중지 추첨으로 정의할 수 있다. 이 경우 그룹은 각 주에서 선출된 하원의원이다. 모든 당사자에게 결과에 대한 비례적인 지분을 부여하여, 그렇지 않았다면 파악하기 힘들었을 합의를 촉진하는 것이 제안되었다. 이를 위해서는 모든 당사자가 자신의 선정 가능성을 대략 계산할 수 있다는 생각에 의존하며, 따라서 제안을 지지할 경우 감수할 위험도 고려해야 한다. 따라서 합의에 이르는 수단으로서 이 계획의 성공은 '초합리성'과 무작위성보다는 비율의 개념을 전제로 한다. 따라서 추첨 절차가 절차에 익명의 객관적인 선택 방식

[131] 이러한 계산은 다음의 의회 쿼터에서 도출한다. 버지니아 12명, 펜실베이니아, 매사추세츠 10명, 뉴욕, 메릴랜드 8명, 코네티컷, 노스캐롤라이나, 사우스캐롤라이나 7명, 뉴저지 6명, 뉴햄프셔 5명, 조지아 5명, 델라웨어, 로드아일랜드 3명. 제헌의회에서 투표 패턴에 대한 자세한 설명은 Collier와 Collier(1986)를 참조하라.

을 제공하여 각 주 또는 주 그룹의 상대적인 성공 가능성을 비례 계산으로 실현할 수 있는 약한 추첨 사용이다.

이 협약은 개인에 의한 계층 구분이 거의 없는 상태에서 주정부의 난해한 지위에 의해 지배되어 왔으며, 윌슨의 제안이 그 효력을 발휘하는 맥락에서 볼 수 있다. 추첨의 예측 불가능성은 과반수 투표(다수결권)가 사용되는 경우 강대 주들이 행사할 수 있는 독점을 깨뜨릴 위험이 있었다. 대신 각 주는 추첨에서 그들의 하원의원 수에 비례하여 결과에 대한 지분을 갖게 된다. 어떤 상태도 제외되지 않는다.

윌슨의 제안이 협약에서 표면화된 단기간의 의견 불일치를 어느 정도 해결했을지 모르지만, 이를 대의원들을 회피하는, 보다 실행 가능하고 장기적으로 비례하는 해결책에 대한 대안으로 읽을 수 있다. 상대적으로 적은 수의 전문 정치인 풀로 인해 의회 의원 그룹이 영향력 기회를 늘리기 위해 동맹을 맺음으로써 쉽게 부패하거나 음모와 정치적 투표거래의 대상이 될 수 있다.

민병대원에 대한 페인의 제안

이 시점에서 토머스 페인의 펜에서 나온 추첨과 관련된 또 다른 계획을 살펴보는 것이 유용하다. 아마도 1780년경에 그는 추첨으로 미군을 모집하는 계획을 세웠다. 30명의 잠재적 징집병들로 구성된 풀은 추첨을 통해 1명의 민병대원을 선별하여 배출하는 것을 목적으로 삼았다. 그러나 나머지 29명은 이 한 명의 병사의 비용과 장비를 충당하기 위해 그들에게 부과되었다. 이 매우 합리적인 계획에서 페인은 추첨에 의한 선택의 불화를 일으키는 가능성을 인식하고 있으며, 모든 참가자들이 부담을 분담하여 통일성을 유지하려고 한다.[132]

[132] Paine(1945) pp. 208-9. 이 계획은 이 기간 동안 영국 민병대원에 대한 투표 소집에 반대

부담을 위한 것이든 보상을 위한 것이든 추첨에 의한 선택은 결과를 예상하여 풀을 하나로 묶는다. 또한 선택에 책임을 지는 사람이 없기 때문에 그들을 하나로 단결시킨다. 보상이나 부담이 풀에 있는 사람들 사이에서 교대되어야 하고 추첨은 단지 그들이 분배되는 순서만 결정할 뿐이고, 이러한 통일감은 쉽게 유지될 수 있다. 추첨으로 부과되는 부담이 그만큼 무거워지고 의무가 무거워지면 선택받은 자와 선택되지 않은 자의 더 큰 구분이 벌어질 수 있다. 선택되지 않은 사람들을 동료의 지원 역할로 데려온다는 페인의 발상은 잠재적으로 분열 가능성이 있는 추첨 이후에 공동체 참여와 책임감을 재확립하는 수단으로 고안되었다.

일반적으로 민병대원을 선택하기 위해 추첨을 사용하는 것은 인기는 없지만 영향력 있는 사람들이 공학적 복무에서 제외되는 것을 방지하는 한에서 추첨의 강력한 사용이다. 그것은 또한 개인 또는 개인 그룹에 맡겨질 경우 엄청난 수의 상반된 도덕적 주장의 대상이 될 수 있는 선택 유형이기도 하다. 그것은 또한 추첨이 대리 선택으로 사용되는 아주 좋은 예이다. 모든 주장의 균형을 맞추는 데 너무 오랜 시간이 걸리고 단순히 편의를 근거로 만들어진 것인데, 이러한 의미에서 그것을 약한 추첨의 사용으로 생각할 수 있다. 페인의 계획은 영리하게 새로운 도덕적 틀을 만들어내는데, 이는 최종 선택의 논리가 승자와 패자 모두가 일부 책임을 지는 공유 프로젝트라는 생각보다 덜 중요하게 만든다.

하여 사용된 보험 계획의 일종의 반전이다. 징병 대상자 그룹은 저축 클럽을 만들어 회피에 따른 벌금을 내거나, 대원 중 한 명이 선택되면 대신 후원할 수 있었다. (이 두 편의는 다양한 민병대 행위에 따라 허용되었다.) Western (1965) p. 253을 참조하라. 민병대를 모집하는 문제가 상비군의 정치적 함의에 대한 오랜 논쟁의 중심이었지만, 영국의 계획은 일반적인 무장 및 훈련을 피하기 위해 고안되었다는 점에서 미국의 계획과 근본적으로 달랐다. Western(1965) p. 127을 참조하라.

무작위로 선택된 배심원

무작위 선택 이전 배심원단

이 장의 마지막 부분에서는 영미 전통의 대표적인 기관 중 하나인 배심원단에 대해 살펴본다. 18세기 작가 페티날(Pettignal)이 영국 배심원단과 그리스 및 로마 배심원단 사이의 직접적인 연결 고리를 구축하려는 노력에도 불구하고 이 그림은 결코 간단하지 않다.[133] 아테네의 디카스타이는 형식과 기능 면에서 후기 유럽의 사법 기관과 완전히 다른 반면, 로마 법관들은 사회의 상류층에서만 선발된다는 점에서 영국 배심원단과 다르다. 일부 로마의 영향을 무시할 수는 없지만, 공동체의 일반 구성원들이 일시적인 사법적 역할을 하는 영국 형태의 기원은 의심할 여지없이 스칸디나비아이다.

톨 그룬드 레프(Thorl Grund Repp)은 1832년 아이슬란드와 스칸디나비아의 배심원 형식을 연구하면서 영국 배심원단이 9세기 이후 시행된 두 가지 사법 형태가 합쳐진 것이라고 주장한다. 이것들은 스칸디나비아 배심원단과 '결백 선서(wager of law)'이다. 후자는 다른 개인이나 기소 치안판사가 제기한 고발에 대해 도움을 주기 위해 피고가 지명한 여러 사람들로 구성된다.[134] 즉 피고는 선서를 하고 필요한 수의 사람들(일반적으로 12명)이 피고의 선서를 믿게 함으로써 자신의 결백이나 비의무성을 입증하는 것이다. 레프에 따르면, 이것은 더 귀족적이지만 더 공정한 배심원들과 대조적으로 이러한 형태의 공동체 관할권 중에서 가장 민주적이지만 가장 야만적이었다. 레프가 결백 선서를 '야만적'으로 규정한 것은 아마도 그것이 대립적이었기 때문일 것이다. 이 시기 배심원단은 일반적

---

[133] Pettignal(1769).

[134] Repp(1832) p. 18

으로 사회에서 교육 수준이 더 높은 구성원 중에서 선택되었고, 따라서 귀족으로 인식되었다. 레프는 17세기와 18세기 급진주의자들이 그토록 존경했던 앵글로색슨(Anglo-Saxon) 배심원단이 사실은 결백 선서를 했다고 주장한다. 결백 선서의 구성원들은 피고에 의해 선택되었으며 명백히 당파적이었다. 반면에 초기 스칸디나비아 배심원단을 뽑는 데 추첨이 정기적으로 사용되었다는 직접적인 증거는 없다. 그들은 보통 치안 판사 또는 사법관들에 의해 직접 선발되었다.

색슨 족은 이러한 방식으로 피고인을 지지하기 위해 공동체의 평범한 시민들을 이용했지만 영국의 노르만 왕조의 하급 배심원들은 일반적으로(반드시 그런 것은 아니지만) 기소 당국을 지지하는 증인 역할을 했다. 그들의 임무는 순회 재판관들에게 피고인의 무죄 또는 유죄 가능성에 관한 현지 지식을 제공하는 것이었고, 이 과정에서 그들은 판사에게 유리한 결정을 내릴 것으로 기대되었다. 그럼에도 불구하고, 이들은 기소 역할을 하는 대배심(Grand Juries)에 대한 균형추로 여겨질 수 있었다.

비록 중세 영국의 소배심(petty juries)은 추첨으로 선정되지 않았지만, 피고인이 제안된 배심원에게 최대 36번이나 이의를 제기할 수 있는 전통적인 권리는 공정성을 보장하고 지역 행정관들이 처음 배심원 선택에서 공평하게 선택하도록 장려했다.[135] 제도 도입 초기에는 소규모 배심원은 공동체에서 높은 사회적 지위를 가진 기사나 남성으로 구성되었지만 중세 후기에 배심원 자격이 부동산의 소유권과 연결되면서 바뀌기 시작했다.

영국 배심원단이 공동체에 내재된 정의와 자의적인 권력에 대항하는 보루를 상징했다는 것은 마그나 카르타(Magna Carta)에 포함된 것으로부터 명확하다. 그러나 1641년 성실재판소(星室裁判所, the Court of Star

[135] Green(1985) p. 134.

Chamber)가 폐지된 이후에야 배심원단이 국가에 반하는 범죄와 같은 실질적인 정치적 영향을 미치기 시작했고 기존의 정치질서는 종교재판의 대상이 되지 않고 공개 재판 대상이 되었다. 따라서 17세기 후반, 일련의 주요 재판에 의해 가속화된 배심원단은 국가의 강압적 권력에 대항하는 개인을 위한 가장 강력한 방어선이자 왕국에서 가장 대표적인 기관으로 빠르게 자리 잡았다.[136] 두 가지 경우는 특별히 언급할 가치가 있다. 첫 번째는 1653년 릴번(Lilburne)에 대한 무죄 판결, 두 번째는 1670년의 펜-미드(Penn-Mead) 또는 부셸(Bushel) 사건으로 재판부에 이의를 제기한 경우 배심원단의 면제특권을 확립했다.

릴번의 사례는 실질적으로 배심원이 본질적으로 입법 기관이었다는 수평파(Leveler)의 전제를 실제로 확인하기 때문에 중요하다. 릴번은 1649년과 1653년에 배심원에 의해 무죄 판결을 받았다. 두 번째 재판은 릴번이 망명 생활을 마치고 귀국한 이후 상당한 관심을 끌었지만, 그렇게 함으로써 그는 의회(Parliament)에서 그에게 부과한 조건을 어겼다. 따라서 그는 재판에 회부되었다. 자신을 방어하는 주요 수단으로서 그는 의회의 원래 결정이 헌법에 부합하는지에 대해 이의를 제기했다. 더욱이 배심원단에게 무죄를 선고할 것을 요구하면서 릴번은 사실 제도로서의 배심원단이 법을 해석하는 데 있어 의회보다 우선해야 한다고 주장했다. 이런 식으로 그는 배심원단을 그를 추방한 잔류파(the Rump)보다 더 권위 있는 것으로 묘사했다.[137]

헌법을 해석하고 법률을 제정할 배심원의 권리는 수평파의 관점에서 볼 때 의회의 폭압으로부터 기존의 보통의 권리와 관습법의 과정을 방어하기 위한 필수적인 수단이었다. 1649년 『영국 자유민의 협정』(*An*

[136] Cockburn and Green(1988) p. 182.

[137] Green(1985) p. 173. State trials 4.1320-73 and 4.1379.

agreement of the Free people of England)에서 릴번은 배심원의 선정이 이 역할의 중요한 측면이라고 주장했다. 그는 배심원단은 '지금까지 있었던 많은 장소에서 선택되고 강요되지 않고, 사람들에 의해 어떤 자유로운 방법으로 선택되어야 한다'고 설명했다.[138] 릴번은 배심원단이 국민을 대변하는 기관이 되기 위해서는 그들의 선택을 지역 행정관에게 맡길 수 없다고 주장했다. 그는 대중의 주권이 실질적으로 발현될 수 있는 방법을 찾고 있지만 구체적으로 추첨 사용을 옹호하지 않으며 따라서 배심원의 역할과 아테네 민주주의 또는 이탈리아 대중 공화주의 사이의 연결 고리를 만들지 않는다.

1670년의 펜-미드 사건은 영국 관습법에 즉시 통합되었고 현대 관행의 많은 부분을 차지하는 판사와 배심원 간의 관계에서 분수령이 되었다.[139] 클래런던 법전(Clarendon Code)의 일부인 1664년 비밀집회금지법(Conventicles Act)에 따라 비순응주의(통치에 순응하지 않는 개신교 의미) 종교 집회는 불법으로 간주되었다. 그러나 선동적인 의도가 입증될 필요가 있는지 여부에 대해 약간의 혼란이 있었고, 이 점은 당시의 많은 퀘이커 교도(Quaker)에 의해 빠르게 받아들여졌다.[140] 윌리엄 펜(William Penn)과 윌리엄 미드(William Mead)는 모두 거리에서 설교한 혐의로 체포되었고, 배심원단은 중요한 사실을 인정하면서도 재판부의 권고에 불복하여 두 피고인 모두 무죄를 선고했다. 배심원단에게 연설할 때 펜은 그들이 사실에 대한 판단을 넘어설 권리가 있다고 가정했다. "문제는 내가 이 기소에 대해 유죄인지 여부가 아니라 이 기소가 합법적인지 여부이다."[141]

그러나 배심원들이 결정을 내리자 판사는 자신의 의견을 무시한 배

---

[138] Green(1985) p. 161.

[139] 전게서. p. 274. 또한 Nilsen(2004) p. 21.을 참조하라.

[140] Green(1985) p. 203.

[141] State trials 6.958. Green(1985) p. 223을 참조하라.

심원들에게 벌금을 부과했다. 일부는 투옥되었다. 그러나 배심원 중 한 명인 부쉘은 인신보호청원(Habeas Corpus)의 영장을 연방항소 법원으로 옮기고 판사의 조치를 번복하도록 했다. 펜-미드 사건과 릴번 사건 사이에는 어느 정도 유사점이 있다. 의회는 2년 전에 배심원 벌금 문제에 대해 논의했으며 이 관행을 불법화하는 법안을 준비했다. 그러나 이 법안은 위원회에서 폐기되었다.[142] 항소법원에서 본(Vaughan)에 의한 부쉘 판결은 판사와 독립적으로 법을 해석할 수 있는 배심원의 권리를 법으로 인정한 것이었다. 또한 이는 사실상 최고 입법기관이 배심원 벌금 문제를 해결하지 못한 대신 입법 결정이기도 했다. 이 시기 배심원단은 의회의 타성에 반하여 스스로의 권리와 기능의 속도를 분명히 강요하고 있었다.

배심원 시스템의 이러한 성공은 배심원 선택에 추첨이 사용되기 전에 달성되었다. 그것은 그것이 공정한 기관으로 여겨진다는 개념에 기인했고, 이는 신중한 선택과 피고인의 여러 이의 제기에 대한 권리에 의해 달성되었다. 그러나 이 제도는 남용될 가능성이 있었다. 배심원 모집이 자주 발생했고 배심원으로 봉사할 사람을 찾는 것이 종종 어려웠다. 따라서 지속적인 공정성을 보장할 수 있는 효율적인 선택 방법을 찾는 것이 모두의 이익이 되었다. 따라서 18세기 후반 배심원의 역할을 살펴보기 위해 돌아가기 전에 배심원의 무작위 선정으로의 변화가 어떻게 일어났는지 정확하게 설명할 필요가 있다.

무작위로 선택된 배심원단의 기원

패턴을 식별하기 쉽다. 우리가 보았듯이 무작위로 선택된 배심원단은 17세기 후반에 일부 독점 식민지에서 제안되었다. 이스트 뉴저지와 펜실베이니아에서 성공은 오래가지 않았지만 사우스캐롤라이나에서는

[142] 전게서. p. 219.

그 제도가 다음 세기의 대부분 동안 식민지의 사법 운영에서 확립된 부분이 되었다. 영국 배심원은 1730년 3월 12일 배심원 규제 개선 방안(*Bill for Better Regulating of Juries*) 이후 추첨을 통해 선택되었다.[143] 1736년과 1758년 사이에 5개의 미국 식민지가 그 뒤를 따랐고,[144] 다른 두 개 주인 뉴저지와 메릴랜드는 미국의 독립과 1800년 사이에서 무작위 선택으로 전환했다.[145] 펜실베이니아는 마침내 추첨 방식으로 돌아갔고, 메인(Maine)도 여기에 합류했다. 버지니아는 1796년까지도 '가장 유능하고 가장 가까운' 관계없는 사람 중에서 배심원의 절반을 선택하는 전통적인 방법을 여전히 사용했다.[146]

식민지와 주 법률 조항과 틴달(Tindal)에 의한 영국 법률에 대한 간략한 보고서들이 공개되고 있다. 1731년 8월 20일 법에서 '고대 관행'을 확인하면서 사우스캐롤라이나 주 법령은 다음과 같이 설명한다.

> 지난 수년간 이 지방에서 사용되고 승인된 평등하고 공평하며 공정한 추첨 방식으로 배심원단을 뽑는 방식은 공정하고 올바른 사법 행정에 크게 기여했으며 동일한 절차를 지속할 수 있는 가장 확실한 수단이다.[147]

배심원 추첨은 10세 미만의 어린이가 법정에서 진행해야 했으며, 추첨에 대한 공고는 배심원단이 뽑히는 같은 날 찰스 타운(Charles-town)

[143] Cobbett(1811) col. 802.

[144] 매사추세츠 1736년, 뉴욕 1741년, 코네티컷 1742년, 뉴햄프셔 1758년이다. Massachusetts(2000) Ch. 234 § 7; New York(1894) pp. 183, 189; Connecticut(1750) pp. 102-3; North Carolina(1751) pp. 163-4; New Hampshire(1771) pp. 189-90을 참조하라.

[145] 뉴저지 경우 Wilson(1784) pp. 344-5를 참조하라. 메릴랜드는 Kilty(1799) Ch. 87 § 8을 참조하라.

[146] Virginia(1727) Chap. XXIV, p. 9. 이 시스템은 1662년에 도입되었다. note 156 이하를 참조하라.

[147] Trott(1736) p. 503.

의 가장 대중적인 거리에서 북 소리(Beat of Drum)에 의해 이루어졌다.[148]

이러한 그들의 고대 제도를 공개적으로 보여주는 것은 1730년 영국 법의 냉정한 조치와 대조적이다. 그 법안은 반대 없이 통과되었고 상원의 승인을 받았다. 틴달(Tindal)의 논평은 이것이 '가장 탁월한 행위'라고 말한다. 두 가지 분명한 목표를 가지고 있었다. 첫 번째는 '대부분의 경우에 부패를 쉽게 할 수 있는 길을 열어주는 가난한 사람들'로 가득 차게 되는 배심원단이 되지 않도록 '부유하고 영향력 있는 사람'이 배심원 활동에서 벗어날 수 없도록 보장하는 것이다. 두 번째는 '나쁜 변호사'들이 배심원에게 불법 또는 부패한 영향력을 행사하는 것을 방지하기 위함이다. 이 목적을 달성하기 위해 두 가지 조치가 설명된다. 하위 치안관은 '미카엘 성탄절 2주 전 또는 그 이상의 일요일까지 봉사할 자격이 있는 사람들의 목록을 만들어 교회 문에' 붙이곤 했다.[149] 12명의 구성원에 대한 추첨은 재판 당일 법원에서 진행된다.[150] 무엇보다 이 법은 지난 세기에 볼 수 있었던 인민 정부 기관으로서의 배심원의 역할이 급진적으로 확대되는 유형에 제동을 걸기 위해 고안되었다. 전반적인 취지는 배심원단이 영국 사회의 근실한 중간 계층을 반영하도록 하는 것이었다. 이러한 상황에서 추첨은 이 부담을 공정하게 분산시킬 수 있는 수단이었고, 뇌물을 받기 위해 같은 사람을 계속해서 불러들이는 파렴치한 지역 행정관들로부터 부자를 보호하기 위한 수단이었다.[151]

대부분의 식민지와 주에서는 추첨이 배심원을 선택하는 '공평'하

---

[148] 전게서. p. 506.

[149] Cobbett (1811) col. 802. 이 과정은 1757년 영국 민병대법 이후 카운티별로 투표를 통해 민병대를 선발하는 절차와 거의 유사하다. Western (1965) p. 247을 참조하라. 이것은 흥미로운 유사점이다. '교회 문' 목록은 공공의 의무 개념을 배치하기 위해 명확하게 설계되었다.

[150] Cobbett(1811) col. 803.

[151] 전게서.

고 '공정'한 수단을 어떻게 제공하는지를 강조한다. 대부분은 원래 배심원단을 구성하는 데 보안관이 관여하며, 이 선택은 예비 배심원들의 선입견이라는 측면에서 몇 가지 명시적인 기준에 따라 결정되어야 한다고 명시한다. 일부 주(뉴저지 1793, 메릴랜드 1799)는 추첨에서 분쟁 당사자들이 잠재적 배심원 목록에서 다수의 이름을 삭제하는 방식, 즉 풀에서 배심원을 선택하는 다단계 과정으로 변경되었다.[152] 다른 주에서는 이것을 민사 소송 또는 경계 분쟁에 대해 지지되었다.[153] 보안관을 임명하는 방법은 식민지마다 달랐고 예를 들어 매사추세츠에서는 1736년 추첨이 도입되기 전에 마을의 자유민들이 배심원을 선출하는 역할을 맡았다.[154] 1761년 뉴햄프셔와 1756년 노스캐롤라이나 두 식민지에서 특별 배심원단이 새로운 고속도로의 경로를 결정하기 위해 선택되었으며, 이는 보다 광범위한 입법 활동을 위한 배심원의 가능성을 시사한다.[155]

사우스캐롤라이나를 제외하고, 배심원 제도의 추첨의 출현은 많은 식민지나 주들이 그 제도가 가지고 있는 어떤 정치적 또는 민주적 잠재력보다는 시스템의 효율성에 대해 언급하면서 매우 늭후된 사입직인 사건으로 보인다. 배심원 재판을 받을 권리가 권리장전(Bill of Rights)에 통합될 때쯤에는 거의 절반의 주에서 이미 배심원 선발을 위해 추첨을 사용하고 있었다. 비준 논쟁에서 배심원 선발을 위한 그들만의 최선의 관행을 개발할 수 있는 주들의 특권은 존중되어야 한다는 것이 명백했고, 버지니아와 같은 주들은 다른 선발 방법을 사용하면서 변경할 필요가 없

[152] 메릴랜드는 Herty(1799) pp. 313-14를 참조하라. 뉴저지는 New Jersey(1800) p. 261을 참조하라.

[153] North Carolina(1765) p. 356.

[154] Massachusetts(1814).

[155] 노스캐롤라이나는 North Carolina(1765) pp. 90과 269을 참조하라. 뉴햄프셔는 New Hampshire(1761) p. 115를 참조하라.

었다.[156]

배심원의 법률 조사 역할 – 선동적인 명예 훼손 위기

배심원단을 '법률 조사'(law-finding) 역할을 하는 것으로 보는 경향은 세기 초에 경범죄에 대한 과도한 형량을 감형하는 수단으로 무죄를 선고하는 배심원 기반 경감(輕減)의 관행에 의해 강화되었다.[157] 따라서 배심원단이 입법의 미비점을 보완하고 유연한 공동체 기반 사법 시스템을 제공할 수 있다는 실질적인 이해가 생겨났다. 이러한 배경에서 18세기 후반에 언론의 자유를 위한 장기간에 걸친 투쟁이 일어났다. 정부가 쥐고 있는 주요 무기는 선동적 명예훼손법이었고, 이 포괄적인 법안에 직면한 작가, 출판사, 서점상들의 주된 방어는 배심원에게 호소하는 것이었다. 그러나 이는 배심원단이 출판 사실이 아니라 피고인이 선동의 죄가 있는지 여부에 대한 일반적인 판례에 근거하여 판단을 내리는 경우에만 유효할 수 있다. 여기에는 당연히 문제의 출판물의 내용이 실제로 선동적인 것인지, 아니면 정부의 무능이나 부패에 대한 대중의 비판이라는 정당한 행위인지에 대한 가치 판단이 수반되었다.

세기 중반 동안 사례가 점진적으로 증가하여(1735년 뉴욕의 젠저스 사건(Zengers), 1752년 런던의 오웬 사건(Owen) 포함) 정부가 1763년 법에 따라 윌크스(Wilkes)를 기소하려고 시도하고 1770년 미국 식민지에 대한 영국의 정책을 비판한 주니우스 페이퍼스(Junius Papers)의 출판으로 기소를 요청하면서 1760년대와 70년대 운동이 절정에 이르렀다.[158]

하원을 비판하는 책자를 출판한 서점상 오웬을 성공적으로 변호하

[156] 제퍼슨은 실제로 1798년 10월에 이것을 선거로 바꾸자는 탄원서를 제출했다.

[157] Green(1985) p. 270.

[158] 전게서. p. 322.

면서 캠든(Camden)은 비판할 권리는 근본적이라고 주장했다.[159] 이것이 위기의 본질이었다. 그러나 부득이하게 다른 문제들이 제기되었고, 여기에는 배심원의 역할에 대한 심각한 헌법적 논쟁이 포함되었다. 주니우스 재판이 절정에 달했을 때 법무장관 설로(Thurlow)는 법에 대한 배심원 통제의 망령을 제기한 반면,[160] 투쟁의 반대편에서 윌크스는 배심원을 부패하고 대표성이 없는 의회 아래서 국민의 자유를 가장 잘 보장하는 것으로 묘사했다.[161] 법이 배심원단을 통해 지역사회로부터 흘러들어왔다는 수평파 논쟁의 잔재가 여전히 증거로 남아 있지만, 블랙스톤(Blackstone)은 배심원이 부패와 폭정의 과잉에 대한 '감시자'를 구성한다는 보다 도구주의적인 접근 방식을 채택했다.[162] 논란은 마침내 배심원단이 선동적인 명예훼손 사건에 대해 일반 평결을 내릴 수 있는 권리를 부여한 1792년 폭스(Fox)의 명예훼손법(Fox's Libel Act of 1792)으로 일단락되었다.[163]

이러한 맥락에서 풍부한 출판물과 소책자가 생산되었다. 이들 중 다수는 배심원 선택을 위한 추첨의 비교적 새로운 사용을 암시하고 있고 이를 배심원의 정치적 역할과 관련시키는 한 많은 것들이 우리의 목적에 중요하다. 조지 라우스(George Rous)는 주니우스 사건에 대한 맨스필드(Mansfield) 경의 출판된 의견에 대한 응답으로 1771년 소책자 『영국의 배심원들에게 보내는 편지』(*A Letter to The Jurors of Great Britain*)을 제작했다. 이 시기의 많은 배심원 지지 문헌과 마찬가지로 라우스의 관점은 대중적이고 개방적인 정부에 대한 그의 견해와 단단히 연결되어 있다. '배심원에 의한 재판이 적절한 활력으로 유지되지만 형사 재판은 국가의 커다란 조

[159] 전게서.
[160] 전게서. p. 324.
[161] 전게서. p. 327.
[162] 전게서. p. 332-3.
[163] 전게서. p. 330.

직에 남아 있기 때문에 어떠한 탄압의 길도 열려있지 않을 것이다.'[164]

그는 시민의 자유는 오직 법의 지배에 의해서만 보존될 수 있지만, '법 그 자체는 공동의 이익에 의해 보존된다'라고 주장한다.[165] 공공의 안전과 자유가 판결에 저울질되어야 하는 선동적 명예훼손이라는 복잡한 문제에 대한 판단은, 우리가 '공동생활로 들어가서' 그리고 '국민의 정서를 받아들인다면' 오직 이루어질 수 있다고 그는 제안한다.[166] 따라서 이러한 측면에서 무작위 선택은 이러한 상식이 사법적 시스템으로 접근 가능하게 만드는 수단이다. '국민 중 추첨을 통해 뽑은 배심원은 특히 명예훼손의 경우에 합당한 재판관이다.'[167]

더욱이 배심원단의 비당파적이고 아마추어적인 지위는 부패가 발생하는 곳에서 부패가 제한된 영향을 미칠 것이라는 것을 보장한다. 즉 '배심원단은 국민들로부터 추첨으로 뽑고, *특정한* 명분을 즉시 일반 대중으로 돌려보내는 것이다.'[168] 그런 다음 라우스는 배심원 제도를 통한 순환 방식으로 인민의 청렴성에 대한 주장과 그의 인민 주권 개념을 결합할 수 있었다. "나는 인민은 유일하게 합법적인 권력의 원천이라고 진심으로 믿는다."[169]

로버트 모리스(Robert Morris)가 1770년에 제작한 소책자 『리처드 애쉬튼 경에게 보낸 편지』(*A Letter to Sir Richard Ashton*)에서 이와 비슷한 견해를 제시한다. 모리스는 사회계약 논쟁의 맥락에서 대중 주권과 배심원의 역할에 대한 질문을 제시한다. 배심원단이 문자 그대로 국민으로부터

[164] Rous(1771) p. 3.

[165] 전게서. p. 5.

[166] 전게서. p. 51.

[167] 전게서.

[168] Rous(1771) p. 60.

[169] 전게서. p. 65.

뽑혔다는 사실은 중요하다. '국가의 평화와 질서를 보존하기 위해 배심원단(배심원은 국민으로 구성됨)보다 누가 더 관심이 있나? 정부가 수립되는 것은 그들의[170] 안보를 위한 것이다.'[171] 따라서 모리스에게 무작위로 선택된 배심원단은 자치정부에 대한 최초의 동의가 실제로 나타날 수 있는 가장 기본적인 수단이다. 그는 또한 추첨이 부패를 방지하기 때문에 가치 있다고 본다.

> 특히, 불확실성이 있어야 하는 모든 것은 다른 재판소의 판결에 맡겨야 한다. 재판소는 추첨과 국민들 사이에서 순환되며, 따라서 끊임없이 변화하고 있다. 부패한다면, 악은 오직 한 개인의 억압으로 확대될 수 있다.[172]

이 시기의 영미 사상에서 무작위 선택의 원칙과 연결된 인민 주권의 철학과 가장 가까운 것을 발견할 수 있는 것이 바로 이 팜플렛들이다. 정의가 공동체에서 흘러나온다는 수평파 주장의 발전이지만, 추첨과 교대의 도래와 함께 공평심과 청렴성의 문세에 너 첨예하게 초섬을 맞추고 있다. 교대와 추첨은 해링턴을 통해 영미 정치에 도입되었지만 해링턴과 달리 라우스와 모리스의 비전의 진실성은 간접 선거 시스템의 일부로 추첨을 사용하는 대신 전체 국민으로부터 직접 선택한다는 아이디어에 의존한다. 또한 이러한 발전은 영국 입법부의 실패에서 비롯되었다고 말하는 것도 타당할 것이다.

---

[170] I.e. the people's

[171] Morris(1770) p. 42.

[172] 전게서. p. 53.

배심원의 정치적 역할

이 이야기의 한 가지 특징은 1680년대와 90년대, 즉 무작위 선택이 채택되기 전인 배심원의 역할과 18세기 후반의 선동적 명예훼손에 대한 재판 과정에서 배심원의 역할 사이의 유사성이다. 두 경우 모두 배심원단은 국가에 대항하여 정치적 표현의 자유를 수호하는 최전선에 있는 정부 기관이었다. 릴번의 무죄 판결과 선동적인 명예훼손 사건에서 배심원단은 지역사회 정의의 기관으로서의 잠재력을 보여주었다. 그것은 통치되는 입법의 대상이 된 사람들의 일부가 그들을 통치하려는 사람들의 행동에 반대하거나 찬성할 수 있도록 허용하는 기관이었다.

이러한 사건들은 지역사회 정의의 기관으로서 배심원단의 잠재력을 보여주지만 동시에 한계도 보여준다. 살펴본 바와 같이 배심원단의 정치적 역할 유형은 반응적이고 방어적이다. 배심원단은 국가가 국민의 정치적 민감성과 갈등을 일으키는 방식으로 행동할 때 정치적으로 두각을 나타낸다. 이러한 의미에서, 그리고 초기 노르만 시대의 기원에 비례하여 배심원은 항상 공화국이 아닌 정부의 한 형태로서 국가에 속해 왔다. 그것은 공동체가 국가 사법 기구를 지원할 수 있는 수단으로 등장했으며, 나중에야 국가 권력 남용을 막는 보증수단으로 발전했다. 따라서 이러한 점에서 그 정치적 잠재력을 과대평가하지 않도록 주의해야 한다. 또한 그것이 전성기에 일반적으로 개별 시민에 의해 제기되는 정치 및 공익 사건에 대해 입법을 승인하고 판결을 내리는 일을 담당했던 아테네의 디카스테리온과 일시적으로 유사하다는 것 이상의 의미를 지닌다고 생각해서는 안 된다.

따라서 배심원단은 중앙 국가 권위와 지역 사회 사이의 공간에서 작동하는 것으로 볼 수 있다. 그것은 정부 기관이며 중앙 정부 당국에 의해 조직되고 통제되지만, 동시에 적어도 펜-미드 사건 이후에는 해당 당국과 독립하여 평결을 내릴 수 있는 공동체 구성원이 포함된다. 배심원단은 또한 지역사회와 국가 모두에 적합한 기관이다. 중앙 집중 정부는 지역 사회의 협력을 구하면 정의를 수호하기가 더 쉽다는 것을 알게 되며, 반면 지역 사회는 중앙 정부가 기관에 제공하는 권한, 조직 및 물리적 보호의 혜택을 받는다. 따라서 배심원단을 선정하는 과정은 국가와 지역사회 사이의 접점에 서 있으며, 즉 이러한 호혜관계의 핵심이다.

게다가 무작위 선택의 사용이 어떻게 이 필요한 타협의식을 지지하고 강화하는지 알 수 있다. 이에 대한 다양한 표현을 봐왔다. 릴번은 배심원 선발에서 더 큰 공정성을 요구했고, 사우스캐롤라이나 시민들은 추첨에 의한 배심원 선출 문제에 대해 새로운 독점 정부와 흔치 않은 합의에 도달했는데 이는 아마도 어느 당파도 지지하지 않았기 때문일 것이다. 또한 영국 의회가 시민들의 책임을 보다 정확하게 정의하고 하층민들의 권력을 억제할 필요성에 대해 어떻게 만장일치로 동의하는지 보았다. 마지막으로 윌카이트(Wilkite) 소책자들은 추첨 사용이 어떻게 배심원들을 인민의 기관으로 정의하는지 강조하는 것을 보았다. 따라서 무작위로 선정된 배심원단이 중앙 당국과 지역 사회 모두에서 받아들여졌다는 진정한 의미가 있다.

무작위 선택이 채택되기 전의 지역사회 정의 기관으로서 배심원단의 역할이 추첨이 도입된 후인 18세기 후반의 역할과 거의 동일하다는 것을 보았다. 그럼에도 불구하고, 다른 형태의 선택과 비교하여 운영되는 조건에서 뚜렷한 차이가 있다. 그것은 어떤 개인이나 조직화된 개인 그룹도 구성원의 선택을 통제할 수 없기 때문에 기관으로서 더 큰 권위를 끌어낸다. 형사 사건에서, 이것은 피고 측과 검찰 측 모두 자신의 목적을 위해 배심원 선택을 조작할 수 없다는 것을 의미한다. 국가가 특정 정치적 사안에 대해 이의를 제기하거나 또는 시민이 정치적인 이유로 국가 기소에 대해 자신을 변호하는 경우, 무작위 선택은 배심원 구성이 국가나 또는 국가의 적들에 의해 조작될 수 없음을 의미한다. 따라서 이러한 의미에서 국가와 지역 사회 사이의 중재 지점으로서의 배심원의 역할은 무작위 선택에 의해 강화된다.

무작위 선택은 또한 시민과 배심원 시스템 간의 관계를 정의한다. 시민체의 모든 사람 — 또는 적어도 배심원단이 뽑힌 부분의 모든 사람은 시스템 전체에서 잠재적으로 동등한 지분을 갖고 있다. 블라인드 브레이크는 누구도 다른 사람보다 의식적으로 우선적으로 포함되거나 배제되지 않도록 하며, 원칙적으로 그리고 확실히 1730년 법률의 취지에서 책임은 풀에 있는 사람들 사이에 확산된다. 선정 과정을 통한 공적 의무의 정의는 무작위로 선정된 배심원단에 내재된 공적 소유라는 개념과 함께 윌카이트 팜플렛 작성자가 제안한 바와 같이 배심원의 공동체 역할이나 대표 기능을 강화하는 것 이상이다.

사실 무작위로 선택된 배심원단을 공화주의이나 공공 정부 기관으로 생각할 수 있다. 그것은 당파적이거나 국가 소유가 아니라 공공에 있다. 그것은 그것이 정의하는 정치적 의무가 정의된 시민에 의해 운영된다. 그리고 그것이 공동체를 반영하는 동안, 단지 공동체 정의의 기관일 뿐만 아니라 공공 거버넌스의 일부이다. 군주제 하에서도 그 구성원은 신민이 아닌 시민으로 행동한다. 사우스캐롤라이나가 무작위로 선택된 배심원단을 채택한 1682년 시점은 배심원이 그러한 기관이 된 시점이었다. 이는 이 법률이 영국식 지역사회 정의를 공화주의적인 추첨 관행과 연계시켰을 뿐만 아니라, 추첨이 공공 정부에서 시민의 역할을 조직할 수 있는 잠재력이 있기 때문이었다.

결론

이 장에서는 추첨을 광범위하게 사용한 공화국 정치 유형이 쇠퇴하는 시기를 다루었다. 그것은 추첨이 정치적 잠재력을 가지고 있지만 그 잠재력의 실현이 불가피하지 않다는 것을 보여준다. 추첨의 잠재력이 실현되지 않을 수 있는 이유에는 정치 환경에서 메커니즘을 사용하는 관행에 익숙하지 않고, 정치이론이 어떻게 작동하는지 이해하고 설명하지 못하며, 추첨 사용에 대한 사전 판단, 잘못 설계된 계획에서의 사용이 포함된다. 권력을 가진 파벌이나 경쟁 세력이 공직자 선출에 대해 일정 수준의 통제력을 유지하기를 원하는 경우에도 추첨 계획이 거부될 수 있다. 이러한 이유들은 종종 추첨을 다양한 대안 메커니즘 중에서 덜 매력적인 옵션으로 보이게 하기 위해 결합된다.

북유럽에서 추첨의 정치적 사용이 어떻게 받아들여졌는지, 발전한 환경에서 벗어나 이러한 요소들이 어떻게 작동하게 되었는지에 대한 이야기이다. 17세기 초 영국에서는 공화주의 자체는 실제로 거의 알려져 있지 않았으며, 추첨의 정치적 사용은 훨씬 덜 알려져 있었다. 게다가 일반적으로 추첨의 사용은 정치 분야에서 고대에서의 사용에 대한 더 많은 지식을 얻은 가타커와 같은 고전주의자들의 의견에도 불구하고, 청교도 공동체의 자연스러운 의심을 불러일으켰다. 해링턴의 『오세아나』에서 공직 선출 절차에서 추첨이 얼마나 중요한 역할을 하는지 보았지만, 그것이 정치와 그 이상에 정확히 어떤 기여를 했는지에 대해서는 어떠한 설명도 진전되지 않았다. 이스트 뉴저지에서 추첨을 사용하는 포괄적인 헌법이 지방 자치 정부에 대한 위협으로 간주되어 거부되는 것을 보았다. 식민지에서는 비밀투표와 교대의 사용이 추첨보다 우선시하여 채택되었으며, 유권자 위협을 방지하고 강력한 파벌의 성장을 억제하는 것과 같은 일부 기능을 수행하는 데 사용되었다. 영국 의회 위원회를 선정하기 위해 제안된 계획에서 추첨의 역할은 선호 선택에 의해 그 효율성을 잃을 정도로 손상되었다. 펜실베이니아 주의회를 교대하기 위해 처음에 추첨으로 3개로 나누자는 제안에서 '초합리적인' 방안이 필요하기보다는 편의상 제안된 것으로 보인다. 이 두 가지 예는 추첨을 효과적으로 사용하는 방법에 대한 이해가 제한적이었다는 것을 나타낸다.

다른 한편으로, 페인의 새로운 연합 독립 미국의 대통령 선출 계획 및 연합 규약에서의 추첨의 실제 적용은 통일된 정체에서의 정치적 통합에 추첨이 얼마나 유용하게 사용될 수 있는지를 시사한다. 이와 관련하여 아테네에서 추첨을 동등한 입장에서 서로 다른 정파들을 동일한 정치적 절차에 참여시키는 장치로 사용하는 것과 명백한 비교가 있다. 제임스 윌슨이 제헌회의에서 제안한 것은 이러한 맥락에서 정당들을 절차적 합의의 일부 형태로 끌어들이기 위해 추첨을 사용하는 것에 관한 것이다. 가중치 추첨 양식이 어떻게 경합하는 그룹들 간의 거래를 중개하는데 사용될 수 있는지를 보여준다. 이 제안의 이야기는 또한 프리메이슨과 같은 비밀 또는 준 비밀 사회가 추첨을 위협으로 간주했는지를 암시한다. 이것은 명백하지만 그럼에도 불구하고 추첨의 중요한 잠재력이며, 공직자 선출의 공공성을 보호하는 기능의 결과이다. 페인의 민병대 제안에는 두 가지 기능이 있다. 선택 절차의 전복을 방지하고 서로 경쟁하는 면제 청구의 복잡성을 피하기 위한 것이다. 이것은 풀에 있는 사람들의 공통 이해관계를 강화함으로써 잠재적으로 분열을 줄인 추첨 결정을 내리는 중요한 예이다.

독립적인 실행 예들 중에서 가장 흥미로운 것은 그레이트 야머스 조사의 예이다. 그 존재와 수명은 영국에서 추첨이 낯설고 생소한 선거 메커니즘이라는 생각과 모순되는 것처럼 보일 것이다. 그것은 분명히 정부와 지역 사회의 경제적 요구에 잘 부응했다. 그렇지 않았다면 대체되었을 것이다. 그것은 심지어 이 메커니즘이 국가 정치 문화의 일부가 아닐 때에도 어떻게 직관적인 추첨이 현지에서 작동할 수 있는지를 상기시켜주는 역할을 한다.

또한 이 장에서 통합 베네치아 스타일의 투표 절차에서 무작위 요소가 손실됨에 따라 선택 과정의 공공적 측면이 어떻게 감소했는지 보았다. 훨씬 더 사적인 선거 절차가 그 자리를 차지했는데, 이는 시민들에게 참여 의무를 덜 부과하는 것이었다. 비록 새로운 형태의 비밀투표가 이러한 미국인들의 뿌리에서 자라난 새로운 형태의 대의적 공화주의의 핵심 메커니즘이 될 운명이었지만, 그 과정의 공공성이 이탈리아 기원으로부터 얼마나 많이 상실되었는지를 인식하는 것은 유용하다.

그러나 이 장에서는 무작위로 선택된 배심원단은 추첨의 정치적 잠재력에 대해 가장 많이 알려준다. 그 기원에 대한 이야기와 그 역할에 대한 검토에서 정부 기관에 대한 광범위한 추첨 계획의 도입이 그 기관과 관련하여 작동하는 특정 관계를 어떻게 촉진할 수 있는지를 보았다. 추첨은 시민의 역할을 정의하는 데 도움을 줄 수 있으며, 체계적이고 조직적인 방식으로 정치에 대한 의무를 정의할 수 있다. 추첨은 또한 공직자 선발 과정을 보호함으로써 정치 활동의 공공성을 보호할 수 있다. 이러한 방식으로 선택된 기관들은 그들의 인력이 공정하게 선택되기 때문에 권한을 명령한다. 이러한 이유로 추첨의 잠재력을 공화주의적 제도들을 만들 수 있는 잠재력으로 생각할 수 있다. 그것들이 존재하는 어떤 맥락이 있든 없든간에 일반적인 정향에서 공화주의적 특성을 가지고 있다.

참고문헌

이 장의 범위와 영역은 추첨의 예를 찾기 위해 광범위한 주 자료를 검색해야 한다. 추첨이 어떻게 이해되고 사용되는지에 대한 그림을 그리기 위해, 필자는 또한 서로 다른 기원의 많은 작은 재료 조각들을 한데 모아야 했다.

필자의 연구에서 고려되지 않은 작가들 중 필자가 주요 작품을 자문한 네드함(Nedham), 네빌(Neville), 시드니(Sidney), 밀턴(Milton), 베인과 러들로(Vane and Ludlow) 등 영국 공화주의자들의 특별 언급이 필요하다.

이는 추첨 체계에 대한 추가 언급이 이 저자들의 짧은 논문이나 저널 기사에서 표면화되지 않을 것이라고 말하는 것은 아니다. 그러나 필자는 해링턴의 출판자인 스트리터(Streater)의 저서에서 베네치아식 추첨에 약간의 관심을 보이는 것을 발견한다. 즉, 그는 『1654년 아리스토텔레스의 정치 체제 제1권에 대한 관찰, 역사, 정치, 철학』(*Observations, Historical, Political and Philosophical upon Aristotle's First book of Political Government of 1654*)과 1659년 체제 설명(*Government described*)을 *출판하기도 했다.* 군주제, 귀족제, 과두정, 그리고 민주주의. 또한 라가우스의 연방 또는 자유국가의 모델도 있다.(*Viz what monarchie, aristocracie, oligarchie and demoracie is. Plus a model of the commonwealth or free state of Ragaus*)(J.S이라는 이니셜로 출간).

초기 스튜어트 의회(Stuart Parliaments)의 의사 진행을 위해 필자는 비드웰, W.B.와 얀센 등(Bidwell, W. B. and Janssen, M. eds)의 『1626년 의회 의사록』(*Proceedings in Parliament 1626*). Vol. IV. 예일 대학교 출판부(1991-5)와 월러스(Wallace N), 『1629년 초기 스튜어트를 위한 의회 자료들을 다루는 소개와 함께 비판적으로 편집된 커먼즈 토론』(*Commons Debates for 1629 Critically Edited with an introduction dealing with Parliamentary Sources for the Early Stuarts*)(1921)을 사용했다. 미국 제정회의 경우 필자는 패랜드 등(Farrand, M, ed.)(1966) 『1787년 연방 협약 기록』(*Records of the Federal Convention of 1787*) Vol. 2 예일 대학교 출판부를 사용했고 1987년 노튼(Norton)에 발간된 메디슨의 노트들로 보충했다. 대륙회의 경우 필자는 1907년 출판된 의회도서관의 『대륙회의 저널』(*Journals of the Continental Congress*)과 개별 식민지의 법령에서는 옥스퍼드 대학교 법학도서관에서 이용할 수 있는 일련의 마이크로필름 편집본을 사용했다. 이것들로부터의 참조는 그것들이 인용된 특정한 책 아래에 인용된다. 주 헌법에 있어서는 포어(Poore)(1878)는 최고의 자료를 제공했다.

필자는 1992년 판본과 포콕(Pocock)에 의해 편집된 1977년 편집본에서 해링턴의 작품들을 참조했고 던 R과 던 M(Dunn, R and Dunn, M), 던 M이 편집하고 펜실베이니아대학교 출판부가 1982년 출판한 『윌리엄 펜이 페이퍼들』(*The Papers of William Penn*)과 개별적으로 출판된 작품들도 펜의 작품들을 참조했다. 페인의 인용문은 대부분 1945년 포너(Foner) 판에서 나왔지만, 필자는 가끔 펭귄 클래식 『상식』(*Common Sense*)을 상용하기도 한다. 제퍼슨은 프린스턴 판의 논문과 1943년 파도버(Padover)가 편집한 『완전한 제퍼슨』(*Complete Jefferson*)을 사용했다.

가장 귀중한 2차 자료는 1986년 의회 선거에 관한 키쉴랜스키(Kishlansky)(1986), 오스굿(Osgood)의 1924년 『18세기 미국 식민지들』(*The American Colonies in the Eighteenth Century*)와 로빈(Robbin)의 1959년 『18세기 영연방 사람들』(*The Eighteenth-century Commonwealthman*)을 포함한다. 배심원단에 대한 필자의 탐구는 그린(T. A. Green)의 1985년 『양심에 따른 판결』(*Verdict according to Conscience*), 레프(Repp)의 고전이지만 두드러지는 『1832년 스칸디나비아와 아이슬란드의 배심원, Wager of Law, 다른 합동 재판 기관에 관한 역사직 논문』(*A Historical Thesis in Trial by Jury, Wager of Law, and other Co-ordinate Forensic Institutions in Scandinavia and Iceland of 1832*)와 포사이스(Forsyth)의 classic 1852 『배심원 재판의 역사』(*The History of Trial by Jury*)가 있다. 영국과 미국의 공화주의는 포콕(Pocock)의 *『마키아벨리 모멘트』*(*Machiavellian Moment*), 구치(Gooch)의 『17세기 영국 민주주의 사상』(*English Democratic Ideas in the Seventeenth Century*), 러셀 스미스(Russell-Smith)의 『해링턴과 그의 오세아니아』(*Harrington and his Oceana*), 올슨(Olson)의 탁월한 *『1660-1775 영미 정치』*(*Anglo-American Politics*. 1660-1775). 1973년 작인 『영국과 식민지 아메리카의 정당들 간의 관계』에 의해 훌륭하게 기여되었다.

이 장의 실마리가 제대로 풀리지 않은 수많은 지역 역사학자들에게도 감사의 마음을 전한다. 뉴저지 주에서는 맥코믹(McCormick), 폼프

렛(Pomfret), 셰퍼드(Shepherd), 화이트헤드(Whitehead), 사우스캐롤라이나 주에서는 에드거(Edgar), 램지(Ramsey), 서만스(Sirmans), 위어(Weir), 펜실베이니아 주 대해서는 내시(Nash), 그레이트 야머스에 대해서는 파머(Palmer)가 여기에 속한다.

제6장

프랑스혁명 10년 동안의 추첨

이 장에서는 1789-99년 10년 동안 프랑스에서 추첨의 여러 사례들을 살펴본다. 추첨은 비록 혁명적 변화의 역사에서 최소한의 역할만 하였지만, 실제로 발생했으며, 추첨의 사용과 옹호는 정치적 잠재력이 실제로 어떻게 실현될 수 있는지를 이해하는 데 유익하다. 그러나 그것은 대체로 부정적인 의미에서 교훈적이다. 이 시기 프랑스에서 이탈리아와 아테네에서 분열을 억제하기 위해 추첨이 사용된 파벌 불화와 자의적 지배의 바로 그 문제를 볼 수 있다. 동시에 추첨을 사용했거나 이전에 추첨을 사용한 이유에 대한 부분적인 이해만 옹호했던 대부분의 경우에서 추첨의 잠재력을 완전히 파악하지 못하는 경우를 볼 수 있다.

루소와 몽테스키외가 추첨에 대해 논의할 때, 그들의 평가는 보다 최근의 실행에 대한 이해보다는 고전 민주주의에 대한 18세기 해석에 더 많이 의존하고 있다. 이것은 추첨을 혁명적 평등주의와 너무 강하게 동일시하고 공정성을 위한 잠재력을 최소화하는 경향이 있다. 또한 이 장에서 살펴보는 1792년의 주요 헌법 제안에서도 이러한 경향을 볼 수 있다.

반면에, 이성의 우월성을 믿는 프랑스 공화주의 정치의 중심지에 있던 많은 사람들이 '초합리적' 절차를 받아들이는 것은 어려웠다. 교육받지 못한 사람들을 정부로 끌어들일 수 있는 민주적 조치로 추첨을 보는 관점은 이러한 계몽주의 시대 기풍에서 추첨을 훨씬 덜 받아들여지게 만들었다. 따라서 시에예스(Sieyès)와 프랑수아 란테나스(Lanthenas)는 파벌에 의한 부패를 방지하기 위해 새로운 투표 시스템에 추첨이 사용될 수 있다는 것을 인식하지만 이 메커니즘에 대한 지지는 상당히 유보적이다. 따라서 배심원 선출 및 기타 여러 기능(주로 사법적 기능)을 위해 추첨을 사용하는 데는 반대가 없었던 것으로 보이며, 파벌의 발전을 억제할 수 있는 잠재력이 지역 수준에서 알려졌지만, 국가 입법부 또는 행정부의 구성원을 선정하는 수단으로 추첨에 대한 고려는 거의 없었다.

그러나 예외도 있는데, 이러한 예외는 억제되지 않은 당파주의의 위험이 더욱 명백해지던 시기에 속한다. 하나는 토론의 질을 높이기 위해 입법의회(the Legislative Assembly)를 2개로 나누어 임시총회를 2개 만드는 방안이다. 이것은 1793년의 불운한 지롱드(Girondin) 헌법의 부속물로 제시되었다. 다른 하나는 로베스피에르(Robespierre)가 몰락한 직후인 1795-99년의 총재(Directory) 정부 하에서 추첨과 교대의 실제 사용이다. 이러한 상황에서 정부의 공정한 권위를 회복할 수 있는 조치의 필요성이 더욱 절실해졌지만, 일부 추첨이 이러한 목적에 기여한 반면, 다른 것들은 문제가 있었고 이 메커니즘의 진정한 잠재력에 대한 정확한 지식이 거의 없었다는 것을 보여주었다.

추첨 사용에 관한 몽테스키외와 루소

비록 몽테스키외는 부패 방지 수단으로 교대를 사용하는 것에 동의하고 아테네나 영국 시스템에 따라 배심원을 사용하는 것을 선호하지만, 그는 추첨을 국가 전복으로부터 공직자를 보호한다는 생각[1] 사이에 연결고리를 만들지 않는다.[2] 『법의 정신』(*the Sprit of the Laws*) 제2권에 실린 그의

[1] Montesquieu(1989) p. 17.

[2] 전게서. p. 158.

간략한 설명은 '누가 투표권을 가지는지에 대한 구분이 공화정에 있어서 기본법의 하나인 것과 마찬가지로, 투표방법을 정하는 법률 역시 또 하나의 기본법이다. 추첨에 의한 선발은 민주정의 특성이요, 선거에 의한 선발은 귀족정의 특성이다.'[3]

이러한 방식으로 몽테스키외는, 그가 평등 이데올로기와 동일시하는 체제, 더욱이 그가 극도의 평등이라고 부르는 것에 의해 끊임없이 부패의 위험에 처한 체제인 민주주의에 추첨을 강하게 묶는 경향이 있다.[4] 그러나 그는 추첨을 비경쟁적 선택수단이자 시민참여를 장려하는 수단으로 중시한다. '추첨은 어느 누구의 감정도 상하게 하지 않는 선발 방법으로, 시민 각자에게 나라에 봉사할 수 있다는 합당한 희망을 안겨준다.' 라고 썼다.[5]

그러나 일반적으로 시민의 선거 선택 행위에 대한 그의 압도적인 관심은 그로 하여금 추첨을 불완전한 선택 방법으로 보게 한다. 그것은 투표와 함께 사용하거나 아테네 심사와 같은 수단을 사용할 때만 유용하게 사용될 수 있다.[6] 그는 아테네 시민의 추첨 성제를 유일한 예로 삼는 것에 제한을 받았고, 이것을 위험한 극단적 평등주의의 형태로 보기 때문에, 몽테스키외는 그의 새로운 대의정부 모델에 대한 일종의 문제적 전조로 추첨을 제시한다. 이와 관련하여 그는 추첨의 완전한 잠재력, 특히 그가 『법의 정신』의 다른 곳에서 옹호하는 공정한 공화주의 제도 유형들을 확립할 수 있는 역량에 대해 다루지 못했다.[7]

비록 그의 표현이 더 복잡하고 민주주의에 대한 그의 태도가 더 우

[3] 전게서. p. 13.
[4] 전게서. pp. 43, 112.
[5] 전게서. p. 13.
[6] 전게서. p. 15. 몽테스키외는 심사(*dokimasia*)의 이름을 거론하지 않는다.
[7] 특히 Part 2 Books 11과 12를 참조하라. Montesquieu(1989) pp. 154-213.

호적이지만, 동일한 생략이 루소에서도 발견된다. 그는 추첨을 공화주의 제도의 통합을 촉진하는 수단으로 보기보다는 민주주의와 배타적으로 연결된 메커니즘으로 보는 경향이 있다. 게다가 그는 추첨을 민주주의가 번영할 수 있는 조건을 만드는 수단으로 보지 않고, 민주주의가 확립된 후에야 적절한 조치로 본다. '참된 민주정에서 추첨을 통한 선발은 그렇게 많은 불이익이 없다. 참된 민주정에서는 모두가 도덕과 재능에서, 아울러 처세나 재산에서도 평등하기에, 선택에 대해서는 거의 무관심할 것이다. 그러나 나는 참된 민주주의는 존재하지 않는다고 이미 말한 적이 있다.'[8]

루소가 추첨의 잠재력을 기존의 동등한 사람들 사이에 공직을 분배하는 것으로 보는 의미가 있다. 이는 추첨이 다른 능력과 적성을 가진 시민들 사이에 일종의 정치적 평등을 확립하는 데 사용될 수 있다는 생각과 배치되는 의미가 있다. 이 관점에 함축된 것은 몽테스키외에 의해 표현된 아이디어이다. 즉, 추첨은 본질적으로 결함이 있는 선택 수단이며 이러한 결함의 영향이 최소화될 때만 추첨의 사용이 정당화될 수 있다. 추첨의 '초합리성'이 보다 합리적일 때만 추첨은 가치가 있다.

루소는 몽테스키외와 함께 추첨이 정부 절차에 기여할 수 있는 것을 고려하기보다는 추첨의 가능한 생산물의 관점에서 추첨에 접근한다. 따라서 그가 몇몇 공직들에 대한 추첨과 다른 재능이 요구되는 직위에 대한 선거에 대한 아이디어에 대해 언급할 때 헌법의 설계에 대해 유용한 논점을 만들지만 '초합리성'의 잠재력은 고려하지 않는다.

> 선거와 추첨이 혼합될 때, 전자는 군직(軍職)처럼 고유한 재능을 필요로 하는 자리를 채우는 데 사용되어야 한다. 후자는 사법관과 같이 양식과 공평

---

[8] Rousseau(1988) p. 153.

> 함, 정의, 공명정대함만 갖춰도 되는 자리에 적합하다. 왜냐하면 잘 구성된 국가에서는 모든 시민이 이러한 자질을 갖추고 있기 때문이다.[9]

이를 통해 루소나 몽테스키외 어느 쪽도 고전적 민주주의에 대한 특정한 해석에 기초한 평등주의와 추첨을 동일시하는 그 너머를 볼 수 없다는 것이다. 이 외에도 그리고 그런 관점에서 만들어진 몇 가지 관리상의 포인트는 블라인드 브레이크의 가치, 즉 추첨의 긍정적인 정치적 잠재력은 여전히 미스터리로 남아 있다. 이러한 견해는 아리스토텔레스, 헤로도토스, 크세노폰에 대한 직접적인 해석에서 비롯되었을 가능성이 높으며, 그들 중 누구도 추첨의 완전한 역할을 설명하지 않는다. 그것은 또한 18세기의 새로운 정치적 사고가 고전적 선례의 관점에서 정치적 혁신을 평가하는 경향이 있다는 것을 나타낸다.

프랑스의 새로운 투표 시스템

혁명 초기 몇 년 동안 새로운 선호 투표 시스템의 배후에는 강력한 힘이 쌓여 있었다고 말하는 것이 타당할 것이다. 사실 1789년 정치의 변함없는 주제는 대표성이었다. 삼부회(*the Estates General*)의 소집, 삼부회가 작성한 불평 목록(*Cahiers de Doléances*), 국민의회에서의 초기 투쟁, 그리고 그들의 숫자에 비례하는 제3신분에 대한 정치적 권리에 대한 요구는 모두 본질적으로 동일한 대의제 의제의 일부였다.[10] 더욱이 이것은 투표 메커니즘에 대한 상당한 관심을 동반했다. 특히 혁명 이전 시기의 콩도르

---

[9] 전게서.

[10] Forsyth(1987) p. 128, Doyle(1989) pp. 86-111.

세(Condorcet) 업적이 문득 생각이 난다.[11] 바스티유 함락 직후 정부의 직접 형태를 채택해야 하는지 아니면 대의정부 형태를 채택해야 하는지에 대한 논쟁이 있었다. 프랑스의 규모는 대표성을 결정하는 결정적인 요소였다.[12]

말콤 크룩(Malcolm Crook)은 1996년 연구에서 선거에 대한 '놀라울 정도로 다양하고 때로는 기이한 실험'에 대해 논의하며, 이 작업의 규모와 복잡성에 주의를 기울인다.[13] 국왕을 제외한 모든 공식 직위는 1789년 이후 선출직이 되었다. 혁명 10년 동안 20회의 선거가 실시되었다. 참정권의 기초는 네 번 수정되었고 투표 메커니즘은 '거의 매년' 수정되었으며,[14] 국민투표는 1793년 자코뱅(Jacobin) 헌법과 1795년 테르미도르(Thermidor) 헌법에 따라 실시되었다. 콩도르세와 다른 사람들이 선거인들의 판단을 진정으로 반영하는 실행 가능한 선거 메커니즘을 찾으려는 노력에도 불구하고, 당시 선거방식은 '구식'이며 여전히 준봉건적 구조와 관계를 고수하고 있었다.[15]

대부분의 경우 선거가 간접적이었다.[16] 지역 수준의 예비 총회(Primary Assembly)들은 지역 및 부서 공직자를 선출하기 위해 2차 총회들에 참석하는 선거인단을 선출한다.[17] 이것이 제3신분의 상층부에 힘

---

[11] Condorcet (1994)를 참조하라. 특히 주목할 만한 것은 1789년의 에세이 '선거의 행태에 관하여'(On the form of Election)와 '프로뱅스 의회의 헌법과 기능에 관하여'(On the Constitution and functions of Provincial Assemblies)이다.

[12] Crook(1996) p. 30.

[13] 전게서. p. 5.

[14] 전게서.

[15] 전게서.

[16] 이에 대한 상당한 반대가 있었는데, 특히 예비 총회들(Primary Assemblies)이 도당들에 취약하고, 대중의 주권 개념에 반한다고 본 로베스피에르, 앙투안(Antoine), 라크루아(La Croix)는 그러했다. Crook(1996) p 96을 참조하라.

[17] Crook(1996) p 29.

을 실어주는 한편, 많은 선거인단이 그 자신이 공직자였기 때문에 편협한 엘리트들의 권력도 유지시켰다.[18] 선거인단의 자격은 재산 자격을 전제로 했으며,[19] 선언된 후보자가 없었기 때문에 선거인단은 일반적으로 이미 잘 알려진 지역 사회의 구성원이었다.[20] 그 결과 빌레트 후작(the Marquis of Villette)이 '보이지 않는 귀족'(invisible aristocracy)이라고 불렀던 것이 탄생했다.[21] 이것은 또한 모든 시민들이 공직에 취임한 권리를 선언하는 것과[22] 프랑스 지방의 대부분의 실제 상황 사이에 피할 수 없는 긴장감을 야기했다.

음성 투표(vocal ballot)는 1789년에 폐지되었지만 1792년 급진파에 의해 복원되었고 1795년 테르미도르 헌법이 비밀투표를 사용하도록 규정하면서 다시 폐지되었다.[23] 투표는 종종 예비 총회들에서 폐기되었던 '성가신'[24] 이중 명단 시스템에 의해 이루어졌다.[25] 1792년 8월 국왕의 실각 이후 재산과 재정적 자격이 사라졌지만, 1792년 하반기의 예비 선거와 지방 선거는 10년 중 가장 민주적인 선거였으나 1793년 헌법에 명시된 보동선거에 내한 보편적 남성 참성권 약속은 지켜지지 못했다.[26] 1795년 헌법은 재산 자격을 회복시켰다.

간접투표제가 점증하는 '자연 귀족'(natural aristocracy)을 우대한다는

[18] Crook(1996) p. 176에 따르면 40~60%이다.

[19] 은색 마크(silver-mark)를 단 자격으로 알려져 있다. Crook(1996) p. 36을 참조하라.

[20] 전게서. p. 177.

[21] 전게서. p. 178.

[22] 1789년 인간과 시민의 권리 선언(*Declaration of the Rights of Man and of Citizens*)의 제6조.

[23] Crook(1996) p. 19.

[24] Brissot는 이러한 취지로 인용된다. Crook(1996) p. 87.

[25] 전게서.

[26] 25세 이상의 모든 자유민은 예비 총회들의 구성원으로서 자격이 주어졌다. Crook(1996) p. 103.

사실뿐만 아니라 다른 문제도 있었다. 유권자들의 피로는 투표율에 심각한 영향을 미쳤고 어떤 경우에는 10~15%의 낮은 수치도 기록했다.[27] 또 다른 큰 문제는 유권자 조작이었는데, 비록 정당이 허용되지 않고 후보자가 사전에 공표되거나 지명되지 않았음에도 불구하고 필연적으로 당파적 요인의 선거압박이 가해질 수밖에 없었다. 지역 엘리트에게 유리하도록 편향된 제도의 고유성을 상쇄하기 위해 자코뱅 클럽들은 특히 선거조작, 명단 배포 및 '비애국적인' 시민들의 목록 게시 등의 불법을 일삼았다.[28] 이러한 관행은 공포정치의 시작과 함께 더욱 불길한 방향으로 바뀌었지만, 로베스피에르의 몰락 이후 복수를 꾀하는 왕당파와 반자코뱅파에 의해 다시 채택되었다. 자코뱅과 부활한 왕당파의 선동에도 불구하고 안정을 유지하기 위해 노력한 총재정부 역시 통령(Consulate) 직전 기간 동안 선거 조작에 몰두했다.[29]

혁명 10년은 정치적 정당성의 장기간의 위기로 설명될 수 있다. 그 시기 동안 투표는 다소 모호한 역할을 했다. 국민의회(National Assembly), 국민공회(National Convention), 입법의회(Legislative Assembly)의 구성은 혁명의 전반적인 과정을 결정하는 데 분명히 결정적이었지만, 혁명 10년 동안 모든 정치적 방향의 중추적 변화가 직접적인 수단으로 이루어졌다는 것을 반영하는 것은 유용하다. 그러나 동시에 다른 계층의 경우 투표 시스템이 지역 정치 참여 습관을 서서히 공고히 하고 있었다.

이것이 보여주는 것은 새로운 투표 시스템이 실험적이었고 그것이 해결했던 것만큼이나 많은 문제를 가져왔다는 것이다. 특히 조작에 취약했고 필연적으로 수도의 경쟁적인 정치 논쟁을 지방 정치로도 가져갔다.

---

[27] 1795년 국민투표에 대해서는 Crook(1996) p. 94; pp. 119-20. 참고로 이러한 국민투표에서는 찬성과 반대를 표하였다.

[28] 전게서. p. 89.

[29] 전게서. pp. 140, 153; Aston(2004), pp. 58-9.

투표 시스템 내 추첨: 시에예스와 란테나스

투표와 연계해 추첨이 제안되거나 논의된 경우도 있다.[30] 1789년 이전에 시에예스는 예비 총회들을 폐기하고 2차 선거인단을 알려진 선거인단 풀에서 추첨으로 선출해야 한다고 제안했다. 이는 국지적인 음모를 방지하기 위한 것으로 보인다. 그는 예비 총회들이 '파벌 문제, 반사회적 동기에 취약'할 것이라고 말했다.[31]

보다 비판적인 논문 "1792년의 선거와 선거인 명부에 의한 선출 방식"(*Des élections et du mode d'élive par listes épuratoires of 1792*)에서 란테나스는 추첨에 의한 선거 문제에 두 페이지를 할애한다. 시작 부분에서 그는 이 주제에 대한 기존의 담론에 대응해야 한다고 생각한다. 즉, '모든 선거 방식으로 만들어진 유효한 비판에 충격을 받은 일부 사람들은 모든 선거의 결과를 결정하기 위해 추첨 사용을 진지하게 제안하는데 어려움을 겪지 않는다.'[32] 그는 더 나아가 이것이 잘못된 평등주의에 의해 동기 부여되었다고 주장한다.[33]

란테나스는 가장 유덕하고 계몽된 시민들만이 선거단인일 때 공화국의 공익이 가장 잘 달성된다는 견해를 갖고 있다.[34] 그러나 추첨을 선호한다는 것은 이성보다 자연이 결정적인 요소가 되어야 한다고 믿는 것이며, 이는 다음과 같은 믿음에서 비롯된다. '자연이 보여주는 무한한 다양성 한가운데서 안전을 가져다주는 바로 그것과 (추첨으로) 마주치게 될

---

[30] Mont-Gilbert(1793) p. 2는 한 시민이 다른 시민보다 공직에 선택되어야 할 이유가 없다고 주장하지만, 그는 시민 추첨제도 측면에서 이것의 의미를 발전시키지 않는다.

[31] Gueniffey(1933) p. 120는 국립도서관 참고문헌(the Bibliotheque National reference) AN, 284 AP, 3 no.2 liasse 1을 인용한다.

[32] Lanthenas(1792) p. 39.

[33] 전게서. p. 40.

[34] 전게서. p. 39.

것.'[35] 그럼에도 불구하고 그는 올바른 정신과 인격을 가진 사람들이 충분하다면 그들 사이의 선택이 별로 중요하지 않을 것이라는 점을 인정한다.[36] 만약 어떤 종류의 음모가 일어나고 있다는 것이 알려지면 선거인 명부에 더 많은 사람을 추가하고 공직자를 추첨으로 뽑음으로써 이를 막을 수 있다. 그는 이것이 '음모를 깨고 파벌에 대항하기 위한 최후의 수단'이 될 것이라고 주장한다.[37] 란테나스는 '순수한 자비로운 사람들'이 올바른 선택을 할 수 있어야 한다는 믿음을 가지고 있지만,[38] 부패와 야망이 만연한 상황에서는 추첨이 유용할 수 있다고 주장한다. '모든 것을 희생할 수 있는 악하고 야심 찬 사람들이 사회를 지배할 때, 범죄적 열망에 맞서기 위해 추첨이 선거와 결합될 수 있다.[39] 따라서 그에게 추첨은 인류가 마땅히 계몽되지 않았을 때 사용되는 일종의 디폴트(default) 국면이다.

란테나스의 견해가 드러나고 있다. 그는 선거 과정을 보호할 수 있는 추첨의 잠재성이 지롱드파의 의견으로 얼마나 잘 이해되었는지 보여주지만, 그의 발언은 또한 정치적 스펙트럼의 이 영역이 왜 더 포괄적으로 추첨을 수용하기를 꺼릴 수 있는지를 나타내기도 한다. 추첨은 '초합리적인' 것이었고, 그것의 광범위한 사용은 — 심지어 정당한 이유가 있더라도 — 새로운 자연 귀족의 정치에서 매우 중심적인 이성의 기풍을 훼손하는 경향이 있었다. 란테나스의 시작 부분은 이 주제에 대한 그의 기여가 보다 민주적인 방향의 압력에 대한 대응이었다는 것을 나타낸다. 따라서 그는 옹호에 있어 미지근하다.

---

[35] 전게서. p. 40.

[36] 전게서.

[37] 전게서.

[38] 전게서. p. 41.

[39] 전게서.

최후의 수단으로서의 추첨에 대한 란테나스의 견해는 이성이 실패했을 때만 '초합리성'을 사용해야 한다는 생각을 전달한다. 그러나 이러한 발상에는 어려움이 따른다. 한 가지 즉각적인 질문은 그러한 조치의 시기에 관한 것이다. 추첨 사용으로 전환하기에 적절한 시기는 언제일까? 더욱이 누가 결정을 내릴 책임이 있을까? 다시 말하지만, 이러한 태도는 추첨이 예방 능력에서 합리적으로 적용될 수 있는 '초합리적인' 도구라기보다는 얼마나 불완전하거나 대리적인 조치로 보였는지를 나타낸다. 란테나스는 지역 차원에서 추첨의 가치를 이해하지만 정치적 잠재력을 파벌 불화를 억제하는 주요 수단이나 투표 시스템을 보호하는 보다 영구적인 수단으로 보지 않았다. 혁명이 나아갈 방향을 고려할 때 이에 대한 뒤늦은 깨달음의 아이러니가 있다. 이탈리아 공화주의에 비해 프랑스는 적어도 이 단계에서 경쟁적 파벌주의의 위험에 대한 경험이 적었다.

르쉬외르(Lesueur)가 제시한 헌법 초안

추첨에 관한 더 광범위한 논쟁에 대한 란테나스의 발언은 시어도어 르쉬외르(Theodore Lesueur)가 1792년 9월 국민공회에 문서로 보낸 헌법안을 언급한 것일 수 있다. 184부가 대의원에게 배포되었지만 공회 자체에서 논의를 이끌어내지 못한 것 같다.[40] 1792년 9월에 르쉬외르가 공회에 제안한 헌법에 대한 발표는 익명의 작가를 대신하여 이루어졌다. "민중정부에 대한 사상"(*Idées sur l'espèce de gouvernement populaire*)이라는 제목의 문서 사본은 영국 도서관에서 릴리에그렌(S. B. Liljergen)에 의해 처음 발견되었으며, 헌법의 구조와 절차에서 『오세아나』와 유사점을 찾아냈

[40] Lesueur(1932) p. 83.

다.[41]

헌법의 근본적인 특징은 매년 1,000명의 시민들로 구성된 각 선거구에서 추첨으로 100명을 선출하는 것이다. 시민 센추리(Civic Century)로 알려져 있는 시민 10명 중 1명으로 구성된 이 시민그룹은 시민 풀을 형성하여 해당 연도의 모든 지역 공직자와 고위 대표자를 선출하기 위한 것이었다.[42] 이 기구에서 추첨으로 총통(president)과 검열관(censors)들을 선출하는 것을 제외하고, 다른 모든 직위는 선거 또는 베네치아 스타일의 선거와 추첨을 조합하여 채워지게 되었다. 추첨으로 시민 센추리 초기 선택에 대해 저자는 모호하지 않다. '이런 식으로 모여 지역구(the local District)를 구성하는 1,000명의 정결한 시민이 선거가 아닌 *추첨에 의해 10명당 1명*의 시민을 선출하였다.'[43]

또한 문서의 뒷부분에는 추첨과 선거 과정을 위해 따라야 할 정확한 절차에 대한 설명이 있다. 이것은 특별한 목적으로 지어진 건물에서 진행된다.[44] 저자는 이 섹션의 서문에서 이러한 조치들이 왜 필요한지를 분명히 밝히고 있다. '모든 악덕 중 가장 큰 것은 너무 많은 영구적 권력이 같은 손에 쥐어져 있을 때이며, 결국 절대적이 되는 이러한 영속성은 항상 책략적이며 야심만만하고 부유한 사람들이 자신을 선출하기 위해 쉽게 오는 결과이다.'[45]

이 계획 자체에서 전체 인구는 8,000개 구역(Districts)으로 세분되어야 했으며,[46] 각 구역은 1,000명의 '남성' 시민으로 구성되었고 101개의

[41] Lesueur(1932)를 참조하라. 릴헤르겐(Liljergen)의 서문의 주요 부분은 이 주제와 관련된다.
[42] Hammersley(2005) p. 126; Lesueur(1932) pp. 97, 116.
[43] Lesueur(1932) p. 116.
[44] 전게서. pp. 150-2.
[45] 전게서. p. 149.
[46] 전게서. p. 115.

'서클'(Circles)들은 상위 행정 구역에 부여된 이름이었다.[47] 부족(Tribe)은 25개의 시민 센추리로 구성된 상위 정치 단위였다.[48] 각 서클은 무작위로 선택된 최초의 시민 센추리들 출신의 부족과 사법 공직자들의 조합에 의해 관리되었다. 각 서클은 국가입법회의(National Legislative Council)의 12명의 구성원과 국가집행회의(National Executive Council)의 한 명의 구성원을 선출해야 했다. 이 절차에는 엄격한 조건이 적용된다. 각 서클에 의해 선출된 12명의 입법회의 구성원들 중 4명은 상위 경제계급에 속하게 되었고(연소득 1,500L 이상의 소득인 *plus possidentes*), 8명은 하위 경제계급에서 나오거나 더 낮은 경제계급(minus possidentes) 출신이어야 한다.[49] 집행 회의는 전적으로 하위 경제계급(*minus possidentes*)으로 구성되었다.[50] 부족의 공직자들 또는 서클의 공직자들은 이 직책을 맡는 것이 금지되었다. 입법 및 집행회의의 선거인단은 서클 총회(Circle Assembly)와 시민 센추리 대표자의 절반으로 구성되었다.[51]

영국 공화주의가 프랑스 혁명에 미친 영향에 대한 최근 연구에서, 레이첼 해머슬리는 혁명 초기 몇 년 동안 코르들리에 클럽(Cordeliers Club)에서 나온 해링턴적 사고의 뚜렷한 가닥을 확인하였다.[52] 이것은 르크루제(*Le Crueset*)이라는 저널을 만든 장 자크 러틀리지(Jean Jacques Rutledges)의 인물에 바탕을 두고 있다. 해머슬리는 이것을 '해링턴적 텍스트'(Harringtonian text)라고 설명한다.[53] 실제로 르크루제 제121호에는

---

[47] 전게서. pp. 115, 119.

[48] 전게서. p. 117.

[49] 전게서. p. 122. 또한 Hammersley(2005) p. 127를 참조하라.

[50] Lesueur(1932) p. 123.

[51] 전게서. pp. 119-20.

[52] Hammersley(2005) p. 83.

[53] 전게서.

존 톨런드(John Toland)의 『오세아나』 원본 출판물에도 등장했던 투표실 도표와 함께 베네치아 투표 시스템에 대한 설명이 포함되어 있다.[54] 해머슬리는 러틀리지가 실제로 르쉬외르가 제시한 헌법의 저자였다고 정당화하였다.[55]

해머슬리와 릴리에그렌(Liljergen)은 이 제안이 해링턴의 『오세아나』와 어떻게 다른지 강조한다.[56] 이 점에서 주요 논점은 르쉬외르 제안의 더 큰 민주적 잠재력과 관련이 있다. 첫째는 추첨으로 매년 각 구역의 시민 10의 9를 배제하는 것인데, 이는 아마도 강력한 지역 파벌의 형성을 방지하기 위해 고안되었을 것이다. 두 번째는 입법부와 행정부의 3분의 2가 하위 경제계급(*minus possidentes*)이어야 한다는 조항이다. 세 번째는 해링턴의 정치적 전망에서 그러한 중심적인 역할을 하는 양원제에 비해 르쉬외르의 제안이 단원제라는 점이다.[57] 이 세 가지 요소 모두는 르쉬외르 헌법을 숙의하는 사람들과 투표하는 사람들 사이에 정치적 노동의 분업이 있어야 한다고 명시한 『오세아나』의 혼합 정치 패러다임의 매개변수 밖에 둔다. 이러한 근거에서 대중에 의한 진정한 통치를 옹호하는 최초의 근대적 전국적인 공화주의 헌법 중 하나로 정확하게 분류할 수 있다.

이 연구에 대한 상당한 관심은 르쉬외르 제도에서 추첨이 수행하는 역할과 그것이 선거 요소 및 두 국가 회의와 관련된 조치와 결합하여 작동하는 방식이다. 마키아벨리의 1520년 계획과 마찬가지로 추첨은 피라미드 구조의 정치체로 진입하는 가장 낮은 지점에서 작동한다. 이것은 새로운 시민들을 공직에 정기적으로 교대시키는 것을 보장하고 센추리

[54] 전게서. p. 108. 또한 코르들리에 클럽은 이 기간 동안 시민군과 수동적인 시민들을 위한 더 많은 참여를 요구했다. 전게서. p. 104.

[55] 전게서. p 135.

[56] Hammersley(2005) pp. 126-7, Lesueur(1932).

[57] Hammersley(2005) p. 127. 해머슬리는 '자연귀족들이 살 수 있는 곳'은 없을 것이라고 말한다.

의 비서관들과 검열관들의 주목할 만한 예외 말고는 선택에 의한 추가 선택을 허용한다. 따라서 추첨은 지역 파벌을 억제하고 참여를 장려하는 중요한 이중적 역할을 한다. 그러나 동시에 그것은 더 많은 경험과 능력을 가진 사람들이 시스템에서 더 높은 위치에 있는 공직에 선출될 수 있도록 허용한다.[58] 이들 지역 공직에 적용되는 경제적 계층에 대한 규정은 없으며 시민센추리에는 다양한 사회적 배경을 가진 능력 있는 시민들이 포함될 것으로 예상된다. 따라서 그것은 공정하고 포괄적인 것으로 보일 것이다.

그러나 국가 차원에서 할당제의 사용을 자치에 대한 대중의 권리를 직접적으로 확인하는 것으로 본다. 상층부가 완전히 배제된 것은 아니지만, 그 목적은 분명히 중앙정부가 부자들의 독점적인 정치적 영역이 되지 않도록 하는 것이었다. 따라서 전국적 수준에서는 당파적이지만 추첨을 통해 연간 시행되는 지배집단을 원래 선택하는 데 있어 공정하다. 따라서 임의 할당량의 부과는 저자가 정치 체제에 진입하는 시점에서 추첨의 원래 사용에 의해 이미 확립된 시민 기반 정체의 개념과 모순된다. 저자는 장기적으로 정치적으로 활동적인 새로운 시민체를 만들어낼 수 있는 추첨의 잠재력에 대해 충분한 확신을 갖고 있지 못하고 있는 셈이다.

할당제의 즉각적인 정치적 환경 측면에서 볼 때, 이 제안은 민주주의 견해에 속하게 되며, 이는 1792년의 정치적 분열 측면에서 당파적인 것으로 인식될 수 있다는 것을 의미할 수 있었다. 할당량 제도가 없었다면 이 계획은 모든 정당에 무언가를 제공하고 새로운 활동적인 시민들에게 정치적 경험을 개발할 시간을 주었을 것이라는 점에 주목할 필요가 있다. 이론적인 관점에서 이 제안은 오랜 베네치아 전통에서 끌어온 『오

[58] 그래서 소크라테스와 구이치아르디니의 허세라고 불렀다. 논쟁의 여지는 있지만, 그것은 여전히 능력에 기반에 둔 선택을 허용하면서 더 큰 기회의 평등을 장려한다는 점에서 전통적인 귀족 헌법보다 더 성과주의적이다.

세아나』의 구조와 방법론을 혁명 파리의 급진주의와 평등주의를 결합했다는 점에서 주목할 만하다. 활동적인 시민권을 창출하고, 그들에게 정치 기구에서 영구적인 자리를 제공하는 것이 목적이다. 그것은 대담하고 광범위하며 지정학적 인프라의 상당한 재작업을 수반한다. 그러나 이러한 점에서 실제로 시행된 복잡한 선거제도의 일부와 다르지 않으며 사실 이 시기의 많은 제안보다 훨씬 간단하다.[59] 저자는 부유하고 힘 있는 사람들의 선거 영향력을 제한하는 추첨의 민주주의적 잠재력을 분명히 알고 있었지만, 공정한 공화주의 제도를 설립할 수 있는 잠재력에 대한 인식이 적었다는 것은 명백하다.

배심원 제도와 지롱드 헌법

1792년과 1794년 사이에 추첨의 옹호와 사용은 단편적이지만, 그것이 발견되는 두 가지 영역을 고려할 가치가 있다. 첫째는 배심원 제도이고 둘째는 지롱드 헌법 초안이다. 이것은 1793년에 콩도르세, 페인, 브리소(Brissot), 시에예스, 란테나스, 페시옹(Pétion), 당통(Danton)이 포함된 위원회가 작성한 문서이다. 그러나 초안은 자코뱅이 집권했을 때 거부되었다.

대표성의 문제와 함께, 형사 사법 제도의 개혁은 프랑스 혁명 초기 단계의 중심 관심사였다. 1790-1년 범죄의 각 범주에 대한 균일한 판결, 공공 법정에서의 구두 반대 심문, 배심원들에 의한 재판을 포함하는 여러 가지 중요한 조치들이 도입되었다.[60] 이 마지막 조치는 복잡한 법적 증명에 의존하는 시스템에서 상식과 도덕적 증명들이 정의가 전달되는

[59] 1793년 지롱드 헌법(the Girondin Constitution)은 특히 복잡하다. Condorcet(1793)을 참조하라.

[60] Woloch(1994) p. 356.

주요 수단이 되는 시스템으로의 전환에 주요한 영향을 미쳤다. 이제 법원 판사들(Court judges)과 치안 판사들(justices of the peace)이 선거로 선출되었고 기소를 위한 대배심 제도가 마련되었다.

12명으로 구성된 배심원단은 그들이 재판하도록 선택된 사건에 대한 독립적인 권한을 가지고 있었고 유죄 판결을 내리기 위해서는 10대 2의 다수가 필요했다. 전원 일치에 이르지 못한 결정의 경우 판사는 배심원을 추가할 수 있다.[61] 각 구역(district)의 대배심은 30명 명단에서 추첨을 통해 선정되었고, 재판배심은 각 데파르트망(department)별 200명 명단에서도 같은 방식으로 배심원단을 선정했다. 배심원은 선거인단과 동일한 재산 자격을 갖추어야 했다.[62] 목록 작성은 처음에는 각 데파르트망의 지사(知事, procurator)의 전적인 책임이었으며 1793년 12월에 이 역할은 주민 1,000명당 한 명의 이름을 불러야 하는 책임이 있는 각 구역의 에이전트 내셔널(*Agent National*)에게 넘어갔다. 그러나 2년(1793-4) 동안 이 지역 에이전트들은 자코뱅 동조자들을 선발하라는 압력을 점점 더 받았다.[63]

1793년 3월에는 특히 정치적 성격을 띤 범죄를 처리하기 위한 조치가 시행되었다. 메인 혁명 재판소(Revolutionary Tribunal)가 파리에 설립되었고 이와 유사한 방향의 다른 지방 재판소가 주요 인구 중심지에 설치되었다. 이들은 배심원단을 이용했지만 배심원들은 '국민공회에 의해 직접 임명된 영구적인 시민 군단이었기 때문에 혁명 정부의 공무원들과 거의 다르지 않았다.'[64] 또한 혁명 재판소는 배심원이나 피고 측 변호인 없이 기소할 수 있으며, 항소권 없이 24시간 이내에 형을 집행할 수 있다.

---

[61] 전게서. p. 359.
[62] 전게서. p. 363.
[63] 전게서. p. 364.
[64] 전게서. pp. 365-6.

로베스피에르가 몰락한 후 배심원 제도는 지금은 표면적으로 덜 정치적인데, 일부 지역의 배심원들이 공포정치의 여파로 복수 범죄를 저지른 시민들에게 무죄를 선고하기 시작하면서 심각한 압박을 받았다.

설립 초기부터 배심원단을 지역 사회에 정의를 구현하는 수단이라기보다는 전문 기구로 만드는 데 어느 정도 중점을 두었다. 시에예스는 모든 배심원단에 있는 다수의 변호사를 선호했다. 그는 이 조치는 사람들이 더 계몽될 때까지 잠정적 것일 뿐이라고 강조했다.[65] 유사한 방식으로, 배심원이 올바른 판결에 도달할 확률에 대한 콩도르세의 숙의는 '계몽'의 수준을 나타내는 요소 V를 도입했다.[66] 계몽된 전문적인 배심원단에 대한 콩도르세의 선호는 그의 『다수결 투표의 확률에서의 해석학의 응용』(*Essai sur l'application d'analyse*)에서 더욱 강조된다. 여기서 그는 무작위로 선정된 배심원단의 만장일치 결정보다는 '토론에 능통한 계몽된 사람들'의 재판소에서의 3분의 2의 다수가 더 신뢰할 수 있다고 제안한다.[67] 또한 『정의와 재판권』(*Justie et Police*)에서 그는 법학자 풀에서 16명이 피고인에 의해 기피되고 나머지 16명이 추첨을 통해 배심원단을 구성할 수 있다고 제안하다. 그는 '교육받지 않은 사람들의 복무에 의존하는' 만큼 높은 수치는 아니라고 명시한다.[68] 동료들에 의한 판단이라는 개념은 이러한 사고방식에서 빠져 있는 것 같다. 콩도르세는 또한 재판 때마다 배심원을 선택하는 것보다 일정한 기간 동안 배심원 서비스를 선호했다.[69] 추첨 사용에 대한 콩도르세의 유보적 태도는 주로 능력에 근거한 것으로 보이며, 추첨의 사용 자체가 선정 절차에 어떤 것도 추가할 수 있다는 것

[65] Clapham(1912) p. 109.
[66] Condorcet(1994) 서문의 pp. 34-40.
[67] Baker(1975) p. 449 n. 156.
[68] Williams(2004) p. 188.
[69] Woloch(1994) p. 188.

을 제안하지 않는 것으로 보인다.

배심원단을 전문 인력의 그룹으로 규정하는 프랑스인들의 이러한 경향은 1795년 8월 시에예스가 제안한 '헌법 배심원'(Consitutional Jury)에 의해 입증된다. 이것은 '헌법항소재판소'(Court of Consitutional Appeal)로서 활동하도록 위촉된 108명의 경험 많은 정치인들로 구성되어 헌법상의 권한이 초과되었는지 여부를 확인하고, 국민투표를 위한 개헌안을 검토하고, 예외적인 사건을 심판하는 일종의 형평법원(equity court)의 역할을 하도록 했다. 이 마지막 과제는 전체 배심원 중 10분의 1로 구성된 소규모 그룹에 의해 수행되며, 이들은 매년 추첨으로 메인 배심원단에서 선발되었다.[70] 그룹의 3분의 1은 매년 입법부에서 은퇴한 의원들 중에서 배심원들 스스로 선출하여 갱신된다. 첫 번째 배심원단은 공회에서 선택하게 된다.[71] 시에예스의 헌법 배심원단은 미국 대법원과 매우 유사한 전문적인 역할, 지위 및 구성을 가지고 있었고, 해당 기관의 최종 형태에 영향을 미쳤을 것이다.[72]

신출된 배심원과 무작위로 신정된 배심원 사이의 관계에 대한 흥미로운 경고는 1793년 지롱드 헌법을 소개하는 콩도르세의 연설에서 나타난다. 공직자가 명단을 작성하면 배심원 제도가 훼손될 수 있다고 지적한 후 콩도르세는 당초 명단은 예비 총회들에서 단순 다수결로 선정해야 한다고 제안한다. 이 제안은 특이한 것이 아니며, 사실 어떤 면에서는 제퍼슨의 제안과 18세기 초 몇몇 미국 식민지에서의 관행과 일치한다. 그러나 흥미로운 것은 콩도르세의 정당화이다.

[70] Clapham(1912) pp. 170-73.

[71] Forsyth(1987) p. 188.

[72] Clapham(1912) p. 265.

> 물론 이것은 진정한 선거가 아니다. 그러나 배심원 명단의 형성은 선거가 되어서는 안 된다. 배심원단은 다수에게만 속해서는 안 된다. 다수가 일반 의지의 유일한 해석자일지라도 보편적 사법법은 시민의 개별 권리에 대한 권한을 확대하는 것을 방지하기 때문이다. 우리의 방법은 어떤 배심원도 한 정당이나 심지어 한 정치적 견해에 의해 완전히 지배될 수 없도록 보장한다. 선거 방법의 명백한 불완전성은 이 유익한 제도의 신성하고 독특한 특성인 공정성을 보장한다.[73]

여기서 놀라운 것은 절대다수가 요구되는 것보다 이러한 형태의 선택을 더 공정하게 만드는 것은 단순한 다수대표제의 바로 그 불완전성이라는 콩도르세의 제안이다. 물론 콩도르세의 경우 긴 명부에 기반을 둔 다수대표제는 일종의 우연이라 할 정도로 부정확했지만, 여전히 추첨 선정과 같지는 않다. 정의의 분배에서 당파적 다수결의 위험성에 대한 그의 인식에도 불구하고, 그는 조직화된 후보자 명부를 가진 결정적 정당에게 단순 다수대표제 시스템이 제공하는 당파적 기회를 인식하지 못하는 것 같다.[74] 추첨에 의해 선정된 배심원 목록은 이러한 유형의 개입에 덜 취약할 것이다. 수학과 이성에 대한 믿음이라는 확실한 근거에서 정치적 실천에 접어든 콩도르세는 추첨의 가치를 인정하기를 꺼려했고, 동시에 빠르게 발전하는 선거운동의 기술을 알지 못했던 것으로 보인다.

지롱드 헌법의 맥락은 콩도르세의 주장의 본질에 대한 몇 가지 추가적인 설명을 제공한다. 이 헌법은 민중 항의를 헌법의 우산 아래로 끌어들여 직간접적인 정치적 수단의 간극을 메우려는 시도라고 볼 수 있다. 모든 시민에게는 예비 총회들에 참석할 수 있는 권리가 부여되었으

---

[73] Condorcet(1994) p. 211.

[74] 결정된 소수'는 Crook(1996) p. 95을 참조하라.

며, 입법에 이의를 제기할 수 있는 새로운 숙의 역할이 부여되었다. 이러한 새로운 상황에서 중앙의 자의적 다수결 통치에 대한 우려는 의심의 여지가 없었다. 지롱드 헌법을 증가하는 계급 당파에 직면하여 계몽 프로젝트를 살리기 위한 최후의 시도로 읽을 수도 있다. 이처럼 고상한 숙의에 대한 믿음은 한편으로는 일반 대중의 판단에 대한 기본적인 신뢰 부족과 다른 한편으로는 당파적 관심의 난해함에 대한 낯설음을 보여준다.

이러한 경향에도 불구하고 주목할 가치가 있는 두 가지 옹호 사례가 있다. 첫째는 입법부에서 프로뱅스(provincial) 대표를 선출하기 위해 추첨을 사용하자는 제안이다. 두 번째는 토론을 돕기 위해 추첨으로 입법부에 임시분과를 두자는 구상이다.

첫 번째 제안은 매우 간단하다. 13명의 입법기구 구성원들로 구성된 부서는 의회를 통과하는 동안 입법에 대해 보고하는 중요한 역할을 하게 된다. 또한 법률 초안을 다시 작성할 수도 있지만 보고서에는 이 작업이 어디서 이루어졌는지를 표시해야 했다.[75] 이 부서의 구성원은 매월 13개의 데파르트망을 추첨으로 뽑은 다음 각 데파르트망별로 한 명씩 지명하도록 요청하여 선출했다. 입법의회에서 지명한 13명의 다른 이름을 추가하여 26명의 목록을 만들고 마지막 13명의 이름은 선호 투표로 선택될 것이다.[76] 이 조치는 후보 지명이 가장 간단하고 공정한 방법으로 데파르트망 간에 확산되도록 하는 동시에 파리의 헤게모니에 대한 도전이기도 했다. 지롱드파는 이와 같은 조치들을 통해 지난 몇 년 동안 정부 위원회의 파벌 통제가 야기한 문제들을 인식하고 재발을 방지하거나 저지하기 위한 직접적인 조치를 취하고 있었다.

---

[75] Condorcet(1793) p. 35.

[76] 전게서. pp. 35, 36, Title Ⅶ section Ⅳ. 교대가 명시되어 있지 않지만 모든 데파르트망이 추첨될 때까지 그 데파르트망의 구성원은 추첨에서 제외될 가능성이 높다.

입법부 분할 계획

입법부 분할 이야기는 유익하다. 1793년 2월 16일과 20일 사이 대중매체에 국민공회에 헌법 초안을 막 제출한(2월 15일과 16일) 헌법위원회(Constitutional Committee)가 양원제를 만들 계획이라는 소문이 돌았다. 이것은 실제로 콩도르세의 구두 보고서에서 느슨하게 만들어진 두 가지 제안을 언급했다.[77] 첫 번째는 토론을 촉진하기 위해 입법부를 두 개의 임시 회의로 분할한 다음, 최종 투표로 하기 위해 하나의 입법부로 다시 돌아오는 방식이다. 두 번째는 입법부가 통과시킨 법안의 헌법적 무결성을 점검하는 작은 별도의 기구를 만든 것이다. 은근슬쩍 상원이 탄생할지 모른다는 우려 속에 20일 토론회가 열렸다.[78] 이 제안이 공회에 회부되지 않았다는 이의 제기도 있었지만, 법안이 '새로운 입법 기관의 무결성을 손상시키지 않을 것'이라는 확신도 있었다. 또한 2월 15일에 원래 초안이 제출되었을 때 이 제안이 콩도르세의 보고서에 이미 언급되어 있었다는 점도 지적되었다. 이것은 의심할 여지없이 어느 정도 정치적 정당성을 획득했다는 것을 의미한다. 이 제안은 헌법 제정안(*project de constitution*)의 지위를 가질 것이며 헌법 자체의 일부를 구성하지 않을 것이라는 이해에 따라 자코뱅 반대파는 만족했다. 이러한 상황을 확인하기 위해 두 가지 계획은 헌법 초안의 부속문서로 출판되었다.[79]

그러나 그들의 우려에는 어느 정도 타당한 이유가 있었을 것이다. 콩도르세의 구두 보고서는 첫 번째 계획에서 입법부의 분할이 어떻게 수행되어야 하는지에 대해 정확히 언급하지 않았다. 이에 반해 서면 부속

---

[77] Mavidal(1862-) vol. LVIII, p. 589.

[78] Alengry(1904) p. 248.

[79] Condorcet(1793b)

서류에서는 입법부가 추첨을 사용하여 분할되어야 함을 명확하게 확인하고 있으며, 심지어 어떻게 수행되어야 하는지도 명시하고 있다.[80] 또한 모든 토론은 이러한 방식으로 진행되어야 하며, 두 달에 한 번씩 새로운 분할 추첨을 실시해야 한다는 문구도 분명하다. 부속문서는 또한 분할에 의해 형성된 그룹은 독립적인 권한을 갖지 않아야 하며 동등한 지위에 있어야 하며, 우연이든 의도적이든 귀족 원로원이 존재하지 않아야 한다고 규정하고 있다. 그러나 콩도르세는 자신의 발표에서 제안된 분할 방식을 명시하지 않음으로써 반대파의 의심을 불러일으켰다.[81]

선출된 풀에서 추첨으로 양원제 입법부 계획은 좋은 유래를 가지고 있다. 페인은 비슷한 계획을 두 차례 제안했고[82] 제퍼슨은 훨씬 후인 1824년에 거의 동일한 제안을 했다.[83] 두 사람 모두 추첨을 사용해야 하며 이것이 파벌을 억제하는 데 도움이 될 것이라고 명시하고 있다. 일반적인 아이디어로서 이러한 유형의 제안은 단순하다는 점에서 설득력이 있지만 광범위한 의미를 갖는다. 이것은 선출된 풀로부터 추첨을 사용한다는 고려했던 추첨 계획 중 가장 현실적인 것 중 하나이다. 그것은 명확한 목적과 분명한 진입 자격을 가지고 있으며, 포괄적이며 실제 토론 실천과도 직접 연결된다.

[80] 전게서. p. 105.

[81] 콩도르세는 실제로 1789년에 그러한 분할을 만드는 것의 장점에 대한 짧은 에세이를 작성했지만, 그는 다시 이 분할이 어떻게 만들어져야 하는지에 대해 정확하게 설명하지 못했다. 그는 전시의 목적을 위해 모든 면에서 회의소가 동등하다고 가정해야 한다고 말한다. Condorcet(1789) p. 10.

[82] 이는 1805년 펜실베이니아 시민들에게 보낸 연설(Paine, 1945, p. 1001, 『인간의 권리』(*the Right of Man* Part) Ⅱ (전게서. p. 390), 그의 『네 가지 질문에 답하기』(*Answer to four questions*). (전게서. p. 526)에서 찾을 수 있다. 그는 하원(Assembly)을 두세 개의 섹션으로 나누고 토론하지는 않는 사람들은 기여하기 전에 다른 섹션의 토론에 귀를 기울여야 한다는 생각을 선호하는 것으로 보인다. 『네 가지 질문에 답하기』에서 추첨은 실제로 분할 효과를 나타내는 수단으로 언급되지 않는다.

[83] Jefferson(1943) p. 294-5. 제퍼슨의 페이퍼는 1824년 6월 5일자로 되어 있다.

분할은 회의소가 작을수록 더 많은 견해를 표명할 수 있고 더 많은 생각을 공유할 수 있도록 한다는 원칙에 기초하고 있다. 이것은 예방적 관점과 긍정적 관점 모두에서 작동한다. 예방적 관점에서, 추첨은 토론이 어떻게 진행되어야 하는지를 미리 결정하기 위해 회의소에 참여할 구성원들을 의도적으로 채우는 것을 억제한다. 만약 각 토론 직전에 분할이 이루어지면 풀의 강력한 구성원들이 그들의 지지를 모으기 위한 기회가 거의 없을 것이다. 마찬가지로 각 그룹의 구성원들이 정기적으로 교대하면 파벌들이 영구적인 기반 위에서 조직하는 것을 어렵게 만들 것이다. 추첨을 사용하는 것은 토론을 조직하는 기관이 초당파적이거나 공정하다는 것을 나타낸다. 아무도 그들이 조종당하고, 부당한 대우를 받거나 차별을 당했다고 불평할 수 없었다.

이러한 이유만으로도 추첨의 적용은 강력하다. 그것은 개인이나 집단의 이성적인 인간의 판단에서 벗어난 결정으로, 사전에 예측할 수 없다. 구성원들의 능력, 그들이 대표할 수 있는 선거권자, 이념적 충성도에 따라 풀을 나누지 않는다는 점에서 비례적 해법이 아니다. 이러한 요소들은 분할이 영구적인 경우 문제가 될 수 있지만 시스템은 일정 기간 동안 무작위 혼합이 토론과 숙의의 메커니즘 내에서 다양한 조합의 확산을 만든다는 원칙에 따라 작동된다. 이러한 방식으로 일관되게 사용될 경우, 주요 긍정적인 이점은 새로운 토론 패턴, 새로운 업무 관계(예: 경험이 풍부한 구성원과 경험이 없는 구성원 간의 관계) 및 새로운 독립적인(문자 그대로 비의존적인) 목소리가 나올 수 있다는 것이다.

이 계획의 세 가지 버전(페인, 제퍼슨, 1793년 부속문서)은 또한 토론의 문제에 대한 양원제적 해결책은 반드시 상원과 하원을 포함해야 한다는 생각에 대항하기 위해 명확하게 설계되었다. 이러한 점에서 그것들은 자연 귀족이라는 해링턴의 이상에 반대하는 입장에 있다는 점에서 의미심장하다. 무엇보다도 그것들은 정치 과정은 공유된 생각과 의견의 공동체

여야 한다는 생각을 분명하게 표현한다.

총재정부(Directory) 하에서의 추첨

사회주의의 역사학 전통에 있는 많은 사람들은 1794년 7월 17일부터 28일까지의 테르미도르 쿠데타를 반동의 승리이자 혁명의 종말로 묘사했다.[84] 그러나 최근 저자들은 공포정치 이후 프랑스 공화국을 안정시키기 위해 노력한 테르미도르 정부의 어렵고 힘든 역할을 인식하고 있다.[85] 공정성을 증진하려는 시도는 추첨 연구에 특히 유용하다.

로베스피에르가 몰락한 후 국민공회는 자신들의 계급에 대한 숙청은 혁명으로 얻은 이익을 위험에 빠뜨릴 수 있다는 것을 인식하면서 공포정치에 대한 자신의 역할을 받아들이는 부끄러운 입장에 놓이게 되었다.[86] 무엇보다도 정부의 합법적 기관에 대한 신뢰가 회복되어야 했고, 이는 곧 공회를 주권 정부의 유일한 중심지로서 헌법적 역할을 하도록 되돌리는 것을 의미했다.[87] 자코뱅 클럽들은 점진적으로 폐쇄되었고 파리 코뮌과 지부는 해산되었으며 정부 위원회의 권력 집중을 어떻게 해체할 것인가에 대한 문제는 엄격하게 다루어졌다.[88] 테르미도르파는 공포정치 이후의 유혈 사태와 무정부 상태에 빠지는 것을 막음으로써 혁명

---

[84] Baczko(1994) p. 259. 트로츠키(Trotsky)의 『배신당한 혁명』(*The Revolution Betrayed*)은 스탈린(Stalin)을 테르미도르 정부에 비유한다. 사회주의에서 영감을 받은 역사학자들은 조레스(Jaures)(1972) vol 6 p. 518, 레페브(Leffeve)(1964) p. 137, 마티에즈(Mathiez)(1962) p. 501과 (1975) pp. 1-4, 소불(Soboul)(1968) p. 147 등이 있다.

[85] Aston(2004) pp. 43, 50. 애스턴은 '스콜라스(Scholars)는 이제 1795년 정착지의 대부분의 측면을 칭찬하기 위해 줄을 서 있다'고 말한다.

[86] Baczko(1994) p. 115.

[87] Aston(2004) p. 46.

[88] Doyle(1989) p. 281-2, Baczko(1994) pp. 104, 105, 110-5. 바치코(Baczko)는 자코뱅 조직의 병렬적 권력을 강조한다. 민족 통합의 상징(Symbols of National Unity)은 또한 통합의 정신을 함양하는 데 도움을 주기 위해 사용되었다. Baczko (1994) p. 118.

을 보존하는 전략을 가지고 있지 않은 것처럼 보였지만, 정부 기관에 대한 접근 방식에서는 일정한 전술의 일관성을 확인할 수 있다. 간단히 말해서, 그들은 '해링턴' 교대 원리를 사용했고, 추첨은 그 교대를 시행하기 위해 사용되었다.[89] 더욱이 테르미도르파의 맥락에서 추첨의 사용은 『오세아나』에서의 사용만큼이나 수사학적으로 적절하고 유토피아적인 것이었다. 그것은 과거와 단절하겠다는 새 정부의 의지를 알리기 위한 의도로 풀이된다. 새로운 빗자루는 추방된 질서보다 덜 기회주의적이고 권력과 지위에 대한 욕망이 덜한 것으로 보여야 한다.[90]

정권의 첫 달, 즉 1795년 공화력 3년 헌법 (Constitution of the Year III) 그 해의 선동 이전에 舊 혁명 기구에 대한 관심이 집중되었다. 혁명 재판소의 배심원들은 이제 추첨으로 선정되어 3개월마다 갱신된다.[91] 재판소는 이제 두 개의 섹션으로 나뉘고 각 섹션에 매월 추첨으로 할당된 판사가 있었다. 또한 소송이 재판소에 제기될 때 소송이 배정될 부분도 마찬가지로 추첨으로 선택되었다.[92] 악명 높은 공안위원회(Committee for Public Safety) 또한 매월 4분의 1이 추첨을 통해 퇴직하도록 엄격하게 교대하도록 했다. 퇴직하는 사람들은 재선에 참여할 수 없었다.[93]

새 헌법은 정부의 두 가지 중요한 영역인 양원제 입법부와 7명으로 구성된 집행 위원회의 구성을 위해 추첨을 사용하도록 규정했다. 새로운 입법 기관은 법안을 발의하기 위해 500명의 하원과, 법안을 승인하거나

[89] 그러나 이것은 새로운 생각이 아니었고, 미국의 많은 새로운 주 헌법이 이 일을 해왔기 때문이다.

[90] 새 정보는 또한 공정하게 인력을 선택해야 하는 다른 여러 업무에 대해서도 추첨을 사용했다. 그들이 혁명의 이익을 보존할 필요가 있는 정도를 과소평가해서는 안 된다. 휴식을 너무 많이 취하면 위험할 수 있다.

[91] Stewart(1951) p. 542 『혁명재판소 개편령』(*Decree Reorganising the Revolutionary Tribunal) 28th Dec. 1794 Title V section 27.*

[92] 전게서. p. 541, *Title V sections 14 and 17.*

[93] Doyle(1989) p. 28; Clapham(1912) pp. 166-7.

거부하는 250명의 강력한 원로원(*Conseil des Anciens*)으로 구성되었다. 논란의 여지가 있는 새로운 법률은 연속성을 유지하기 위해 고안된 다소 임의적인 조치인 국민공회의 기존 위원으로 전체 입법부(즉, 양원)의 3분의 2가 구성되어야 한다고 규정했다. 공회에서 뽑은 500명과 신규 250명을 합한 숫자 중에서 두 원은 나이와 추첨에 따라 선택되었다. 40세 이상의 사람들은 원로원에 배정될 것이고, 그 수는 추첨으로 적절히 줄이거나 늘릴 것이다.[94] 또한 매년 각 원의 3분의 1은 무작위로 선택되어 은퇴하고 선거로 대체될 것이다.[95] 하원은 총재정부를 위한 50명의 후보자를 지명하는 책임을 지고, 원로원은 최종 5명의 구성원들을 투표로 뽑는다.[96] 총재정부의 구성원 중 한 명은 매년 은퇴하도록 추첨을 통해 선택된다.[97] 비록 이것은 교대 시스템을 구축하기 위해 고안되었지만, 총재정부는 첫 번째 주기를 설정하기에 충분히 오래 지속되지 못했다.

테르미도르파에 의한 추첨의 사용 중 매우 중요한 한 가지 예를 주목해야 한다. 1794년 11월 1일 21명의 공회 구성원이 장 밥티스트 캐리어(Jean Baptiste Carrier)의 범죄에 대한 조사위원회를 구성하기 위해 추첨으로 선출되었다.[98] 공포정치 기간 동안 캐리어는 낭뜨(Nantes)에서 요원으로 임무를 수행하면서(*agent en mission*) 그 지역에서 널리 퍼진 잔학 행위에 대한 책임이 있었다. 그의 기소장 작성을 담당하는 위원회도 추첨으로 선출되었고, 그는 공회 자체에서 재판을 받았다.[99] 캐리어의 재판과 처형은 새로운 정권이 공포정치와 화해하려는 시도에서 중요한 단계로

---

[94] Aston(2004) p. 48; Clapham(1912) pp. 167,176-7.

[95] Stewart(1951) p. 581 *Title V section 53.*

[96] Aston(2004) p. 48.

[97] Stewart(1951) p. 589, *Title* VI *no. 137;* Doyle(1989) p. 319.

[98] Baczko 1994) p. 146.

[99] 전게서. p. 166.

기록되었다. 명백하게 공정한 방법으로 위원회를 선택한다는 공개 성명은 공포정치 시대의 자의적이고 주관적인 관행의 종말을 알렸다. 혁명적 정의는 이제 범죄가 되었다.

또한 테르미도르 정부는 추첨 방식으로 새로운 입법부의 의석 배치 시스템을 고안했다. 이것은 의심할 여지없이 이전 시대의 파벌 분열에서 벗어나고자 하는 그들의 열망을 상징했다. 그러나 이 계획은 실제로는 무시되었다.[100]

이러한 조치에도 불구하고 테르미도르 정부는 혁명 이후의 정착을 이행하는 일이 너무 어렵다는 것을 알게 되었다.[101] 아마도 그것은 그들의 정치적 경험과 비전, 방향성의 부족을 반영한 것일 수 있다. 안보와 안정을 구축하는 임무는 마침내 통령(統領, Consulate)에 위임되었다. 나폴레옹 보나파르트(Napoleon Bonaparte)는 1799년 혁명의 위대한 문지기인 시에예스라는 안전한 사람을 통해 통제권을 장악했다.

총재정부 하에서 추첨의 사용이 정치적 잠재력과 그 잠재력이 어떻게 실제로 실현될 수 있는지를 이해하는 데 도움을 줄 수 있는 여러 가지 방법이 있다. 우선 정부 기관에 대한 더 큰 신뢰를 구축할 필요성에 대한 대응으로 주요 위원회에 대한 추첨과 교대가 어떻게 사용되었는지가 주목 대상이다. 교대는 권력 집중을 무너뜨리는 수단으로 분명히 도입되었으며, 주로 이를 지원하는 메커니즘으로 추첨이 사용된 것으로 보인다. 이런 점에서 추첨 자체가 그 과정 전반에 어떤 기여를 했는지에 대해서는 거의 관심이 없었던 것으로 보인다. 이것은 특히 공공기관에서 근무할 인력을 추첨으로 선발하는 것과 기존 기관에서 인력을 무작위로 선택하여 퇴출시키는 것 사이의 구분에 적용된다. 캐리어의 범죄를 조사하기

---

[100] Gueniffey(1933) p. 486.

[101] 총재정부의 실패와 선거를 통제하고자 하는 열망에 관한 Aston(2004) pp. 58-9; Crook (1996) pp. 140, 153을 참조하라.

위한 위원회의 추첨을 통한 선택과 같은 경우는 익숙한 범주에 속한다. 추첨은 기구가 공정하다는 생각을 확립하고 누구도 선택 과정을 조작할 수 없도록 하는 데 사용된다. 그것은 추첨의 강력한 사용이며, 그 과정의 '초합리성'은 확실한 긍정적인 역할을 한다. 공안위원회의 4분의 1에 대한 정기적인 무작위 선택을 통한 퇴출 및 총재정부의 무작위 선택 해제와 같은 경우는 더 복잡하다.

펜실베이니아 의회를 위한 제안 초안에서 보았듯이 교대 계획을 시작하기 위해 선택권을 박탈하는 것은 추첨의 약한 사용이다. 그것은 책임 위임을 넘어 익명의 기관에 대한 '초합리적인' 블라인드 브레이크를 사용하지 않는다. 이러한 유형의 적용 프로그램으로 인한 해로운 결과는 어떤 경우에는 미미할 수 있지만 다른 경우에는 더 심각할 수 있다. 공안위원회의 경우 새로운 배치의 전반적인 강조점은 임시 공직자의 신속한 교대를 만드는 것이었다. 이에 대한 근거는 위원회가 더 이상 책임이 없는 집행 권한의 자리가 아니라, 국민공회의 공동 소유라는 더 큰 의미를 발전시키기 위한 것이었다. 교대의 처음 몇 단계에서 퇴출을 위해 추첨을 사용하는 것은 위원회 자체가 인력의 급속한 이직의 대상이 되기 때문에 위원회 운영에 거의 영향을 미치지 않을 것이다. 이런 상황에서 추첨을 사용하는 데 불이익이 적다면, 장점도 거의 없었다. 따라서 그것의 적용은 대체로 수사학적 기능을 수행하는 것으로 볼 수 있다.

그러나 총재정부의 경우 추첨 사용에 따른 선택과 퇴출의 차이에 대해 여러 가지 중요한 질문이 제기된다. 이것을 바라보는 가장 좋은 방법은 총재정부 주도의 정부의 목적 측면이다. 이는 공포정치 이후 화해를 실현하는 동시에 왕당파의 복원에 맞서 혁명을 옹호한다는 명백한 모순으로 구성되었다. 후자의 과업을 위해서는 강력한 집행부가 필요했지만 동시에 공포정치로 되돌아갈 수 없는 통합된 독단적인 정부의 재등장에 대한 안전장치가 필요했다. 이 기능을 위해 교대를 사용하기로 한 결정은 이 딜레마에서 논리적으로 벗어나는 것처럼 보이지만, 퇴출을 위해 추첨을 사용하는 것은 강력하고 안정적인 정부 수립을 목적으로 하는 것과는 완전히 상충되는 것처럼 보인다.[102] 이처럼 작지만 전략적으로 중요한 조직에서 개인의 경험이 갖는 더 긴 기간과 정치적 중요성은 퇴출의 '초합리적인' 수단을 사용하는 것이 정부의 과정에 손상을 줄 수 있다는 것을 의미했다. 보다 만족스러운 해결책은 펜실베이니아에서 펜이 사용하는 해결책을 채택하고 각기 다른 복무기간을 위해 구성원을 선출하는 것이었다.

그러한 기구를 추첨으로 선택하는 것도 마찬가지로 부적절했을 것이지만, 지명 과정에 추첨을 사용하거나 마키아벨리의 프로보스트(Provost)와 비슷한 역할을 하는 임시 교대하는 구성원을 선출하는 데 사용될 수 있었다. 이러한 조치들은 정부의 연속성을 유지하면서 자의적인 당파적 권력에 대한 견제를 제공할 수 있었다.

일반적으로 총재정부 하 추첨의 사용은 정부에서 더 큰 공정성을 확립하고 공포정치 이후의 잠재적인 권력 집중을 해체하기 위해 추첨과 교대가 요구되었다는 것을 보여준다. 이것은 이러한 메커니즘의 가치와 잠재력에 대한 직관적인 이해를 보여주지만, 동시에 추첨의 실제 적용은 그 잠재력이 실제로 얼마나 이해가 되지 않았는지를 보여준다. 추첨의 사용에 대해 수사력은 높지만 효율성은 낮다고 볼 수 있다. 또한 낮은 수준의 선거 과정(예: 예비 총회)에서 추첨을 더 많이 사용하는 것이 장기적으로 더 생산적일 수 있었고 총재정부의 후반부를 괴롭혔던 지역적 긴장을 완화시킬 수 있었다.

[102] Sydenham(1974) p. 127를 참조하라. 추첨은 분명히 공개 장소에서 열렸다. 시드남은 이 법안을 '추첨 중 하나는 1795년 헌법에서 명백히 가장 무의미한 것이었다'라고 기술하였다.

결론

이 장에서 급격한 혁명적 변화의 기간 동안 주요 민족국가에서의 추첨의 옹호와 적용의 예를 살펴보았다. 그러나 지배적인 인상은 추첨의 정치적 잠재력에 대해 알려진 바가 거의 없으며, 그 잠재력이 어느 정도 알려진 곳에서는 추첨을 기반을 한 선거 계획을 개발하자는 발상이 잠정적으로만 수용되었을 뿐이다.

이에 대한 주된 이유는 추첨 사용에 대한 광범위한 실용적인 경험이 15세기 이탈리아에서 18세기 후반 프랑스에 걸쳐 거의 전해지지 않았기 때문이다. 또한 추첨을 평등주의적 민주주의와 밀접하게 동일시하는 것이 어떻게 공정한 정부 기관을 확립하고 선거 절차를 조작과 전복으로부터 보호할 수 있는 추첨의 잠재력이 흐려지는 것을 의미하는지 보았다. 이것은 루소와 몽테스키외가 제시한 추첨에 대한 설명에서 명백하다. 다른 한편으로, 란테나스는 추첨이 갖고 있는 선출에서의 잠재력은 이해하지만, 그것의 '초합리성'이라는 성격이 새로운 합리적 공화주의 정치와 양립할 수 없다는 당시의 일반적 견해를 표현했다. 그는 루소와 몽테스키외와 함께 추첨이 불완전한 메커니즘이라는 생각을 공유한다. 또한 추첨에 비판적인 사람들이 추첨 과정의 '초합리성' 자체가 어떻게 정치에 유용할 수 있는지 이해하려고 하기 보다는 공직에서의 능력 문제에 초점을 맞추는 일반적인 경향을 보았다. 그러나 이것은 배심원이나 다른 사법 기관의 구성원을 선택하는 수단으로 받아들여진다는 점에서 모순되었다. 따라서 정치 기구의 특정 영역에서는 공정한 선택 메커니즘으로서의 추첨의 가치가 인정되었다.

이 기간 동안 잘 설계된 두 가지 계획이 나온다. 첫 번째는 1792년 르쉬외르가 배포한 헌법 초안이다. 이것은 시민들이 정치 영역인 시민 센추리에 진입하는 지점에서 추첨이 사용된다는 것을 제안한다. 이러한 맥락에서 추첨은 정치 참여가 이미 권력이나 영향력을 행사하는 사람들의 배타적인 영역이 아니라는 것을 보장하는 수단으로 주로 사용된다. 헌법의 디자인은 우선 선호투표와 추첨을 창의적으로 결합하고 있으며, 그 작성자는 선정 절차를 조작으로부터 보호하는 수단으로 추첨의 잠재력을 인식하고 있다. 그러나 대중에게 더 많은 국가 평의회(National Councils)의 구성원들을 제공하기 위해 다양한 계층의 시민을 할당하는 것은 추첨을 통해 수립된 공정하고 시민에 기초한 헌법의 성격과 모순된다. 이 계획은 통일을 촉진하고 정치적 통합을 용이하게 하기 위해 고안된 제안이라기보다는 민주적 공화주의의 실행으로 특징지어진다. 두 번째 안은 의회를 추첨으로 2개의 임시 섹션으로 나누는 것이다. 이것은 토론의 진행에서 분명히 문제였던 것을 해결하기 위해 추첨의 강력한 사용이다. 그것은 새로운 목소리를 들을 수 있는 더 큰 기회를 허용하고 독립적이고 초당파적인 의견이 가치 있게 여겨져야 한다는 생각을 촉진한다.

총재정부 하에서 추첨과 교대의 사용은 프랑스인들이 이탈리아의 공화주의 메커니즘이 주요 정치 기관에 대한 더 큰 공공 소유권을 확립하는 데 사용될 수 있다는 것을 알고 있었다는 것을 다시 말해준다. 이 시기 추첨의 가장 좋은 예는 캐리어의 범죄 조사를 맡을 위원회를 뽑는 추첨 방식이다. 여기에서 추첨을 사용하면 선택 과정이 당파적 영향을 받지 않기 때문에 위원회에 더 큰 권한이 부여된다. 그것은 또한 공정한 사법 체계를 재건하려는 공포정치 이후 정권의 의도를 수사학적으로 표현하는 역할도 한다. 가장 성공적이지 못한 예는 총재정부의 구성원을 퇴출시키기 위해 추첨을 사용하는 것이다. 여기서 추첨의 약한 적용은 정부의 연속성에 심각한 결과를 가져왔다. 이러한 방식으로 추첨을 사용하는 것은 추첨의 잠재력과, 실제로 그 잠재력을 실현하는 방법에 대해 실제로 알려진 것이 거의 없다는 것을 나타낸다.

프랑스 혁명의 가장 중요한 특징 중 하나는 정치 기구와 국가 전체의 파벌 원심력이 안정적인 권위 있는 정부 기관의 발전을 억제하는 속도이다. 프랑스는 전면적인 내전으로의 치닫는 것을 막을 수 있는 새로운 형태와 절차를 찾으려고 노력하면서 위기에서 위기로 휘청거렸다. 그만큼 혁명기는 분열과 혼란, 유혈사태라는 험난한 현실에 맞서 초기의 이상주의가 끊임없이 떠오른 학습 과정이라고 생각할 수 있다. 이상에서 비롯된 정부 형태와 실천의 요구에 의해 생성된 형태 사이의 충돌로부터 이 시기 추첨의 정치적 잠재력에 대해 가장 많이 배울 수 있다. 추첨은 후자의 범주에 속한다. 이상적인 형태가 아니다. 그것은 주로 문제 중심적이다.

이탈리아 도시 공화국의 사회적, 이념적, 지정학적 맥락과 프랑스에서 민족국가적 공화정 해결책을 개발하려는 이후 시도 사이에는 상당한 차이가 있지만, 두 나라가 직면한 정치적 문제들은 놀라울 정도로 유사했다. 주로 공공 정부의 권위 있는 법에 의한 통치 절차를 확립하는 방법과, 파벌 분열과 자의적 권력 행사의 이중 위험을 피하는 방법을 중심으로 진행되다. 이러한 목표를 추구하는 과정에서 이탈리아 도시 공화국의 학습 과정은 200년이 넘는 시간 동안 우여곡절과 위기, 좌절을 겪었다. 이 시기 동안 정치 조직에 대한 위험성은 잘 알려지게 되었고, 이에 대항하기 위해 사용될 수 있는 조치들의 레퍼토리도 잘 알려지게 되었다. 프랑스 혁명가들은 이 과정의 복잡성을 상당히 과소평가했고 이탈리아가 추첨을 포함한 공화정 정부 형태를 수호하기 위해 사용한 메커니즘의 범위에 대한 직접적인 경험이 거의 없었다. 이것은 란테나스가 추첨을 보다 영구적인 예방 조치라기보다는 최후의 결정 수단으로 규정하는 것에서 확연히 드러난다. 그는 '초합리적인' 메커니즘의 광범위한 사용 가능성에 불만을 느꼈을 뿐만 아니라, 선정의 공공적 과정을 보다 포괄적으로 보호해야 할 필요성을 이해하지 못했다.

이러한 관점은 선호 투표에 기반을 둔 새로운 형태의 대의제 정치와 오래된 형태의 추첨 기반 정치 사이의 관계에 접근하는 방식에 영향을 미친다. 프랑스에서 대의민주주의의 새로운 실험적 형태는 추첨에 의한 선택을 수반하는 오래되고 시대에 뒤떨어진 공화주의 형태를 대체하기 위해 고안되지 않았다. 프랑스 혁명은 봉건적 절대주의에 대한 반란이지, 오래된 공화주의 모델을 개선하려는 시도가 아니었다. 이것으로부터 舊공화주의와 新공화주의 사이에는 특별히 구식 메커니즘과 신식 메커니즘의 혼합을 배제하는 주요한 구조적 또는 이념적 차이가 없다고 주장할 수 있다. 오래된 추첨을 기반으로 하는 공화국과 18세기의 새로운 형태의 공화국 사이의 격차는, 주로 각각의 정치 행위자들의 대한 지식과 경험의 격차라고 말하고 싶다.

참고문헌

10년 간의 사건들 동안 필자는 주로 1989년 도일(Doyle)의 포괄적인 『프랑스 혁명의 옥스퍼드 역사』(*Oxford History of the French Revolution*)에 의존했다. 또한 이 장을 쓰는 데 필요한 몇 가지 세부 정보를 제공했던 시기의 구체적인 연구들을 언급할 필요가 있다. 이것들은 2004년 애스톤((Aston)의 연구인 『프랑스 혁명. 권위, 자유, 안정 추구』(*The French Revolution. Authority, Liberty and the Search for Stability*); 1996년 크룩(Crook)의 프랑스 혁명 중 선거에 관한 이야기, 해머슬리(Hammersley)의 2005년 영국 혁명주의의 영향에 관한 책, 바치코(Baczko)의 1994년 『공포시대의 종말』(*Ending the Terror*), 월로치(Woloch)의 1994년 『새로운 체제』(*The New Regime*). 『프랑스 시민 질서의 변천』(*Transformations of the French Civic Order*) *1789-1820*, 워로노프(Woronoff)의 1984년 『테르미도르 정권과 총재』(*The Thermidorian Regime and the Directory*), *1794-9*이다. 포사이스(Forsyth)의 1987년 『이성과 혁명: 시에예스의 정치사상』(*Reason and Revolution: The Political*

Thought of Abbé Sièyes)는 시에예스의 삶과 작품에 대한 철저한 해설과 10년의 이념투쟁에 대한 통찰력을 제공한다.

콩도르세의 저작에는 맥린(McLean)과 휴이트(Hewitt)가 편집하고 번역한 1994년 판을 사용했다. 루소의 인용은 리터(Ritter)의 1988년 번역본에서 인용했으며 몽테스키외의 경우 1989년 캠브리지 판을 사용했다. 또한 스튜어트의 1951년 『프랑스 혁명에 관한 문서 조사』(*A Documentary Survey of the French Revolution*)는 입법 및 헌법 세부 사항의 귀중한 출처임이 입증되었다. 지롱드 헌법의 부속문서에서 분할 입법부에 대한 추첨에 대한 언급을 찾을 수 있지만, 대부분의 헌법에는 포함되지 않는다는 점도 주목할 필요가 있다. 1793년 2월 20일 원본 인쇄판에서 찾을 수 있다(Condorcet(1793b) Le 38 /1766년 D).

제7장

결론

필자는 이 마지막 장을 하나의 정치적 실행으로서 추첨의 특징에 대한 요약으로 시작한다. 이것은 필자를 연구의 결정적인 요점으로 이끈다. 우리가 어떻게 추첨의 정치적 잠재력과 그것의 더 넓은 잠재력을 이해해야 하는가? 이것은 이전의 증거와 주장을 종합한 것으로, 필자가 그동안 사용했던 추첨 형태의 분석과 역사적 추첨 실행을 결합한 형태를 취한다. 필자가 개발한 원칙이 어떻게 현대적인 추첨의 적용에 기여할 수 있는지에 대한 짧은 토론으로 마무리하고자 한다.

정치적 실행 기구로서의 추첨

역사적 서술에서 나타나는 가장 중요한 형태는 추첨에 의한 공직자 선택과 관련된 일련의 정치적 실행 기구가 존재한다는 것이다. 더욱이, 이 실행 체계는 특히 지속성 측면에서 상당히 중요하다. 고대 아테네에서 정치적 목적으로 추첨을 사용하는 것은 최소한 기원전 7세기부터 기원전 312년 및 그 이후의 민주주의가 끝날 때까지 확장된다. 베네치아에서 추첨과 선거의 조합은 13세기부터 18세기 말 공화국이 멸망할 때까지 지속되었다. 피렌체 제도는 1328년부터 1434년 제1공화정이 무너질 때까지 사용되었다. 그것은 1466년에 많은 공직에 복원되었고 제2공화정 시기 시뇨리아 선정을 위해 역시 복원되었다. 심지어 영국의 지역의 사례인 그레이트 야머스 '심리'조차도 300년 이상 지속되었다. 영국에서 무작위로 선정된 배심원단은 1730년부터 현재까지 운영되고 있으며 사우스캐롤라이나에서는 1682년부터 운영되고 있다. 이러한 성과는 정당에 대한 보통선거권 투표가 서구 대의민주주의 국가 및 기타 지역에서 관행이었던 비교적 짧은 기간과 비교할 때 더 의의가 있다. 이 지속성에 덧붙여서, 추첨 기반 시스템이 중단되었을 때 이것은 시민들의 불만보다는 외부로부터의 정권 전복의 결과로 더 자주 발생했다는 사실을 추가해야 한다. 무엇보다 이 연구는 공직자를 선출하기 위한 메커니즘으로 추첨을 사용한 정치체들이 상당한 정치적 투자를 했다는 것을 밝혀냈다. 이 투자는 대체로 고도로 조직적이었고 목적적이었으며 헌신적이었다.

이 연구는 고대 아테네, 중세 후기와 르네상스 이탈리아, 미국과 프랑스 공화주의 운동에서 추첨의 사용에 중점을 두었지만, 더 널리 사용되었다는 것을 보여주는 징후들이 있다. 그것은 확실히 고대 로마에서 정부 직책을 할당하는 데 사용되었으며, 심지어 최근까지도 많은 스위스 주(Canton)들에서 사용되었다. 그 실행의 전체 범위는 아직 알려져 있지 않으며, 중세 시대 유럽 전역의 길드 선거에서 사용되었을 가능성이 꽤 높다.[1] 필자가 고려한 증거에 따르면 공직자 선발을 위한 일관된 적용이 지역 관습과 실행이 잘 발달된 지대(地帶)에서 발생했다고 보는 것이 옳을 것이다. 그러나 추첨 절차 자체를 보편성으로 구별되는 원칙으로 이해해야 하며, 고대로부터 최근까지 유럽 전역에서 사용되었던 토지와 자원의 분배 메커니즘으로 이해해야 한다.[2] 따라서 추첨을 특정한 시기와 특정한 조건 하에서 정치적 영역으로 넘어온 보편적인 인간 발명품으로

[1] 영어 용어인 '(scot and lotte)'는 길드 비용을 지불할 의무와 공직을 맡을 책임을 의미하며, 중세 시대에 추첨이 길드 간부 선발의 수단으로 널리 사용되었을 수 있음을 나타낸다. Smith, Smith and Brentano(1870) p. 346을 참조하라.

[2] 1900년대 초까지 옥스퍼드 근처의 얀톤(Yarnton)에서 목초지를 할당하기 위한 추첨 사용에 대해서는 Green(1910)을 참조하라. 또한 Ostrom(1990) pp. 19-20, 65, 67, 77을 참조하라.

보는 것이 가장 좋다.

그러나 하나의 깨지지 않은 전통보다는 두 가지 주요 사용 노선을 구별해야 한다. 첫 번째는 고대 아테네와, 그와 인접한 국가들에 대한 것이다. 두 번째는 유럽 중세 코뮌과 유럽과 미국의 중세 이후 공화주의이다. 중세의 코뮌 건설자들은 아테네의 실행을 언급하지 않았지만, 그들이 관여하고 있는 특정 문제를 해결하기 위해 자발적으로 추첨을 사용했다. 일단 이것이 알려지면 아테네의 추첨에 대한 자의식적인 언급이 있지만, 이 지역의 실행은 원래 고대의 예를 모델로 한 것이 아니다. 그러나 필자가 보여주었으면 하는 바와 같이 베네치아 공화주의 실행과 무작위로 선택된 영미 배심원단 사이에는 미약하지만 매우 실제적인 연관성이 있다. 이 연결고리는 제임스 해링턴의 저작과 신대륙의 해링턴적 헌법을 통해 영국 공화주의 방식으로 작동한다.[3]

이 연구에서 탐구한 정부 형태 측면에서, 가장 일관된 추첨의 사용은 개방적인 공공 정부와 법치가 있는 곳, 시민들이 정기적으로 특정한 징부 책임을 부여받는 곳, 그리고 일반선이 부분석 이해관계보다 우선되어야 한다는 뚜렷한 기풍이 있는 곳에서 발견되었다. 이러한 목적을 열망하는 정치 공동체에서 추첨 기관들이 가장 창의적이고 발전하는 것을 봐왔다. 그런 점에서 또 다른 구분선을 긋는 것이 정당하다고 생각한다. 이번에는 추첨을 체계적으로 사용하고 추첨 기반 제도를 고도로 정교하게 개발한 경우와 추첨이 가끔 또는 매우 특정한 기관에만 사용되는 경우라는 두 가지 다른 유형의 정치 유형 사이에 선이 놓인다. 한편으로는 포폴로 코뮌들과 후기 공화국인 피렌체와 베네치아와 함께 고대 아테네

[3] Nilsen(2004) p. 22을 참조하라. 닐슨은 무작위 선택을 '현대 정부의 필수적인 기관'으로 사용하기 위한 세 가지 주요 출처를 밝히고 있다. 고대 아테네, 해링턴의 『오세아나』에서 반영된 중세 이탈리아, 영미 배심원이다. 사우스캐롤라이나에서의 배심원들을 위한 무작위 선택의 초기 사용 — '해링턴적' 헌법 — 은 닐슨의 마지막 두 범주 사이에 역사적 연관성이 있다는 것을 효과적으로 보여준다.

를 발견할 수 있다. 다른 한편으로는 18세기 후반에 구성된 공화국인 미국과 프랑스가 있다. 이러한 후기의 정치 지형에서는 추첨에 의해 지지되지 않은 선호 투표가 정치 관료들을 선출하는 지배적인 수단이 되었고, 시민들은 덜 정기적으로 그리고 덜 체계적으로 정부에 참여했으며, 파벌의 문제는 때때로 덜 성공적인 방식으로 해결되었다. 비록 추첨이 새로운 상황에 그것의 가치를 다시 주장할 수 있는 능력을 어떻게 가지고 있는지 보았지만, 배심원단과 마찬가지로 주요 정부 기관에서의 사용은 이 구분선을 넘지 않았다.

이 연구에서 나오는 추첨의 또 다른 측면이자 그 이후의 쇠퇴와 관련이 있는 것으로, 실질적인 정치적 경험과의 관계이다. 추첨은 정치 작가들의 관심을 거의 끌지 못하며, 문자를 통한 생각의 전달에서 상대적으로 적은 특징을 갖고 있다. 추첨의 경우 필요는 발명의 어머니였던 것으로 보이며, 이상적인 정치 유형의 서면 개념을 따르기보다는 당면한 문제에서 파생되는 경향이 있다. 따라서 1465-6년의 피렌체 공화주의의 부흥(*risorgimento*)과 18세기 후반의 영국의 선동적인 명예훼손 위기의 두 가지 사례에서, 고전적인 전례에 대한 언급은 지역의 관습과 경험의 결과로 추첨의 잠재력이 실현된 *후에만* 이루어졌다. 이스트 뉴저지의 또 다른 예는 추첨의 개념이 이론*에서* 실제로 넘어가는 과정이 종종 어려움으로 가득 찬 과도기가 될 수 있다는 것을 시사한다.

마지막 두 장에서 추첨 실행이 감소함에 따라 그것이 실제로 정치에 가져올 수 있는 것에 대한 지식도 감소한다는 것을 보았다. 실제로 그 효능을 알고 있었던 사람들은 그것에 대해 적을 이유가 없다고 생각했고, 후세의 많은 사람들은 직접적인 경험에 기초한 서면 설명의 도움 없이 그것이 정치체에 어떠한 기여를 했는지에 대한 지식이 거의 없었다. 해링턴이 어떻게 그의 모델인 『오세아나』 공화국에서 추첨의 역할에 대한 완전한 설명을 생략했는지, 그리고 몽테스키외와 루소가 고전적인 자료에서 어떻게 그것의 완전한 잠재력을 탐구하지 못했는지를 보았다.

비슷한 방식으로 추첨에 대한 이론적 사례는 민주주의와의 연관성에 의해 강화되기보다는 약화되었다. 추첨에 반대하는 주장은 종종 민주주의에 반대하는 주장이었으며, 이러한 주장이 추첨의 평등주의적 측면에 집중되었기 때문에 더 일반적인 정치적 잠재력에 대한 이해는 왜곡되었다. 헤로도토스가 추첨을 민중 정부와 동일시하는 것은 그가 저술한 정치 지형에서 관찰할 수 있는 사실이었지만, 추첨의 사용은 민주주의 체제에만 국한된 것은 아니다. 베네치아는 귀족 공화국이었고, 피렌체 제1공화정은 때로는 긴밀하게 짜인 과두제였다. 또한 추첨이 어떻게 민주적 과잉을 완화하는 효과가 있는지를 보았다. 게다가 결과가 민주적인지 아닌지를 결정짓는 것은 추첨의 행위가 아니다. 만약 민주주의가 정부 참여 수준에 의해 정의된다면, 추첨 제도의 민주적 자격은 추첨 자체의 행위가 아니라 풀의 크기나 풀에 속하는 자격을 확장하기 위한 사전 추첨의 합리적인 결정에 의해 확립된다. 추첨의 정치적 잠재력에 대한 조사 초점이 *누가 통치해야 하느냐*의 문제가 아니라 *정부가 어떻게 수행되어야 하느냐*의 대한 문제에 더 기초해야 한다는 논리다.

또한, 추첨은 전문 기술이나 능력을 고려하지 않은 단순한 평준화 장치라는 생각은 추첨을 불신하는 특히 강력한 주장이 되었다. 이 주장은 최고에 의한 통치라는 귀족적 개념과 밀접하게 연결되어 있다. 소크라테스에서 구이치아르디니에 이르기까지 이러한 사상의 흐름을 추적할 수 있다. 또한 콩도르세가 계몽된 사람들로 선정한 배심원단을 선호하는 것에서도 그것의 반향을 찾을 수 있다. 대조적으로, 마키아벨리의 1520년 피렌체 헌법 제안은 추첨이 다양한 수준의 능력에 민감한 방식으로 사용될 수 있다는 것을 보여준다. 아테네에서 전문직에 직접 선거로 선출된 행정관을 사용하는 것도 추첨을 옹호하는 사람들이 능력에 따른 전문가 선택의 문제를 무시하지 않았다는 것을 나타낸다. 민주적 참여와 마찬가지로 능력의 문제는 추첨 자체가 아니라 풀에 있는 사람들의 일반적인 능력을 직무 요구 사항과 일치시키기 위한 사전 합리적인 결정에 의해 결정된다.

추첨을 반대하는 주요 논거 중 하나는 그것이 합리적 선택과 개인의 도덕적 판단을 부정한다는 것이었다. 이것은 사보나롤라의 견해였으며, 1512년 그의 "로그로그노 논고"와 "대평의회에서 공직을 선택하는 방법" 모두에서 구이치아르디니의 추첨에 대한 공격의 주된 항목이었다. 굿윈이 『정치적 정의』(*Political Justice*)에서 19세기 초 다시 한 번 언급한 곳에서 그는 추첨을 '우리 의무의 이탈'이자 가장 '경멸할 만한 비겁함'의 행위로 묘사한다.[4] 이 주장은 추첨 결정이 바로 '초합리적인' 것이기 때문에 긍정적인 기능을 하는 것이 아니라 합리적 사고를 대신할 수 있는 결정이라고 설명한다. 추첨을 합리적으로 사용되는 '초합리적인' 메커니즘이 아니라 모든 측면에서 비합리적인 것으로 묘사함으로써, 추첨에 반대하는 이러한 주장은 무작위 선택이 사용된 더 설득력 있는 많은 이유를 모호하게 만들었다. 이 연구는 또한 고도로 조직된 정치 구조와 제도에서 사용되었으며, 그 중 일부는 매우 복잡하다는 것을 보여주었다. 이러한 환경 속에서 다른 헌법적 요소들과 균형을 맞추는 것이 어떠했는지를 고려하지 않고 무분별하게 추첨이 도입된 사례는 거의 없다는 점을 알 수 있다. 이에 반해 추첨이 널리 사용되는 대부분의 헌법은 고도로 구조화되고 합리적으로 조직되었다. 따라서 추첨 기반 체제가 본질적으로 혼란스럽다는 생각은 도전받아야 한다.

이 연구에서는 추첨이 다른 절차와 메커니즘과 함께 사용되는 것을 보았다. 이것은 추첨이 고립되어 고려되어서는 안 된다는 것을 알려준다. 그러나 이러한 모든 경우에 무작위 선택에 의해 어떤 작업이 수행되

[4] Godwin(1971) pp. 241-3.

고 있는지, 그리고 동일한 패키지의 다른 요소에 의해 달성되는 것이 무엇인지 묻는 것이 중요하다. 일시적인 공직의 소유, 즉 공직교대는 특히 추첨의 사용과 밀접한 관련이 있으며 필자는 영구직을 선출하기 위해 추첨을 사용한 사례는 한 번도 본 적이 없다. 이것이 메커니즘의 효율적인 조합이지만, 필자는 추첨이 단순히 교대를 확립하는 편리한 방법 그 이상이라는 것을 보여주었기를 바란다.

연구를 통해 추첨이 다른 형태의 선택, 특히 선호 선거와 항상 매우 밀접한 관련이 있는지를 보았다. 여기에서 비밀투표와 추첨 사이의 관계를 탐구하고 이 둘을 정부 관리 선출에 있어 당파적 간섭에 반대하는 동일한 흐름의 일부로 보는 것이 유용하다. 더욱이, 추첨은 그것에 반대하기보다는 선거와 결합하는 데 더 자주 사용되었다. 필자가 조사한 가장 잘 설계된 헌법 중 일부는 다음과 같다. 마키아벨리의 1520년 피렌체 헌법 제안, 뉴저지를 위한 불운한 제안과 르쉬외르의 프랑스 헌법 제안은 모두 선호 선거와 함께 추첨이 어떻게 작동할 수 있는지에 대한 이해를 보여준다. 한 가지 예외는 1465-6년 피렌체에서의 추첨 요구이다. 또 다른 하나는 피렌체 제2공화정 시절의 추첨의 복권(復權)이다. 첫 번째 사례에서 투표 시스템은 거의 완전히 신뢰를 잃었다. 두 번째에서는 그것은 상당한 우려로 간주되었다. 그러므로 추첨을 투표의 대안으로, 또는 보다 '완벽한' 민주적 형태의 우선순위 선택에 선행하거나 이끌어낸 정치적 발전의 한 단계로 생각하는 것은 잘못된 것이다. 일반적으로 추첨과 투표는 동일한 정치적 환경에서 함께 작동했으며, 대부분의 경우 서로 보완해 왔다.

추첨의 제1의 정치적 잠재력

이러한 정치 실행의 개요는 추첨이 어떻게 그리고 어디서 사용되었는지를 광범위하게 살펴볼 수 있게 해주었다. 앞의 장들에서 필자는 정보에 입각한 재구성 과정을 통해 추첨이 왜 사용되었고, 그 사용에 의해 무엇이 달성되었는지에 대한 비판적 담론을 발전시킬 수 있었다. 역사적 서술에서 이것은 주로 사례별로 진행되었다. 이제 남은 것은 서로에 대한 일종의 논리적 관계에서 추첨을 사용하여 얻을 수 있는 이점을 확인할 수 있는 이러한 사례들 사이의 공통적인 연결고리를 찾을 수 있는지 확인하는 것이다. 필자는 추첨의 '제1의 정치적 잠재력'이라고 부르는 것을 파악하고자 첫 번째 사례를 들어본다.

추첨 메커니즘은 다양한 방식으로 정치 공동체에 기여할 수 있다. 이제 다른 모든 것들보다 더 중요한 추첨의 하나의 기능이 있는지, 아니면 다른 모든 정치적 기능과 혜택의 근원으로 인식할 수 있는 추첨의 기능이 있는지 물어봐야 한다. 이러한 지위를 얻기 위해서는 추첨의 이 기능이 특정 기준을 충족해야 한다. 그것은 추첨이 잘 되는 것이어야 하고, 그 효능을 극대화하기 위해 적용되는 곳이어야 한다. 필자가 발전시켜 나가는 틀의 관점에서 그것은 강력하게 사용되어야 하고 블라인드 브레이크를 긍정적으로 사용해야 한다. 제1장의 분석을 적용하면 이것을 이해할 수 있다. 그렇다면 추첨은 그것이 적용되는 정치체나 정체, 그리고 참여자들이 정치 과정을 보는 시각에 변화를 줄 수 있는 역량이 있어야 한다. 조사한 추첨 사용의 적극적인 맥락에서 이것을 추론할 수 있어야 한다. 그렇다면 얼마나 자주 추첨이 정치 관료 선발에 사용되었는지 살펴보고 무엇보다도 이런 사용의 상당 부분과 관련된 다른 모든 이유 중 하나가 있는지 물어봐야 한다. 마지막으로 추첨의 제1의 잠재력은 추첨이 사용되는 직접적인 맥락에 기반을 둔 추첨의 기능이어야 한다. 이 연구의 경우 이것은 공직자들이 선택되는 과정이다. 이것은 첫 번째 사례에서 발생하는 것을 2차적 기능, 결과 및 효과로부터 분리할 수 있게 해주기 때문에 중요하다.

추첨의 정치적 잠재력은 또한 합의된 특정한 유익한 목표를 위해 노력하는 것으로 스스로를 보고 있는 정치 공동체라는 일종의 정치적 이상을 예방하는 것으로 보아야 한다. 이것들은 분열의 방지, 폭정, 외세의 침략 및 내부의 부패라는 병폐 등에 대한 방어와 같은 부정적 것으로 묘사될 수 있다. 그러나 그것들은 또한 제도와 절차가 일반적으로 유지되거나 공유되는 개방적인 공공 정치의 개념으로 긍정적으로 표현될 수 있다. 이러한 종류의 정치 공동체가 추첨을 사용하여 유지되거나 강화되는 것으로 생각할 수 있다. 또한 추첨이 이러한 유형의 정치 공동체를 구축하는 초기 과정에 어떻게 도움이 될 수 있는지 고려할 수 있다.

이러한 모든 조건들을 고려할 때, 공직자를 선출할 때 추첨을 사용하는 가장 중요하고 근본적인 이유는 *개인 또는 개인들의 집단이 그 선출 과정에서 행사하려고 할 수 있는 권력을 억제하기 위해서이다.* 이것은 추첨이 작동하는 방식과 추첨이 할 수 있는 능력, 즉 정치적 잠재력에 대한 가장 간단하고 즉각적이며 직접적인 설명이다. 그것은 추첨을 알려진 적, 즉 자신의 부분적, 은밀한 또는 사적 목적을 위해 그것을 전복시키려는 자들에 대항하여 공유되고 법에 의해 통치되는 공공 정치를 수립하고자 하는 사람들이 사용하는 전투적 수단으로 정의한다. 이러한 추첨의 사용이 어떻게 지속되고 종종 쓰라린 경험의 결과로 발전했는지 봐왔다. 이러한 추첨 기능은 통제력을 행사하고자 하는 사람들이 어떠한 수준의 일관성을 가지고도 쉽게 자신의 대리인을 영향력 있는 위치에 배치할 수 없다는 점에서 블라인드 브레이크를 긍정적으로 활용한다. 따라서 그것은 정치 기구 내의 개인 또는 분파적인 헌법 밖의 권력의 집중을 무너뜨리고 공유 기관으로서의 정체의 지위를 수호하는 효과가 있다. 이러한 이유로 추첨은 정치의 형태와 정치 발전 방향에 중대한 영향을 미칠 수 있다.

필자의 주장은 추첨 과정의 이러한 1차적 잠재력은 조사한 모든 추첨 적용의 배후에 있다는 것이다. 심지어 즉각적인 적용에 책임이 있는 사람들의 마음속에 다른 기능이 있는 경우에도 마찬가지이다. 지금까지 이 역할에서 추첨이 가장 두드러지게 적용된 것은 1465년 피렌체인들이 임명과 선출 시스템을 통제함으로써 막대한 개인적 권력을 얻은 메디치 가문에 도전하기 위한 수단으로 재도입한 경우다. 이러한 상황에서 성공적인 옹호는 집단적이고 포괄적인 공화주의 정부를 복원하려는 움직임이었다. 고대 아테네의 사례는 폭정의 위협에 대응하기 위해 사용되었을 뿐만 아니라 폴리스의 통합을 위협할 수 있는 경쟁적인 파벌의 발전을 막기 위해 추첨을 사용했다는 점에서 드러난다. 아테네인들은 참주 한 명이 권력을 장악하는 것이 공공 정치 과정의 종말을 의미하지만, 경쟁 파벌들이 자의적 권력을 추구하는 시나리오는 그 이상은 아니더라도 폴리스에도 해가 될 수 있다는 것을 이해했다. 이러한 동기는 또한 북부 이탈리아의 후기 중세 코뮌, 특히 포폴로 정부가 추첨을 사용한 배경이기도 하다.

선정 과정에 대한 사적 또는 개인의 통제를 방지하는 기능도 배심원에 대한 무작위 선정이 지속적인 관행으로 자리 잡은 주요 이유이기도 하다. 무작위 선택을 도입한 1730년 의회 법이 어떻게 하급 행정관들이 자신의 선택 권한을 남용하는 것을 막기 위한 것이었는지를 보았다. 선동적 명예훼손 사건에서 정부가 배심원 선정을 통제할 수 없었기 때문에 배심원단은 선출된 정부에 대한 균형추로 여겨졌다. 또한 예비 총회에서 서로 자파(自派)를 유리하게 선발하는 것(packing)을 방지하기 위해 추첨을 사용하자는 시에예스와 란테나스의 제안 뒤에 이러한 목적이 있다는 것을 알 수 있다. 페인이 미국 13개 주별로 차례로 추첨을 통해 대통령을 선출하자는 제안도 이러한 방식의 활용을 반영하고 있다. 페인은 통일 과정에 대한 자신감을 고취시키고자 했고, 추첨을 사용한다는 발상은 선정 절차를 단일 주가 지배하는 것을 막을 수 있을 것이라고 기대했다.

그러나 이 1차적 잠재력은 이야기의 끝은 아니다. 돌멩이가 물에 떨어진 후 잔물결이 퍼지는 것처럼, 이러한 초기 억제 지점, 시민과 정부 사이의 상호작용에서 개인 권력의 '탈취'는 정치공동체의 성격과 운영에 상당한 확장 효과를 일으킬 수 있는 잠재력을 가지고 있다.

추첨의 2차적 이점 - 더 넓은 잠재력

추첨의 가장 큰 정치적 잠재력은 사적 통제로부터 선택의 공적 과정을 보호하는 데 있다고 해서 다른 가능한 용도가 없다거나, 추첨이 다른, 부차적인 동기들을 옹호하거나 다른, 부차적인 문제들을 해결할 수 없다는 것은 아니다. 그러나 공직자를 선출하기 위해 추첨이 사용될 때 모든 길들은 사적 통제로부터 선출 과정을 보호하기 위해 추첨의 주요 기능과 잠재력으로 다시 이어진다고 주장한다. 이러한 길들은 다양하고 유익할 수 있으며, 다양한 정치적 맥락에서 추첨을 사용하는 동기의 변화는 추첨의 잠재력이 어떻게 가장 효율적으로 실현될 수 있는지에 대해 많은 것을 말해 줄 수 있다.

만약 추첨이 야심 찬 개인이나 무법한 파벌의 손에서 벗어나 선출 과정을 보존함으로써 독단적인 권력으로부터 정치를 보호한다면, 같은 과정으로 *정치 공직에 대한 문턱을 낮추어* 정치 공동체를 강화시키기도 한다. 이것은 선택이 풀에 속하는 기준을 제외하고는 어떤 기준도 기반으로 하지 않는다는 점에서 강력한 용도이다. 어떤 정당도 자신의 힘이나 영향력을 통해 절차를 지배할 수 없으며, 어떠한 임명도 차별, 편견, 편애, 우정, 적대감 또는 다른 형태의 개인적 의존에 근거할 수 없다. 이것은 정치 참여에 대한 낮은 문턱을 만들고, 평등 참여 의식을 장려하며 정부에 참여하는 사람들과 풀에 속한 사람들 사이의 평등의식을 조장한다. 아테네 디카스테리온이나 영미 배심원단과 같은 시민 전체 추첨 계획에서 추첨은 중요하지만 간단한 정치적 임무에 많은 시민들을 참여시킬 수 있는 잠재력을 가지고 있다. 이 잠재력은 마키아벨리와 르쉬외르가 주창한 계획에서도 인정되며, 제안된 이스트 뉴저지 헌법에 추첨을 포함시킨 근거가 되었을 수도 있다.

시민이 정치 기관에 무조건 참여할 수 있도록 하는 추첨의 능력과 관련하여, 추첨은 풀에 있는 모든 시민들에게 *해당 공직에 대한 잠재적 지분*을 줄 수 있다는 생각이다. 추첨 과정에서 풀에 있는 숫자들은 항상 선택한 숫자보다 크지만 풀에 있는 모든 사람들은 선택될 *수 있기* 때문에 잠재적으로 활동적인 역할을 가진다. 이런 방식으로 추첨은 시민체(또는 적어도 풀에 속한 사람들)와 그들을 대신하여 결정을 내리는 사람들 사이에 강력하고 능동적인 관계를 만들 수 있다. 이 정도까지 풀의 조직은 활동적인 시민체를 정의하고 선택의 과정은 임명이나 선거가 할 수 없는 방식으로 시민과 정치체 사이의 직접적이고 중재되지 않은 관계를 만든다. 이것은 추첨 결과를 예측할 수 없다는 사실에 근거하여 추첨의 강력한 사용이다. 실제 정치 환경에서 어느 정당도 선출 과정을 지배할 수 없다는 사실의 결과이기도 하다.

어떤 그룹이나 개인도 추첨이 사용되는 선택 과정을 통제할 수 없기 때문에 추첨을 조직하는 기관(대부분의 경우 국가)은 *중립적이거나 공정한 것으로 이해될 수 있다.* 따라서 추첨은 갈등을 해결하고 통합된 공화국을 만드는 데 도움이 될 수 있다. 이러한 정치체는, 정치체가 통제하고 있는 더 작거나 선택되거나 부분적이 아닌, 다른 누구에게도 속하지 않는다는 의미에서 모든 사람에게 속한 것으로 이해될 수 있다. 클레이스테네스의 추첨을 이용해 트리티스를 나눈 것은, 추첨 결정이 어느 개인의 책임으로 내려질 수 없기 때문에 잠재적으로 해로운 경쟁관계를 어떻게 완화시킬 수 있는지를 보여준다. 마찬가지로 배심원 권한의 주요 원천은 공정한 선정에 있다. 이러한 중립적이거나 공정한 추첨의 역할은 또한 직책 충원을 음모의 대상으로 볼 수 없기 때문에 적대적인 파벌들을 더 큰 신뢰로 모이게 할 수 있게 할 수 있다. 그러므로 이것은 통합을 위해 노력하는 정치체 내에서 당파적으로 부분적인 집단의 힘을 억제하는 매우 실용적인 의미에서 공정하다. 갈등 해결의 잠재력의 측면에서, 추첨 사용 결정은 모든 당파들에게 기회를 제공한다는 점에서 항상 타협적인 입장이다. 그러나 이것은 주로 한 당파가 다른 당파가 불공정하다고 볼 수 있는 이점을 자신에게 제공하는 것을 방지하기 때문에 그렇게 한다.

기원전 403년 아테네에서 행정관을 선출하기 위해 추첨을 사용하면서 추첨의 잠재력은 화해를 위한 과정에 도움을 줄 수 있었다. 추첨은 '초합리적인' 것이기 때문에 추첨 선택은 선거 선택을 쉽게 지배할 수 있는 비합리적인 두려움과 경쟁적 열정의 유형에 종속될 수 없다. 또한 추첨 제도는 승자의 자부심을 부풀리거나 패자의 실망에 기여할 수 없다. 이러한 선택 과정의 '중화' 또는 '비인격화'는 특히 긴장 상황에서 정치공동체에 가치 있는 통합 효과를 줄 수 있다. 적극적인 정치적 맥락에서 이러한 중화 효과는 본질적으로 추첨이 파벌이나 당파가 선택 과정을 지배하는 것을 방지하는 방식과 관련이 있다. 추첨에 기반을 둔 결정에서는 위협, 약속 또는 감정에 대한 다른 호소를 사용하는 것은 이점이 없다. '가능한 별칭 상자'의 장치는 추첨의 이러한 측면을 이해하는 데 특히 유용하다.

선정 절차가 외부 통제로부터 독립한다는 것은 또한 *독립의 습관*이 정체 내에서 그리고 정부 의사 결정 내에서 발전할 수 있다는 의미이기도 하다. 무작위로 선택된 시민은 자신의 지위에 대해 당 지도자, 후원자 또는 권력자에 대해 아무 것도 빚지지 않는다. 이러한 이유로 공직자들은 선거제도 하에서보다 더 자주적으로 생각하고 행동할 것을 권장한다. 더욱이, 추첨을 광범위하게 사용하는 정체는 토론을 활성화하고 당면한 모든 문제에 대한 새로운 관점을 가져올 수 있는 방식으로 새롭고 예측할 수 없는 조합으로 시민들을 한데 모은다. 이것이 프랑스 헌법 위원회, 페인과 제퍼슨이 추첨을 사용하여 일시적으로 의회를 분할하자고 제안한 이유 중 하나이다. 견해를 독립적으로 표현하자는 정신은 아테네 디카스타이의 역할을 뒷받침했다. 그것은 또한 제1장에서 보았던 복잡한 독립으로서의 무작위성에 대한 차이틴의 발상과 연결될 수 있다.

추첨의 1차적 정치적 잠재력은 선택 과정을 보호하고 정체 자체를 전복으로부터 보호하는 능력에 있지만, 추첨의 부차적인 역할은 모두 이러한 목적을 강화하는 역할을 한다. 게다가 그들의 작동은 종종 공생적인 성격을 띤다. 추첨을 통해 시민과 정치체 사이에 확립된 직접적이고 평등한 관계는 시민들이 자신의 정치체를 일상적으로 수호하도록 활성화시킨다. 추첨을 통해 선정된 정치체의 인지된 중립성은 그 권위의 원천이며, 추첨의 비경쟁적, 중립적 성격은 선호 선거가 대신 사용될 경우 발생할 수 있는 분열을 억제한다. 또한 정부 역할을 하는 독립적인 시민들은 강력한 당파 세력의 부상을 저지하고 의사 결정의 품질을 강화하기 위해 행동할 수 있다.

약한 사용과, 좋은 추첨 디자인과 나쁜 추첨 디자인의 효과

추첨의 정치적 잠재력을 최대한 발휘하려면 추첨을 최대한 활용해야 한다. 약한 사용이나 잘못 설계된 계획으로 인해 이러한 상황이 제대로 발휘되지 않는 경우에는 발생할 수 없다. 아테네인들이 집정관의 지위를 강등하기 위해 추첨을 사용하는 것은 약하고 부적절한 사용인데, 왜냐하면 추첨이 '초합리성'이 필요하지 않은 일에 적용되기 때문이다. 이러한 사용은 아마도 폴리스의 귀족 신분의 적들에게 추첨을 조잡한 평준화 장치로 묘사할 기회를 주었을 것이다. 추첨을 통해 공직자를 퇴출시키는 실행은 대부분의 경우 약한 사용이기도 하다. 이것을 펜의 첫 번째 펜실베이니아 헌법 초안에서 보았고, 여기서 교대 시스템을 시작하기 위해 주창되었다. 이 과제를 해결하기 위해 '초합리적인' 과정을 사용함으로써 얻을 수 있는 이점은 없었다. 실제로 세 세트의 공직자들을 선출하는 발상이 훨씬 더 적절한 해결책이었다. 총재정부의 경우에서 보았듯이, 선택 과정을 보호하기 위해 추첨을 사용하는 이점은 개인을 공직에서 제거하는 업무로 쉽게 옮겨지지 않는다. 여기서 추첨 절차의 예측 불가능성은 강력한 정부가 필요했던 시기에 가장 높은 수준에서의 정부 과정을 심각하게 중단시켰다.

추첨의 또 다른 문제이자 궁극적으로 약한 측면은 가중치 추첨이다. 풀이 특정 정당의 지지자들로 나누어지면 추첨은 가중치 추첨이 될 수 있다. 풀이 작으면 후원 및 종속 패턴이 풀 내에서 그룹을 만들기 시작할 수 있다. 이러한 경우 처음에는 추첨으로 보호되었던 선택 과정이 점점 더 사적 통제에 취약해진다. 이것의 가장 좋은 예는 피렌체의 스크루디니이지만, 베네치아에서 지명자를 뽑기 위해 추첨을 사용하는 것 또한 평의원들의 충성심이 널리 알려지면서 가중치 추첨이 되었다. 제임스 윌슨이 무작위로 뽑은 콘클라베로 미국 대통령을 뽑자고 제안한 것도 주별로 그룹화한 하원 의원 위주로 풀이 이루어졌기 때문에 가중치 추첨이다. 이 계획은 실행되었다면 조작과 음모에 취약했을 것이다. 가중치가 적용되는 일부 추첨과 가중되는 추첨은 단기적으로 유용할 수 있으며 모두가 동의할 수 있는 절차적 합의를 제공하여 당파들을 한데 모을 수 있다. 이것은 결과를 비교적 예측할 수 없는 상태로 유지되는 동안 가장 잘 작동한다. 그러나 그룹들이 발전하고 알려지면서 가중치 추첨 시스템은 점점 더 의도적인 간섭에 취약해질 수 있다.

추첨이 비례적인 결과를 낳는다는 발상은 표본추출 이론에서 나온 현대적인 개념이다. 고대 아테네나 르네상스 피렌체에서 추첨을 사용한 동기가 정부에서 인구의 대표 표본을 생산하기 위한 것이라고 주장될 수 있지만, 그것이 추첨을 사용하는 원래의 근거는 아닐 것이다. 이 제안은 표본을 만드는 목적이 '초합리성'을 요구하지 않거나 필요로 하지 않기 때문에 추첨의 약한 사용을 구성하게 될 것이다. 현대 표본추출 이론의 관점에서 추첨의 공화주의 사용을 읽는 것은 그것의 더 큰 정치적 잠재력이 있는 추첨의 더 강력한 사용을 약화시킨다.

추첨의 약한 사용과 대조적으로, 추첨의 정치적 잠재력은 추첨의 '초합리적인' 성격과 추첨이 디자인에서 합리적인 요소를 어떻게 보완할 수 있는지에 둘 다 민감한, 잘 개발된 계획에 의해 촉진된다. 그 중 가장 좋은 예는 마키아벨리의 1520년 피렌체 헌법 제안과 1792년 르쉬외르가 제안한 프랑스 헌법이다. 이 두 경우 모두 추첨은 시민들의 정치 기구 진입을 달성할 수 있는 수단으로 지능적으로 사용된다. 둘 다 큰 풀을 사용하고 이러한 방식으로 시민체 자체가 선택 과정을 사적 통제로부터 보호하는 수단이 된다. 이 두 가지 계획 모두 시민체의 상당 부분이 정기적인 정치 참여에 대한 지분을 갖는다는 점에서 아테네의 디카스테리온에 기인한다. 대규모 풀을 사용하는 계획은 추첨이 가중치 추첨으로 변질되는 것을 방지하여 추첨의 정치적 잠재력을 극대화한다.

추첨의 정치적 맥락

이 연구에서 추첨의 정치적 잠재력의 완전한 실현이 어떻게 그것이 적용되는 전반적인 맥락에 따라 달라지는지 보았다. 그것이 필자가 일반적으로 공화주의 맥락이라고 부르는 상황에서 작동하는 것을 보아왔다. 여기서 주요 정치 행위자들은 어느 정도까지 포함시킬 수 있는 개방적인 공공 거버넌스의 형태를 확립하려고 하고 있었다. 이러한 상황에서 종종 동일하거나 유사한 목적을 달성하기 위해 설계된 다양한 다른 조치들에 의해 추첨이 지원이 되었다. 여기에는 공직 선서, 추방, 교대, 비밀투표, 심사 등이 포함되었다. 추첨은 선택 과정에서 부패를 방지하는 데 도움이 될 수 있지만, 선택된 사람들이 부패로부터 자유롭다는 보장은 없다. 이에 대한 책임을 보장하기 위한 다른 조치가 필요할 것이다.

그렇다면 추첨은 지원이 덜한 환경에서 어떻게 운영될까? 예를 들어, 정치 영역에서 그것의 영향력은 특정 유형의 공화주의 정치와의 연계에 달려 있는가? 확실히 잠재적 참주들이 헤게모니를 달성하기 위해 추가 조치를 취하기보다 추첨 선택을 선택하는 잠재적인 지배적인 파벌을 생각하는 것은 어려울뿐더러 또는 추첨 제도를 도입하여 임명에 대한 그들의 의도적인 권한을 희석시킬 것이라고 생각하는 것 역시 어렵다. 추첨의 사용은 마치 헌법 밖 또는 개인적으로 양립할 수 없는 행사된 권력의 집중과 관련된 것처럼 보일 것이다. 그러나 개방형 공공 거버넌스의 목적을 뒷받침하지 않는 상황에서 추첨이 사용될 수 있는 여러 시나리오를 예상할 수 있다. 예를 들어 전체주의 정부가 무작위로 선택된 배심원을 도입하는 동시에 모든 공공 정보의 유포와 반제제 배심원의 운명을 통제하는 시나리오와 같이 피렌체의 스크루티니 양상은 확실히 이 범주에 들어맞을 것이다. 마찬가지로 시민들이 추첨으로 뽑힌 기관들이 권력이 없거나 사적 권력에 종속된다면, 추첨은 정당한 공적 절차를 보호하는 데 최소한의 역할만 할 수 있다. 따라서 추첨은 개방적인 정치 사회를 원하는 사람들에게 도움이 될 수 있지만, 그러한 목적을 위해 일하는 더 넓은 정치 세력의 지지를 받지 못한다면 공공 정치를 보호할 수 있는 잠재력을 발휘할 수 없을 것이다.

그러나 추첨이 사용되는 직접적인 맥락을 살펴보면, 이러한 경우 중 어떤 경우에도 추첨은 실제로 권력을 가진 사람들이 인사 선출에서 그것을 행사하는 것을 배제하지 않는다. 촘촘하게 짜인 과두 정치 집단 내에서 추첨은 비록 시민체에 대한 지배집단의 태도가 전반적으로 아쉬움을 남길 수 있지만 여전히 한 구성원이 정치적 임명을 지배하는 것을 막을 것이다. 이와 유사하게, 전체주의의 배심원단의 사례에서, 추첨의 작용은 비록 희석의 효과가 다른 조치에 의해 상충되는 경우에도, 추첨의 행위는 여전히 그 자체 운영 분야 내에서 권력의 집중을 깨뜨릴 가능성이 있다. 명목상의 기관을 위한 추첨은 기관이 거의 권력을 발휘하지 못하거나 실질적인 영향력을 행사하지 않더라도 여전히 간섭이나 조작으로부터 자유롭다. 따라서 추첨의 1차적인 잠재력을 인사를 선정하기 위해 추첨이 사용되는 모든 경우에 내재된 것으로 생각할 수 있지만, 보다 완전한 공화주의적인 맥락에서 사용될 때 더 완전히 실현될 수 있고 더 큰 정치적 관련성을 부여할 수 있다.

추첨의 향후 적용

결론의 마지막 부분에서 필자는 추첨의 향후 적용과 그것의 과거 실행과 관련하여 논의해 온 정치적 잠재력이 현대적 맥락으로 옮겨질 수 있는지에 대한 질문을 고려한다. 이 질문에 대해 취할 수 있는 접근 방식은 여러 가지가 있지만, 영미 배심원단을 제외하고 추첨이 대체로 불연속적인 실행이라는 점을 이해하면서 진행되어야 한다. 게다가 아테네나 피렌체의 추첨 정체와 21세기 정치 세계에서 통용되는 정치 유형 사이에는 상당한 차이가 있다. 이 틈새의 존재는 여러 가지 방식으로 반응하게 만들 수 있다.

과거의 아주 작은 추첨 정체와 오늘날의 국민국가 사이에는 너무나 큰 차이가 있기 때문에 추첨은 완전히 부적절한 메커니즘이며 현대 조건에서 작동할 수 없다는 생각에서 첫 번째 견해가 있다. 이 견해에 따르면 정당의 출현, 관료주의적 국가기구, 보통선거권은 추첨을 위한 여지를 남기지 않는다. 정체를 보호하는 데 있어 추첨의 역할은 이제 견제와 균형, 권력 분립과 같은 보다 합리적인 다른 조치들에 의해 취해진다. 따라서 추첨은 정치 제도가 덜 안전했고 더 큰 보호가 필요했던, 그리고 정치가 더 대면적이어야 했던 더 이른 시대에 속한 것으로 보인다. 이 관점에는 매력이 있다. 자유민주주의는 '초합리적인' 방법에 의존하지 않고도 충분히 스스로 치안을 유지할 수 있고 경쟁 정당 간의 정기 선거는 수용 가능한 수준의 책무성을 제공한다는 계몽시대 이후의 견해에 분명히 부합한다. 그러나 추첨과 선호 선거를 상호 보완적인 메커니즘이라기보다 상호 배타적인 것으로 보는 경향이 있다.

향후 추첨의 사용에 접근하는 또 다른 방법은 추첨의 부활을 아테네까지 이어지는 사슬에서 잃어버린 고리를 찾는 것으로 파악하는 것이다. 이러한 관점에서 볼 때, 시민들이 보편적인 투표권에도 불구하고 정치 과정에서 점점 소외되는 오늘날의 민주주의는 미완성의 사업 사례다. 이러한 관점에서 배심원은 이전 추첨 제도의 마지막 흔적이자 국가의 잠식하는 권력에 대항하는 시민 개개인에 대한 최후의 보증이다. 따라서 추첨을 되살려할 필요성은 통치하는 자와 통치를 받는 자 사이의 간극을 메우기 위해 보다 포괄적이고 더 반응적인 정부를 발전시키겠다는 규범적 충동과 연결되어 있다. 이것은 자유 민주주의의 인식된 결점들을 시정하고자 하는 새로운 공화주의 의제에서 추첨이 역할을 할 수 있다는 것을 시사한다. 만약 첫 번째 접근 방식이 기존의 기관들의 타성에 의해 지시된 정치 발전의 경로를 볼 위험에 처해 있다면, 두 번째 접근 방식은 도덕적 목적론(teleology)에 의해 주도될 위험에 처해 있다. 그것은 민주주의의 본질과 바람직함, 그리고 민주주의 발전의 길에 대해 특정한 가정을 함으로써 정치 과정의 역사에 너무 큰 '그림자'를 남길 위험이 있다. 그러나 이러한 견해는 아테네 민주주의의 몰락과 15세기 이탈리아의 대중 공화주의의 종말이 아직 좋은 결과를 얻지 못한 정치적 손실을 의미하는지 묻는다는 점에서 유용하다. 좋은 질문이지만 쉽게 대답할 수 있는 질문은 아니다.

필자가 더 공감하는 세 번째 견해는 추첨은 보편적인 문제 해결 메커니즘이며 과거에 국한될 수 없다는 것이다. 이 접근 방식에 따르면 '초합리적인' 해결책이 필요한 문제가 있고, 추첨의 잠재력을 알고 있다면 이를 사용하는 데 장벽이 있어서는 안 된다. 이러한 견해를 뒷받침하는 근거는 중세 후기 북부 이탈리아에서 아테네의 관습에 참고하지 않고 공직자를 선발하는 수단으로 추첨이 부활했다는 사실과 영미 배심원단이 하나의 제도로 등장하고 지속되었다는 점에서 비롯된다. 만약 추첨이 순조롭게 진행되어 13세기와 17세기에 새로운 정치적 환경에서 안식처를 찾았다면 다시 그렇게 하지 말아야 할 이유는 없다. 프랑스 혁명에 관한 장에서 보았듯이, 추첨이 더 널리 사용되지 않은 주된 이유는 추첨의 잠재력이 충분히 이해되지 않았고 정치적 통합의 문제가 과소평가되었기 때문이다. 따라서 초기 공화주의와 후기 공화주의 사이에는 다리를 놓을 수 없는 간극이 없으며 단지 복잡하고 뒤얽힌 학습 곡선만 있을 뿐이다. 문제 해결 메커니즘으로서의 추첨에 대한 이러한 관점과 연계되어 있는 것은 과거의 정치적 아이디어가 당시에 어떻게 이해되었는지, 그리고 그것이 지금 우리를 위해 무엇을 할 수 있는지를 알고 있는 한 정당하다라는 생각이다.

이것이 필자가 과거 실행을 미래를 위한 정당한 자원으로 간주하는 과거에 대한 실제적인 태도로 설명하고자 하는 것이다. 일단 이것을 수용하고 추첨이 현대 정치를 위한 가치를 가질 수 있다는 것을 받아들이면, 그것의 가능한 적용을 어떻게 가장 잘 이해해야 하는지에 대한 질문에 직면하게 된다. 이것은 사실 여기에서 완전히 탐구할 수 없는 거대하고 복잡한 주제이다. 그러나 이 연구의 결론은 추가 탐구를 위한 출발점으로 작용할 수 있는 몇 가지 기본 원칙을 제공한다.

추첨의 1차 잠재력과 2차 잠재력 사이의 구별은, 현대적 맥락에서 추첨의 가능한 적용을 이해하는 방법에 대한 가장 강력하고 명확한 지침을 제공한다고 필자는 주장한다. 부차적인 원칙이 추첨이 해결책을 제공할 수 있는 특정한 정치적 문제와 연결되어 있다고 생각할 수 있다. 즉 하루 단위로 정치 관련자들에게 그들 자신들을 보여주는 문제들, 그리고 정치 과정의 한 특정 측면이나 영역에서 발생하는 문제이다. 무작위로 선택된 상원에 대한 바넷과 카티의 제안은 이라크에 대한 닐슨의 제안이나 바버의 지역의회 의원을 위한 추첨 옹호와 마찬가지로 이 범주에 부합한다.[5]

그러나 1차 잠재력은 단지 당면한 특정한 측면에서만이 아니라 전체로서의 정체와 정치 영역에 추첨이 미치는 잠재적 효과를 나타내는 한에서 추첨 적용의 일반적인 표현이다. 그것은 추첨이 정치적 과정의 공적인 성격을 방어하는 데 도움이 될 수 있음을 알려준다. 이 일반적이거나 1차적인 잠재력을 식별할 수 있기 때문에 보다 일반적인 방향에서 그리고 보다 일반적인 정치적 열망 또는 가치의 관점에서 추첨의 가능한 현대적 적용에 접근할 수 있다. 같은 이유로 추첨을 보다 일반적인 성격의 현대 정치 문제에 대한 잠재적인 해결책으로 이해할 수도 있다.

이와 관련하여 추첨의 현대적 적용 사례는 네 가지 주요 전제를 기반으로 해야 한다. 첫째, 정치적 선택 과정의 공공성 수호가 바람직한 목표라는 점이다. 둘째, 기존 조치와 정부 형태가 이러한 보호를 적절하게 다루는 범위이다. 셋째, 기존 메커니즘이든 발명 메커니즘이든 동일한 일반 목적에 부합할 수 있고 작업에서 더 성공할 가능성이 높은 메커니즘이 있는지 여부이다. 네 번째 전제는 추첨의 2차적 잠재력이 어떤 경쟁 옵션보다 더 매력적으로 만들 수 있는 정도이다. 이 네 가지 전제는 추첨의 현대적 적용의 문제로 설명될 수 있는 것을 보여준다. 즉 일반적

[5] Barnett and Carty(2008); Nilsen(2007); and Barber(1984).

인 적용 사례를 만들기 위해 적절하게 다루어져야 하는 것은 관련 문제의 그룹이다.

이것은 필요한 문제들을 일반적인 행태로 표현하지만, 현재의 정치 환경에서 이 문제의 내용은 필연적으로 자유대의민주주의의 특성과 열망을 중심으로 돌아간다. 이것은 편재성 때문이 아니라 자유대의민주주의(긴밀하게 연결된 형태의 가문을 망라하는 용어)가 완벽한 형태의 정부 모범 사례로 간주되기 때문이다. 게다가(그리고 우리의 질문에 상당히 중요한) 자유대의민주주의는 또한 임의적이거나 절대적인 권력의 행사로부터 정치적 과정을 보호하기 위해 고안된 가장 광범위한 메커니즘을 포함하고 있다. 이것으로부터 일관되게 현대적으로 추첨을 적용하는 일반적인 사례는 자유대의민주주의가 공직자를 선발하는 과정에 대한 사적 또는 은밀한 통제에 어느 정도 취약 하느냐에 달려 있다는 것이 분명하다. 이러한 취약점이 존재하는 정도와 이러한 상태를 바람직하지 않은 것으로 간주하는 정도 및 제공되는 다른 해결책의 수가 결합되면 추첨이 다시 도입되어야 하는 주요 이유가 정의된다. 물론 이것은 필자가 이전에 탐구했던 많은 다른 좋은 이유들로 추첨의 도입을 막지는 않는다. 이러한 추첨에 대한 일반적인 사례의 표현은, 공직 선출의 공공 절차의 수호로서 추첨의 주요 정치적 잠재력을 확인하고 이를 현대적 조건으로 투영하는 논리적 결과이다. 반면에 그 앞에 펼쳐진 장황한 역사, 분석 작업의 정점인 동시에, 불행하게도 다른 곳에서 다루어야 할 문제이기도 하다.

이 답이 없는 질문으로 이 특정 연구와 이 특정 조사 여정의 끝에 도달한다. 복잡한 역사적, 정치적 사상에 대한 탐구가 그렇듯, 주어진 답변만큼이나 많은 문제 제기가 있고, 이 주제에 진지한 관심을 가진 사람들에게도 똑같이 유용한 토대가 마련되었다고 생각하지만 항상 해야 할 일은 더 많다. 필자는 프랑스와 미국의 후기 공화국에서 왜 추첨이 사용되지 않은 몇 가지 이유를 암시했지만 아직 전체 이야기는 나오지 않았다.

이런 점에서 합법적인 정당의 등장이 중요한 요인으로 보인다. 마찬가지로 구이치아르디니의 대화의 전체 맥락은 16세기 유럽의 지배 엘리트에 대한 중요성과 마찬가지로 명확해져야 한다. 중세 후기에 이탈리아 이외의 지역에서 추첨이 사용된 범위는 더 많은 연구가 귀중할 수 있는 또 다른 영역이며, 필자는 항상 포폴로 정부에 대한 정치적 부채가 제대로 평가되지 않았다고 느껴왔다. 좀 더 지역적인 수준에서 그레이트 야머스가 영국 땅에서 이탈리아 스타일의 공화주의의 고립된 사례인지 알고 싶다. 이론적 관점에서 추첨과 평등, 공정성 및 정치권력 사이의 관계는 미래 프로젝트의 유익한 클러스터를 제공할 수 있다. 동시에, 그리고 아마도 더 시급하게, 갈등 해결과 정치적 통합이라는 중요한 영역에서 추첨의 상당한 잠재력은 이론적으로 그리고 현재의 정치적 문제와 관련하여 탐구되어야 한다.

이 연구는 현재와 미래의 문제를 해결하기 위해 과거를 들여다보는 형태를 취했다. 이것은 항상 어려운 일이다. 그러나 필자는 이 페이지들에서 독자들에게 정치적 유산을 바라보는 여러 가지 새로운 방법을 제시하는 동시에 미래의 정치 세계의 가능한 형태에 대한 새로운 생각을 자극할 수 있기를 바란다. 그 세계가 추첨의 더 큰 사용을 포함하는지 아닌지는 예측하기 어렵다. 필자가 이 연구에서 보여주려고 했던 것은 그러한 재도입이 목적의식이 있고 효율적이며 성공적이기 위해서는 반드시 수반되어야 할 책임감, 실천적 노하우, 지적 감수성의 수준이다.

부록

추첨의 쇠퇴에 대하여

필자는 추첨의 쇠퇴에 대한 질문이 원래 연구 프로그램의 일부가 아니었기 때문에 이것을 부록으로 제시한다. 따라서 필자의 의견은 이러한 목적을 염두에 두고 수행된 연구에 의해 정당화되는 일관된 주장이라기보다는 필자가 연구한 영역에서 찾아낸 이해들을 발췌한 것에 지나지 않는다.

필자는 결론 장에서 추첨 실행의 주요 특징 중 하나가 그것이 광범위하게 사용되는 정치체와 간헐적으로만 사용되는 정치체 사이의 뚜렷한 구분이라고 언급했다. 또한 중세 후기와 르네상스 공화주의 모델이 쇠퇴하고 새로운 대의정부 모델이 등장하던 시기에 이러한 구분이 역사적으로 어떻게 발생했는지에 대해서도 주목했다. 추첨 사용의 중요성 및 빈도의 감소는 정치사에서 관찰할 수 있는 사실이다. 그러나 이 분야에 대한 추가 작업 없는 한 다른 어떤 인과적 요인 탓으로만 돌리는 것은 꺼려진다. 이러한 점을 염두에 두고 이것을 설명할 수 있는 몇 가지 이유를 살펴보는 것은 여전히 중요하다. 이러한 이유들 중 일부는 문화적 것이고, 다른 것들은 역사의 우연이며, 다른 이유들은 필자가 그들이 무엇을 하고 있는지 알고 있는 사람들의 행동이라고 설명하고 싶은 것이다.

필자의 일반적인 성향은 추첨 사용에 대해 명확하게 설명된 서면 근거가 부족하기 때문에 이 실행이 역사의 한 시대 또는 지리적 위치에서 도약하는 것을 어렵게 만들었다는 것이다. 이것은 의심할 여지없이 추첨을 사용하여 혜택을 받을 수 있었던 사람들이 그것을 받아들이지 않거나 심지어 실행 가능한 선택지로 고려조차 하지 못한 이유 중 하나이다. 또한 어떤 시기와 어떤 문화적 환경에서 추첨은 단순히 호의에서 벗어났거나 혐오나 의혹의 대상이었던 체제 또는 활동과 연관되어 있다는 것을 인식해야 한다. 민주주의가 혼란스럽고 야만적이며 일반적으로 바람직하지 않다고 생각할 때, 필연적으로 추첨도 똑같은 결점이 있는 것으로 여겨졌다. 제비와 우연, 점, 도박과의 연관성은 특히 더 청교도적인 범위의 극단에 위치한 종교 집단들 사이에서 여겨지는 싫어함이 더해졌다. 제5장에서 제시했듯이, 베네치아식 투표에서 추첨 요소가 사라진 것은 아드리아 해(海)의 공화국인 베네치아 공화국의 형식을 펜실베이니아의 오지에 이식하는 데 어려움이 있었기 때문일 수 있다.

여기에 특정 시기와 특정 그룹의 사상가들 사이에서 '초합리적인' 판단이 개인 판단의 무책임한 포기라고 생각되었다는 발상을 추가할 수 있다. 이것은 도미니코회의 사상 전통(사보나롤라가 지지), 콩도르세에 의해 표현된 계몽주의 전통, 그리고 영국 개혁 운동에 수반된 철학인 영국 공리주의에 적용된다. 이러한 학파들에게 선호 선거는 특별한 정치적 또는 정부 역할을 수행할 개인을 선택하는 훨씬 더 적절한 수단을 제공했다.

의심할 여지없이 추첨 쇠퇴의 한 요인은 시민 참여에 중점을 둔 시민 공화국이, 전문적인 정치계급이 대중 다수에 의해 고용되거나 해고될 수 있는 자유 대의민주주의로 대체되었기 때문이다. 구이치아르디니의 "로그로그노 논고"와 통치자와 투표자 사이의 베네치아 구분에서 이것에 대한 몇 가지 기원을 볼 수 있다. 그러나 자유민주주의로의 이행과 함께, 초기 공화주의에서 시민이 주도했던 공공선 기풍으로는 상상도 할 수 없었던 혁신인 합법적인 정당들의 출현이 등장했다. 추첨은 처음에 당파성을 억제하기 위해 도입되었기 때문에, 정당을 옹호하는 시대에 왜 그것이 사용되지 않게 되었는지 이해하는 것은 어렵지 않다.

추첨에 대한 가능한 의식적인 억압과 관련해서, 추첨에는 적들이 있었다는 것은 명백하다. 여기에는 아테네의 귀족 클럽에서부터 이탈리아 코뮌의 단일 통치자가 되려는 사람들이나 1787년 미국 헌법 제정회의에 참석한 훌륭한 사람들의 '선출된 공직자들'(natural aristocracy)에 이르기까지 다양할 수 있다. 구이치아르디니가 추첨의 사용에 대한 찬반 논쟁을 탐구하고 피렌체의 대중 공화주의와의 연관성을 숨기려고 시도할 만큼, 그가 추첨을 매우 심각하게 받아들였다는 것을 볼 수 있다. 만약 그의 생각이 다음 세대의 범유럽 귀족들의 폐쇄적인 문 뒤에서 얼마나 정제되었는지는 정확히 알 수 없지만, 만약 추첨의 쇠퇴를 촉발시킬 책임이 있는 개인을 찾고 있다면, 구이치아르디니가 유력한 후보임에 틀림없다. 다른 한편으로, 권력의 집중을 희석하기 위한 추첨의 잠재력을 감안할 때, 권력 기반이나 파벌 구축에 관심이 있는 사람은 누구든지 그 천적이 될 것이라고 말하는 것도 사실일 것이다.

용어집

이 용어집은 영어 번역본이 아닌 원문을 사용한 장들을 쉽게 읽을 수 있도록 만들어졌다. 이들의 의미는 연구에서의 사용과 관련이 있으며, 반드시 다른 의미나 의미들을 가질 수 있는 일반적 또는 현재의 용법과 관련이 있는 것은 아니다. 자세한 내용은 Hansen(1999)과 Najemy(1982)를 참고하면 된다. 다른 출처는 각각의 항목과 함께 인용된다.

Accoppiatori: 피렌체의 스크루티니(*scrutiny*)에 의해 선출된 사람들의 이름을 각각의 가죽 주머니에 넣는 일을 담당하는 비서직들은 공석이 될 때마다 수시로 꺼낼 수 있도록 준비한다. (Kent, 1978; Rubinstein, 1966.)

A mano(*by hand*): 메디치 가문에 의해 채택된 관행은 비서직들(*Accoppiatori*)이 공직 소유자를 선택하는 것, 즉 뽑기인 트래트(*tratte*)의 무작위 요소를 우회하는 것을 허용한다. (Kent, 1978; Rubinstein, 1966.)

Anziani(*elders*): 이 이름은 13세기 이탈리아 포폴로(*popolo*) 정권에서 고위 공직자들에게 붙여진 이름이다. (Waley, 1988; Koenig 1977; Wolfson, 1899.)

Areopagos: 고대 아테네의 귀족회의.

Arrabbiati: 피렌체 제2공화정 시절 사보나롤라에 반대하는 집단. (Roth, 1968.)

Archon: 이 용어는 고대 아테네의 9개의 상위 행정관직을 가리키는 데 흔히 사용된다.

Arti maggiori, *arti minori*: 피렌체 주요 및 소규모 길드. (Becker, 1967.)

Balia: 피렌체의 특별위원회는 보통 헌법 제정안을 만들고 통과시키곤 했다. 특

별위원회 구성원들은 보통 임명되었다.

Benificiati: 피렌체 사회의 구성원들 중 정치적 상속인인 수혜자들은 1494년 새로운 대평의회 구성원이 될 자격이 있었다. (Pesman-Cooper, 1985.)

Bigi: 메디치 가문의 지지자들. (Roth, 1968.)

Borsa di speciolata: 피렌체의 스크루티니에서는 높은 표를 얻었지만, 메인 가방(*borsi*)에 포함되기에 충분하지 않은 사람들의 이름이 담긴 추가 가죽 주머니였다. 포함된 것들은 예비 역할을 할 예정이었다. 가문 복무 금지 규정 때문에 언제든 공직자가 부족할 경우 이 가죽 주머니에서 이름을 끄집어냈다. Borsa di speciolata는 1343년 민중 정권 기간에서 사용되었다.

Borse(단수형 *borsa*): 그 가죽 주머니들은 피렌체의 장차 공직 소유자들의 이름을 담고 있었다.

Boule: 500명의 아테네 평의회. (Rhodes, 1972.)

Boni homines: 초기 이탈리아 코뮌 13세기 포폴로 정권 이전의 통치 집단에 주어진 이름이다. (Waley, 1988.)

Borsillino: 제1공화정 말기 피렌체에서 공직 선출에 사용된 작은 가죽 주머니다. 여기에는 믿음직하고 경험이 많은 사람들의 작은 그룹의 이름이 포함되어 있으며, 메인 가죽 주머니에서 뽑은 것들을 보충하는 데 사용되었다.

Brevia: 시민들 중에서 추첨으로 선거인단을 뽑는 제도이다. 그것은 13세기 이탈리아 포폴로 정권에서 널리 사용되었다. (Wolfson, 1899.)

Buoni Uomini: 피렌체 시뇨리아(*Signoria*)에 자문기구로 활동하기 위해 스크루티니를 통해 선발된 12명으로 구성된 그룹이다.

Busoli, *Bussuli*(다양한 스펠링, 때로는 직접목적격의 복수형인 *Bussolos*): 비밀투표에 사용된 베네치아의 항아리 또는 꽃병들. 이것들은 보통 두 개의 내부 칸으로 구성되어 있다. 후보자에 대한 찬성과 반대를 나타내기 위해 작은 천 팰릿을 하나 또는 다른 하나에 떨어뜨렸다. (Queller, 1986; Wolfson, 1899.)

Capitano del Popolo: 피렌체의 주요 공직자. 이 이름은 1250-60년 프리모 포폴

로(*Primo Popolo*) 정권에서 유래되었지만, 대중성이 덜한 정권에서도 지속되었다.

Cento: 메디치 가문에 의해 도입된 피렌체의 100명의 원로원 의원. (Kent, 1978; Rubinstein, 1966.)

Ciompi: 피렌체 직물 노동자들. 그들은 1378년 봉기를 일으켰다. (Bruckner, 1968.) *Cives*: 시민(Citizen).

Consiglio Grande: 대평의회. Consiglio Maggiori라고도 한다.

Consortieri: 이탈리아 북부의 중세 후기의 사적 사회. 이들은 보통 위신의 상징이자 다른 Consortieri에 대항하는 방어 수단으로 탑을 건설하기 위해 자원을 모으는 많은 가문으로 구성된다. (Waley, 1988; Pesman-Cooper, 1985.)

Consuls: 개발 초기 단계에서의 이탈리아 북부 도시의 최고 행정가들에게 주어진 이름이다. (Waley, 1988.)

Deme: 고대 아테네의 특별하게 지정된 지역 또는 구역. (Whitehead, 1986.)

Demos: 아테네의 민중들, 즉 비(非)귀족. 이 용어는 아테네 전체 또는 아테네의 가난한 사람들을 의미하기 위해 대략적으로 사용된다. 그것은 또한 민회 안의 사람들, 즉 시민들을 묘사하기 위해 더 정확한 정치적 의미로 사용된다.

Dikastai(단수형 *Dikastes*): 민중법원의 시민들. 종종 배심원이나 배심원단의 구성원으로 번역되지만, 디카스타이는 우리가 알고 있는 배심원들보다 훨씬 더 많은 수를 운영했고 그들은 숙의적인 역할을 하지 않았다. (Hansen, 1990.)

Dikasterion: 아테네 민중법원. (Hansen, 1990.)

Dikē: 정의 또는 '옳음'. (Baker의 Aristotle 서문, 1946.)

Divieto: 스크루티니와 트래트로 이루어지는 피렌체의 관료 선출의 마지막 단계로, 공직에 임명되지 못하는 사람들은 제외되었다. 주요 결격 사유는 같은 정부기관의 다른 공직자와 같은 가문 구성원이었다.

Dokimasia: 아테네 공직자의 시민권 증명은 선출 또는 선출 후 취임 전에 확인하는 과정이다. (Adelege, 1983.)

Eisangelia: 시민에 의해 공식적으로 아테네 행정관에 대한 고발이 공공 기소에 이르게 되었다.

Eupatrids(복수형): 아테네의 토지소유계층.

Gens: 아테네의 가문 또는 친족집단.

Gonfalonier of Justice: 피렌체의 최고 행정관이자 국가원수급이다.

Gonfalonieri of the Companies: 시뇨리아에 자문 역할로 활동한 피렌체의 16명의 공직자. 이 공직은 대중적인 민병대의 조직을 기반으로 했으며, 각각의 곤팔로니에(*Gonfalonier*)는 도시의 다른 지역에서 운영되는 지정된 부문으로부터 왔다.

Graphe paranomon: 고대 아테네에서 운영되었던 사법 심사의 한 형태로 '비합법성 기소'로 불리기도 한다. 시민은 민회가 내린 어떤 판결도 기존 법률에 위배되거나 폴리스의 이익에 반한다는 이유로 제안자에게 이의를 제기할 수 있다. (Yunis, 1988.)

Helliastic oath: 모든 디카스타이들은 디카스테리온(*dikasterion*)에 복무할 자격이 있는 6천명에 합류하기 전에 한 서약이다.

Hetaireia(복수형. *ai*): 귀족적인 아테네 정치 클럽.

Heliaia: 민중법원의 초기 이름은 솔론이 제정한 것이다.

Hippeis: 아테네 사회의 두 번째 경제계층인 기병대 또는 기사층이다.

Ho boulemenos: 자발적인 정치 활동을 한 아테네 시민에게 붙여진 이름이다. 이것은 공직에 나서거나, 민회에 안건을 제기하거나, 위법행위로 행정관을 비난하는 것을 포함할 수 있다.

Imborsazione: 피렌체의 스크루티니로 선출된 사람들의 이름을 각각의 가죽 주머니에 넣는 과정은 논의되고 있는 관직들이 공석이 될 때 간격을 두고 뽑았다.

Imbroglio: 부패. 말 그대로 '분규'. (Queller, 1986.)

Intelligenze: 피렌체의 불법 정당들. (Weinstein, 1970).

Kleroterion(복수형. *Kleroteria*): 아테네의 추첨 장치. 이것들은 나무나 돌로 된 구멍으로 장식된 것이다. 후보들은 이름표나 명패를 슬롯에 넣은 다음 콩이나 색깔 있는 공을 추첨하여 어느 줄의 이름을 뽑을지 결정한다. (Dow, 1939; Moore의 아리스토텔레스 해설, 1986.)

Libro D'Oro: 베네치아의 모든 귀족들 또는 대평의회 세습 구성원들의 이름이 적힌 황금서(黃金書). (Lane, 1973.)

Mercanzia : 피렌체 5대 길드. (Bruckner, 1962.)

Metic: 거주 외국인을 뜻하는 아테네어(語). Metics는 종종 부유했고 아테네 경제의 활력에 크게 기여했다. 그러나 그들에게 시민 지위를 부여하지 않았다.

Minus possidentes: 연소득 1,500 L 이하 프랑스 시민. (Hammersley, 2005; Lesueur, 1932.)

Monte: 강제적인 대출제도는 제1공화정 기간 동안 피렌체 국가 경제의 중요한 부분이 되었다. 이 시스템 하에서는 주요 상업 가문들이 지배자들은 도시의 공적 자금에 돈을 빌려주도록 요구되었다. 그러나 이자율이 매우 높았기 때문에 이것은 거의 세금 부과가 되지 않았다. (Becker, 1968.)

Nomothetai: 아테네 입법부. 이것은 찬성과 반대에 투표하기 전에 어떤 조치든 찬성과 반대의 주장을 경청하는 많은 디카스타이들로 구성되었다.

Ottimati: 피렌체 귀족들. (Roth, 1968.)

Palleschi: 피렌체 제2차 공화정 시기 메디치 가문의 지지자들. (Roth, 1968.)

Parlamento: 피렌체 시민회의(*Florentine Assembly of citizens*)에 붙여진 이름이다. Parlamento는 어떠한 조치도 수용하거나 거부하는 단순한 행위를 요구받을 것이다.

Parte Guelfa: 피렌체의 유일한 합법 당파인 교황파(*Parte Guelfa*)는 교황파와 황제파 사이의 파벌 분쟁에서 비롯되었다. 그러나 14세기와 15세기 동

안 현대적 의미의 활동적인 정당보다는 시민사회가 되었다. (Bruckner, 1962.)

Pentakosiomedimnoi: 고대 아테네의 가장 높은 경제계층은 주요 지주들과 귀족들로 구성되어 있다.

Phratria(복수형-*ai*, 영어: *Phratry*): 아테네 형제회.

Piagnoni: 피렌체 제2공화정 시절 사보나롤라의 지지자들이었다. (Roth, 1968.)

Plus possidentes: 연간 1,500 *L* 이상 프랑스 시민. (Hammersley, 2005; Lesueur, 1932.)

Podesta: 이탈리아 도시의 임시 국가원수이다. 보통 공정성을 확보하기 위해 다른 지역에서 들여왔다. (Waley, 1988.)

Popolani: 피렌체 상인 지배계급. 귀족들(*ottimati*)과 구별되는 것은 봉건귀족들(그들 중 다수는 1292년 정의의 훈령(*Ordinances of Justice*)에 의해 공직에서 제외되었다)의 후손이 아닌 자수성가한 것이다. (Becker, 2002.)

Popolo: 13세기 동안 북부 이탈리아 도시에서 성장한 대중적인 사회에 붙여진 이름이다. 이것들은 주로 길드와 관련된 법치와 참여형 정부를 선호했다. 포폴로 정부는 이 기간 동안 많은 도시에서 권력을 장악했다. (Waley, 1988; Hyde, 1973; Koenig, 1977.)

Pratica(복수형. *Pratiche*): 피렌체의 공개 토의. 이것은 현대의 공공 협의와 같았고 참가자들은 보통 통치기관인 시뇨리아에 의해 초대되었다.

Primo Popolo: 1250년과 1260년 사이에 권력을 잡은 피렌체의 민중 정부. (Davidsohn, 1896; Villani, 1908.)

Priors: 피렌체 시뇨리아의 개별 구성원들에게 주어진 이름이다. 시뇨리아라는 용어가 대중화되기 전에는 행정장관들(*priors*)의 공동체 정부는 Priorate로 알려져 있었다.

Prytany(복수형 *prytaneis*): 같은 부족의 평의회 구성원으로부터 뽑은 아테네 평의회의 특별 집행기구이다. 각 프리타니(*Prytany*)는 교대로 1년에 10분의 1씩 복무한다.

Quarantia: 40명으로 구성된 주된 베네치아 법사위원회. (Queller, 1986; Lane, 1973.)

Remissi: 결격자 배제(*divieto*)에 의해 제외된 사람들의 이름이 들어갈 피렌체 선거 가죽 주머니에 붙여진 이름이다.

Reggimento: 피렌체의 지배집단. 이 연구에서는 보다 일반적 의미로도 사용된다. (Kent, 1978.)

Scrutiny and tratte: 비밀투표를 수반한 공직자 선출을 위한 피렌체 방식은 공직이 교대로 공석이 되자 특수 가죽 주머니들에서 공직자들을 차례로 뽑았다.

Sesto: 피렌체의 6분의 1 구역.

Signore: 이탈리아 북부 도시의 단일 통치자에게 주어진 이름이다. (Waley, 1988.)

Signoria: 정의의 곤팔로니어(*Gonfalonier of Justice*)와 함께 여섯 명의 행정장관들(*priors*)을 지닌 피렌체의 최고 집행기관에 붙여진 통칭으로 통치당국을 이른다. (14세기 중반까지 8명으로 증가했다.)

Strategoi: 아테네의 장군들. 10명의 최고위직 장군(*Strategoi*) 위원회는 엄밀히 말하면 군사 행정관이었으며 매년 민회에서 선출된다.

Thetes: 아테네 최하층 경제계층. 테테스(*Thetes*)는 주로 도시 빈민들로 구성되어 아테네 해군의 노잡이 역할을 했다.

Trittyes: 각 부족의 3분의 1을 구성하는 아테네 지역의 세부 구역. (Traill, 1975.)

Zeugitai: 고대 아테네의 세 번째 경제계급의 구성원들. 제우기타이(*Zeugitai*)의 모든 구성원들은 호플리테스(*hoplite*) 또는 경(輕)보병으로 복무했고, 군사적으로 장비를 갖추기에 충분한 수입을 얻어야 했다.

참고문헌

1차 출처

Adams, John (1965), *The Legal Papers of John Adams*, eds. Wroth, L. K. and Zobel, H. B. (Cambridge, Mass.: Harvard University Press).

Aquinas, Thomas, Saint (1954, *Selected Political Writings*, trans. Dawson, J. G.; intro., ed. D'Entreves (Oxford: A.P. Blackwell).

Aristotle (1492), *Politica*, trans. Bruni, L.; commentary, Aquinas, T., Saint (Rome).

Aristotle, (1946) *Politics*, trans. Barker, E. (Oxford: Clarendon Press).

Aristotle (1986), *The Athenian Constitution*, trans. Moore, J. M. In Aristotle and Xenophon on Democracy and Oligarchy (Berkeley: University of California Press).

Aristotle (2000), *Nicomachean Ethics*, trans. Crisp, R. (Cambridge University Press).

Bartolus of Sassoferrato (1997), *On Guelfs and Ghiberlines; Treatise on the Government of a City; Treatise on a Tyrant*, trans. Garnett, G. (University of Oxford).

Beckman, G .M. (1976), *The Statutes at Large of Pennsylvania at the time of William Penn*, vol. 1 (New York & co.?

Bidwell, W.B. and Janssen, M. eds. (1991-5), *Proceedings in Parliament 1626*, vol. IV (Yale University Press).

Bruni, Leonardo (1986), 'The Constitution of Florence', ed. Moulakis, A., *Rinascimento*, 2nd series, 26 (1986).

Bruni, Leonardo (2001), *History of the Florentine People*, vol. I, books I-IV, trans., ed. Hankins, J. (Harvard University Press).

Cobbett, W. (1811), *Parliamentary History of England*, vol. VIII (1722-33) (London: T.C. Hansard).

Condorcet. (1789), *Examin de cette question. Est-il utile de diviser une Assemblee Nationale en Plusieurs Chambres* (Paris)

Condorcet. (1793), *Plan de Constitution présenté à la Convention Assemblee Nationale* (Convention Nationale France).

Condorcet. (1793b), Plan *de Constitution présenté à la Convention Assemblee Nationale le 15 et 16 Fevrier* (Paris Imp. Nationale: Le 38/1766 (D)).

Condorcet. (1994), *Foundations of Social Choice and Political Theory*, trans., ed. McLean, I., Hewitt (London: F. Edward Elgar).

Connecticut (1750), *Acts and Laws of His Majestie's English Colony of Connecticut* (New London [?]: T. Green).

Contarino, Gaspar (1969), *The Commonwealth and Government of Venice*, original trans. Lewkenor, 1599. (Facsimile edition: Amsterdam and New York: Da Capo Press).

Cooper, Anthony Ashley, 1st Earl of Shaftesbury (1680), *The Fundamental Constitution of Carolina*.

De Tocqueville, Alexis (1966), *Democracy in America*, ed. Mayer, J. P. and Lerner, M., trans. Lawrence, G. (New York, Evanston and London: Harper and Row.

Farrand, M. ed. (1966), *Records of the Federal Convention of 1787*, vol. 2 (Yale University Press).

Gataker, T. (1623), *A just defence of certain passages in a former treatise concerning the nature and use of lots* (London: John Hayilland).

Gataker, T. (1627), *Of the Nature and Use of Lots: a treatise historicall and theologicall* (London: John Haviland, first published 1619).

Godwin, W. (1971), *An Enquiry Concerning Political Justice*, abridged and ed. Carter, K., Codell (Kay Cordell) (Oxford: Clarendon Press).

Guicciardini, Francesco (1932)., 'Del mode di eleggere gli uffici nel Consigli Grande', in *Dialogo e discorsi del Reggimento di Firenze*. A cura di R. Palmarocchi. Bari Laterza.

Guicciardini, Francesco (1964), *History of Florence*, trans. Grayson, C.; abridged and intro. Hale, J.N. (London: Sadler and Brown Ltd).

Guicciardini, Francesco (1965), *Selected Writings*, trans. Grayson, M.; ed. and intro. Grayson, C. (New York, Toronto, Oxford: Oxford University Press).

Guicciardini, Francesco (1984), *The History of Italy*, trans., ed. Alexander, S. (New Jersey: Princeton University Press).

Guicciardini, Francesco (1994), *Dialogue on the Government of Florence*, trans., ed. Brown, A. (Cambridge: Cambridge University Press).

Guicciardini, Francesco (1997), 'Del Modo di ordinare il Governo Popolare', trans. Price, R. In Kraye, J. ed. (1997), *Cambridge Translations of Renaissance Philosophical Texts* (Cambridge: Cambridge University Press).

Harrington, James (1977). *The Political Works of James Harrington*, ed. Pocock, J.G.A.

(Cambridge: Cambridge University Press).

Harrington, James (1992), *The Commonwealth of Oceana and A System of Politics*, ed. Pocock, J.G.A. (Cambridge: Cambridge University Press).

Hawkins, William (1734-5), *Parliament Acts. Statutes at large from the Magna Carta to 7 Geo. Ⅱ*, 6 vols (London: John Baskett)

Herodotus (1954), *The Histories*, trans. De Selincourt, A. (Harmondsworth: Penguin).

Herodotus (1998), *The Histories*, trans. Waterfield, R. (Oxford World's Classics).

Herty, Thomas (1799), *A Digest of the Laws of Maryland* (Baltimore).

Homer (1987), *The Iliad*, trans. Hammond, M. (Harmondsworth: Penguin Classics).

Jefferson, Thomas (1943), *The Complete Jefferson*, ed. Padover, S.K. (New York: Duell, Sloan and Pearce Inc.).

Jefferson, Thomas (1958), *The Papers of Thomas Jefferson*, vol. (New Jersey: Princeton University Press).

Jensen, M., Kaminski, J.P., Saladino, G.J. (1981), The Documentary History of the Ratification of the Constitution (State Historical Society of Wisconsin).

Kilty, W. (1799), T*he Laws of Maryland to which are prefixed the Bill of Rights* (Annapolis: Fredrick Green).

Leaming, A., Spicer, J. (1792), *The Grants, Concessions and Original Constitutions of the Province of New Jersey* (Philadelphia: Bradford (printer)).

Lesueur, Théodore (1932), *A French draft Constitution of 1792. Modelled on James Harrington's Oceana*, ed. and intro. Liljergen, S. B. (Lund: C.W.Glefrup).

Library of Congress (1907), *Journals of the Continental Congress. 1774-1789*, (Washington: Government Printing Office).

Ludlow, Edmund (1698), *Memoires of Edmund Ludlow Esqu.* (Vivay, Bern)

Machiavelli, Niccolo (1988). *Florentine Histories*, trans, Banfield, L. FL, Mansfield H.C. (Princeton University Press).

Machiavelli, Niccolo (1989). *Machiavelli - the chief works and others*, trans. Gilbert, A. (Durham and London: Duke University Press).

Machiavelli, Niccolo (1998), *The Discourses*, trans. Walker, L., ed. Crick, B. (Harmondsworth: Penguin).

Madison, James (1987a), *Notes of debates in the Federal Convention of 1787 reported by James Madison* (New York and London: W. W. Norton and Co.).

Madison, James; Hamilton, Alexander; Jay, John (1987b), *The Federalist Papers* (Harmondsworth: Penguin Classics).

Massachusetts (1814), *The Charters and General laws of the Colony and Province of Massachusetts Bay* (Boston: General Council).

Massachusetts (2000), *Massachusetts General laws Annotated*, vol. 4, ch. 233-6 (West Group).

Mavidal, J. (1862), *Archives Parlementaires de 1787 a 1860*, série 1, vol. LVⅢ (Paris: Librairie administrative de P. Dupont.)

Mill, J.S. (1977), *Essays in Politics and Society*, vols XVIII-XIX, Collected Works, ed. Robson (J.M. Routledge and Keegan Paul: University of Toronto Press).

Mill, J.S. (1978), *Essays in Philosophy and Classics*, vol. XI. Collected Works, ed. Robson O.M. Routledge and Keegan Paul: University of Toronto Press).

Milton, John (1660). *Readie and Easy Way to Establish* a Commonwealth (London).

Montesquieu (1989), *The Spirit of the Laws*, trans. and ed. Cohler, A., Miller, B.C., Stone, H.S. (Cambridge: Cambridge University Press).

Mont-Gilbert, Francois-Agnes (1793). *Avis au Peuple, sur sa Liberté* (Paris: De L'Imprimerie Nationale).

Morris, Robert (1770), *A Letter to Sir Richard Aston*, 2nd edn (London: Geo. Peach).

Nedham, Marchamont (1650), *The case of the Commonwealth Stated* (London: printed for E. Blackmore and R.

Nedham, Marchamont (1656), *The Excellencie of a Free State or The Right Constitution of a Commonwealth* (London: printed for Thomas Brewster).

Neville, Henry (1698), *Discourses Concerning Government* (London).

New Hampshire (1761), *Acts and laws of His Majestie's Province of New Hampshire in New England* (Portsmouth).

New Hampshire (1771), *Acts and laws of His Majestie's Province of New Hampshire in New England* (Portsmouth).

New Jersey, Statutes (c.1700), *The Concessions and Agreements of the Proprietors, Freeholders and Inhabitants of the Province of West New Jersey in America.*

New Jersey (1800), *Laws of the State of New Jersey* (New Brunswick: William Peterson).

New York (1894), *The Colonial laws of New York from the year 1664 to the Revolution*, vol. III, ed. Commissioners of Statutory Revision (Albany: James B. Lyn, State Printer).

North Carolina (1765), *A Collection of all acts of Assembly of the Province of N. Carolina now in force and use* (Newbern: James Davies).

Paine, Thomas (1795), *Dissertation on the First principles of Government* (London).

Paine, Thomas (1945), *Complete Works*, ed. Foner, P.S. (New York: Citadel Press).

Paine, Thomas (1976), *Common Sense* (Harmondsworth: Penguin Classics).

Patrizzi, Francesco (1594, *De Institutione Rei Publicae* (Argentinae)

Penn, William (1675), *England's Present Interest Discovered* (London: Andrew Sowle).

Penn, William (1982), *The Papers of William Penn*, ed. Dunn, R., Dunn, M. M. (University of Pennsylvania Press).

Pettingal, John (1769), *An inquiry into the use and practice of juries among the Greeks and Romans, from whence the origin of the English jury may probably be deduced* (London)

Plato (1940), *Protagoras*, trans. Wright, J. in Plato and Xenophon (1940)

Plato (1970), *The Laws*, trans. Saunders, T.J. (Harmondsworth: Penguin Classics).

Plato and Xenophon (1940), *Socratic Discourses*, Everyman edn (London: Dent and Sons).

Pseudo-Xenophon (1992), *The Old Oligarch*, trans. Hughes, K.R., Thorpe, M., Thorpe, M.A. Lactor (Cambridge University Printing Services).

Poore, B.P. (1878), *The Federal and State Constitutions, Colonial Charters, and other Organic Laws of The United States, 2nd Edition* (Washington: Govt. Printing Offices).

Rinnuccini, Alamanno (1978), '*De Liberate*', trans. Watkins, R.N. In Watkins (1978).

Rous, George (1771), *A letter to the Jurors of Great Britain. Occasioned by the Opinion of Lord Mansfield* (London: G. Peach).

Rousseau, JJ. (1988), *Rousseau's Political Writing*, trans. Bondanella, J.C.; ed. Ritter, A. and Bondanella, J.C. (New York & London: w.w. Norton and Co.).

Savonarola, Girolamo (1978), 'Treatise on the Constitution and Government of the City of Florence', trans. Watkins, R.N. In Watkins (1978).

Scot, George (1685), *The Model of the Government of East New Jersey in America* (Edinburgh).

Sidney, Algenon (1598), *Discourses Concerning Government* (Westminster).

Shaftesbury (1689), *Some Observations Regulating Elections for Parliament* (Found amongst the Shaftesbury Papers).

Sprigg, William (1659), *A Modest Plea for an Equal Commonwealth*, Against Monarch (London: Giles Galveut).

Staughton, George, Nead, Benjamin, M., McCamant, T.(1879), *Charter to William Penn and Laws of the Province of Pennsylvania* (Harrisburg: John Blair Linn).

Stewart, J.H. (1951), *A Documentary Survey of the French Revolution* (New York: Macmillan).

Streater, John (1654), *Observations, Historical, Political and Philosophical upon Aristotle's First book of Political Government* (London).

Streater, John [J.S] (1659), *Government described. Viz what monarchie, aristocracie,oligarchie and demoracie is. Plus a model of the commonwealth or free state of Ragaus* (London).

Testi e Documenti (1961), *Archivio Storico Italiano* 119.

Thucydides (1881), *History of the Peloponnesian War*, trans. Jowett, B. (Oxford: Clarendon Press).

Thucydides (1972). *History of the Peloponnesian War*, trans. Warner, R. (Harmondsworth: Penguin).

Toland, John (1701), *The Art of Governing by Parties* (London: Lintott).

Towers, Joseph (1764) *An Enquiry into the Question whether Juries are or are not Judges of Law as well Joseph as Fact* (London: J. Wilkie)

Trott, N. (1736), *The Laws of the province of South Carolina* (Charlestown: Lewis Timothy).

Virginia (1727), *Acts of Assembly passed in to the Colony of Virginia from 1662-1715*, (London: Blasket).

Wallace N. (1921), *Commons Debates for 1629 Critically Edited with an introduction dealing with Parliamentary Sources for the Early Stuarts* (University of Minnesota).

Watkins, R.N. (1978), *Humanism and Liberty. Writings on Freedom from fifteenth-century Florence* (Columbia: University of South Carolina Press).

Wilson, Peter (1784), *Acts of the Council and General Assembly of the state of New Jersey* (Trenton: Issac Collins).

Wilson, James (1967), *Works* (Cambridge, Mass.: Belknap Press, Harvard University Press).

Xenophon (1940), *Memorabilia*, trans. Watson, M.A. In Plato and Xenophon (1940)

익명의 1차 출처

Benefit (post 1688), *The Benefit of the Ballot*.

Chaos (1659), *Chaos-or a discourse wherein is presented the view of a magistrate. By a Well-willer to the Publique Weal* (London: Livewell, Chapman).

Noland (1701), *The Free State of Noland* (London: printed for D. Brown).

2차 출처

Adair, D. G. (2000), *The Intellectual Origins of Jeffersonian Democracy*, ed. Yellin (Lexington Books).

Adelege, G. (1983), '*The Purpose of the Dokimasia*', Greek, Roman and Byzantine Studies 24.

Ady, C.M.; Jacobs, E.F. eds (1960), *Italian Renaissance Studies* (London: Faber & Faber).

Aldridge, A.O. (1984), *Thomas Paine's American Ideology* (Newark: University of Delaware Press).

Alengry, F. (1904), *Condorect, Guide de la Revolution Francais*. V (Paris: Giard et E. Briere)

Allen, J.W. (1928), *The History of Political Thought in the Sixteenth Century* (London: Brière).

Amar, A.R. (1984), 'Choosing representatives by lottery voting', *Yale Law Journal* 93: 7. Methuen).

Andrewes, A. (1982), 'The Growth of the Athenian State', *Cambridge Ancient History* III, (Cambridge: Cambridge University Press).

Andrews, C.M. (1912), *The Colonial Period in American History* (New York).

Aston, N. (2004), *The French Revolution. Authority, Liberty and the Search for Stability* (Basingstoke: Palgrave, Macmillan).

Aubert, V. (1959), 'Chance in Social Affairs', *Inquiry* 2, 1-24.

Baczko, B. (1994), *Ending the Terror. The French Revolution after Robespierre*, trans. Petheram, M. (Cambridge: Cambridge University Press).

Bailyn, B. (1992), *Ideological Origins of the American Revolution* (Relknop: Harvard

University Press).

Baker, K.M. (1975), *Condorcet: from Natural Philosophy to Social Mathematics* (University of Chicago Press).

Barber, B.R. (1974), *The Death of Communal Liberty* (N.J.: Princeton University Press).

Barber, B.R. (1984), *Strong Democracy: Participatory Politics for a New Age* (Berkeley: University of California Press).

Barker, E. (1913), *The Dominican Order and Convocation* (Oxford: Clarendon Press).

Barnett, A., Carty, P. (2008), *The Athenian Option: An idea whose time is coming* (Exeter: Imprint Academic) [originally published in 1998 by Demos].

Barnett, V. (1974), *Sample Survey, Principles and Methods* (London: Arnold).

Barratt, N.S., Sachse J. F. comp. (1908), *Freemasonry in Pennsylvania 1727-1907* (Philadelphia Press).

Beard, C. A., 'Class Conflict and the Rise of Parties', in Bonomi (1980).

Beatie, J. M., 'London Juries in the 1690s', in Cockburn and Green (1988).

Becker, M.B. (1967), *Florence in Transition*, vol. I (Baltimore: John Hopkins University Press).

Becker, M.B. (20002), *Florentine Essays*, Collected by Banker, J., Lansing C. (Ann Arbour: University of Michigan Press).

Black, A. (1984), *Guilds and Civil Society in European Political Thought from the Twelfth Century to the Present* (London: Methuen and Co.).

Blanshei, S.R. (1976), 'Perugia 1260-1340. Conflict and Change in a Medieval Italian Urban Society', *Transactions of the American Philosophical Society*, New Series, 66: 2. (1976).

Blythe, J.M. (1992), *Ideal Government and the Mixed Constitution in the Middle Ages*, (Princeton University Press).

Bock, Skinner, Viroli, eds (1990), *Machiavelli and Republicanism* (Cambridge: Cambridge University Press).

Boeckh, A. (1886), *Die Staatshaushaltung der Athener*, I-II , 3rd ed. G. Reimer (Berlin).

Bonomi, P.U., ed. (1980), *Party and Political Opposition in Revolutionary America* (New York: Sleepy Hollow Press).

Bousky, W.M. (1981), *A Medieval Italian Commune. Siena under the Nine 1287-1355* (Berkeley, Los Angeles & London: University of California Press).

Bork, A.M. (1967), '*Randomness in the Twentieth Century*', Antioch Review XVII: 1, Spring (1967.

Boyle, C. by (1998), 'Organisations use of selecting lotteries', how the process could bel made fairer by the appropriate use of lotteries'. *The Statistician* 47, part 2 (1998), 291-305.

Brock, W.A. (199), 'Evaluation and Prediction in Economics and Finance', in Casti and Karlquist (1990).

Broome, J. (1984), 'Selecting people randomly', *Ethics* 95 (October), 8-55

Broome, J. (1991), 'Fairness', *Proceedings of the Aristotelian Society* 9, 87-1 02

Brucker, G.A (1962), *Florentine Politics and Society*. 1343-1378 (Princeton, New Jersey: Princeton University Press).

Brucker, G.A (1968), 'The Ciompi Rebellion', in Rubinstein (1968).

Burnheim, J. (1985), *Is Democracy Possible? The Alternative to Electoral Politics* (London: Polity Press).

Bury, J.B. (1900), *History of Greece* (London: Macmillan).

Butters, H.C. (1985), *Governors and Government in Early Sixteenth-Century Florence*. 1502-1519 (Oxford: Clarendon Press).

Callenbach, E., Phillips, M.A. (2008), *A Citizen Legislature* (Exeter: Imprint Academic) [originally published in 1985 by Banyan Tree Books/Clear Glass].

Canning, J.P. (1980), 'The Corporation in the thought of the Italian Jurists', *History of Political Thought* 1 (1980).

Carson, L., Martin B. (1999), *Random Selection in Politics* (Westport, Conn. & London: Praeger,).

Casti, J., Karlquist, A, (1999), Beyond Belief, Randomness, Prediction, Explanation in Science (Boca Raton, Sweden: CRC Press).

Chaitin, G.J. (1988), 'Randomness in arithmetic', *Scientific American*, July (1999).

Chaitin, G.J. (2001), *Exploring Randomness* (London: Springer).

Christophersen, J.A. (1966), *The Meaning of Democracy* (Oslo: Universitefurlaget).

Clapham, J.H. (1912) *The Abbé Sièyes* (Westminster: P.S King).

Cockburn, J. S., Green, T. A., eds (1988), *Twelve Good Men and True. The Criminal Jury in England 1200-1800* (Princeton, New Jersey: Princeton University Press).

Collier, C., Collier, J. L. (1986), *Decision in Philadelphia* (New York: Ballantine Books).

Conway, F. (1967), *Sampling, an Introduction for Social Scientists* (London: Allen and Unwin).

Coote, A., Stewart, J., Kendall, E. (1997), *Citizens' Juries* (Institute of Public Policy Research).

Cornish, W.R. (1968), *The Jury* (London: Allen Lane).

Cotton, J. (1980), 'The Harringtonian Party (1656-1660)', *History of Political Thought* (1980).

Crook, M. (1996), *Elections in the French Revolution. An Apprenticeship in Democracy 1789-99* (Canbridge: Cambridge University Press).

Crosby, N., Kelly. J, Schaefer. P.(1986), 'Citizen's Panels-a new approach to Citizen Participation', *Public Administration Review* 46.

Cunningham, N. E. Jr. (1957), *The Jeffersonian Republicans* (University of North Canada Press).

Curtius, E. (1857-67), *Griechische Geschichte* (Berlin: Weidmannsche Buchhandlung)

Dahl, R.A.(1970), *After the Revolution: in a Good Society* (Yale University Press).

Davidsohn, R. (1896), *Forschungenzurelteren Geschichte Von Florenz* (Berlin: E.S Mittler und sohn, 1896-1927).

Day, J., Chambers, M. (1962), *Aristotle's History of Athenian Democracy* (Berkeley: University of California Press).

Deming, W.E. (1950), *Some Theory of Sampling* (New York: John Wiley and Sons Inc.)

Dienel, P.C. (1989), 'Contributing to social decision methodology: citizen reports on technological projects', in Vlek, C., Cvetkovich, G. *SocialDecision Methodology for Technological Projects* (Dordrecht, Netherlands: Kluwer).

Dienel, P.C., Renn, O. (1995), 'Planning cells: a gate to "fractal" mediation', in Renn, O.,Webler, T., Weidemann, P., *Fairness and Competence in Citizen Participation: Evaluating Models for Environmental Discourse* (Dordrecht, Netherlands: Kluwer).

Dennett, D.C. (2003), *Freedom Evolves* (London: Allen Lane).

Devlin, Patrick, Baron. (1966), *Trial by Jury* (London: Methuen).

Diamond, L. (1999), *Developing Democracy* (Baltimore & London: John Hopkins University Press).

Dodds, E.R. (1973), *The Ancient Concept of Progress and other Essays* (Oxford: Oxford University Press).

Dow, S. (1939), 'Aristotle the Kleroteria, and the Courts', Harvard *Studies in Philology* 50.

Doyle, W. (1989), *The Oxford History of the French Revolution* (Oxford: Clarendon Press).

Duruy, J.V. (1892), *History of Greece* (London: Kegan Paul, Trench).

Dutaillis, C.P. (1978), *The French Commune in the Middle Ages*, trans. Vickers, J. (Amsterdam, New York, Oxford: North Holland)

Duxbury, N (1999), *Random Justice - on Lotteries and Legal Decision-making* (Oxford: Clarendon Press)

Eckhoff, T. (1989), 'Lotteries in allocative situations', *Social Science Information* 28: 1 (March)

Edgar, W. (1998), *South Carolina. A History* (University of South Carolina Press).

Egal, M. 'The pattern of factional development in Pennsylvania N. Y. and Massachusetts', in Bonomi (1980).

Ehrenberg, V. (1966), *Ancient Society and Institutions: studies presented to Victor Ehrenberg on his 75th Birthday* (Oxford: Blackwell).

Ehrenberg, V. (1968), *From Solon to Socrates* (London: Methuen).

Elster, J. (1999), 'Accountability in Athenian politics', in Przeworski A., Stokes S., Manin, B., *Democracy, Accountability and Representation* (Cambridge: Cambridge University Press).

Elster, J. (19, Solomonic Judgements (Cambridge: Cambridge University Press).

Engelstad, F. (1989), 'The assignment of political office by lot', *Social Science Information* 28: (March) 23-50.

Erskine-May, T. (1877), *Democracy in Europe, a history* (London: Longmans, Green).

Eslund, ed. (2002), *Democracy* (Oxford: Blackwell).

Farrar, C. (1998), *The Origins of Democratic Thinking* (Cambridge: Cambridge University Press).

Finer, S.E. (1999), *The History of Government from the Earliest Times*, vol. II (Oxford: Oxford University Press).

Finlay, Robert (1980), *Politics in Renaissance Venice* (London: Ernest Benn).

Finley, M. (1973), *Democracy Ancient and Modern* (London: Chatto and Windus).

Fishburn, P. (1973), 'Lotteries and social choice', *Journal of Economic Theory* 5.

Fisher. H.A.L. (1938), *A History of Europe* (London: Eyre and Spottiswoode).

Fisher, R.A. (1949), The Design of Experiments, 5th edn (Edinburgh: Oliver and Boyd, first published 1935).

Forrest, W.G. (1966). *The Emergence of Greek Democracy* (London: Weidenfeld and Nicholson, London).

Forsyth, M. (1987), *Reason and Revolution: The Political Thought of Abbé Sièyes* (Leicester University Press).

Forsyth, W. (1852), *The History of Trial by Jury* (London).

Fox, J.A., Tracy, P.E. (1986), 'Randomised response a method for social surveys', *Quantitive Applications in the Social Sciences*, Sage.

Frienberg, S.E. (1971), 'Randomisation and social affairs: the 1970 draft lottery', *Science* 171,1, 255-61

Fustel De Coulanges. N.D. (1864), *The Ancient City*, trans. Small, W (Baltimore: John Hopkins University Press).

Gauci, P. (1996), *Politics and society in Great Yarmouth*. 1660-1722 (Oxford: Clarendon Press).

Gilbert, F. (1965), *Machiavelli and Guicciardini. Politics and History in Sixteenth-century Florence* (New Jersey: Princeton University Press).

Gilbert, F. (1977), 'Bernado Rucellai and the Orti Oricellari: a study in the origin of modern political thought', in Gilbert (1977), *History, Choice, Commitment (Cambridge, Mass. : reprint from: Journal of the Warburg and Courtauld Institute* 12, 1949).

Gilbert, F. (1968), 'The Venetian constitution in Florentine political thought', in Rubinstein (1968).

Goldie, M. (1980), 'The roots of Whiggism. 1688-94', *History of Political Thought* 1 (1980).

Gomme, A.W. (1962), *More Essays in Greek History and Literature* (Oxford: Blackwell).

Gomme A.W. (1933), *The Population of Athens in the Fifth and Fourth Centuries* (Oxford: Blackwell).

Gobert, J. (1997), *Justice, Democracy and the Jury* (Aldershot: Dartmouth).

Gooch, G.P. (1917), *English Democratic Ideas in the Seventeenth Century* (Cambridge: Cambridge University Press).

Goodwin, B. (2005), *Justice by Lottery* (Charlottesville:Imprint Academic).

Greely, H. (1977), 'The equality of allocation by lot', *Harvard Civil Rights - Civil Liberties Review* 12, 113-41.

Green, R.H. (1990), 'Lot meadow customs at Yarnton, Oxon.', Economic Journal 20: 77.

Green, T.A. (1985), *Verdict According to Conscience* (University of Chicago Press).

Griffith, G.T. (1966), 'Isegoria in the assembly at Athens', in Ehrenberg (1966).

Grote, G. (1831), *The Essentials of Parliamentary Reform* (London).

Grote, G. (1888), *A History of Greece from the Earliest Period to the Close of the Generation Contemporary with Alexander the Great 1846-56* (London: J. Murray).

Gueniffey, P. (1933), Le Nombre et la Raison La revolution francais et les elections (Paris: Editions de l'Ecole des Hautes Etudes en Sciences Sociales).

Hacking, I. (1988), 'Telepathy: origins of randomness in experimental design', *Isis* 79.

Hacking, I. (1990), *The Taming of Chance* (Cambridge: Cambridge University Press).

Hall, M.D. (1977), *The Political and Legal Philosophy of James Wilson* (University of Missouri Press).

Hammersley, R. (2005), *French Revolutionaries and English Republicans - the Cordeliers Club 1790-94* (Boydell Press).

Hampson, N. (1983), *Will and Circumstance Montesquieu, Rousseau and the French Revolution* (London: Duckworth).

Hampson, N. (1991), *St Just* (Oxford: Blackwell).

Handelman, H. Tessler, M. eds (1999), Democracy and its Limits (Notre Dame, Ind.: University of Notre Dame Press).

Hansen, M.H. (1990), 'Political powers of the people's courts', in Murray, O., Price, S. eds (1990), *The Greek City from Homer to Alexander* (Oxford: University Press).

Hansen, M.H. (1999), *Athenian Democracy in the age of Demosthenes* (Bristol Classical, first edn 1991.)

Headlam, J.W. (1933), *Election by Lot at Athens* (Cambridge: Cambridge University Press, first edn 1891.

Held, D. (1987), *Models of Democracy* (Cambridge: Polity).

Herlihy, D. (1958), *Pisa in the Early Renaissance* (Yale University Press).

Herlihy, D. (1967), *Medieval and Renaissance Pistoia* (Yale University Press).

Herlihy, D. (1991), The Rulers of Florence' in Molho, A., Raaflaub, K., Emlen, eds. (1991), *City States in Classical Antiquity and Medieval ltaly* (Ann Arbor: University of Michigan Press).

Heywood, W. (1910), *A History of Perugia* (London: Methuen).

Hignett, C. (1952), *A History of the Athenian Constitution to the end of the Fifth Century B.C.* Oxford: Clarendon)

Hofstee, W.K.B. (1990), 'Allocation by lot: a conceptual and empirical analysis', *Social Science Information* Vol. 29. No. 4.

Holm, A. (1898), *The History of Greece*, trans. Clarke, F. (London: Macmillan).

Honohan, I. (2002), *Civic Republicanism* (London: Routledge).

Hornblower S. (1992), 'Creation and development of democratic institutions in Ancient Greece', in: Dunn, J. ed. (1992), *Democracy: the Unfinished Journey* (Oxford: Oxford University Press).

Hyde, J.K. (1973), *Society and Politics in Medieval Italy. The Evolution of Civil Life1000-13* (London: Macmillan).

Huntington, S.P. (1991), *The Third Wave* (University of Oklahoma Press).

Inkeles. A. ed. (1993), *On Measuring Democracy* (New Brunswick & London: Transaction).

Jackson, S., Brashers, D.E. (1986), 'Random Factors in ANOVA (Analysis of Variance)', *Qualitative Applications in Social Sciences* 98, Sage.

Jaures, J. (1972), *Histoire Socialiste de la revolution franacais* (Paris: Editions Sociale).

Jensen, M. (1940), *The Articles of Confederation* (University of Wisconsin Press).

Jones, A.H.M. (1957), *Athenian Democracy* (Baltimore: John Hopkins University Press).

Jones J. R. (1961), *The First Whigs. The Politics of the Exclusion Crisis 1678-83* (Oxford: Oxford University Press).

Jones, P. (1997), *The Italian City States -from Commune to Signori* (Oxford: Clarendon Press).

Karston, P. (1967), 'Who was Colonel Sidney? A note on the meaning of Oct. 13th 1691

Penn-Sidney letter', Pennsylvania Magazine 91, 193-8.

Keane, J. (1995), *Tom Paine, A Political Life* (New York: Grove).

Kent, D. (1978), *The Rise of the Medici Faction in Florence 1426-34* (Oxford: Oxford University Press).

Kishlansky, M.A. (1986), *Parliamentary Selection* (Cambridge: Cambridge University Press).

Kohl, B.G., Andrews-Smith, A. eds.(1995), *Major Problems in the History of the Italian Renaissance* (Lexington, Massachusetts, Toronto: D.C. Heath and Company).

Kohl, B.G. (1998), *Padua under the Carrara 1318-1405* (Baltimore: John Hopkins University Press).

Kroll, J.H. (1972), *Athenian Bronze Allotment Plates* (Cambridge, Mass.: Harvard University Press).

Kuper, R. (1996), *Citizens' Juries. The Hertfordshire Experience* (University of Hertfordshire Business School).

Landsman, N.C. (1985) *Scotland and its First American Colony. 1683-1765* (New Jersey: Princeton University Press).

Lane, F.C. (1971), 'The Enlargement of the Grand Council of Venice' in Rawe, J.G., Stockdale, W.H. eds. (1971), *Florilegium Historale. Essays presented to Wallace K. Ferguson* (University of Toronto Press).

Lane, F.C. (1973) *Venice, a Maritime Republic* (Baltimore: John Hopkins University Press).

Lansing, C. (1991), *The Florentine Magnates. Lineage and Faction in a Medieval Commune* (New Jersey: Princeton University Press).

Leffevre, G. (1964), *The French Revolution from 1793-1799*, vol. II, trans. Stewart, J.H., Friguglietti, J. (London: Routledge and Kegan Paul).

Lewis, D.M. (1963), 'Cleithenes and Attica', Historia 12, 22-40; also in Lijphant A. (1999) *Patterns of Democracy* (Yale University Press).

Lijphant, A. (1999), *Patterns of Democracy* (Yale University Press).

Loraux, N. (1986), *The Invention of Athens* (Cambridge, Mass.: Harvard University Press),

Lokken, (1959), *David Lloyd, Colonial Lawmaker* (Seattle: University of Washington Press).

Luciani, V. (1950), 'Recent Guicciardini studies', *Italica* XXVII (1950) 109-27.

MacDowell, D.M. (1978), *The Law in Classical Athens* (London: Thames and Hudson)

Manin, B. (1997), *The Principles of Representative Government* (Cambridge: Cambridge University Press).

Manship, H. (1854), *The History of Great Yarmouth*, ed. Palmer, C.J., Louis, Alfred Meall and Russell Smith, J., (London).

Maples, M. (1957), 'William Penn, Classical Republican', *Pennsylvania Magazine of History and Biography* 81 (April 1957).

Marongiu, A. (1968), *Medieval Parliaments. A Comparative Study*, trans. Woolf, S.J. (London: Eyre and Spottiswoode).

Martines, L. (1968), *Lawyers and Statecraft in Renaissance Florence* (New Jersey: Princeton University Press).

Mathiez, A. (1962), *The French Revolution*, trans. Phillips, C. A. (New York: Russell and Russell).

Mathiez, A. (1975), *La reaction Thermidorienne* (Genèvre: Slat Kine-Megaroitis Reprints)〉

Maynor, J.W. (2003), *Republicanism in the Modern World* (Cambridge: Polity).

McCormick, R.P. (1964), *New Jersey from Colony to State* (Princeton: Van Nostrand Co.).

McCormick, R.P. (1964) 'New Jersey from Colony to State', *New Jersey Historical Series* 1 (1964).

Meek, C.E. (1978), *Lucca 1369-1400* (Oxford: Oxford University Press).

Meek, C.E. (1980), *The Commune of Lucca under Pisan Rule 1342-69*, The Medieval Academy of America, Speculum Anniversary Monograph (Ann Arbor: University of Michigan Press).

Merriman, R.B. (1911), 'The Cortes of the Spanish Kingdoms of the Late Middle Ages', *American Historical Review* XVI: 3 (April 1911).

Mitford, W. (1786), *The History of Greece* (London: Cadell and Davies).

Morse, S. (1924), *Freemasonry in the American Revolution* Washington D.C.: Masonic Service Association of the United States).

Mueller, D.C., Tollinson, R.D., Willett, T.D. (1972), 'Representative Democracy via Random Selection', *Public Choice* 1, Spring, 57-68.

Mulford, I. (1851), *The Civil and Political History of New Jersey* (Philadelphia: Brown).

Mulgan, R. (1984), 'Lot as a democratic device', Review of Politics 46: 4'

Murray, O. (19, 'Greek forms of Government' in Grant, M., Kitzinger, R. (1988), *Civilisations of the Ancient Mediterranean. Greece and Rome* (N.Y.: Scribner).

Murray, O. (1990), 'Cities of Reason', in Murray, O., Price, S. eds, *The Greek City from Homer to Alexander* (Oxford: Oxford University Press).

Najemy, J.M. (1982), *Corporatism and Consensus in Florentine Electoral Politics, 1280-1400* (Chapel Hill: University of North Carolina Press).

Najemy, J.M. (1991), 'Dialogue of Power', in Emlen, J., Molho, A., Raaflaub, K. eds *City States in Classical Antiquity and Medieval Italy* (Ann Arbour: University of Michigan Press).

Najemy, J.M.(1995), 'Guild Republicanism in Trecento Florence', in Kohl, Andrews-Smith, (1995).

Nash, G.B. (1965), 'The Free Society of Traders and the Early Politics of Pennsylvania,' *Pennsylvania Magazine of History and Biography*, vol. 89 (April 1965).

Nash, G.B. (1968), *Quakers and Politics. Pennsylvania 1681-1726* (Boston: Northeastern University Press).

O'Callaghan, J.F. (1975), *A History of Medieval Spain* (Cornell University Press).

Ober, J. (1989), *Mass and Elite in Democratic Athens* (New Jersey: Princeton University Press)

Ober, J. (1998), 'The Athenian Revolution of 508/ BC', in Dougherty, C., Kuuke, L. (1998), *Cultural Poetics of Archaic Greece* (Oxford: Oxford University Press).

Olson, A.G. (1973), *Anglo-American Politics. 1660-1775. The Relationship between Parties in England and Colonial America* (Oxford: Clarendon Press).

Osborne-Taylor, H. (1925), *The Medieval Mind* (London: Macmillan).

Osgood, H.L. (124), *The American Colonies in the Eighteenth Century* (Columbia University Press).

Ostrom, E. (1990), *Governing the Commons. The evolution of institutions for collective action* (Cambridge: Cambridge University Press).

Ostwald, M. (1988), 'The reform of the Athenian State by Kleisthenes', *Cambridge Ancient History* IV (Canbridge: Cambridge University Press).

Palmer, C.J. (1856), *The History of Great Yarmouth* (Yarmouth: L.A. Mead & London: J. Russell-Smith).

Palmer, R. (1996), *Athenian Religion, a History* (Oxford: Clarendon Press).

Palmer, R.R. (1953), 'Notes on the use of the term democracy 1789-99', *Political Science Quarterly* 68.

Parker, Robert. (1996), *Athenian Religion, a History* (Oxford: Clarendon Press).

Pateman, C. (1970), *Participation and Democratic Theory* (Cambridge University Press).

Pasquino, P.(1994), 'Emmanuel Sieyès: his constitutional republicanism', in Fontana, B. ed. (1994), *The Invention of the Modern Republic* (Cambridge University Press).

Patrick, A. (1972), *The Men of the First French Republic* (Baltimore: John Hopkins University Press).

Patterson, T.E. (1922), 'The Pennsylvania Method of Drawing a Juror', *Pennsylvania Magazine* 46 (March 1922).

Pesman-Cooper, R. (1985), 'The Florentine Ruling Group under the Governo Popolare 1494-1512', *Studies in Medieval and Renaissance History* 7 (1985).

Pettit, Philip. (1997), *Republicanism* (Oxford: Clarendon Press).

Phillips, Mark. (1977), *Francesco Guicciardini. The Historian's Craft* (Toronto & Buffalo:

University of Toronto Press).

Phillips, Mark. (1987), *A Memoir of Marco Parenti* (N.J.: Princeton University Press).

Pirenne, H. (1925), *Medieval Cites. Their Origins and the Revival of Trade* (New Jersey: Princeton University Press).

Pocock, J.G.A. (1975), *The Machiavellian Moment: Florentine Political Thought and the Republican Tradition* (New Jersey: Princeton University Press).

Pocock J.G.A. (1980), 'Civil Wars, Revolution, and Political Parties,' in Bonomi (1980).

Pole J. R. (1996), *Political Representation in England and the Origins of the American Republic* (London: Macmillan Press).

Polizzotto, L. (1994), *The Elect Nation-the Savonarolan Movement in Florence 1494-1545* (Oxford: Clarendon Press).

Pomfret, J. (1973), *Colonial New Jersey -A History* (New York: Scribner's Sons).

Pope, M. (19, 'Upon the Country. Juries and the Principle of Random Selection', Social Science Information (2 June).

Potter, D. (Goldblatt, Kiloh, Lewis) eds (1997), *Democratization* (Open University Press).

Previte-Orton, C.W. (1926), 'Italian Cities till c1250', in *Cambridge Medieval History* V (Cambridge: Cambridge University Press).

Previte-Orton, C.W. (1935), 'Marsilius of Padua', *Proceedings of the British Academy* 21 (Princeton University Press).

Queller, D.E. (1986), *The Venetian Patriciate* (Urbana & Chicago: University of Illinois Press).

Raab, Felix. (1964), *The English Face of Machiavelli, a Changing Interpretation. 1500-1700* (London: Routledge and Kegan Paul).

Ramsay, D. (1858), History of South Carolina (Charlestown, S.C.: W.J. Duffie).

Remer, G. (1995), 'James Harrington's New Deliberative Rhetoric: Reflection on an Anticlassical Republicanism', *History of Political Thought* XVI, Issue (Winter 1995).

Repp, T. G. (1832), *A Historical Thesis in Trial by Jury, Wager of Law, and other Co-ordinate Forensic Institutions in Scandinavia and Iceland* (Edinburgh: Clark).

Resnick, S.I. (1992), *Adventures in Stochastic Processes* (Boston: Birkhausser).

Rhodes, P.J. (1972), *The Athenian Boule* (Oxford: Oxford University Press).

Rhodes, P.J. (1981), *Commentary on the Aristotelian Ath. Pol.* (Oxford: Oxford University Press).

Rhodes, P.J. (1992), 'The Athenian Revolution', *Cambridge Ancient History* V (Cambridge: Cambridge University Press).

Richard C.J. (1994), *The Founders and the Classics, Greece, Rome, and the American Enlightenment* (Cambridge, Mass.: Harvard University Press).

Ridolfi, R. (1959), *Vita di Francesco Guicciardini*, trans. Grayson, C. (London: Routledge and Kegan Paul).

Riley, P. (1986), *The General Will before Rousseau. The transformation of the divine into the civic*

(New Jersey: Princeton University Press).

Robbins, C. (1959), *The Eighteenth-century Commonwealthman* (Cambridge, Mass.: Harvard University Press).

Robbins, F.E. (1916), 'The Lot Oracle at Delphi', *Classical Philology* 11: 3.

Roberts, J.T. (1994), *Athens on Trial. The Antidemocratic Tradition in Western Thought* (New Jersey: Princeton University Press)

Roberts S. K. (1988), 'Juries and the Middling Sort. Recruitment and Performance at Devonshire Quarter Sessions 1649-1670', in Cockburn and Green (1988).

Robey, D., Law, J. (1975), 'The Venetian Myth and the De Republica Veneta of Vergerio', *Rinasciamento* 2nd series, 15 (1975) 3-59.

Rosanvallen, P. (1994), 'The Republic of Universal Suffrage', in Fontana, B. ed. (1994), *The Invention of the Modern Republic* (Cambridge: Cambridge University Press).

Rossiter, C. (1966), *The Grand Convention* (New York: Norton).

Roth, C. (1968), *The Last Florentine Republic* (New York: Russell and Russell).

Rubinstein, N. (1954), 'I primi anni del Consiglio Maggiore di Firenze (1494-99), *Archivio Storico Italiano*, n. 403, a cxii, 1954, Ⅱ, p. 51.

Rubinstein, N. (1966), *The Government of Florence under the Medici.1434-1494* (Oxford: Clarendon Press).

Rubinstein, N. (1968), ed. *Florentine Studies. Politics and Society in Renaissance Florence* (London: Faber and Faber).

Rubinstein, N. (1971), 'Notes on the word Stato in Florence before Machiavelli' in Rawe, J.G., Stockdale, W.H. eds. (1971), *Florilegium Historale. Essays presented to Wallace K. Ferguson* (Toronto: University of Toronto Press).

Russell, C. (1979), *Parliament and English Politics 1621-29* (Oxford: Clarendon Press).

Russell-Smith, H.F. (1914), *Harrington and his Oceana* (Cambridge: Cambridge University Press).

Sandys J.E. (1903-8), *A History of Classical Scholarship from the sixth-century B.C to the End of the Middle Ages* (Cambridge: Cambridge University Press).

Schevill, F. (1904), 'The Podesta of Siena', *American Historical Review* 9: 2 (Jan 1904).

Schevill, F. (1936), *History of Florence* (New York: Harcourt, Brace and Co.).

Schuchard M. K. (2002), *Restoring the Temple of Vision. Cabalistic Freemasonry and Stuart Culture* (Leiden: Brill).

Schwartz, S. (1987), *A Mixed Multitude* (New York: New York University Press).

Sharp, Kevin M. ed. (1978), *Faction and Parliament: Essays in Early Stuart History* (Oxford: Clarendon Press).

Shepherd, W. R. (1896), *History of Proprietary Government in Pennsylvania* (New York: Columbia University Press).

Sher, G. (1980), 'What makes a Lottery Fair?', *Nous* 14.

Shewhart, W.A. (1931), Economic Control of Quality of Manufactured Product (London: Macmillan).

Shuckburgh, E.S. (1894), *History of Rome* (London & New York: Macmillan and Co.).

Shumway, Pennsylvania D.B. (1925), 'A rare Dutch Document concerning the Province of Pennsylvania in the seventeenth century', *Pennsylvania Magazine* 49:2 (1925).

Sinclair, R.K. (1988), *Democracy and Participation in Athens* (Cambridge: Cambridge University Press).

Sinclair T.A. (1959), *A History of Greek Political Thought* (London: Routledge),

Sirmans, M.E. (1966), *Colonial South Carolina -a political history 1663-1763* (Chape Hill: University of North Carolina Press).

Sismondi, J.C. L. de (1907), *History of the Italian Republics*, Everyman edn (London: J.M. Dent and Co., London).

Skinner, Q (1978), *The Foundations of Modem Political Thought* 1 (Cambridge: Cambridge University Press).

Smith, L. Toulmin, Smith, J. Toulmin, Brentano, L. (1870), *English Gilds*, Early English Text Society (London: Trubner).

Soboul, A. (1968), *La Premiere Republique. 1792-1804* (Paris: Calmann-Levy).

Stanley, E.G. (2000) *Anglo-Saxon Trial by Jury* (Woodbridge: D.S. Brewer).

Stapleton, J. (1995), 'Dicey and his Legacy', *History of Political Thought* XVI: 2 (Summer 1995).

Staveley, E.S. (1972), *Greek and Roman Voting and Elections* (Cornell University Press).

Stephens, J.N. (1983), *The Fall of the Florentine Republic. 1512-1530* (Oxford: Clarendon

Press).

Stevenson, D. (1988), *The Origins of Freemasonry, Scotland's Century. 1590-1710* (Cambridge: Cambridge University Press).

Stockton, D. (1990), *The Classical Athenian Democracy* (Oxford: Oxford University Press).

Stone, P. (2007), 'Why Lotteries Are Just', *Journal of Political Philosophy* 15: 3, 276-95.

Stone, P. (2007b), 'Conceptualizing Lotteries', Working Paper no. 16, *Political Concepts: A Working Paper Series of the Committee on Concepts and Methods,* (International Political Science Association, September 2007).

Sutherland, K. (2004), *The Party's Over* (Exeter: Imprint Academic).

Sutherland, K. (2008), *A People's Parliament* (Exeter: Imprint Academic).

Sydenman, M.J. (1974), *The First French Republic 1792-1804* (London: B.T. Batsford).

Tabacco, G. (1989), *The Struggle for Power in Medieval Italy. Structures of Political Rule* (Cambridge: Cambridge University Press).

Talman, J. L. (1955), *The Origins of Totalitarian Democracy* (Secker and Warburg).

Thirlwall, C. (1846), *History of Greece* (London: John Taylor).

Thomsen, R. (1972), *The Origin of Ostracism*, Humanitas IV (Copenhagen: Gydendal).

Todd, S.C. (1993), *The Shape of Athenian Law* (Oxford: Oxford University Press).

Todhunter, I. (1865), A History of the Mathematical Theory of Probability from the the time of Pascal to that of Laplace (Cambridge: Macmillan):

Traill, J.S. (1975); *The Political Organisation of Attica*, Hesperia Supplement XIV (Princeton, New Jersey).

Tucker, T.J. (1907), *Life in Ancient Athens* (London: Macmillan).

Ullmann, W. (1949), 'The Medieval Idea of Sovereignty', *English Historical Review* 64, 1-33.

Vaughan-Williams, L. (1994), '*Random Walks, Fair Games and Efficient Markets: the development of an idea*', Nottingham Trent University Occasional Papers in Economics 94/5.

Vile, M. J. C. (1998), *Constitutionalism and the Separation of Powers* (Indianapolis: Liberty Fund).

Villani, P. (1908), *The Two First Centuries of Florentine History*, trans. Villani, L., (London: Fisher, T. Unwin).

Viroli, M. (1992), *From Politics to Reasons of State* (Cambridge University Press).

Viroli, M. (1998), *Machiavelli* (Oxford: Oxford University Press).

Waley, D. (1952), *Medieval Ovieto. The Political History of an Italian City-state 1157-1334* (Cambridge: Cambridge University Press).

Waley, D (1988), *The Italian City State Republics* (London & New York: Longman).

Wallace, R.W. (1998), 'The Sophists in Athens', in Boedeker, D.D., Raaflaub, K.A. eds (1998), *Democracy, Empire and the Arts in Fifth-century Athens* (Cambridge, Mass.: Harvard University Press).

Weinstein, D. (1970), *Savonarola and Florence* (New Jersey: Princeton University Press).

Weir, R.M. (1983), *Colonial South Carolina. A History* (New York: Kto Press).

Western, J. R. (1965), *The English Militia in the Eighteenth Century* (London: Routledge . and Kegan Paul).

Whitehead, D. (1986), *The Demes of Attica* (New Jersey: Princeton University Press).

Whitehead, W.A. (1875), *East New Jersey under the Proprietary Governments* (Newark, New Jersey: Martin R, Dennis).

Williams, D. (2004), *Condorcet and Modernity* (Cambridge: Cambridge University Press).

Wolfson, A. M. (1899), 'Forms of Voting in the Italian Communes', *American Historical Review* V: 1 (October 1899), 1-22.

Woloch, I. (1994), *The New Regime. Transformations of the French Civic Order*. 1789-1820 (London: W. W Norton).

Woronoff, D. (1984), *The Thermidorian Regime and the Directory, 1794-9*, trans. Jackson, J. (Cambridge: Cambridge University Press).

Wright, B.F. jr. (1933), 'The Origins of the Separation of Powers in America', *Economica* 40 (May 1933).

Young, W. (1786), *History of Athens, Politically and Philosophically Considered* (London).

Yunis, H. (1988), 'Law, Politics and the Graphe Paranomon in Fourth-Century Athens', *Greek, Roman and Byzantine Studies* 29.

Zeckhauseur, R. (1969), 'Majority rules with lotteries on alternatives', *Quarterly Journal of*

Economics 83, 696-703.

미발간 2차 출처

Coleman, E.F. (1987), Cremona. *City and Civic Identity*, D. Phil. Thesis, University of Oxford.

Ellis, E. L. (1961), *The Whig Junto, in Relation to the Development of Party Politics and Party Organisation from its Inception to 1714*, D. Phil. Thesis, University of Oxford.

Fukuda, A. (1992), *James Harrington and the Idea of Mixed Government*, M. Litt. Thesis, University of Oxford.

Kempshall, M.S.(1991), *Bonum Commune and Communis Utilitas*, D. Phil. Thesis, University of Oxford.

Kroenig, J.C. (1977), *The Popolo of Northern Italy 1196-1274*, Ph D. Thesis, University of California, Los Angeles.

Nilsen, K. (2000), *European Democracy and Intelligence. A Sociology of Praxis*, Ph D. Thesis, University of Ulster.

Nilsen, K. (2004), *Conflict Management and Constitutional Reform*.

Saul, A. (1975), *Great Yarmouth in the Fourteenth Century: A Study in Trade, Politics and Society*, D. Phil Thesis, University of Oxford.

전자자료

Nilsen, K.(2007), Sortition: The Newsletter of the Society for Democracy including Random Selection. Website. www. sortition.com. 또한 www.sortition.org.uk (2007년 1월 15일 접속)

역자 후기

『추첨의 정치적 잠재력: 공직의 무작위 선택에 관한 연구』 원제를 처음 접하는 많은 이들은 바로 이런 의문을 제기할 것이다. "아니 정치적 공직을 추첨을 통해 선출하자고?"

우리는 "민주주의의 꽃은 선거"라는 환상에서 여전히 벗어나지 못하고 있지만 민주주의에서의 공직, 특히 정치적 공직 선출에서 '추첨'이라는 방식이 오히려 민주주의의 원형이라고 불리는 고대 아테네 민주주의의 핵심이었으며, 오늘날처럼 대의민주주의가 한계에 봉착한 상황에서 대체가 아닌 보완으로서 '추첨'을 보다 적극적으로 고려하고 도입하는 것이 오히려 민주주의를 지키는 데 도움이 될 수 있을 것이다.

역자는 2011년 국내에서 처음으로 '추첨민주주의'(한국 민주주의의 질적 고양을 위한 추첨제 도입 방안 연구)를 주제로 정치학박사 학위를 취득한 이후 지난 10여년 『추첨민주주의 이론과 실제』, 『추첨민주주의 강의』, 『추첨시민의회』(공저)와 『추첨민주주의』(공역), 『민주주의 구하기』(역서) 등을 통해 지속적으로 우리 사회에 '추첨민주주의'를 알리고자 연구의 성과물을 세상에 내놓았다.

이번에 역서로 내놓는 이 책은 고대 아테네와 중세 이탈리아 도시 공화국 추첨 사례를 넘어서서 17, 8세기 영국, 미국, 프랑스에서에서의 추첨제 실행 및 제안 등을 포괄하고 있을 뿐 아니라 또한 중세 구이치아르디니, 마키아벨리와 근대 해링턴, 루소, 몽테스키외 등 당대 정치 사상가들의 추첨 제안 및 논의 역시 개괄하고 있다. 이처럼 광범위한 자료들

을 중심으로 관련 문헌 등에 대한 체계적인 연구를 통해 그 역사를 정리하였다는 점에서 추첨제 연구의 중요한 기반을 제공하고 있다. 역자 역시 박사논문을 준비할 때 가장 많이 도움을 받았던 책이기에 역서로 출간하고자 하는 마음이 오래 전부터 있어왔지만 '추첨'이라는 주제 자체가 여전히 생소할 뿐 아니라 외국의 추첨 역사 중심으로 기술되어 있어 국내 독자들에게는 익숙하지 않을 수 있고, 내용 자체가 번역하기에 그리 쉽지 않다 보니 이런저런 이유로 미루어왔었다.

그럼에도 이번에 이리 출간이 이루어질 수 있었던 것은 국내에서도 추첨에 기반을 둔 시민의회에 대한 학문적 관심뿐만 아니라 운동으로서의 맹아도 보이고 있는 현실에서 역자의 저역서를 포함해 추첨을 상세히 다루는 두 권의 의미 있는 역서들이 있기 하지만 추첨의 역사를 제대로 보여주는 이 책을 통해 학문과 운동 양 측면에서 좀 더 추첨제를 진전시킬 수 있는 계기가 되었으면 하는 마음에서다.

이 책은 "추첨을 통해 무작위로 선출된 공직자들이 정치 공동체에 어떤 이점들을 가져다 줄 수 있는지 규명하는 직접적인 목표를 가지고 시작"하지만, 또 추첨이라는 주제에 대한 담론을 넓히는 데 기여하고 있지만 어떤 특정한 계획을 옹호하지도 않고, 실제로 독자들을 설득하기 위해 오늘날 추첨 재도입이 반드시 좋은 것이라고 주장하지도 않는다. 추첨이 현재 정치문화의 일반적인 부분이 아니며 추첨에 기반을 둔 제도가 정치 영역에서 실제로 어떻게 작동할 수 있는지에 대한 실질적인 지식도 부족한 상황에서 저자의 기여는 추첨의 정치적 가치를 이해하기 위한 원칙적이고 정보에 입각한 틀이 확립될 수 있도록 어느 정도의 이론적, 역사적 기초가 필요하다는 전제에 충실하였다는 점일 것이다.

이러하기에 이 책을 읽고 나서도 추첨에 대한 지지가 일어나지 않을 수도 있을 것이다. 그러하더라도 민주주의에 대해서, 오늘날 한국의 대의민주주의에 대해서, 그리고 정치 엘리트 중심의 선거 정치에 대해서, 한 번 생각하고 그 고민을 풀어나가는 데 있어 이 책의 중심 주제인 '추첨을 통한 정치적 공직의 선택'의 다양한 방식 중 어느 하나라도 고려해본다면 그것으로도 출간의 의미는 있을 것이다.

역자가 지난 10여 년 추첨민주주의(이 말 자체도 2011년 손우정 박사와 공동으로 미국 하원을 추첨으로 대체하자는 원제를 그대로 번역하면 '시민의회' 정도 될 법한 책을 역서 출간하면서 추첨을 정면으로 내세우자는 의미로 '추첨민주주의'로 하면서 사용하였다), 여전히 그 관심의 황무지에서 이리 지속적으로 추첨민주주의라는 싹을 틔우고자 하는 이유는 단 한 가지 이유에서다.

> "이 사회의 절대다수는 평범한 사람입니다. 한 사람의 카리스마, 한 사람의 현란한 말솜씨가 아닌 절대다수가 세상을 바꿀 수 있는 기회를 주시기 바랍니다."

TV 오락 프로그램에서 개그맨이 한 말이다. 이 말이 와 닿은 것은 정치를 엘리트의 전유물로 인식하고, 선거일에 투표하고 인증 샷을 올리는 것으로 민주주의를 인식하고 있지는 않는지, 말로는 시민을 '위한' 정치를 한다고 떠들어대지만 '위한' 정치도 없을뿐더러 시민과 '함께'하는 정치에 대해 진보 보수를 떠나 제대로 그 제도화에 대해 고민하고 대안을 제시하는 정치인을, 정당을 찾아볼 수 없기 때문이다. 추첨민주주의는 시민들이 직접 정치에 참여할 수 있는 보다 다양한 공간을 통해 숙의를 통한 자기 통치술을 키워나갈 수 있는 기회를 제공할 수 있는 유용한 한 방안이다.

역자는 박사학위논문에서 국회의원, 지방의원을 추첨으로 대체하자는 결론으로 마무리하였지만 학문과 달리 운동은 현실에 기반을 두어야 한다는 입장에서 추첨민주주의 차원에서 양원제를 지속적으로 주장하고 있다. 지방자치가 도입되지 않은 읍면동 차원에서의 추첨에 기반을 둔 시민의회를 시작으로 기초 및 광역지방의회와 양립하는 기초지방 및 광역지방 시민의회, 그리고 궁극적으로 국회와 함께 작동하는 국가시민의회 방식을 제안하고 있다.

또한 이런 상설 시민의회가 아니라 하더라도 당장 시도해볼 수 있는 것이 2년도 남기지 않은 다음 국회의원 선거제도 개혁을 캐나다 두 개 주에서 시도해 성공적으로 마무리되었던 선거구마다 두 명씩 추첨을 통해 구성한 선거개혁시민의회 방식도 고려할 수 있을 것이다. 또한 기후위기 대응 역시 영국과 프랑스에서처럼 국가 차원의 시민의회 방식도 가능할 것이다.

'기본소득', 불과 몇 년 전만 하더라도 화두가 아니었던 이 단어가 정치권의 대세로 자리 잡았다. 경제적인 면에서 '기본소득'이라면 역자는 정치적인 면에서 '기본권력'을 제안한다. 단순히 투표권이 아니라 다양한 시민의회를 통해 자기통치에 참여할 수 있는 '기본권력'이다.

『추첨민주주의』 옮긴이의 글처럼 "우리는 추첨민주주의에 쏟아지는 조롱과 냉소도 지금은 상식이 된 보통선거권과 같은 운명을 걷게 될 것이라고 믿는다"처럼 추첨민주주의를 통한 정치 참여가 민주주의에서 중요한 역할을 할 것이라 확신한다.

역자는 추첨민주주의에서 나아가 최근에는 '시민의회'를 적극적으로 사용한다. 추첨민주주의라는 용어가 주는 불편함을 해소하고자 하는 것과 함께, 추첨은 하나의 수단이라는 점에서 '시민의회'가 적절하다는 판단이 들었기 때문이다. 역자가 정의하는 '시민의회'의 3대 요소는 바로 구성은 추첨, 작동은 숙의, 그리고 기능은 일정 권한 부여이다. 추첨으로 구성하고 일정 기간 숙의할 수 있도록 하고 그리고 내린 결정이 최종적인 것은 아니더라도 국민이나 주민투표의 대상이 되거나 국회나 지방의회에서 찬반 결정을 할 수 있도록 하는 권한이 부여되어야 진정한 '시민의회'가 될 수 있을 것이다.

이 책이 우리 사회의 이러한 시민의회 방식의 민주주의에 대한 논의에 조금이라도 기여할 수 있기를 희망한다.

끝으로 촉박한 일정과 수익성이 높지 않은 추첨 분야 책을 기꺼이 출판해주고 보기 좋게 편집해준 북코리아 분들께도 감사드린다.

2022년 6월,
대의민주주의,
특히 선거민주주의의 한계를 다시 만난
6.1 지방선거 결과를 지켜보면서

이지문